CADERNOS
O DIREITO

5 (2010)

CADERNOS O DIREITO

O DIREITO

Director
Jorge Miranda

Fundadores
António Alves da Fonseca
José Luciano de Castro

Antigos Directores
José Luciano de Castro
António Baptista de Sousa (Visconde de Carnaxide)
Fernando Martins de Carvalho
Marcello Caetano
Inocêncio Galvão Telles

Directores-Adjuntos
António Menezes Cordeiro
Mário Bigotte Chorão
Miguel Galvão Teles

Propriedade de JURIDIREITO – Edições Jurídicas, Lda.
Sede e Redacção: Faculdade de Direito de Lisboa – Alameda da Universidade – 1649-014 Lisboa
Editora: Edições Almedina, SA
      Avenida Fernão de Magalhães, n.º 584, 5.º Andar
      Telef.: 239 851 904 – Fax: 239 851 901
      3000-174 Coimbra – Portugal
      editora@almedina.net

Coordenação e revisão: Veloso da Cunha
Execução gráfica: G.C. – Gráfica de Coimbra, Lda.
      Rua do Progresso, 13 – Palheira
      3040-692 Assafarge
      Telef.: 239 802 450 – Fax: 239 802 459
      producao@graficadecoimbra.pt
Depósito legal: 254088/07

O TRATADO DE LISBOA

ÍNDICE

Nota prévia 11

ANA MARIA GUERRA MARTINS, *Algumas notas sobre o espaço de liberdade, segurança e justiça no Tratado de Lisboa*

1. Introdução 13
2. Os antecedentes próximos do Tratado de Lisboa 15
3. As inovações do Tratado de Lisboa 18
   3.1. Considerações gerais 18
   3.2. O procedimento legislativo e as fontes de Direito 19
   3.3. A participação dos parlamentos nacionais 22
   3.4. A extensão da jurisdição do TJ 23
   3.5. Os desvios ao regime jurídico comum 24
   3.6. A situação particular do Reino Unido, da Irlanda e da Dinamarca 25
4. Conclusões 28

CARLA AMADO GOMES / TIAGO ANTUNES, *O ambiente no Tratado de Lisboa: uma relação sustentada*

1. O ambiente na União Europeia: da indiferença à voracidade? 31
2. Política de ambiente e desenvolvimento sustentável 35
3. Política de ambiente e luta contra as alterações climáticas 48
4. Política de ambiente e promoção das energias renováveis 54
5. Cidadania europeia e tutela ambiental 59

Cadernos O Direito 5 (2010)

6   *O Tratado de Lisboa*

FERNANDO LOUREIRO BASTOS, *A União Europeia após o Tratado de Lisboa. Uma reflexão sobre a fase actual da integração europeia e algumas das brechas intergovernamentais que podem ser detectadas na sua construção*

I – Considerações introdutórias 65
II – A estrutura da integração europeia após o Tratado de Lisboa: a União Europeia e as zonas da cooperação comunitarizada 69
III – O direito primário da integração europeia após o Tratado de Lisboa 75
    1. O Tratado da União Europeia, o Tratado sobre o Funcionamento da União Europeia e a importância dos protocolos que deles fazem parte integrante 75
    2. O catálogo dos direitos fundamentais da União Europeia 79
    3. A revisão dos tratados de direito primário da União Europeia . 81
    4. O apuramento das normas aplicáveis às maiorias qualificadas utilizadas no Conselho Europeu e no Conselho 84
IV – Breve conclusão 87

FRANCISCO PAES MARQUES, *O acesso dos particulares ao recurso de anulação após o Tratado de Lisboa: remendos a um fato fora de moda*

1. Introdução 89
2. Evolução da jurisprudência 90
    2.1. A idade das certezas 90
    2.2. A idade das hesitações 92
    2.3. A idade da crise 94
3. A reforma necessária 97
    3.1. O debate na Convenção sobre o futuro da Europa 97
    3.2. O Tratado de Lisboa 98
        i) Actos regulamentares 99
        ii) Actos que dispensam medidas de execução 102
4. O recurso de anulação e o princípio da tutela jurisdicional efectiva dos particulares 105
    4.1. Perspectiva de curto prazo 105
    4.2. Perspectiva estrutural 106

Índice 7

MANUEL PORTO / MIGUEL GORJÃO-HENRIQUES, *O Tratado de Lisboa: a resposta adequada aos desafios da globalização?*

1. Introdução 111
2. No século XXI, o desafio da globalização 113
3. A política comercial comum 114
4. A cooperação com os países terceiros e a ajuda humanitária 116
5. A política externa e de segurança comum 119
    5.1. A continuação de uma linha de intergovernamentalidade, em especial na PESC 119
    5.2. Os actores da acção externa da União Europeia 121
6. Conclusões 129

MARGARIDA SALEMA D'OLIVEIRA MARTINS, *O Tratado de Lisboa e o novo regime do princípio da subsidiariedade e o papel reforçado dos parlamentos nacionais*

1. Introdução 131
2. O princípio da subsidiariedade: do Tratado de Maastricht ao Tratado de Lisboa ou da subsidiariedade horizontal à subsidiariedade vertical 133
3. O Protocolo relativo à aplicação dos princípios da subsidiariedade e da proporcionalidade 138
4. O défice democrático e o papel dos parlamentos nacionais 142

MARIA JOSÉ RANGEL DE MESQUITA, *Cidadania europeia e legitimação democrática após o Tratado de Lisboa*

1. Considerações introdutórias 149
2. Cidadania e legitimação democrática: as vias de reforço do lugar do cidadão dos Estados membros na União Europeia 153
    2.1. Disposições relativas aos princípios democráticos 153
    2.2. Não discriminação e cidadania europeia 154
    2.3. O papel dos parlamentos nacionais na construção europeia e o controlo do princípio da subsidiariedade 155
        2.3.1. O papel dos parlamentos nacionais na construção europeia em geral 155
        2.3.2. O controlo da observância do princípio da subsidiariedade pelos parlamentos nacionais, em especial 156

Cadernos O Direito 5 (2010)

8   *O Tratado de Lisboa*

2.4. A relevância jurídica da Carta dos Direitos Fundamentais da União Europeia 159
2.5. Outras vias 167

Maria Luísa Duarte, *A União Europeia e o sistema europeu de protecção dos direitos fundamentais – a chancela do Tratado de Lisboa*

I – Nota explicativa... 169
II – As disposições do Tratado de Lisboa sobre direitos fundamentais... 170
    A. Declaração de direitos 170
    B. Mecanismos de garantia 175
III – Protecção dos direitos fundamentais e privilégios de exclusão consentida: a via perigosa dos direitos a duas velocidades 183
IV – O Tratado de Lisboa e o sistema europeu de protecção dos direitos fundamentais: a chancela de uma *reafirmação* 186

Miguel Prata Roque, *A separação de poderes no Tratado de Lisboa – avanços e recuos na autonomização da função administrativa europeia*

1. Enquadramento dogmático do princípio da separação de poderes   191
2. Separação de poderes no sistema de governo da União Europeia (I) – A perspectiva material 195
3. Separação de poderes no sistema de governo da União Europeia (II) – A perspectiva orgânica... 207
4. Separação de poderes no sistema de governo da União Europeia (III) – A perspectiva instrumental 218
5. Separação de poderes no sistema de governo da União Europeia (IV) – A perspectiva hierárquica... 231

Nuno Piçarra, *O Tratado de Lisboa e o espaço de liberdade, segurança e justiça*

I – Introdução... 245
II – O espaço de liberdade, segurança e justiça até à entrada em vigor do Tratado de Lisboa... 247
III – O sentido das inovações do Tratado de Lisboa............................ 255
IV – Conclusão 268

Cadernos O Direito 5 (2010)

Índice 9

PAULO DE PITTA E CUNHA, *As inovações do Tratado de Lisboa* 271

RUI TAVARES LANCEIRO, *O Tratado de Lisboa e o princípio da cooperação leal*

I – O Tratado de Lisboa: apresentação sumária 283
II – O princípio da cooperação leal 285
III – O artigo 4.º do Tratado da União Europeia e a consagração geral do princípio da cooperação leal 294
    a. O princípio da cooperação leal como dever de respeito e assistência mútua entre Estados Membros e União 296
    b. O princípio da cooperação leal como obrigação dos Estados Membros: em especial a execução do Direito da União 301
IV – A aplicação do princípio da cooperação leal à política externa e de segurança comum e à cooperação policial e judicial em matéria penal 304
    a. O princípio da cooperação leal e a política externa e de segurança comum 304
    b. O princípio da cooperação leal e a cooperação policial e judicial em matéria penal 308
V – O princípio da cooperação leal entre as instituições e órgãos comunitários 311
VI – Conclusões 316

SOFIA OLIVEIRA PAIS, *O Tratado de Lisboa e a renovação das instituições da União Europeia*

1. Introdução 319
2. Parlamento Europeu 321
    2.1. Enquadramento legislativo 321
    2.2. A contribuição dos Parlamentos Nacionais para o bom funcionamento da União Europeia 323
3. Conselho Europeu 326
    3.1. Enquadramento legislativo 326
    3.2. Os novos cargos criados pelo Tratado de Lisboa: Presidente do Conselho Europeu e Alto Representante da União para os Negócios Estrangeiros e a Política de Segurança 328
4. O Conselho (da União Europeia) 330

Cadernos O Direito 5 (2010)

10 O Tratado de Lisboa

4.1. Enquadramento legislativo 330
4.2. A progressiva transformação do Conselho numa «segunda câmara legislativa» 335
5. Comissão Europeia 336
5.1. Enquadramento legislativo 336
5.2. O papel da Comissão numa União Europeia alargada 340
6. Tribunal de Justiça da União Europeia 342
6.1. Enquadramento legislativo 342
6.2. A questão do «activismo judicial» 346
7. Banco Central Europeu e Tribunal de Contas 348
8. Conclusão 349

NOTA PRÉVIA

O Tratado de Lisboa, de 2007 traduz uma nova fase no processo de integração europeia, inaugurado em 1952 e que se vem desenvolvendo num sentido de constante alargamento e aprofundamento, embora não sem diferentes vicissitudes.

Na sua base está o Tratado que se apresentava como uma *Constituição para a Europa*, com as alterações e as adaptações tornadas necessárias pelas reacções que provocaram alguns excessos federalistas nele presentes e pelos votos negativos dos povos francês e holandês. Apesar desta rejeição, a União Europeia não sofreria uma crise institucional e passariam três anos até se alcançar um compromisso aceitável por todos.

Há agora vários, numerosos textos: o Tratado de Lisboa propriamente dito e, tais como dele resultam, o Tratado da União Europeia, o Tratado sobre o Funcionamento da União Europeia e trinta e sete protocolos adicionais, bem como a Carta dos Direitos Fundamentais da União Europeia. E cabe proceder à sua leitura sistemática, tendo em conta a experiência já adquirida e as perspectivas de futuro.

O presente caderno – em que acederam a colaborar reputados especialistas versando diversos e fundamentais aspectos da problemática de integração – não pretende senão contribuir para a difusão de conhecimento do Tratado entre juristas e, em geral, entre cidadãos atentos ao lugar de Portugal na Europa e no mundo.

Jorge Miranda

Algumas notas sobre o espaço de liberdade, segurança e justiça no Tratado de Lisboa

PROF.ª DOUTORA ANA MARIA GUERRA MARTINS ★ ★★

> SUMÁRIO: *1. Introdução. 2. Os antecedentes próximos do Tratado de Lisboa. 3. As inovações do Tratado de Lisboa: 3.1. Considerações gerais; 3.2. O procedimento legislativo e as fontes de Direito; 3.3. A participação dos parlamentos nacionais; 3.4. A extensão da jurisdição do TJ; 3.5. Os desvios ao regime jurídico comum; 3.6. A situação particular do Reino Unido, da Irlanda e da Dinamarca. 4. Conclusões.*

1. Introdução

O presente artigo versa sobre o espaço de liberdade, segurança e justiça no Tratado de Lisboa.

A matéria do espaço de liberdade, segurança e justiça suscita interessantes problemas, desde logo, ao nível da repartição de poderes entre os Estados--Membros e a União Europeia, uma vez que nela se incluem aspectos de uma sensibilidade política enorme, como, por exemplo, o asilo, a imigração, a cooperação judiciária penal, que tradicionalmente estão muito ligados à soberania dos Estados. Para além disso, a maioria dos domínios de actuação da União no âmbito do espaço de liberdade, segurança e justiça projecta-se – como poucas – na vida quotidiana dos cidadãos, podendo afectar, de um modo muito pro-

---

★ Professora Associada da Faculdade de Direito da Universidade de Lisboa. Juíza do Tribunal Constitucional.

★★ As opiniões expressas neste texto são da exclusiva responsabilidade da sua Autora, não vinculando nenhuma das instituições a que pertence.

14 *Ana Maria Guerra Martins*

fundo, os seus direitos fundamentais. Daqui decorre que é necessário assegurar um elevado nível de protecção, quer se trate de cidadãos da União, quer se trate de nacionais de Estados terceiros, bem como uma tutela jurisdicional efectiva, coerente e rápida dos direitos consagrados, o que, não raras vezes, até é imposto pelos Direitos Constitucionais dos Estados-Membros.

Apesar de a expressão "espaço de liberdade, segurança e justiça" ter aparecido, pela primeira vez, no Direito Originário, no Tratado de Amesterdão[1], a sua génese deve procurar-se muito antes, mais concretamente, no Acto Único Europeu[2], dado que a sua criação é uma consequência directa do mercado interno. É, sem dúvida, a existência de um mercado sem fronteiras internas, no qual as mercadorias, as pessoas, os serviços e os capitais circulam livremente, que vai impor a criação de regras comuns em matéria de asilo, de imigração, de controlo de fronteiras externas, de luta contra a criminalidade internacional, de cooperação judicial em matéria penal e civil e de polícia.

No âmbito deste artigo, não vamos desenvolver a evolução do espaço de liberdade, segurança e justiça, desde o Acto Único Europeu até ao Tratado de Lisboa, desde logo, porque já tivemos oportunidade de o fazer em anteriores trabalhos[3].

O nosso objectivo é antes o de evidenciar as modificações que o Tratado de Lisboa imprimiu neste domínio e avaliar se elas constituem, ou não, um avanço no sentido da União de Direito, da democracia e da protecção dos direitos fundamentais. Para tanto, afigura-se-nos suficiente uma breve referência ao modo como os seus antecedentes próximos, ou seja, o Tratado que estabelece uma Constituição para a Europa[4] (TECE), bem como o mandato da CIG, anexo às conclusões do Conselho Europeu, de Junho de 2007[5] equacionaram o problema.

Seguidamente, vamos concentrar-nos nas inovações que o Tratado de Lisboa introduziu no domínio do espaço de liberdade, segurança e justiça.

A finalizar, extrairemos algumas conclusões.

---

[1] O Tratado de Amesterdão foi assinado, em 2 de Outubro de 1997, mas só entrou em vigor, em 1 de Maio de 1999, após o depósito do último instrumento de ratificação pela França.

[2] O Acto Único Europeu foi assinado, em Fevereiro de 1986, e entrou em vigor, em 1 de Julho de 1987.

[3] ANA MARIA GUERRA MARTINS, "A protecção jurisdicional dos direitos fundamentais no espaço de liberdade, segurança e justiça", in *Estudos em Honra do Professor Doutor José de Oliveira Ascensão*, vol. I, 2008, 521 ss.

[4] Publicado no Jornal Oficial da União Europeia, C 310, de 16 de Dezembro de 2004.

[5] O texto está disponível no sítio da União Europeia – www.europa.eu.

2. Os antecedentes próximos do Tratado de Lisboa

A compreensão das soluções consagradas no Tratado de Lisboa, no domínio do espaço de liberdade, segurança e justiça, pressupõe uma breve menção dos seus antecedentes mais próximos, a saber:

a) O projecto de Tratado que estabelece uma Constituição para a Europa saído da Convenção de Bruxelas sobre o Futuro da Europa;

b) O TECE, abandonado devido aos referendos negativos em França e na Holanda, em Maio e Junho de 2005, respectivamente;

c) O mandato da CIG, anexo às conclusões do Conselho Europeu, de Junho de 2007, o qual estabeleceu a base exclusiva e os termos em que a CIG deveria desenvolver os seus trabalhos.

O Tratado de Lisboa surge na sequência destes três documentos e – antecipe-se, desde já – no tocante ao espaço de liberdade, segurança e justiça, não se afasta deles significativamente.

O projecto de TECE saído da convenção de Bruxelas, bem como o TECE propriamente dito, aprovado pela CIG 2004, acabavam com a estrutura tripartida da União Europeia, transformando a União numa entidade unitária, com personalidade jurídica (artigo I-6.º TECE), o que conduziria ao desaparecimento das Comunidades Europeias e à sucessão da nova União nas suas atribuições e competências.

O espaço de liberdade, segurança e justiça sem fronteiras e um mercado único em que a concorrência é livre e não falseada constituíam o segundo objectivo da União (artigo I-3.º, n.º 2, TECE).

O desaparecimento da estrutura tripartida da União conduziu à colocação no mesmo capítulo de todas as normas relativas ao espaço de liberdade, segurança e justiça. Assim, o capítulo IV continha as normas sobre as políticas relativas aos controlos nas fronteiras, ao asilo e à imigração, a par das normas relativas à cooperação judiciária em matéria civil e em matéria penal e à cooperação policial.

Assinale-se, todavia, que a influência dos pilares intergovernamentais não desapareceria totalmente, uma vez que as matérias que deles faziam parte, não seriam, na sua globalidade, submetidas ao regime jurídico comum[6], nomeada-

---

[6] Como era o caso da execução da Política Externa e de Segurança Comum (artigo I-39.º TECE) e da Política de Segurança e Defesa Comum (artigo I-40.º TECE).

mente, no que concerne ao procedimento de decisão, à tipologia de actos jurídicos e à submissão à jurisdição do TJ. Teriam continuado a verificar-se, em alguns domínios, concessões ao intergovernamentalismo.

O TECE introduziu pois disposições específicas, no domínio do espaço de liberdade, segurança e justiça (artigo I-41.º), relativamente aos actos e medidas a adoptar na sua implementação, mas também medidas operacionais. Assim, para além dos actos normativos – a lei e a lei-quadro europeia – também faziam parte dos instrumentos relativos à sua realização o reconhecimento mútuo das decisões judiciais e extra-judiciais e a cooperação operacional (artigo I-41.º, n.º 1, TECE).

Os mecanismos de decisão divergiam, consoante a matéria que estivesse em causa, o que se consubstanciava como um resquício da anterior estrutura em pilares[7].

A jurisdição do TJ, tal como resultava do artigo III-283.º TECE, não era extensiva à verificação da validade ou da proporcionalidade de operações efectuadas pelos serviços de polícia ou outros serviços de execução das leis nos Estados-Membros, nem para decidir sobre o exercício das responsabilidades que incumbem aos Estados membros em matéria de manutenção da ordem pública e de garantia da segurança interna, desde que estes actos sejam regidos pelo Direito interno.

Na sequência dos dois referendos negativos atrás mencionados, a Europa atravessou uma crise, a qual começou a ser ultrapassada no Conselho Europeu de Bruxelas, de 21 e 22 de Junho de 2007, em que se decidiu convocar uma conferência intergovernamental para rever os Tratados e se chegou a um acordo relativamente preciso quanto ao seu mandato.

De acordo com o mandato da CIG, anexo às conclusões do referido Conselho Europeu[8], e com relevância para o objecto deste trabalho, a União passaria a ter uma estrutura unitária, desaparecendo o sistema de pilares. O termo "Comunidade" deveria ser eliminado do Tratado e a personalidade jurídica da União deveria ser consagrada no Tratado.

---

[7] Como afirmou BRUNO DE WITTE, a estrutura em pilares e a fusão dos tratados eram duas questões independentes que podiam obter respostas diferentes. In "Simplification and Reorganizaion of the European Treaties", CMLR, 2002, 1269.

[8] Sobre este mandato ver, por todos, MARIA JOSÉ RANGEL DE MESQUITA, "Sobre o mandato da Conferência Intergovernamental definido pelo Conselho Europeu de Bruxelas: é o Tratado de Lisboa um novo Tratado?", in *Estudos em Honra do Professor Doutor José de Oliveira Ascensão*, vol. I, 2008, 551 ss.

Em matéria de espaço de liberdade, segurança e justiça, o mandato retomava a maior parte das soluções anteriormente aceites pela CIG 2004, como, por exemplo, a inclusão de um novo Título relativo à área da liberdade, segurança e justiça que incluiria:

a) Cap. I – Disposições gerais;
b) Cap. II – Políticas relativas aos controlos nas fronteiras, asilo e imigração;
c) Cap. III – Cooperação judicial em matéria civil;
d) Cap. IV – Cooperação judicial em matéria criminal;
e) Cap. V – Cooperação policial.

Note-se, no entanto, que também se previam alterações ao texto adoptado pela CIG 2004, a saber:

a) Nas disposições gerais deve ser inserida uma disposição sobre cooperação e coordenação dos Estados-Membros no âmbito da segurança interna;
b) No capítulo relativo à cooperação judicial em matéria civil deve ser reforçado o papel dos parlamentos nacionais na cláusula de *passerelle* em matéria de Direito da Família;
c) No capítulo relativo à cooperação judicial em matéria penal, nos artigos referentes ao reconhecimento mútuo das decisões judiciais, à adopção de regras mínimas em matéria de definição de crimes e penas, à Procuradoria Europeia e à cooperação policial cria-se um mecanismo de cooperação reforçada, ou seja, um mecanismo que permita a alguns Estados avançarem mais depressa. Além disso, admite-se o alargamento do âmbito de aplicação do Protocolo do Reino Unido e da Irlanda neste domínio.

Apesar da precisão e clareza do mandato da CIG definido pelo Conselho Europeu, as negociações do Tratado de Lisboa tiveram algumas vicissitudes e dificuldades que não cumpre analisar no âmbito deste artigo[9].

---

[9] Sobre as negociações do Tratado de Lisboa, ver, entre outros, JEAN-PAUL JACQUÉ, "Du traité constitutionnel au traité de Lisbonne", RDP, 2008, 823 ss.; HENRI OBERDORFF, "Le Traité de Lisbonne: une sortie de crise pour l'Union européenne ou plus?", RDP, 2008, 775 ss.; HENRI LABAYLE, "Porquoi faire simple quant on peut faire compliqué? commentaires réalites sur l'élaboration du Traité de Lisbonne", in *Mélanges en hommage à Georges Vandersanden*, 2008, 245 ss.; JACQUES ZILLER, *Les nouveaux traités européens: Lisbonne et après*, 2008, 11 ss.

18   *Ana Maria Guerra Martins*

3. As inovações do Tratado de Lisboa

3.1. *Considerações gerais*

A matéria do espaço de liberdade, segurança e justiça está prevista nos artigos 67.º a 89.º do TFUE.

Nos termos do artigo 67.º TFUE, o conjunto de matérias concretamente em causa no espaço de liberdade, segurança e justiça é muito vasto e complexo: vai desde a cooperação judicial em matéria civil ao asilo e à imigração, do combate ao tráfico de droga à prevenção e combate à criminalidade organizada, da luta contra o terrorismo, o racismo e a xenofobia à livre circulação de pessoas, dos controlos de fronteiras à cooperação judicial em matéria penal e à cooperação policial.

Não deixa de ser curioso que, apesar de o espaço de liberdade, segurança e justiça se repercutir de modo muito sensível na protecção dos direitos fundamentais e na vida quotidiana das pessoas, quer sejam, ou não, cidadãos da União, quando se trata de debater as modificações a inserir nos Tratados, este domínio acaba por ficar quase sempre na penumbra[10].

Ao contrário do que sucedeu com a PESC, a "comunitarização" integral do espaço de liberdade, segurança e justiça não vai sofrer, praticamente, oposição nem na Convenção sobre o Futuro da Europa, nem nas duas CIG's que lhe seguiram (CIG 2004 e CIG 2007), pelo que as modificações introduzidas são bastante significativas.

Elas decorrem, essencialmente, da eliminação da estrutura tripartida da União e da sua consequente substituição por uma estrutura unitária – a União Europeia – a qual sucede às Comunidades Europeias e aos pilares intergovernamentais (actual artigo 1.º TUE)[11]. Além disso, a União Europeia adquire personalidade jurídica (actual artigo 47.º TUE)[12].

---

[10] Neste sentido, MARCEL KAU, "Justice and Home Affairs in the European Constitutional Process – Keeping the Faith and Substance of the Constitution", in STEFAN GRILLER/JACQUES ZILLER, *The Lisbon Treaty, EU Constitutionalism without a Constitutional Treaty?*, 2008, 225.

[11] Note-se que a Comunidade Europeia da Energia Atómica continua a existir.

[12] Para uma visão geral do Tratado de Lisboa, cf., entre outros, PAUL CRAIG, "The Treaty of Lisbon: Process, architecture and substance", ELR, 2008, 137 ss.; JÖRG PHILIPP TERHECHTE, "Der Vertrag von Lissabon: Grundlegende Verfassungsurkunde der europäischen Rechtsgemeinschaft oder technischer Änderungsvertrag?", EuR, 2008, 143 ss.; ROBERTO BARATTA, "Le principali novità del Trattato di Lisbona", Dir. Un. Eur., 2008, 21 ss.; MICHAEL DOUGAN, "The Treaty of Lisbon 2007: Winning Minds, Not Hearts", CMLR, 2008, 617 ss.; ARACELI MANGAS MARTÍN,

Algumas notas sobre o espaço de liberdade, segurança e justiça no Tratado de Lisboa 19

As matérias do espaço de liberdade, segurança e justiça – que antes estavam dispersas pelo TCE e pelo TUE – encontram-se agora todas sob o tecto do título V do TFUE, sendo-lhes aplicável o que se convencionou chamar o "método comunitário", assim como os instrumentos próprios da governação europeia. Por outras palavras, o Tratado de Lisboa, na esteira do Tratado de Amesterdão, continua a aproximar o espaço de liberdade, segurança e justiça dos procedimentos comuns de decisão, das fontes comuns de Direito Derivado (antes previstas no pilar comunitário) e da jurisdição do Tribunal de Justiça[13].

O artigo 9.º do protocolo n.º 36 relativo às disposições transitórias esclarece que os efeitos jurídicos dos actos adoptados, no âmbito do TUE, na versão anterior à entrada em vigor do Tratado de Lisboa, se mantêm enquanto não forem revogados, anulados ou modificados. Do mesmo modo, a jurisdição do Tribunal de Justiça não se vai aplicar imediatamente às normas relativas às matérias que anteriormente faziam parte do terceiro pilar, isto é, à cooperação policial e à cooperação judiciária em matéria penal. Nestes domínios, o Tribunal só adquirirá plena competência dentro de 5 anos (artigo 10.º do mesmo protocolo). Até esse momento, aplica-se o regime jurídico constante do anterior TUE na versão de Nice (cf. artigo 35.º).

3.2. *O procedimento legislativo e as fontes de Direito*

Com a entrada em vigor do Tratado de Lisboa, o procedimento legislativo ordinário (correspondente ao processo de co-decisão dos Tratados anteriores), regulado no artigo 294.º TFUE, torna-se o procedimento legislativo comum

---

"Un Tratado No Tan Simple: El Realismo Mágico Del Funzionalismo", RDCE, 2008, 335 ss.; JACQUELINE DUTHEIL DE LA ROCHÈRE/FLORENCE CHALTIEL, "Le Traité de Lisbonne: Quel Contenu?", RMCUE, 2007, 617 ss.

[13] Sobre as inovações do espaço de liberdade, segurança e justiça no Tratado de Lisboa, ver, entre outros, CONSTANCE CHEVALLIER-GOVERS, "Le traité de Lisbonne et la différentiation dans l'espace de liberté, de sécurité et de justice", in E. BROSSET/C. CHEVALLIER-GOVERS/V. EDJAHARIAN/C. SCHNEIDER (dir.), *Le Traité de Lisbonne – Reconfiguration ou déconstitutionnalisation de l'Union européenne?*, 2009, 263 ss.; SERGE DE BIOLLEY/ANNE WEYEMBERGH, "Le traité de Lisbonne et la fin annoncée du troisième pilier: sortie de crise pour l'espace pénal européen", in PAUL MAGNETTE/ANNE WEYEMBERGH, *L'Union européenne: la fin d'une crise?*, 2008, 201 ss.; MARCEL KAU, "Justice and Home Affairs…", 223 ss.; MATTHIAS RUFFERT, "Der Raum der Freiheit, der Sicherheit und des Rechts nach dem Reformvertrag – Kontinuierliche Verfassungsgebung in schwierigem Terrain", in INGOLF PERNICE (dir.), *Der Vertrag von Lissabon: Reform der EU ohne Verfassung? – Kolloquim zum 10. Geburtstag des WHI*, disponível no sítio www.ecln.net, 163 ss.

da União Europeia[14], generalizando-se a todas as matérias do espaço de liberdade, segurança e justiça.

De acordo com este procedimento o Parlamento Europeu e o Conselho decidem em conjunto, numa posição de verdadeira paridade. O Conselho decide, por maioria qualificada, o que facilita, naturalmente, a tomada de decisão e retira poder aos Estados individualmente considerados, uma vez que perdem o direito de veto. Os poderes do Parlamento Europeu saem, consideravelmente, reforçados, em especial, no que toca às matérias que anteriormente faziam parte do terceiro pilar, na medida em que, nesse caso, o PE detinha um mero poder de consulta e agora dispõe de um verdadeiro poder legislativo, como tal, decisório.

Ora, num domínio em que, como já se disse, os efeitos da legislação nos direitos fundamentais são tão importantes, a participação do órgão eleito pelos cidadãos da União, por sufrágio directo e universal, deve ser encarado como uma garantia da defesa desses direitos fundamentais.

A aplicação deste procedimento ao espaço de liberdade, segurança e justiça vai, por certo, imprimir-lhe maior eficiência, maior democracia e maior conformidade ao princípio da segurança jurídica e da União de Direito[15].

As bases jurídicas dos actos adoptados com fundamento no procedimento legislativo ordinário são as seguintes:

- O artigo 75.º TFUE (prevenção de terrorismo e actividades com ele relacionadas);
- O artigo 78.º, n.º 2, TFUE (política comum em matéria de asilo, de protecção subsidiária e de protecção temporária);
- O artigo 79.º, n.º 2, TFUE (política comum de imigração);

---

[14] Sobre os processos de decisão no Tratado de Lisboa, cf., entre outros, PAUL CRAIG, "The Role of the European Parliament under the Lisbon Treaty", in STEFAN GRILLER/JACQUES ZILLER, *The Lisbon Treaty, EU Constitutionalism without a Constitutional Treaty?*, 2008, 110 ss.; JACQUES ZILLER, *Les nouveaux traités...*, 41 ss.; JÖRG PHILIPP TERHECHTE, "Der Vertrag von Lissabon...", 166 ss.; JEAN-LOUIS QUERMONNE, "*L'Union européenne dans de temps long*", 2008, 139 ss.; MARIANNE DONY, "La majorité qualifiée au Conseil du traité de Nice au traité de Lisbonne", in *Mélanges en hommage à Georges Vandersanden*, 2008, 131 ss.; BRUNO DE WITTE, "Legal Instruments and Lawmaking in the Lisbon Treaty", in STEFAN GRILLER/JACQUES ZILLER, *The Lisbon Treaty, EU Constitutionalism without a Constitutional Treaty?*, 2008, 97 ss.; ALAN HERVÉ, "Quelles évolutions pour la majorité qualifiée?", RMCUE, 2008, 448 ss.

[15] Neste sentido, SERGIO CARRERA/FLORIAN GEYER, "El Tratado de Lisboa y el espacio de libertad, seguridad y justicia: excepcionalismo y fragmentación en la Unión Europea", Rev. Der. Com. Eur., 2008, 138.

Algumas notas sobre o espaço de liberdade, segurança e justiça no Tratado de Lisboa 21

- O artigo 81.°, n.° 2, TFUE (cooperação judiciária nas matérias civis com incidência transfronteiriça);
- Os artigos 82.°, n.os 1 e 2, 83.° e 84.° TFUE (cooperação judiciária em matéria penal);
- O artigo 85.°, n.° 1, TFUE (Eurojust);
- O artigo 87.° TFUE (cooperação policial);
- O artigo 88.°, n.° 2, TFUE (Europol).

Ao contrário do que sucedia antes da entrada em vigor do Tratado de Lisboa, em que os actos adoptados numa parte do espaço de liberdade, segurança e justiça – a cooperação policial e judiciária penal – não obedeciam aos procedimentos previstos no pilar comunitário, actualmente, as fontes comuns de Direito Derivado previstas no artigo 288.° TFUE – os regulamentos, as directivas, as decisões, os pareceres e as recomendações – aplicam-se a todo o conjunto de matérias abrangido pelo espaço de liberdade, segurança e justiça. E sublinhe-se: aplicam-se com as respectivas características, isto é, gozam de primazia sobre o Direito dos Estados-Membros e de aplicabilidade directa e efeito directo, quando a eles houver lugar.

Note-se que o abandono da terminologia constitucional, imposto pelo mandato da CIG, anexo às conclusões do Conselho Europeu, de Junho de 2007, implicou a manutenção do sistema tradicional de fontes de Direito Derivado que vigorou desde a criação das Comunidades Europeias[16]. Não vingou, portanto, a terminologia inserida no TECE – leis e leis-quadro – mas isso não significa que os efeitos dos actos sejam diversos.

A aplicação do procedimento legislativo ordinário ao espaço de liberdade, segurança e justiça comporta, todavia, excepções. Com efeito, há certos actos que estão, expressamente, excluídos deste procedimento, isto é, os actos adoptados com fundamento nos seguintes disposições:

- O artigo 76.° TFUE relativo à cooperação administrativa no domínio da cooperação judiciária em matéria penal e cooperação policial;
- O artigo 81.°, n.° 3, TFUE que respeita às medidas sobre Direito da família que tenham incidência transfronteiriça;

---

[16] Sobre os antecedentes do sistema de fontes previsto no Tratado de Lisboa, cf., entre outros, ANTONIO RUGGERI, "Fonti europee e fonti nazionali al giro di boa di Lisbona: ritorno al passato o avventura nel futuro?", Dir. Pubb. Comp. Eur., 2008, 124 ss.; BRUNO DE WITTE, "Legal Instruments…", 80 ss.

22 Ana Maria Guerra Martins

– O artigo 86.º, n.º 1, TFUE, base jurídica da instituição de uma Procuradoria Europeia;
– Os artigos 87.º, n.º 3, e 89.º TFUE, no domínio da cooperação policial.

Trata-se de matérias muito marcadas pelo princípio da territorialidade nacional e, por isso, muito estreitamente ligadas à soberania dos Estados[17].

3.3. *A participação dos parlamentos nacionais*

O Tratado de Lisboa reforça ainda o controlo democrático e o respeito pelos direitos fundamentais, no domínio do espaço de liberdade, segurança e justiça, através da participação dos parlamentos nacionais[18].

Com efeito, o artigo 11.º, alínea *c*), do TUE prevê a participação dos parlamentos nacionais nos mecanismos de avaliação da execução das políticas da União dentro desse espaço, nos termos do artigo 70.º TFUE, bem como a sua associação ao controlo político da Europol e à avaliação das actividades da Eurojust, de acordo com os artigos 88.º e 85.º TFUE.

Além disso, os protocolos n.os 1 e 2 relativos ao papel dos parlamentos nacionais na União e à aplicação dos princípios da subsidiariedade e da proporcionalidade, respectivamente, estabelecem regras de participação dos parlamentos nacionais no procedimento legislativo.

Assim, o artigo 6.º do protocolo n.º 2 prevê que qualquer Parlamento nacional ou uma das câmaras pode, no prazo de 8 semanas, a contar da data do envio de um projecto de acto legislativo, dirigir aos Presidentes do PE, do Conselho e da Comissão um parecer fundamentado em que exponha as razões pelas quais considera que o projecto em causa não obedece ao princípio da subsidiariedade.

Nos termos do artigo 7.º, n.º 2, do referido protocolo, no caso de os pareceres fundamentados relativos a um determinado acto legislativo representa-

---

[17] Neste sentido, SERGE DE BIOLLEY/ANNE WEYEMBERGH, "Le traité de Lisbonne et la fin annoncée du troisième pilier: sortie de crise pour l'espace pénal européen?", in PAUL MAGNETTE/ANNE WEYEMBERGH, *L'Union européenne: la fin d'une crise?*, 2008, 202.

[18] Sobre o papel dos parlamentos nacionais no Tratado de Lisboa, ver MURIEL LE BARBIER-LE BRIS, "Le nouveau rôle des parlements nationaux: avancée démocratique ou sursaut étatiste?", RMCUE, 2008, 494 ss.; CLAUDIA MORVIDUCCI, "Il ruolo dei Parlamenti nazionali", Dir. Pubb. Comp. Eur., 2008, 83 ss.

rem, pelo menos, um terço do total dos votos atribuídos aos Parlamentos nacionais, o projecto deve ser reanalisado. Este limiar reduz-se para um quarto quando se trata de um acto legislativo adoptado com base no artigo 76.º TFUE (relativo ao espaço de liberdade, segurança e justiça).

O artigo 76.º TFUE incide sobre os capítulos 4 e 5, bem como sobre as medidas a que se refere o artigo 74.º que asseguram a cooperação administrativa nos domínios previstos naqueles capítulos, ou seja, a cooperação judiciária em matéria penal e a cooperação policial.

Depois da reanálise, a Comissão pode decidir manter a proposta, alterá-la ou retirá-la (artigo 7.º, n.º 3, par. 1.º, do mesmo protocolo). Se decidir mantê--la, deverá especificar em parecer fundamentado a razão por que a mesma obedece ao princípio da subsidiariedade (artigo 7.º, n.º 3, par. 2.º, do mencionado protocolo).

O legislador deve ponderar a compatibilidade da proposta com o princípio da subsidiariedade, tendo em conta quer os pareceres dos Parlamentos nacionais quer o parecer fundamentado da Comissão (artigo 7.º, n.º 3, par. 2.º, alínea a), do protocolo) e se, por maioria de 55% dos membros do Conselho ou por maioria dos votos expressos do PE, considerar que a proposta não é compatível com o princípio da subsidiariedade, a proposta não continuará a ser analisada (artigo 7.º, n.º 3, par. 2.º, alínea *b*), do referido protocolo).

Daqui decorre que, nas matérias da cooperação judiciária em matéria penal e da cooperação policial, o peso dos parlamentos nacionais é ainda maior do que nas restantes matérias do espaço de liberdade, segurança e justiça, uma vez que o afastamento da proposta depende de um menor número de votos (cada parlamento tem direito a dois votos e se for bicameral, esses dois votos são repartidos pelas duas câmaras, o que significa que cada uma das câmaras tem direito a um voto (artigo 7.º, n.º 1, par. 2.º, do protocolo).

Além disso, a maioria exigida ao Conselho para recusar a continuação da análise do projecto de acto é inferior à maioria necessária para o aprovar (ver artigo 238.º TFUE), o que significa que é mais fácil impedir a continuação da análise do projecto de acto do que aprová-lo.

3.4. *A extensão da jurisdição do TJ*

O Tratado de Lisboa estende a jurisdição do Tribunal de Justiça da União Europeia – assim passou a ser designado – a todo o espaço de liberdade, segurança e justiça.

24 Ana Maria Guerra Martins

A jurisdição do Tribunal era alvo de uma dupla limitação – menos intensa em matéria de vistos, asilo, imigração e outras políticas relativas à livre circulação de pessoas do que na cooperação policial e judiciária em matéria penal, mas, de qualquer modo, muito longe da amplitude da competência de que o TJ gozava no pilar comunitário. A título de exemplo, refira-se que não era possível à Comissão propor uma acção por incumprimento contra um Estado que não cumprisse uma decisão ou uma decisão-quadro adoptada no âmbito do antigo terceiro pilar, nem a um particular recorrer de um acto que o prejudicasse.

Ora, este estado de coisas tinha repercussões negativas no âmbito da União de Direito e na protecção dos direitos fundamentais das pessoas.

Após o Tratado de Lisboa, o TJ passa a ter competência para se pronunciar sobre a interpretação e validade de todos os actos adoptados com base no título V da Parte III do TFUE.

É certo que a jurisdição do TJ é geral, mas convém chamar a atenção para o facto de que – tal como sucedia antes da entrada em vigor do Tratado de Lisboa (cf. artigo 35.º, n.º 5, TUE na versão de Nice) – não é total, na medida em que o Tratado prevê, no artigo 276.º TFUE, idênticas excepções:

a) A fiscalização da validade ou da proporcionalidade de operações de polícia;
b) A decisão sobre o exercício das responsabilidades que incumbem aos Estados-Membros em matéria de manutenção da ordem pública e de garantia da segurança interna.

Acresce ainda que a jurisdição do Tribunal de Justiça não se vai aplicar imediatamente às normas relativas às matérias que anteriormente faziam parte do terceiro pilar, isto é, à cooperação policial e à cooperação judiciária em matéria penal. Nestes domínios, o Tribunal só adquirirá competência dentro de 5 anos (artigo 10.º do protocolo relativo às disposições transitórias).

Estas modificações constituem, indubitavelmente, um reforço da União de Direito e da protecção dos direitos fundamentais, contribuindo, por conseguinte, para a constitucionalização da União.

3.5. *Os desvios ao regime jurídico comum*

Para além do que já se mencionou, as normas do TFUE relativas ao espaço de liberdade, segurança e justiça contêm ainda outros desvios ao regime jurídico geral da União Europeia, a saber:

Algumas notas sobre o espaço de liberdade, segurança e justiça no Tratado de Lisboa 25

a) A possibilidade de iniciativa legislativa por parte de um quarto dos Estados-Membros (artigo 76.°, alínea *b*), TFUE) – trata-se de um resquício do método intergovernamental seguido no antigo terceiro pilar;

b) As cláusulas de salvaguarda (ou, como são conhecidas na gíria, o "travão de emergência"), no âmbito da cooperação judiciária em matéria penal, admitem a suspensão da adopção de uma directiva se um membro do Conselho (i. e. um Estado-Membro) considerar que ela vai afectar aspectos fundamentais do seu sistema de justiça penal (artigos 82.°, n.° 3, par. 1.°, e 83.°, n.° 3, par. 1.°, TFUE);

c) As condições específicas da cooperação reforçada relativa à cooperação judiciária em matéria penal como consequência do fracasso da adopção de uma directiva (artigos 82.°, n.° 3, par. 2.°, e 83.°, n.° 3, par. 2.°, TFUE) – as regras gerais sobre cooperações reforçadas são muito mais exigentes (ver artigos 326.° a 334.° TFUE);

d) A responsabilidade exclusiva dos Estados-Membros, no que toca à manutenção da ordem pública e da salvaguarda da segurança interna (artigo 72.° TFUE);

e) Os Estados-Membros têm o direito de determinar unilateralmente quotas de imigração de nacionais de terceiros Estados (artigo 79.°, n.° 5, TFUE).

Ora, estes desvios representam verdadeiras concessões à soberania dos Estados-Membros e relevam claramente do "método intergovernamental" (que tradicionalmente se opõe ao "método comunitário").

Na verdade, o espaço de liberdade, de segurança e de justiça vive numa ambivalência que lhe provoca uma constante tensão, entre, por um lado, um forte desejo de unidade e de afirmação, que se verifica, designadamente, no alargamento das matérias que dele fazem parte, e, por outro lado, uma necessidade premente de acomodar as diversidades dos vários Estados-Membros, a qual se manifesta, por exemplo, na referência logo no primeiro preceito – o artigo 67.°, n.° 1, TFUE – ao respeito dos diferentes sistemas e tradições jurídicos dos Estados-Membros, bem como no facto de os seus principais instrumentos de concretização serem o reconhecimento mútuo, a harmonização mínima e a execução de medidas nacionais.

3.6. *A situação particular do Reino Unido, da Irlanda e da Dinamarca*

A maior concessão à soberania dos Estados, neste domínio, advém do regime privilegiado de que beneficiam o Reino Unido, a Irlanda e a Dina-

26   Ana Maria Guerra Martins

marca. Os *opt-out* concedidos a estes Estados não só se mantiveram como até se reforçaram com o Tratado de Lisboa[19].

Em relação ao Reino Unido e à Irlanda regem os protocolos n.º 20 relativo à aplicação de certos aspectos do artigo 26.º TFUE e n.º 21 relativo à posição destes Estados no que diz respeito ao espaço de liberdade, segurança e justiça.

O protocolo n.º 20 confere ao Reino Unido, *grosso modo*, o direito de exercer os controlos nas suas fronteiras que considere necessários (artigo 1.º do referido protocolo), assim como salvaguarda os convénios entre o Reino Unido e a Irlanda relativos à circulação de pessoas entre os respectivos territórios (artigo 2.º do mencionado protocolo).

Recorde-se que, em matéria de controlo de fronteiras, estes dois Estados-Membros não fazem parte dos acordos Schengen e também não aceitaram o princípio da integração do acervo Schengen realizado pelo Tratado de Amesterdão. Gozam, todavia, de um *opt in*, isto é, podem, a todo o tempo, requerer a possibilidade de aplicar, no todo ou em parte, as disposições deste *acquis* (artigo 4.º do protocolo relativo ao acervo de Schengen integrado no âmbito da União Europeia)[20]. Note-se que o Tribunal já teve oportunidade de esclarecer em que condições o Reino Unido tem direito a participar nas medidas adoptadas com base no título IV do TCE[21]. A sua participação, numa determinada e concreta medida, depende de ter previamente aceite o *acquis* relativo à matéria em causa. O objectivo do Tribunal foi o de incentivar o Reino Unido a uma maior participação no acervo Schengen. Por detrás deste objectivo confessado, não pode deixar de estar um outro, qual seja o de impedir o

---

[19] Sobre os *opt outs* do Reino Unido, Irlanda e Dinamarca, em matéria de espaço de liberdade, segurança e justiça, cf., entre outros, CONSTANCE CHEVALLIER-GOVERS, "Le traité de Lisbonne...", 268 ss.

[20] Sobre o *opt out* e *opt in* do Reino Unido relativamente ao acervo de Schengen, ver, por todos, MARIA FLETCHER, "Schengen, the European Court of Justice and Flexibility under the Lisbon Treaty: Balancing the United Kingdom's 'Ins' and 'Outs'", *EuConst*, 2009, 89 ss.

[21] Cf. acórdão de 18/12/2007, *Reino Unido/Conselho*, proc. C-137/05, Col. 2007, I-11593, no qual estava em causa a anulação do Regulamento n.º 2252/2004/CE do Conselho, de 13/12/2004, que estabelece normas para os dispositivos de segurança e dados biométricos dos passaportes e documentos de viagem emitidos pelos Estados-Membros (JO L 385, de 29/12/2004, 1 ss.) e acórdão de 18/12/2007, *Reino Unido/Conselho*, proc. C-77/05, Col. 2007, I-11459, no qual o Reino Unido pretendia a anulação do Regulamento n.º 2007/2004/CE do Conselho, de 26/10/2004, que cria uma Agência Europeia de Gestão da Cooperação Operacional nas Fronteiras Externas dos Estados-Membros da União Europeia (JO L 349, de 25/11/2004, 1 ss.).

Reino Unido de criar obstáculos ou, até mesmo, inviabilizar a adopção de uma medida que lhe seja desfavorável.

Nos termos do protocolo n.º 21, o Reino Unido e a Irlanda não participarão na adopção pelo Conselho de medidas cuja base jurídica seja o título V da parte III do TFUE relativo ao espaço de liberdade segurança e justiça (artigo 1.º do protocolo), pelo que nenhuma disposição adoptada com base nele lhes será aplicável (artigo 2.º), a menos que estes Estados decidam participar na adopção e aplicação dessas disposições (artigo 3.º) ou mesmo ficar vinculados por actos já em vigor (artigo 4.º). Além disso, o Reino Unido e a Irlanda gozam de um *opt out* relativamente às medidas propostas ou adoptadas com base no título V da parte III do TFUE que alterem uma medida existente à qual estejam vinculados.

A Dinamarca goza de um estatuto diferente – que, aliás, já tinha anteriormente. Este Estado-Membro recusa a "comunitarização" de todas as matérias cobertas pelo espaço de liberdade, segurança e justiça. Por isso, o protocolo n.º 21 concede-lhe um regime de excepção, podendo vir a prescindir dele, no todo ou em parte, em moldes um pouco mais limitados que os do Reino Unido e da Irlanda.

Do exposto resulta que os avanços alcançados no domínio do espaço de liberdade, segurança e justiça tiveram contrapartidas bastante negativas: a geometria variável ou Europa *à la carte*, a flexibilidade, a fragmentação e o "excepcionalismo"[22].

O aumento da geometria variável é tanto mais preocupante quanto se trata de uma área em que, em princípio, as pessoas se encontram em situação de especial vulnerabilidade e detêm fracos recursos económicos.

Como, com pertinência, escreve António Vitorino, "*o problema da protecção dos direitos fundamentais torna-se especialmente evidente no âmbito da justiça e dos assuntos internos. São inúmeras as medidas que, directa ou indirectamente, suscitam potenciais problemas de compatibilidade e respeito pelos direitos dos cidadãos europeus, tornando evidente a necessidade de um mecanismo de protecção adequado*"[23].

Ora, partindo o espaço de liberdade, segurança e justiça da ideia-base de que o ser humano se deve posicionar no centro das preocupações da União Europeia (não apenas o ser humano enquanto agente económico, não apenas

---

[22] A expressão é de SERGIO CARRERA/FLORIAN GEYER, "El Tratado de Lisboa...", 134.

[23] ANTÓNIO VITORINO, "Perspectivas de futuro para a União Europeia: desenvolver o espaço de liberdade, segurança e justiça e reforçar a tutela dos direitos fundamentais", in *Estudos em Homenagem ao Conselheiro José Manuel Cardoso da Costa*, 2003, 987 e 988.

o cidadão da União, mas sim todo e qualquer ser humano que tem contacto com a União: o imigrante, o requerente de asilo, o refugiado, aquele se encontra temporária ou permanentemente no espaço europeu e que tem direito a deslocar-se numa Europa livre, segura e justa) não se compreende que nem todos os seres humanos gozem dos mesmos direitos e, muito menos, que não tenham acesso aos mesmos meios de defesa, nomeadamente, jurisdicionais. Trata-se, pois, de um verdadeiro atentado ao direito a uma tutela jurisdicional efectiva, bem com ao princípio da igualdade de tratamento e da não discriminação em função da nacionalidade.

Situação que ainda é mais agravada pelo facto de o Reino Unido também gozar de uma posição especial relativamente à Carta de Direitos Fundamentais da União Europeia (cf. protocolo n.° 30).

4. Conclusões

A) A génese do espaço de liberdade, segurança e justiça é muito anterior ao Tratado de Amesterdão que o consagrou, expressamente, pela primeira vez, no Direito Originário. Na verdade, a sua criação é uma consequência directa do mercado interno introduzido pelo Acto Único Europeu.

B) Os antecedentes mais próximos do Tratado de Lisboa, neste domínio – como, aliás, em todos os outros – são o Tratado que estabelece uma Constituição para a Europa, bem como o mandato da CIG, anexo às conclusões do Conselho Europeu de Bruxelas, de Junho de 2007.

C) A eliminação da estrutura tripartida da União Europeia, aliada à sua substituição por uma estrutura unitária, com personalidade jurídica, impulsionou as alterações introduzidas pelo Tratado de Lisboa nas disposições relativas ao espaço de liberdade, segurança e justiça.

D) O regime jurídico comum, actualmente em vigor, encontra-se previsto, em especial, no Tratado sobre o Funcionamento da União Europeia e obedece ao que se convencionou chamar o "método comunitário".

E) O procedimento legislativo-regra do espaço de liberdade, segurança e justiça é o processo legislativo ordinário, as fontes vinculativas de Direito Derivado são os regulamentos, as directivas e as decisões e o controlo jurisdicional é da competência dos Tribunais da União.

F) Os parlamentos nacionais participam nos mecanismos de avaliação do controlo da execução das políticas dentro do espaço de liberdade, segurança e justiça, bem como na aplicação dos princípios da subsidiariedade e da proporcionalidade no âmbito do processo legislativo.

G) A "comunitarização" do espaço de liberdade, segurança e justiça não é, todavia, plena. O Tratado de Lisboa introduziu igualmente desvios ao regime jurídico comum, os quais representam verdadeiras concessões à soberania dos Estados-Membros.

H) O "método intergovernamental" mantém-se pois nos domínios de maior significado político, exteriorizando-se, designadamente, através da manutenção da iniciativa legislativa dos Estados, das cláusulas de salvaguarda no âmbito da cooperação judiciária em matéria penal, da maior exigência das regras relativas à cooperação reforçada no domínio penal, da responsabilidade exclusiva dos Estados quanto à ordem pública e à salvaguarda da segurança interna e da consequente exclusão da jurisdição dos Tribunais da União, e da determinação unilateral das quotas de imigração relativamente aos nacionais de Estados terceiros.

I) A maior concessão à soberania dos Estados-Membros revela-se, todavia, na manutenção e na ampliação dos *opt out* concedidos ao Reino Unido, à Irlanda e à Dinamarca.

J) Apesar de todas estas limitações, em matéria de espaço de liberdade, segurança e justiça, o Tratado de Lisboa deve ser avaliado positivamente, na medida em que consagrou igualmente avanços significativos. Aliás, as soluções consagradas não teriam divergido, de modo substancial, se o Tratado que estabelece uma Constituição para a Europa tivesse entrado em vigor.

K) A verdade é que se compararmos o regime jurídico do espaço de liberdade, segurança e justiça constante do Tratado de Lisboa com o que vigorava anteriormente, é forçoso concluir que a democracia, a União de Direito e a protecção dos direitos fundamentais saíram reforçadas.

Lisboa, Abril de 2010.

O ambiente no Tratado de Lisboa: uma relação sustentada

PROF.ª DOUTORA CARLA AMADO GOMES*
DR. TIAGO ANTUNES**

SUMÁRIO: 1. O ambiente na União Europeia: da indiferença à voracidade? 2. Política de ambiente e desenvolvimento sustentável. 3. Política de ambiente e luta contra as alterações climáticas. 4. Política de ambiente e promoção das energias renováveis. 5. Cidadania europeia e tutela ambiental.

1. A *relação* da União Europeia com o ambiente é hoje indesmentível, mas o começo não foi auspicioso. O Tratado de Roma ignorava a protecção ambiental − compreensivelmente, dada a inicial vertente puramente económica da integração, bem como em virtude da necessidade de desenvolvimento industrial e comercial do pós-guerra −, numa época em que, de resto, se vivia a *pré-história* do Direito Internacional do Ambiente[1]. O cenário alterou-se dramaticamente, todavia, em finais de 1960, e a comunidade internacional viu-se mobilizada para uma emergência ecológica que rapidamente adquiriu contornos avassaladores. A União Europeia, então ainda Comunidade Económica Europeia, não ficou indiferente a esta causa. A frieza inicial deu lugar, após a Cimeira de Paris de 1972 − por seu turno, na directa sequência da Conferên-

---

* Professora Auxiliar da Faculdade de Direito da Universidade de Lisboa. Professora Convidada da Faculdade de Direito da Universidade Nova de Lisboa.
** Assistente Convidado da Faculdade de Direito da Universidade de Lisboa.
[1] Cf. uma proposta de faseamento da evolução do Direito Internacional do Ambiente pode ver-se em ALEXANDRE KISS e JEAN-PIERRE BEURIER, *Droit International de l'Environnement*, 3.ª ed., 2004, 27 ss.

32 Carla Amado Gomes/Tiago Antunes

cia de Estocolmo, ocorrida no mesmo ano – a um período de enamoramento que durou até 1987, data da entrada em vigor do Acto Único Europeu e da *oficialização* da relação.

Cumpre sublinhar que os 15 anos de *namoro* não foram inocentes – melhor seria até chamar-lhe *união de facto,* uma vez que a intervenção da Comunidade em matéria ambiental foi extraordinariamente intensa, não se limitando a promessas vagas e a declarações inflamadas. A Comunidade legislou vastamente, quer em nome da construção do mercado interno e da harmonização das condições de concorrência no seio deste[2], quer invocando a melhoria da qualidade de vida das populações dos Estados-membros[3], quer, enfim, no plano puro e simples da protecção ambiental[4]. A *aprovação* desta relação informal, baseada numa hábil articulação de bases competenciais – à data, artigos 2, 100 e 235 do Tratado de Roma – pelo Tribunal de Justiça foi essencial para a consolidação do laço entre o ambiente e a Comunidade Europeia[5].

Depois da *formalização da relação,* com a inscrição, pela mão do Acto Único Europeu, de um título dedicado à política de ambiente no Tratado de Roma – então artigos 130R/S/T –, os *votos* têm-se renovado a cada revisão, com pequenos acrescentos, mais ou menos despiciendos, aos dispositivos legais do Tratado: realce-se, entre os dispensáveis, a inclusão do "princípio da precaução", em 1992/93, com a nova redacção do artigo 174/1[6]; e, entre os relevantes, a inserção, em 1998, da referência ao princípio da integração em sede de dispo-

---

[2] *V.g.,* a Directiva 85/210/CEE do Conselho, de 20 de Março de 1985, relativa à aproximação das legislações dos Estados-Membros respeitantes ao teor de chumbo na gasolina

[3] *V.g.,* as Directivas 73/404/CEE do Conselho, de 22 de Novembro de 1973, relativa à aproximação das legislações dos Estados-Membros respeitantes aos detergentes, 73/405/CEE do Conselho, de 22 de Novembro de 1973, relativa à aproximação das legislações dos Estados-Membros respeitantes aos métodos de controlo da biodegradabilidade dos agentes de superfície aniónicos, e 82/242/CEE do Conselho, de 31 de Março de 1982, relativa à aproximação das legislações dos Estados-Membros respeitantes aos métodos de controlo da biodegradabilidade dos agentes de superfície não-iónicos.

[4] *V.g.,* a Directiva 79/409/CEE do Conselho, de 2 de Abril de 1979, relativa à conservação das aves selvagens.

[5] Cf. CARLA AMADO GOMES, *A jurisprudência ambiental comunitária: uma selecção,* in RDAOT, n.os 14/15, 2009, 33 ss.

[6] A dispensabilidade advém da ausência de conteúdo do princípio em face dos princípios da prevenção – já *instalado* no Tratado e acolhido como tal pela jurisprudência internacional – e da proporcionalidade. Sobre este ponto, veja-se o nosso *Risco e modificação do acto autorizativo concretizador de deveres de protecção do ambiente,* 2007, 264 ss., e também, embora não tão assertivamente, KEN LENAERTS, *«In the Union we trust»: Trust-enhancing principles of Community Law,* in CMLR, 2004/2, 317 ss., 329-333.

sições introdutórias do Tratado da Comunidade Europeia, no novo artigo 6[7]. Interessante acrescento promovido pelo Tratado de Lisboa ao Tratado sobre o Funcionamento da União Europeia (=TFUE) constitui o novo artigo 13, em que se cinge a actuação da União nos domínios da agricultura, da pesca, dos transportes, do mercado interno, da investigação e desenvolvimento tecnológico e do espaço a um princípio de respeito pelo bem-estar dos animais enquanto seres sensíveis[8].

A Carta dos Direitos Fundamentais, proclamada em 2000 (e reproclamada em 2007), inseriu o ambiente entre as tarefas da Comunidade no artigo 37, numa fórmula que complementa os actuais artigos 3/3 do Tratado da União Europeia (=TUE), e 11 e 191 a 193 do TFUE[9] – na rearrumação e na renumeração promovidas pelo Tratado de Lisboa[10]. Em todos se apela a um *soundbite* recorrente no Direito Internacional do Ambiente: o desenvolvimento sustentável.

O entrosamento entre ambiente e desenvolvimento sustentável, bem patente no artigo 11 do TFUE, é um dos traços marcantes do Tratado de Lis-

---

[7] A relevância assenta na acentuação da transversalidade do objectivo de protecção do ambiente e do convite à equação deste num conjunto amplo de políticas. A associação entre integração e ambiente é oriunda da OCDE – cf. GERTRUDE PIERATTI e JEAN-LUC PRAT, *Droit, économie, écologie et développement durable: des relations nécessairement complémentaires mais inévitablement ambiguës*, in RJE, 2000/3, 421 ss., 428.

[8] Este dispositivo incorpora no TFUE o dispositivo do Protocolo n.º 33 anexo ao Tratado de Amesterdão e, no que aos animais diz respeito, formaliza uma atitude que, se bem que não de forma linear, tem sido cultivada pelas instâncias comunitárias desde 1993, data da directiva sobre a protecção dos animais no momento do abate (directiva 93/11/CE, do Conselho, de 22 de Dezembro) – cf. OLIVIER DUBOS e JEAN-PIERRE MARGUÉNAUD, *La protection internationale et européenne des animaux*, in Pouvoirs, n.º 31, 2009, 113 ss., 120 ss.

[9] Cumpre mencionar também o artigo 4/2, *e*) do TFUE, onde se elencam as políticas partilhadas entre a União e os Estados-membros e em cujo lote a política de ambiente se integra – ressalvada a protecção dos recursos biológicos marinhos, que faz parte das competências exclusivas, no âmbito da política das pescas [artigo 3/1, *d*) do TFUE].

[10] Em geral sobre o Tratado de Lisboa, VLAD CONSTANTINESCO, *Le traité de Lisbonne*, in REE, n.º 4, 2008, 17 ss.; ANTÓNIO VITORINO, *Luzes e sombras do Tratado de Lisboa*, in REE, n.º 4, 2008, 33 ss.; NICOLA MOUSSIS, *Le traité de Lisbonne: une constitution sans en avoir le titre*, in RMCUE, n.º 516, 2008, 161 ss.; JÜRGEN SCHWARZE, *Le traité de Lisbonne: quelques remarques d'un observateur allemand*, in RMCUE, n.º 518, 2008, 281 ss.; JEAN-PAUL JACQUÉ, *Du Traité constitutionnel au Traité de Lisbonne: tableau d'une négociation*, in RDPSP, 2008/3, 822 ss.; CARLA AMADO GOMES, *O Tratado de Lisboa: ser ou não ser… reformador (eis a questão)*, in RMP, n.º 114, 2008, 7 ss.; DIOGO FREITAS DO AMARAL e NUNO PIÇARRA, *O Tratado de Lisboa e o princípio do primado do Direito da União Europeia: uma "evolução na continuidade"*, in RDP, n.º 1, 2009, 9 ss.

boa no domínio da política euro-ambiental[11]. Embora a ideia de desenvolvimento sustentável não seja inteiramente nova ao nível do Direito Comunitário originário (tendo sido introduzida primariamente pelo Tratado de Amesterdão)[12], com o Tratado de Lisboa ela ganha uma importância acrescida e expõe diversas novas manifestações, numa lógica que, de certo modo, poderia evidenciar uma primarização do interesse ambiental em face de outros. Veremos, todavia, que nem a ambígua fórmula do desenvolvimento sustentável – nas várias definições e contextos em que o Tratado de Lisboa a ela faz referência – permite retirar tal ilação, nem os Estados terão pretendido introduzir semelhante hierarquização no plano de acção da União. A *pulverização* do desenvolvimento sustentável por outras "companhias" faz duvidar da sua fidelidade ao ambiente, num quadro que, ao cabo e ao resto, se limita a fazer eco das reticências que a noção tem merecido a alguma doutrina do Direito Internacional do Ambiente (**2.**).

Sendo certo que a noção de desenvolvimento sustentável ganha grande protagonismo e centralidade com o Tratado de Lisboa, não seria suficiente circunscrever o quadro de novidades a tal conceito. Cumpre fazer menção a, pelo menos, mais duas áreas de intersecção com a política de ambiente que agora emergem formalmente: por um lado, a luta contra as alterações climáticas, domínio onde a União se tem vindo a distinguir internacionalmente nos últimos anos, na sequência da ratificação, em 2002, do Protocolo de Quioto (**3.**); por outro lado, a estreita ligação que se vem estabelecendo entre protecção do ambiente e promoção da utilização de recursos renováveis com vista à geração de energia, tanto no plano da produção de electricidade, quanto na produção de biocombustíveis, autêntica catapulta de uma política (partilhada) de energia, hoje claramente assumida no Título XXI do TFUE (**4.**). Significativamente, estes dois domínios – clima e energia – têm estado bem no centro da agenda político-legislativa europeia ao longo dos últimos anos.

---

[11] Sobre as alterações trazidas, em sede de política ambiental, pelo Tratado de Lisboa, vejam-se MARIACHIARA ALBERTON e MASSIMILIANO MONTINI, *Le novità introdotte dal Trattato di Lisbona per la tutela dell'ambiente*, in RGd'A, 2008/2, 505 ss.; CHRISTOPHE KROLIK, *Le Traité de Lisbonne et l'environnement*, in REDE, 2008/2, 171 ss.; DAVID BENSON e ANDREW JORDAN, *A grand bargain or an "incomplete contract"? European Union Environmental Policy after the Lisbon Treaty*, in EEELR, 2008/5, 280 ss.

[12] Assinale-se, todavia, que o Projecto de Tratado Constitucional não continha nenhuma menção expressa ao desenvolvimento sustentável – cf. PASCAL LEFÈVRE, *L'environnement, la Convention Européenne et l'avenir de l'Europe*, in REDE, 2002/4, 390 ss., 400.

O *ambiente no Tratado de Lisboa: uma relação sustentada*   35

Finalmente, deixaremos uma referência às vias de exercício da *cidadania ambiental* na Europa pós-Tratado de Lisboa, fortalecidas com a nova possibilidade de iniciativa legislativa através do direito de petição colectiva – mas lamentavelmente intocadas no que toca à abertura da acção de anulação à legitimidade popular (**5.**).

2. No TUE, o conceito de desenvolvimento sustentável consta, desde logo, do próprio preâmbulo (9.º considerando), surgindo aí estreitamente envolvido com a realização do mercado interno, com o reforço da coesão e com a protecção do ambiente, tendo em vista a promoção do progresso económico e social. Encontramo-lo novamente ao nível dos objectivos da União, no plano interno (artigo 3/3 do TUE) – voltando a insistir-se na tónica do "crescimento económico equilibrado e na estabilidade dos preços numa economia altamente competitiva que tenha como meta o pleno emprego e o progresso social e num elevado nível de protecção e melhoramento da qualidade do ambiente" – e externo (artigo 3/5 do TUE), sendo que, nesta última dimensão, a União apela quase obsessivamente a esta noção no artigo 21/2, alíneas *d*) e *f*) – aqui, por duas vezes!

Já no TFUE, o desenvolvimento sustentável protagoniza duas "aparições" – uma, no artigo 11, a par do princípio da integração (que já vinha do anterior artigo 6 do Tratado de Roma, redacção dada na sequência da entrada em vigor do Tratado de Amesterdão), e outra no artigo 177, relativo ao Fundo de Coesão. Curiosamente (?), está ausente de qualquer das normas presentes no Título XX, sobre a Política de Ambiente, bem como do Título XXI, que introduz a Política de Energia no lote de tarefas partilhadas entre Estados-Membros e União. Não figura, tão pouco, no Preâmbulo da Carta dos Direitos Fundamentais, nela se apelando, mais neutramente, a um "desenvolvimento equilibrado e duradouro" (Considerando 3) – embora esteja presente, como vimos, no artigo 37 da Carta.

A adesão da União a tal *estribilho* do Direito Internacional do Ambiente não surpreende, uma vez que esta locução vem ganhando foros de cidade no discurso político ambiental. Porém, o desenvolvimento sustentável, longe de fornecer pistas firmes, antes se envolvendo numa nebulosa que turva a compreensão do seu sentido e alcance. Tentemos uma aproximação a esse "rasto ziguezagueante", como Pierre-Marie Dupuy o apodou[13].

---

[13] Pierre-Marie Dupuy, *Où en est le Droit International de l'Environnement à la fin du siècle?*, in RGDIP, 1997/4, 873 ss., 889.

36   Carla Amado Gomes/Tiago Antunes

Desenvolvimento sustentável é *o desenvolvimento que vai ao encontro das neces-sidades das gerações presentes sem comprometer as necessidades das gerações futuras* – assim resulta o alegado princípio do texto do Relatório *Bruntland* (1987), onde se celebrizou. O seu gérmen, todavia, poderá detectar-se uns séculos antes. Bartenstein, que se dedicou ao estudo do tema, encontra as suas raízes mais profundas na obra *Sylvicultura oeconomica* (1713), da autoria do Administrador das Florestas de Augusto, o Forte, Hans Carl von Carlowitz. Neste escrito, o autor utilizava o termo *Nachhaltigkeit*, que se pode traduzir por "durabilidade", para defender um sistema de gestão das florestas da região de Freiberg, que sofreram forte devastação em virtude da descoberta de prata no solo[14]. Dada a sua condição de nobre, von Carlowitz viajou pela Europa e ter-se-á inspirado na *Grande Ordonnance sur les fôrets* de 1669, promovida por Colbert, Ministro de Luís XIV.

Esta reforma da política florestal francesa, por seu turno, visou estancar a sangria de madeira desviada para a construção de barcos através da fixação de limites ao abate e da regulamentação da venda. Embora tivessem finalidades estritamente militares, estas medidas revelaram a von Carlowitz um modelo de gestão racional da floresta que este pôs em prática no seu país natal e que viria a ter repercussões futuras nas obras de Moser e Cotta, este último considerado o pai das modernas teorias de exploração sustentada das florestas. Ou seja, num primeiro momento, a ideia de desenvolvimento sustentável serve sobretudo um objectivo militar, só numa segunda leitura se prestando a considerações ecológicas.

No Relatório *Our common future*, elaborado pela *Comissão para o Ambiente e Desenvolvimento* (criada em 1983 e presidida por Gro Bruntland, cujo nome assumiu), o princípio ganha protagonismo. O Relatório foi encomendado pela Assembleia Geral das Nações Unidas e destinou-se a fazer um ponto da situa-ção do estado de conservação dos recursos naturais, bem como a estabelecer um conjunto de princípios de actuação dos Estados no domínio da protecção do ambiente, no sentido de preparar a Conferência do Rio, que veio a ter lugar em 1992. Há quem considere, no entanto, que o embrião da fórmula estava já presente na Declaração de Estocolmo[15] – ou em documentos posteriores a

---

[14] KRISTIN BARTENSTEIN, *Les origines du concept de développement durable*, in RJE, 2005/3, 289 ss., 293 ss.

[15] Neste sentido, MARC PALLEMAERTS, *La Conférence de Rio: Grandeur et décadence du Droit Inter-national de l'Environnement?*, in RBDI, 1995/1, 175 ss., 185 ss., e também o Voto de Vencido do Juiz Weeramantry aposto ao Acórdão *Gabcikovo-Nagymaros*, ponto *c*).

Cadernos O Direito 5 (2010), 31-63

O ambiente no *Tratado de Lisboa: uma relação sustentada* 37

esta, como a *World Conservation strategy,* elaborada pela União para a Conservação da Natureza em 1980, na qual se apelava a um "uso sustentado dos recursos naturais" *(sustainable use of resources)*[16], ou a *World Charter for Nature,* aprovada pela Resolução 37/7 (XXXVII) da Assembleia Geral da Organização das Nações Unidas, de 28 de Outubro de 1982 (cf. o 5.º Considerando).

A "definição" a que se chegou no Relatório *Bruntland* – *development that meets the needs of the present without compromising the ability of future generations to meet their own needs* – espelha bem, pela sua ininitelegibilidade "délfica"[17], os dilemas de articulação entre ambiente e desenvolvimento vividos no seio da ONU, onde ainda ecoava a expectativa de construção de uma Nova Ordem Económica Internacional, emergente nos anos 1970. Desde logo alvo de uma interpretação autêntica realizada pelo Programa das Nações Unidas para o Ambiente (na decisão 15/2, de Maio de 1989), que aditou o segmento "and does not imply in any way encroachment upon national sovereignty", o destino da fórmula do desenvolvimento sustentável/sustentado ficaria selado com a deriva utilitarista introduzida pela Declaração do Rio.

É comum a ideia de que termina no Rio a *idade da inocência* do imberbe "princípio do desenvolvimento sustentável". Os autores sublinham que, enquanto na Declaração de Estocolmo "os direitos soberanos dos Estados sobre os seus recursos naturais se situam num contexto ecológico, que condiciona de alguma forma as modalidades do seu exercício, na formulação da Declaração do Rio esse contexto foi atenuado pela alusão a políticas de desenvolvimento económico, que funcionam como contra-peso"[18]. O sentido do princípio do desenvolvimento sustentado atinge uma ambiguidade máxima, transformando-se numa noção primordialmente económica[19].

Na Declaração do Rio, a *subalternização* do objectivo de protecção ambiental é especialmente visível, desde logo ao nível do princípio 2, que reconhece aos Estados *o direito de explorar os seus recursos de acordo com a sua política ambiental* e, num aditamento pleno de sentido, *nos termos da sua política de desenvolvimento*[20]. Continuando embora a estabelecer uma estreita relação entre direito ao am-

---

[16] Cf. Patricia Birnie, *Environmental protection and development,* in *International Environmental Law,* I, coord. de Paula Pevato, 2003, 273 ss., 277.

[17] Cf. Patricia Birnie, *Environmental protection...,* cit., 277.

[18] Marc Pallemaerts, *La conférence...,* cit., 188.

[19] Cf. S. Bell e D. McGillivrag, *Environmental Law,* 5.ª ed., 2000, 44; G. Fievet, *Réflexions sur le concept de développement durable: prétention économique, principes stratégiques et protection des droits fondamentaux,* in RBDI, 2001/1, 128 ss., 139 ss.

[20] Cf. Marc Pallemaerts, *La conférence...,* cit., 188.

38   *Carla Amado Gomes/Tiago Antunes*

biente e direito à qualidade de vida, a Declaração do Rio conferiu ao primeiro um novo matiz, marcadamente economicista: leia-se a nova fórmula, constante do princípio 1, que refere um "direito a uma vida sã e produtiva, em harmonia com a natureza". A qualidade ambiental enquanto *pressuposto* de uma vida com qualidade passa a *resultado* eventual da actividade humana, dependente das opções de política económica dos Estados. Tal orientação decorre também do princípio 4, que entrelaça ambiguamente a protecção do ambiente e o processo de desenvolvimento, condenando implicitamente qualquer política de ambiente que não seja compatível com os imperativos do crescimento económico[21].

A verdade é que, havendo embora algumas referências dispersas ao desenvolvimento sustentado ao longo da Declaração do Rio, não é possível induzir delas nenhuma noção coerente sobre a substância do "princípio", precisamente porque inexiste consenso real sobre esse conceito no seio da comunidade internacional. Esta é, aliás, a razão porque P.-Marie Dupuy advoga que o "princípio" deve ter uma enunciação casuística –, o que corresponde a negar-lhe a natureza de princípio [22]. Esta apreciação é reforçada pela análise de Pallemaerts, ao escrever que "a leitura da Declaração do Rio e dos seus trabalhos preparatórios revela-nos que existe uma confusão semântica crescente e por vezes mesmo deliberadamente alimentada entre os conceitos de «protecção do ambiente», «desenvolvimento sustentado», «desenvolvimento» *tout court* e «crescimento económico»"[23].

O desenvolvimento sustentado corresponde a uma certa ideia de justiça distributiva no plano internacional, a qual, para ter alguma eficácia, pressupõe uma dupla projecção: num plano *intra*geracional *global* (que envolveria a concessão de auxílios aos países mais pobres, por um lado, e a assunção de uma atitude mais activamente racional no aproveitamento dos recursos, por outro lado), e numa vertente *inter*geracional (na perspectiva da salvaguarda do direito à sobrevivência das gerações futuras) – ainda que as duas dimensões não revistam idêntica natureza vinculante[24]. Ora, da Conferência do Rio emergiu uma

---

[21] MARC PALLEMAERTS, *La conférence...*, *cit.*, 183.

[22] PIERRE-MARIE DUPUY, *Où en est...*, *cit.*, 887.

[23] MARC PALLEMAERTS, *La conférence...*, *cit.*, 182. No mesmo sentido, C. GUTIERREZ ESPADA, *La contribución...*, *cit.*, 176 ss.; G. CORDINI, *Diritto ambientale...*, *cit.*, 35 ss., *max.* 46; PATRICIA BIRNIE, ALAN BOYLE e CATHERINE RIDGWELL, *International Law & the Environment*, 3.ª ed., 115 ss., max.125.

[24] Sobre a tensão entre as ideias de solidariedade *intra* e *inter*geracional, leia-se o diálogo crítico entre A. D'AMATO, E. WEISS e D. GÜNDLING em três artigos reunidos sob o título *Agora: What obligations does our generation owe to the next? An approach to global environmental responsibility*, in AJIL, vol. 94, 1990, 190 ss.

O *ambiente no Tratado de Lisboa: uma relação sustentada*   39

Declaração que acentua a tensão entre o princípio do desenvolvimento – que de *sustentado* só tem o título... – e a necessidade de gestão racional dos recursos ambientais, olhada com desconfiança pelos Estados desenvolvidos, mais preocupados com a manutenção do *western way of life* das suas populações do que com a justiça intrageracional global. A pretexto de alcançar o consenso sobre um conjunto de pontos fundamentais na definição de uma estratégia mundial de luta contra a degradação ambiental, o que se conseguiu no Rio foi estabelecer um catálogo de fórmulas derrogatórias das obrigações de protecção do ambiente então esboçadas.

Esta análise desencantada é facilmente comprovada pela breve apreciação de alguns compromissos (em grande parte assumidamente desprovidos de força vinculante) firmados na sequência da Conferência do Rio[25]. No caso da protecção das florestas, a dependência das políticas de desenvolvimento económico de cada Estado e a total remissão para a sua legislação interna esvaziam qualquer intenção efectiva de protecção dos interesses ambientais. No domínio da conservação da diversidade biológica, todas as obrigações das partes estão condicionadas por uma cláusula de "reserva do possível e oportuno". E no campo da luta contra as alterações climáticas, o artigo 2 da Convenção-Quadro sobre as alterações climáticas dá o mote, estabelecendo que a redução das emissões deve ser gradual, de modo "a que os ecossistemas se possam adaptar naturalmente às alterações climáticas, a que a produção alimentar não fique ameaçada e a que o desenvolvimento económico possa prosseguir numa lógica de durabilidade".

A maior herança do Rio em benefício do desenvolvimento sustentável parece ter sido formal, traduzida na criação da Comissão para o Desenvolvimento Sustentável pela Resolução da Assembleia Geral da ONU 47/191, de 29 de Dezembro de 1993. A Comissão é composta por 53 Estados, reúne-se de dois em dois anos e tem por missão seguir a concretização da Agenda 21 e do Plano de Implementação de Joanesburgo[26]. Todavia, como nota BIRNIE, a

---

[25] Seguimos a exposição de MARC PALLEMAERTS, *La conférence...*, *cit.*, 202 ss. Leiam-se também as considerações de CARLOS GUTIÉRREZ ESPADA, *La contribución...*, *cit.*, 184 ss., e de S. JOHNSON, *Did we really save the Earth at Rio?*, in *The Earth Summit: The United Nations Conference on Environment and Development (UNCED)*, 1993, 3 ss. Numa perspectiva mais optimista (mas essencialmente descritiva), ALEXANDRE KISS e DINAH SHELTON, *International Environmental Law*, 2.ª ed., 2000, 74 ss.

[26] Esta Comissão produziu, em 1995, o *Report of the Expert Group Meeting on identification of principles of International Law for sustainable development* – acessível em http://www.un.org/documents/ecosoc/cn17/1996/background/ecn171996-bp3.htm.

40   *Carla Amado Gomes / Tiago Antunes*

falta de canais de comunicação directos com a Assembleia Geral ou com o Conselho de Segurança – dado que a interlocução se faz com o Conselho Económico e Social – minimiza o seu potencial[27].

Acresce a este quadro a constatação, expressamente assumida na Resolução da Assembleia Geral da ONU 55/199, de 20 de Dezembro de 2000 – instrumento que convoca a quarta conferência mundial sobre o ambiente, em Joanesburgo, realizada em 2002 – da genérica inefectividade dos compromissos assumidos no Rio[28]. Na realidade, a Cimeira Mundial para o Desenvolvimento Sustentado limitou-se a instar os Estados a aprofundar o seu comprometimento com a causa da protecção do ambiente, convidando mesmo – numa atitude de resignação realista – à adopção de códigos de conduta e instrumentos não vinculantes como alternativa às situações de impasse até então verificadas (refira-se que o quadro de indefinição não melhora com as referências encontradas na Declaração do Milénio, de 2000). O desenvolvimento sustentado, esse pretenso macro-princípio aglutinador de objectivos de tutela ambiental ficou, mais do que nunca, conotado com uma certa retórica ambiental imobilista e com um activismo económico em ascensão[29].

Nem a Declaração de Nova Deli – *Declaration of principles of International Law relating to sustainable development* – elaborada em 2003 pela *International Law Association* (num esforço de indução a partir da análise de centenas de instrumentos internacionais que fazem alusão à noção)[30], e publicada como documento oficial da ONU (UN Doc A/57/329)[31], contribuiu para dissipar o nevoeiro que rodeia o desenvolvimento sustentável. Note-se que a Declaração remete os sustentáculos da noção para sete princípios, de juridicidade muito variável (e questionável)[32]: 1) Obrigação de os Estados assegurarem um uso sustentável dos recursos naturais; 2) Imperativo de equidade e de erradicação

---

[27] PATRICIA BIRNIE, *Environmental protection...*, cit., 306.

[28] MARC PALLEMAERTS, *International Law and sustainable development: any progress in Johannesburg?*, in RECIEL, 2003/1, 1 ss., 2.

[29] Cf. MARC PALLEMAERTS, *International Law ...*, cit., 7, 10 e 11.

[30] Na sequência da aprovação desta Declaração, constitui-se um Comité de estudo do Desenvolvimento Sustentável no Direito Internacional no âmbito da ILA, cujos relatórios (de 2004, 2006 e 2008) se encontram publicados no site http://www.ila-hq.org/en/committees/index. cfm/cid/1017 (*Committee documents*).

[31] Acessível em http://daccessdds.ny.un.org/doc/UNDOC/GEN/N02/534/20/PDF/ N0253420.pdf?OpenElement.

[32] No mesmo sentido, SILVIA SALARDI, *Il Diritto Internazionale in matéria di sviluppo sostenible. Quali progressi dopo Rio?*, in RGd'A, 2008/3-4, 657 ss., 668.

da pobreza; 3) Princípio das responsabilidades comuns mas diferenciadas; 4) Princípio da precaução; 5) Princípios do acesso à informação, participação e acesso à justiça em sede ambiental; 6) Princípio da *good governance*; 7) Princípio da integração (dos direitos do Homem com os objectivos sociais, económicos e ambientais). Esta lista não pretende ser exaustiva, mas é sobretudo muito pouco elucidativa sobre a *espessura jurídica* do desenvolvimento sustentável enquanto princípio jurídico autónomo[33].

À indefinição do conceito não ajuda, adita Cans, a anteposição do termo *desenvolvimento* antes do termo *sustentável*[34]... Com efeito, esta ordem chama a atenção para a sistemática sobreposição dos interesses imediatos do crescimento económico, da perpetuação de um determinado estilo de vida, aos interesses de longo curso da preservação dos valores naturais. E a economia alimenta-se precisamente da efemeridade dos produtos, da contínua demanda do consumidor por novidades – a durabilidade é um valor a combater[35]... De resto, segundo a autora, a multiplicação de aparições do conceito não corresponde à afinação do seu conteúdo jurídico. "O desenvolvimento durável – ressalta – seria uma espécie de «projecto político global» fundado numa vontade (mais ou menos sincera) de integrar factores não económicos no Direito Económico"[36].

É de teor próximo desta análise a reflexão de Fievet[37]. Depois de acentuar a forte ambiguidade política e a fraca intensidade jurídica do princípio, o autor traça vias "estratégicas" de operacionalização do mesmo, que assentam, do ponto de vista da "governação ambiental", nos princípios da integração, da cooperação, da equidade, da participação e da subsidiariedade e, numa perspectiva estritamente jurídica, nos princípios da precaução e do poluidor-pagador[38]. O carácter camaleónico da noção prende-se com a forte margem de

---

[33] Assim também conclui SILVIA SALARDI, *Il Diritto Internazionale...*, cit., 679.

[34] CHANTAL CANS, *Le développement durable en droit interne: apparence du droit ou droit des apparences*, in AJDA, 2003/15, 210 ss., 211.

[35] CHANTAL CANS, *Le développement durable...*, cit., 217.

[36] CHANTAL CANS, *Le développement durable...*, cit., cit., 210. Ou, na expressão de PATRICIA BIRNIE, ALAN BOYLE e CATHERINE RIDGWELL, "one of the main attractions of sustainable development as a concept is that both sides in any legal argument will be able to rely on it" – *International Law...*, cit., 116.

[37] GILLES FIEVET, *Réflexions sur le concept...*, cit., 134 ss.

[38] GILLES FIEVET, *Réflexions sur le concept...*, cit., 164 ss. Para GERTRUDE PIERATTI e JEAN-LUC PRAT (*Droit, économie, écologie...*, cit., 427 ss.), o *núcleo duro* do "desenvolvimento sustentável" reside nos princípios da integração, da equidade e da gestão racional.

liberdade entregue ao intérprete aplicador, que a concretizará em atenção ao balanceamento concreto dos interesses económico-sócio-ambientais em jogo.

Que valia reconhecer, então, ao "princípio do desenvolvimento sustentável"? A saturação da noção é evidente. Tão evidente, aliás, que o Tribunal Internacional de Justiça se recusou a reconhecer-lhe natureza de *princípio* no caso *Gabcikovo-Nagymaros* (1997), qualificando-o como um mero "conceito" (cf. o § 140 do Acórdão). Certo, o Juiz Weeramantry, na sua *Dissenting Opinion* aposta ao Acórdão, criticando a posição pouco ambiciosa da Corte Internacional de Justiça, acentuou a longevidade da noção de desenvolvimento sustentável, fazendo-a remontar, nas sociedades asiáticas, a tempos imemoriais. Weeramantry apresenta concretamente o exemplo do Sri Lanka e do seu sistema de irrigação, existente há mais de dois mil anos, paradigma de projectos em que desenvolvimento das populações e salvaguarda dos valores ambientais andam *pari passu*. Convicto da natureza de princípio, o Juiz sublinha, no entanto, o forte casuísmo no seu preenchimento: "Quanto a saber se o desenvolvimento é durável tendo em consideração os seus efeitos sobre o ambiente, trata-se aí, evidentemente, de uma questão que reclama uma resposta no contexto de cada situação concreta" [ponto c)][39].

Esta foi, aliás, a postura adoptada pelo Tribunal da Haia na recente decisão do caso que opôs a Argentina ao Uruguai. No acórdão do passado dia 20 de Abril de 2010, o Tribunal considerou que o uso partilhado do rio Uruguai obriga a conciliar objectivos de protecção do ambiente e utilização económica das águas, o que implica medidas de minimização da poluição emitida pelas fábricas de celulose instaladas nas margens. No § 177 da decisão, pode ler-se que a ponderação equilibrada entre interesses ecológicos e económicos constitui a "essência do desenvolvimento sustentável" – o que aponta para um *modus operandi*, não para um princípio (substantivo).

A necessidade de *contextualização* dos critérios de operacionalidade do "desenvolvimento sustentável" torna-o refém de uma lógica de geometria variável muito pouco compatível com a necessidade de normalização que um princípio jurídico demanda. A doutrina, em face da indefinição que rodeia a

---

[39] Cf., frisando o carácter mais metodológico do que substancial do "princípio", as reflexões de GILLES FIEVET, que aponta para o carácter dinâmico da ideia de desenvolvimento sustentado, muito mais um resultado da compatibilização de princípios do que, *de per si*, um princípio consolidado – *Réflexions...*, *cit.*, 143 ss. Neste último sentido, v. também D. VANDERZWAAG, *The concept and principles of sustainable development: "Rio-formulating" common law doctrines and environmental laws*, in WYAJ, 1993, 39 ss., 41 ss., e L. PARADELL-TRIUS, *Principles of International Environmental Law: an overview*, in RECIEL, n.° 9, 2000, 93 ss., 98.

noção, inclina-se no sentido de considerar o desenvolvimento sustentável um "meta-princípio", de carácter essencialmente procedimental e não directamente accionável[40]. O "lirismo" da fórmula[41] remete-nos para um certo "carácter encantatório"[42] de certas expressões que vão trilhando o Direito Internacional do Ambiente (e alguns Direitos constitucionais[43]), que devem o seu sucesso precisamente a essa ambiguidade e à susceptibilidade de servir objectivos de vários quadrantes, consoante se acentue mais a faceta económica, social ou ecológica dos projectos e acções. O desenvolvimento sustentável tem essencialmente potencial como *metodologia de ponderação de interesses* – no que constitui, mais especificamente, uma expressão do princípio da integração e, mais amplamente, uma enésima aplicação do princípio da proporcionalidade[44] –, não estabelecendo qualquer hierarquia de objectivos.

O sucesso do jargão de desenvolvimento sustentável no Direito Eurocomunitário é fruto da contaminação do Direito "duro" por directrizes que incorporam Direito "suave", que tanto podem ler-se como sedimentos políticos em transição para o universo da normatividade jurídica como proclamações politicamente mobilizatórias mas normativamente vazias. Embora apresentado como um princípio de natureza ambiental, alguma doutrina tende a negar-lhe a pertença a tal domínio, encontrando-lhe operatividade por recurso a três "pilares": económico, social e ambiental[45]. Pieratti e Prat acentuam

---

[40] SILVIA SALARDI, *Il Diritto Internazionale...*, *cit.*, 658 e 665-666.

[41] Na expressão de Jacqueline Morand-Deviller, citada por CHANTAL CANS, *Le développement durable...*, *cit.*, 213.

[42] Cf. GERTRUDE PIERATTI e JEAN-LUC PRAT, *Droit, économie, écologie...*, *cit.*, 422.

[43] Afirmando que o princípio do desenvolvimento sustentável, que penetrou recentemente na Constituição belga (artigo 7bis) mais não é do que "une application particulière du principe de proportionnalité", CHARLES-HUBERT BORN, DAMIEN JANS e CHRISTOPHE THIEBAUT, *Le développement durable entre dans la Constitution*, in *En hommage à Francis Delpérée. Itinéraires d'un constitutionnaliste*, 2007, 209 ss., 227.

[44] Cf. a nota anterior, e MANUEL GROS, *Quel degré de normativité pour les principes environnementaux?*, in RDPSP, 2009/2, 425 ss., 435. Também o Grupo de Trabalho da International Law Association (ILA), reunido em Berlim em 2004 para fazer um levantamento sobre o significado teórico e o potencial prático da fórmula, concluiu que o desenvolvimento sustentável é sobretudo um princípio "integracionista", que visa apontar soluções óptimas de compatibilização dos objectivos de progresso económico, bem-estar social e gestão racional de recursos naturais (ILA. Berlin Conference (2004). *International Law on sustainable development*, First report, Part B: Sustainable Development and International Law).

[45] Sobre esta tridimensionalidade, veja-se ALEXANDRE TOUZET, *Droit et développement durable*, in RDPSP, 2008/2, 453 ss., 456 (a pp. 474-475, o Autor chama a atenção para o debate que rodeou a inclusão da fórmula do desenvolvimento sustentável na *Charte de l'Environnement*, de 2005, da

mesmo a filiação mais universal da expressão no princípio 3 da Declaração do Rio para lhe porem a nu a vertente essencialmente económica, traduzida no "direito ao desenvolvimento"[46]. Ao contrário do que um certo discurso benévolo e crédulo normalmente sustenta como sentido/conteúdo do "princípio", ele é muito menos sustentabilidade ambiental (seja lá o que isso for) do que desenvolvimento económico.

Mesmo os autores que cultivam a crença nas virtualidades do desenvolvimento sustentável não deixam de matizar o seu "absolutismo". Ouça-se Touzet: "O desenvolvimento sustentável induz à adopção de políticas menos sectoriais do que o Direito do Ambiente. Ainda que a protecção do ambiente possa apresentar-se como um objectivo maior do desenvolvimento sustentável, ela não pode arrogar-se o objectivo único"[47]. Ora, é precisamente a tripla perspectiva conciliatória que detectamos no texto dos Tratados institutivos ora revistos, como máxima de acção interna que aponta para um entrelaçamento dos objectivos de progresso económico, promoção do bem-estar social e protecção do ambiente – por esta ordem de "prioridades" –, e como directriz de actuação no plano internacional, enquanto apelo à erradicação da pobreza e à assunção, pelos vários Estados na comunidade internacional, das suas responsabilidades comuns mas diferenciadas.

Olhada desta forma, a insistente e abrangente referência ao desenvolvimento sustentável feita nos artigos 3 e 21 do TUE nada vem acrescentar à lógica de actuação da União, nomeadamente às vinculações – elas próprias igualmente pouco lineares[48] – resultantes do princípio da integração, sediado no artigo 11 do TFUE[49]. Este dispositivo veio sublinhar a transversalidade da

qual resultou a referência aos três pilares, mas com a subalternização do ambiente em face dos outros dois, na sequência de "afinações" do texto no seio de comissões parlamentares).

[46] GERTRUDE PIERATTI e JEAN-LUC PRAT, *Droit, économie, écologie...*, cit., 436-437.

[47] ALEXANDRE TOUZET, *Droit et développement...*, cit., 459.

[48] Expondo as dúvidas que se colocam quanto à diferenciação entre os "princípios" da integração e do desenvolvimento sustentado, CARLOS MANUEL ALVES, *La protection intégrée de l'environnement en Droit Communautaire*, in REDE, 2003/2, 129 ss., 317, 138. O Autor observa que, ao cabo e ao resto, o primeiro acentuaria os meios, enquanto o segundo apontaria para um resultado; todavia, a prática demonstra que nenhum deles se assume como pressuposto de uma qualquer política ambiental, antes se conformam casuisticamente em função dos objectivos comerciais e económicos em presença (*idem*, 138).

[49] A íntima associação entre os dois princípios – integração e desenvolvimento sustentável – encontra-se, de resto, bem assumida e retratada na própria letra do artigo 11 do TFUE, segundo o qual «as exigências em matéria de ambiente devem ser integradas na definição e execução das políticas e acções da União, em especial com o objectivo de promover um desenvolvimento sustentável».

O ambiente no Tratado de Lisboa: uma relação sustentada

política de ambiente, mas não teve a pretensão de a alçar em meta-política que a todos os restantes objectivos se impõe e esmaga[50]. Não que este fosse, todavia, um resultado desejável: o ambiente não deverá, em abstracto e aprioristicamente, cilindrar todos os restantes objectivos da União; tal como estes não deverão ser prosseguidos com desconsideração pela protecção do ambiente. O que o princípio da integração prescreve, pelo contrário, é a necessidade de toda e qualquer actuação da União, nos mais diversos domínios, levar em linha de conta os respectivos impactos sobre o ambiente.

A redução/fusão do desenvolvimento sustentável ao/no princípio da integração foi, de resto, expressamente acentuada na decisão arbitral *Caminho de ferro do Reno*, de 24 de Maio de 2005, que opôs a Bélgica à Holanda, prolatada por uma instância arbitral constituída sob os auspícios do Tribunal Permanente de Arbitragem da Haia[51]. Leia-se o § 59 da decisão:

> Since the Stockholm Conference on the Environment in 1972 there has been a marked development of international law relating to the protection of the environment. *Today, both international and EC law require the integration of appropriate environmental measures in the design and implementation of economic development activities. Principle 4 of the Rio Declaration on Environment and Development, adopted in 1992 which reflects this trend, provides that "environmental protection shall constitute an integral part of the development process and cannot be considered in isolation from it".* Importantly, these emerging principles now integrate environmental protection into the development process. Environmental law and the law on development stand not as alternatives but as mutually reinforcing, integral concepts, which require that where development may cause significant harm to the environment there is a duty to prevent, or at least mitigate, such harm (…). This duty, in the opinion of the Tribunal, has now become a principle of general international law (itálico nosso)[52].

---

[50] Cf. M. SCHRÖDER, *Aktuelle Entwicklungen im europäischen Umweltrecht*, in N+R, 1998/1, 1 ss., 1.

[51] A decisão pode ser consultada no site do *Permanent Court of Arbitration:* http://www.pca-cpa.org/upload/files/BE-NL%20Award%20corrected%20200905.pdf.

[52] O objecto do litígio prendeu-se com a vontade de reactivação do caminho de ferro do Reno pela Bélgica, nomeadamente num troço em território holandês classificado como reserva natural. O tribunal determinou, baseando-se nos princípios da prevenção e da integração, que a linha poderia ser reactivada mas impondo à Bélgica a suportação dos custos de mitigação dos efeitos ambientais lesivos. Sobre esta decisão, vejam-se PH. WECKEL, *Cronique de jurisprudence internationale*, in RGDIP, 2005/3, 715 ss.; VIRGINIE BARRAL, *La sentence du Rhin de fer, une nouvelle étape dans la prise en compte du Droit de l'Environnement par la justice internationale*, in RGDIP, 2006/3, 647 ss.

46   Carla Amado Gomes/Tiago Antunes

O que se pretende, portanto, é salvaguardar um determinado equilíbrio. Um equilíbrio entre os valores ecológicos – que não poderão ser postergados em nome de uma espiral desenvolvimentista, mas também não deverão ser transformados no alfa e ómega da política europeia – e os demais desígnios, *maxime* económicos, da União – que hão-de continuar a ser prosseguidos, embora de forma a não delapidar os recursos naturais, nem pôr em causa o funcionamento dos principais ecossistemas. Isto é, a economia deverá desenvolver-se da forma menos lesiva para o ambiente e a protecção do ambiente deverá ser prosseguida da forma mais económica possível.

Em bom rigor, assiste-se aqui, a par de uma lógica de equilíbrio, a uma máxima de interconexão ou interdependência entre distintos valores. O bem-estar económico-social depende, entre outras coisas, de uma saudável vivência ecológica, tal como o investimento na conservação da natureza, por exemplo, carece de um determinado nível de desenvolvimento económico. Ora, é precisamente a estas ideias de equilíbrio e de interconexão ou interdependência que o princípio do desenvolvimento sustentável faz referência[53]. Aliás, de acordo com a Comunicação da Comissão (2001) 264 final, de 15 de Maio de 2001, subordinada ao título *A sustainable Europe for a better world: A European Union Strategy for sustainable development,* o desenvolvimento sustentado "requires that economic growth supports social progress and respects the environment, that social policy underpins economic performance, and that environmental policy is cost-effective"[54].

O problema está, porém, no nível de indeterminação ou ambiguidade que o conceito de desenvolvimento sustentável encerra. E, consequentemente, no risco de manipulação a que um conceito assim tão aberto está sujeito, podendo dar azo a "leituras" interessadas, tendenciosas ou mesmo enviesadas, as quais – porquanto referidas ao sacrossanto "desenvolvimento sustentável" – acabarão por branquear certas condutas ou actividades menos amigas do ambiente.

O Relatório da Comissão de 2009 [COM (2009) 400 final], que reviu a Estratégia *supra* citada, realça (cf. Ponto 3: POLICY PROGRESS ON THE EU'S SUSTAINABLE DEVELOPMENT STRATEGY), por seu turno, a importância: da redução de emissões de gases com efeitos de estufa, da pro-

---

[53] No que se confunde – há que reconhecê-lo – com o princípio da integração.

[54] Esta fórmula foi considerada "fraca" por W. SHEATE (*The EC Directive on strategic environmental assessment: a much-needed boost for environmental integration*, in EELR, 2003/12, 331 ss., 341), mas vai de encontro à descaracterização que a noção de desenvolvimento sustentável sofreu na Cimeira do Rio e na trilaterização que vem assumindo desde então.

moção do aproveitamento de energias renováveis, do eficaz tratamento de resíduos, da salvaguarda de níveis de regenerabilidade das florestas, da adequada gestão da água, em todos os sectores subjazendo a necessidade de *gestão racional* dos recursos. Quanto a nós, este último parece ser um princípio mais operativo, porque mais ambientalmente centrado, do que o saturado e ambíguo desenvolvimento sustentável. Note-se que se trata de uma fórmula ecologicamente mais comprometida, porque menos humanamente referenciada, e com um histórico significativo, uma vez que está presente, desde a primeira hora, na Declaração de Estocolmo (*vide* os princípios 2, 3 e 5). Esse é, de resto, um "objectivo" que encontramos expressamente consagrado no artigo 191/1, 3.º travessão do TFUE, e que, em última análise, se reconduz a uma vertente proactiva do princípio da prevenção (esse alojado no n.º 2 do artigo 191 do TFUE).

Em suma, não cremos que da insistência no jargão do desenvolvimento sustentável resulte alguma alteração substancial da política ambiental da União. Trata-se de um princípio que promete muito mas concretiza pouco e cuja fama é inversamente proporcional à sua utilidade prática. Pelo que, mais relevante do que a repetição acrítica de tal enigmática expressão será atender à lógica de gestão racional e preventiva dos recursos, sobretudo dos não renováveis, num quadro de regulação transversal dos objectivos ambientais através, não só da política de ambiente *qua tale*, mas também das políticas económica, comercial, agrícola, de transportes, social, sopesando prioridades e objectivos em atenção, sobretudo, às necessidades das gerações presentes.

Em termos metodológicos, é de realçar ainda (mas sem desenvolver aqui) a importância acrescida dos testes de proporcionalidade e de subsidiariedade na actuação legiferante da União, pela via do novo mecanismo de controlo por parte dos Parlamentos nacionais instituído pelo Protocolo relativo à aplicação dos princípios da subsidiariedade e proporcionalidade[55] (cf. também o artigo 69 do TFUE)[56], em virtude da natureza partilhada da política de ambiente. *Lirismos* à parte, não será afinal, nestas ponderações que se traduz o objectivo de "desenvolvimento sustentável"?

---

[55] Chamando identicamente a atenção para esta novidade, MARIACHIARA ALBERTON e MASSIMILIANO MONTINI, *Le novità...*, *cit.*, 508.

[56] O *Protocolo relativo à aplicação dos princípios da subsidiariedade e da proporcionalidade* anexo ao Tratado de Lisboa confere a 1/3 dos Parlamentos nacionais a prerrogativa de forçar a reanálise do acto legislativo projectado através da emissão, num prazo de oito semanas, de pareceres fundamentados no sentido da inadequação da adopção do acto em face daqueles princípios (cf. o artigo 7/2).

48   Carla Amado Gomes/Tiago Antunes

3. A grande novidade do Tratado de Lisboa em matéria ambiental consiste, indubitavelmente, na introdução de uma referência expressa à temática das alterações climáticas (no artigo 191/1, 4.° trav. do TFUE), cujo combate passa assim a figurar entre os objectivos da União.

Esta inovação merece destaque, não só pelo seu alcance e pelos efeitos que terá ao nível da política comunitária de ambiente, mas também porque se trata da *única* alteração efectuada no título do TFUE relativo ao ambiente. O Tratado de Lisboa contém outras originalidades com impacto potencial ou indirecto sobre a tutela ecológica ao nível europeu; mas, nos artigos 191 a 193 do TFUE, e descontando algumas actualizações terminológicas[57], a inclusão do objectivo de combate às alterações climáticas constitui a única novidade textual.

Trata-se, aliás, de uma novidade absoluta: quer relativamente à versão anterior do Tratado de Roma (decorrente do Tratado de Nice)[58], quer relativamente ao próprio articulado do malogrado Tratado Constitucional[59] – que, em múltiplos aspectos, serviu de fonte de inspiração para as soluções constantes do Tratado de Lisboa. A ideia de transportar a política climática para o direito europeu originário não surgiu, portanto, da Convenção para o Futuro da Europa. Tal desígnio ganhou forma sob a égide da presidência alemã que, durante o primeiro semestre de 2007, tentou ultrapassar o impasse institucional em que a União Europeia havia mergulhado[60], tendo conseguido a aprovação de um mandato para a negociação de um Tratado Reformador (que viria a ser o Tratado de Lisboa), cujos termos ficaram logo, no essencial, definidos – incluindo a menção ao tema das alterações climáticas[61].

---

[57] O anterior "processo de co-decisão" passou a designar-se "processo legislativo ordinário", por exemplo.

[58] Sobre o sucessivo "esverdear" dos Tratados institutivos e o lóbi efectuado pelas associações ambientalistas aquando de cada revisão, cf. SEBASTIAN STETTER, *Greening the Treaty – Maastricht, Amesterdam and Nice: The Environmental Lobby and Greening the Treaties*, in EELR, 2001/5, 150 ss.

[59] Sobre os aspectos ambientais presentes no Tratado Constitucional, cf. PETER BEYER, CLARE COFFEY, ANNEKE KLASING e INGMAR VON HOMEYER, *The Draft Constitution for Europe and the Environment – the impact of institutional changes, the reform of the instruments and principle of subsidiarity*, in EELR, 2004/7, 218 ss.

[60] Desde os referendos francês e holandês de 2005, que ditaram o fim da Constituição Europeia e levaram ao decretamento de uma "pausa para reflexão" de dois anos.

[61] Cf. o ponto 4 do Anexo II às Conclusões do Conselho Europeu de Junho de 2007, onde figura a decisão política de aditar ao texto dos tratados o objectivo de combate às alterações climáticas.

Cadernos O Direito 5 (2010), 31-63

O *ambiente no Tratado de Lisboa: uma relação sustentada* 49

Não é inteiramente surpreendente que a incorporação do aquecimento global nos tratados apenas tenha ocorrido em 2007. Afinal de contas, este foi o ano do despertar mundial para o problema do efeito de estufa. Embora na Europa comunitária existissem já instrumentos de combate às alterações climáticas, como veremos *infra*, foi só em 2007 que se generalizou internacionalmente a percepção da emergência de enfrentamento do problema e que este se converteu num tema de discussão política de primeira linha, sendo assumido como uma prioridade por grande parte dos decisores mundiais[62].

Outra razão pela qual não sobressalta a incorporação do aquecimento global nos tratados prende-se com o papel de liderança que, desde há alguns anos, a União Europeia tem vindo a desempenhar nesta matéria. Logo no Protocolo de Quioto – um dos primeiros instrumentos jus-internacionais de combate ao efeito de estufa – a União Europeia, então composta por 15 Estados-membros, assumiu um compromisso mais ambicioso do que os restantes países desenvolvidos[63].

---

[62] Apenas a título de exemplo, em 2007:

– foi aprovado o 4.º relatório do IPCC (*Intergovernmental Panel on Climate Change*), estabelecendo um nexo científico muito forte entre a actividade humana e o aquecimento global;
– foi aprovado o *Relatório STERN*, sobre os impactos económicos das alterações climáticas, concluindo que os custos da inacção seriam incomparavelmente superiores aos custos decorrentes da redução das emissões de gases com efeito de estufa;
– a União Europeia traçou ambiciosos objectivos em matéria de combate ao aquecimento global pós-2012 (que ficaram conhecidos pelo acrónimo "20-20-20"), de que falaremos mais adiante no texto;
– a própria Administração Bush, tradicionalmente renitente e céptica quanto à responsabilidade humana pelo aquecimento global, decidiu convocar um fórum entre as maiores economias do mundo para discutir a problemática das alterações climáticas;
– o G8 acordou numa redução das emissões de gases com efeito de estufa de, pelo menos, 50% até 2050;
– realizou-se, no seio das Nações Unidas, o primeiro Encontro de Alto-Nível sobre Alterações Climáticas, reunindo os principais líderes mundiais;
– foi aprovado o *Roteiro de Bali*, com vista à negociação de um sucessor do Protocolo de Quioto;
– Al Gore e o IPCC ganharam o Prémio Nobel da Paz;
– o documentário "Uma Verdade Inconveniente", da autoria de Al Gore, ganhou um óscar.

[63] Enquanto que a generalidade dos países desenvolvidos se comprometeu, até ao período compreendido entre 2008 e 2012, a reduzir as suas emissões de gases com efeito de estufa em 5% face aos níveis de 1990, os 15 países comunitários vincularam-se a uma redução de 8%. Este objectivo foi depois re-distribuído no interior da União Europeia (numa decisão que ficou conhecida por *burden sharing agreement*), ficando Portugal obrigado a não aumentar as suas emissões em mais de 27% face aos níveis de 1990 – o que, em termos absolutos, parece uma meta bastante confortável mas, quando perspectivada *per capita*, se converte num dos objectivos mais exigentes ao nível europeu.

Cadernos O Direito 5 (2010), 31-63

50   Carla Amado Gomes / Tiago Antunes

E, daí para a frente, as instituições comunitárias levaram este desafio a sério, lançando um *Programa Europeu para as Alterações Climáticas* (mais conhecido pela sigla ECCP)[64] e aprovando um conjunto de instrumentos jurídicos concretos visando a contenção das emissões de gases com efeito de estufa (=GEE). Do extenso leque de políticas e medidas adoptadas pela União Europeia para combater o aquecimento global, iremos focar aqui apenas duas das mais salientes: o comércio europeu de licenças de emissão (=CELE) e o chamado *Pacote Clima-Energia*.

Quanto ao primeiro, trata-se de um dos mais eficazes e inovadores instrumentos jurídico-comunitários ao serviço do ambiente. *Eficaz* porque define, *a priori*, um tecto global máximo de emissão de GEE. A cada tonelada de CO_2 libertada para a atmosfera deve corresponder uma licença de emissão e o número de licenças é finito. Donde, as instalações abrangidas por este regime não poderão, no seu conjunto, exceder um determinado contingente de emissões poluentes. *Inovador* porque assenta numa lógica de mercado, em que as licenças de emissão são livremente transaccionáveis entre agentes económicos. Estamos, pois, perante um sistema de *cap and trade*, isto é, um sistema que, fixando um limite absoluto às emissões de GEE, confere aos operadores flexibilidade para, de forma totalmente lícita e segundo os seus próprios critérios empresariais, poluírem mais (adquirindo para o efeito as necessárias licenças de emissão) ou menos (alienando as licenças em excesso)[65].

A Comissão Europeia começou a estudar este mecanismo logo após a assinatura do Protocolo de Quioto, em 1997; preparou sobre o assunto, em 2000, um *Livro Verde*[66]; e, no ano seguinte, apresentou uma iniciativa legislativa, que veio a dar origem à Directiva 2003/87/CE, do Parlamento Europeu e do Conselho, de 13 de Outubro de 2003, relativa à criação de um regime de comércio de licenças de emissão de gases com efeito de estufa na Comunidade.

---

[64] Cf. a Comunicação da Comissão ao Conselho e ao Parlamento Europeu, de 8 de Março de 2000, relativa às medidas e políticas propostas pela UE para reduzir as emissões de gases com efeito de estufa: contribuição para um programa europeu sobre as alterações climáticas (ECCP) (referência COM(2000)88 final, não publicada no Jornal Oficial). Veja-se ainda, a este propósito, a Comunicação da Comissão ao Conselho e ao Parlamento Europeu, de 23 de Outubro de 2001, relativa à aplicação da primeira fase do Programa Europeu para as alterações climáticas (referência COM(2001)580 final, não publicada no Jornal Oficial).

[65] Sobre o comércio de emissões poluentes, cf. TIAGO ANTUNES, *O Comércio de Emissões Poluentes à luz da Constituição da República Portuguesa*, 2006, *passim*.

[66] Cf. o *Livro Verde sobre o estabelecimento na União Europeia de um sistema de transacção dos direitos de emissão de gases com efeitos de estufa* (referência COM(2000)87 final, não publicada no Jornal Oficial).

Cadernos O Direito 5 (2010), 31-63

O *ambiente no Tratado de Lisboa: uma relação sustentada* 51

Por esta via passou a haver um mercado europeu de carbono, que vigora em todo o espaço comunitário desde 2005[67]. Trata-se de um instrumento crucial para o cumprimento das metas de Quioto e que, de uma maneira geral, se tem mostrado efectivamente bem sucedido na redução das emissões europeias de GEE. Mas, acima de tudo, trata-se de um instrumento que visa reduzir as emissões de GEE da forma menos onerosa possível. Recorre-se, para isso, à *mão invisível* do mercado que, em princípio, assegurará uma distribuição óptima da poluição em termos económicos. O CELE persegue, pois, um resultado ecologicamente equilibrado e, ao mesmo tempo, custo-eficiente[68].

Pela sua originalidade, o comércio de licenças de emissão converteu-se num autêntico ex-líbris da política comunitária de ambiente[69]. E há já vários outros países ou regiões do globo que decidiram seguir as mesmas pisadas. Na verdade, podemos estar a assistir à transição para um novo paradigma jus-ambiental, que se afasta das tradicionais técnicas autoritárias de comando e controlo (que assentam numa lógica de proibição de certas condutas ambientalmente lesivas) e passa a recorrer a técnicas de incentivo ou de fomento (que visam condicionar a actividade poluente dos agentes económicos por via da associação de um preço ao acto de poluir).

Quanto ao *Pacote Clima-Energia*, este começou a ganhar forma no Conselho Europeu da primavera de 2007 e já se materializou em diversos actos jurídicos. Naquela reunião magna, os Chefes de Estado e de Governo europeus foram chamados a decidir sobre a política climática da União para o período posterior à vigência do Protocolo de Quioto (isto é, pós-2012) e, numa demonstração de coragem e visão estratégica, fixaram um conjunto bastante ambicioso de metas a atingir até 2020: uma redução de 20% das emissões de gases com efeito de estufa face aos níveis de 1990[70]; um consumo de energia

---

[67] Para uma descrição abreviada do regime de funcionamento deste mercado, cf. CARLA AMADO GOMES, *Direito Administrativo do Ambiente*, § 5.5, in *Tratado de Direito Administrativo Especial*, I, 2009, 238 ss. (ponto da responsabilidade de TIAGO ANTUNES).

[68] Cf. TIAGO ANTUNES, *Agilizar ou mercantilizar? O recurso a instrumentos de mercado pela Administração Pública – implicações e consequências*, in *Estudos Jurídicos e Económicos em Homenagem ao Prof. Doutor António de Sousa Franco*, III, 2006, 1059 ss.

[69] A União Europeia não foi, contudo, a precursora na utilização de mecanismos de mercado ao serviço de interesses ambientais. A primeira grande experiência de relevo ocorreu nos Estados Unidos da América e a propósito das chuvas ácidas. Para uma comparação dos dois sistemas, cf. TIAGO ANTUNES, *The use of market-based instruments in Environmental Law (a brief European – American comparative perspective)*, in RDAOT, n.° 14/15, 2009, 175 ss.

[70] Podendo esta meta ser elevada até aos 30% no caso de se obter um acordo internacional (sucessor do Protocolo de Quioto) em que os outros países desenvolvidos assumam compromissos comparáveis.

proveniente em 20% de fontes renováveis; um aumento da eficiência energética em 20%; e um nível de incorporação de biocombustíveis de 10%.

Esta decisão, que ficou conhecida por "20-20-20" ou "20-20 em 2020", atesta bem o comprometimento da União Europeia com a causa da luta contra as alterações climáticas. Consciente da dificuldade e da exigência das metas em causa, a Comissão Europeia iniciou imediatamente a preparação de um conjunto de instrumentos que permitissem o seu cumprimento. São esses instrumentos – apresentados publicamente em Janeiro de 2008, objecto de um acordo político no Conselho Europeu de Dezembro do mesmo ano e formalmente aprovados no início de 2009 – que constituem o *Pacote Clima-Energia*. Vejamos então, muito sumariamente, quais as principais componentes deste pacote.

Em primeiro lugar, foi aprovada a Directiva 2009/29/CE, do Parlamento Europeu e do Conselho, de 23 de Abril de 2009, que procedeu à revisão do funcionamento do CELE para o período 2013-2020. Para além de introduzir alguns ajustamentos ditados pela experiência, este diploma pretendeu acomodar o novo nível de ambição em matéria de redução das emissões de GEE. As principais alterações ao regime do comércio europeu de licenças de emissão prendem-se com um alargamento do seu âmbito de aplicação, com uma maior harmonização das regras de funcionamento do mercado (implicando menos poderes dos Estados-membros, em benefício da Comissão Europeia) e com o leilão obrigatório da maior parte das licenças de emissão[71].

Em segundo lugar, houve a percepção de que, para garantir o cumprimento das metas estabelecidas quanto às emissões de GEE, não basta actuar através do CELE. Este mercado abrange cerca de 40% a 50% do total de emissões de GEE, ficando de fora uma parcela ainda significativa de emissões – e, ainda para mais, as provenientes de fontes difusas (como os transportes, o sector residencial ou a agricultura), que são as mais difíceis de controlar.

Para fazer face a este problema, foi aprovada a Decisão 406/2009/CE, do Parlamento Europeu e do Conselho, de 23 de Abril de 2009. Daí resulta, para os sectores extra-CELE, uma obrigação de redução das emissões de GEE em 10% relativamente aos níveis de 2005. Este valor foi, no entanto, re-distribuído entre os Estados-membros, com base no respectivo PIB *per capita*[72]. Assim se

---

[71] Apesar disso, continuarão a receber licenças gratuitas os sectores mais expostos à concorrência internacional e, portanto, mais vulneráveis ao fenómeno da "fuga de carbono" (*carbon leakage*).
[72] Por via desta re-distribuição, Portugal poderá, até 2020, aumentar as suas emissões de GEE em 1% relativamente aos níveis de 2005. À partida, esta re-distribuição parece favorável para Portu-

explica que o diploma em apreço seja vulgarmente referido como Decisão relativa à Partilha de Esforços. O nível de esforço resultante para cada Estado-membro é vinculativo e pode ser atingido por duas vias: quer através de medidas domésticas de redução das emissões, quer, numa percentagem limitada, através da aquisição de créditos de emissão.

Foram ainda aprovados outros diplomas: uma (nova) Directiva sobre energias renováveis e biocombustíveis, a que faremos referência *infra* (**4.**); um Regulamento que define normas de desempenho dos automóveis novos em matéria de emissões de CO_2[73]; uma Directiva relativa às técnicas de captura e sequestro de carbono[74]; e uma actualização das *guidelines* da Comissão Europeia quanto às ajudas de Estado admissíveis em matéria ambiental.

Podemos, então, concluir que a União Europeia se encontra bem apetrechada para combater o efeito de estufa. É, aliás, a região do globo melhor preparada, a que tem os objectivos mais ambiciosos e a que dispõe dos instrumentos jurídicos mais consistentes e eficazes no controlo das emissões de GEE. Isto não acontece por acaso. É assim porque, ao longo dos últimos anos, o dossiê das alterações climáticas tem estado no centro da acção política da União, com grande visibilidade e ao mais alto nível de decisão.

Em total coerência, o tema das alterações climáticas foi agora acolhido no direito europeu originário. No Tratado de Lisboa, os Estados-membros decidiram singularizar a política climática, atribuindo-lhe dignidade fundacional (ou constitucional, para quem entenda que os Tratados fundadores têm essa natureza[75]), algo que nunca haviam feito com nenhum outro domínio sectorial da política europeia de ambiente. Os Tratados não se referem à política de conservação da natureza, nem à política da água, nem à política dos resíduos, nem sequer a instrumentos transversais tão importantes como a avaliação de

---

gal (que, para além dos países do alargamento, é o único Estado-membro que poderá aumentar, ainda que marginalmente, as suas emissões). No entanto, trata-se de um objectivo muito difícil de cumprir – desde logo, porque diz respeito aos sectores com maior crescimento de emissões e onde é mais arrojado impor uma alteração de comportamentos (transportes, por exemplo).

[73] Regulamento 443/2009, do Parlamento Europeu e do Conselho, de 23 de Abril de 2009.

[74] Directiva 2009/31/CE, do Parlamento Europeu e do Conselho, de 23 de Abril de 2009.

[75] Matéria que foi objecto de ampla discussão a propósito do célebre Tratado Constitucional (embora já antes a questão fosse sendo colocada – cf. CARLA AMADO GOMES, *A natureza constitucional do Tratado da União europeia*, 1997; ANA MARIA GUERRA MARTINS, *A natureza jurídica da revisão do Tratado da União Europeia*, 2000), mas que, com ressalva de alguns aspectos de índole terminológica ou meramente simbólica (a utilização expressa do vocábulo "Constituição", a referência a um Ministro dos Negócios Estrangeiros, a um hino e uma bandeira oficiais, entre outros), mantém plena actualidade em face do Tratado de Lisboa.

impacte ambiental ou a licença ambiental. Em suma, o aditamento agora introduzido no artigo 191 do TFUE constitui algo de inédito e prenhe de sentido, que não pode nem deve ser relativizado.

Para concluir este ponto, resta apenas salientar que no Tratado de Lisboa as alterações climáticas surgem referidas no contexto da política internacional de ambiente[76]. Este ponto não é despiciendo, na medida em que o efeito de estufa é um problema verdadeiramente global, a carecer de uma abordagem também ela global. Pelo que, a par das medidas internas, a que já aludimos, as alterações climáticas só poderão ser contrariadas ou minimizadas se forem objecto de uma resposta integrada por parte da comunidade internacional.

Ora, a este respeito é inevitável mencionar a recente Cimeira de Copenhaga, da qual se esperava a celebração de um tratado que sucedesse ao Protocolo de Quioto, mas que redundou num relativo fracasso. A posição da União Europeia nessas negociações foi decepcionante, na medida em que, tratando-se do bloco regional líder no combate ao aquecimento global, acabou todavia relegada para segundo plano, com um papel lateral na solução – bastante tímida e aquém das expectativas – a que se chegou. Eis um domínio em que uma outra novidade do Tratado de Lisboa – a criação de um serviço diplomático europeu – poderá, no futuro, vir a potenciar a acção externa da União e a favorecer o sucesso das suas posições negociais.

4. A inscrição de um novo Título XXI dedicado à Política de Energia no TFUE é fruto da progressiva constatação da natureza da energia enquanto mercadoria e da importância da livre comercialização desse bem no mercado interno[77]. Mas ela resulta mais directamente do entrelaçamento entre gestão dos recursos energéticos e redução das emissões de gases com efeito de estufa para a atmosfera, tendo a União, como vimos, desde cedo assumido um papel de liderança nesse desígnio.

A ausência de base jurídica específica para o desenvolvimento de uma política comunitária de energia no texto originário do Tratado de Roma deve-se à estreita relação entre aproveitamento de recursos energéticos e soberania

---

[76] Atente-se na letra do 4.º travessão do artigo 191/1 do TFUE: «a promoção, no plano internacional, de medidas destinadas a enfrentar os problemas regionais ou mundiais do ambiente, e designadamente a combater as alterações climáticas».

[77] Hoje claramente assumida, como política partilhada, no artigo 4/2, i) do TFUE, e já reflectida na directiva 2009/72/CE, do Parlamento e do Conselho, de 13 de Julho, que estabelece regras comuns para o mercado interno da energia.

nacional. Por várias razões – que vão desde a segurança do abastecimento, passando pela dependência geo-estratégica face a outros países (como ficou patente na crise recentemente suscitada pelo corte dos fornecimentos da GAZPROM à Ucrânia, que deixou um grande número de países europeus, em pleno inverno, sem gás), relacionando-se com o preço das matérias-primas energéticas, aos riscos associados a determinadas formas de produção de energia (designadamente no que concerne à energia nuclear), tocando a vontade de aproveitamento dos recursos endógenos, enfim, indo até à determinação do custo final da energia –, os Estados resistem a deixar a escolha do seu *mix* energético em mãos alheias[78].

Daí que, numa fase inicial, a política de energia não tivesse sido comunitarizada. Mas isso não constituiu impedimento a que a Comunidade interviesse – fragmentariamente, é certo – em questões energéticas. O apelo à harmonização legislativa tendente ao estabelecimento e consolidação do mercado interno, pela via do artigo 100A (actual 114) – e, residualmente, do artigo 308 (actual 352) –, bastou como fundamento da adopção de diversos programas comunitários em sede de eficácia do uso da electricidade (PACE), de incremento da eficiência energética (SAVE) ou de promoção das tecnologias energéticas europeias (THERMIE)[79]. A aprovação do Programa ALTENER I[80], com vista ao fomento da utilização de fontes de energia renovável, baseou-se igualmente no artigo 308 do TFUE.

Outro fundamento para a acção da Comunidade no domínio energético prendia-se com questões de concorrência. Como é sabido, o mercado da energia é tradicionalmente pouco concorrencial, tendo sido marcado durante largos anos pela existência de monopólios e caracterizando-se ainda hoje pela presença de fortes operadores históricos. Ora, sendo a defesa da concorrência um dos principais desígnios comunitários, não admira que as instâncias europeias tenham actuado no sentido de favorecer a progressiva liberalização do mercado, de assegurar o *unbundling* (isto é, a separação da propriedade ou, pelo

---

[78] A delicadeza das opções em causa está ainda hoje bem visível no § 2.º do artigo 194/2 do TFUE, que ressalva a autonomia de decisão dos Estados-membros quanto às condições de exploração dos seus recursos energéticos, à escolha entre diferentes fontes de energia e à estrutura geral do seu aprovisionamento energético.

[79] Decisão 89/364/CEE, do Conselho, de 5 de Junho de 1989; Decisão 91/565/CEE do Conselho, de 29 de Outubro de 1991; e Regulamento 2008/90, do Conselho, de 29 de Junho, respectivamente.

[80] Decisão 93/500/CEE, do Conselho, de 13 de Setembro.

56 Carla Amado Gomes/Tiago Antunes

menos, da gestão das infra-estruturas de produção e das redes de transporte) e de minimizar as vantagens competitivas dos incumbentes.

Por fim, dadas as implicações que a produção, transformação, armazenamento, transporte e distribuição de energia têm sobre o ambiente, o imperativo de salvaguarda ecológica serviu também como fundamento para a actuação da Comunidade em matéria de energia. Esta associação entre política de energia e política de ambiente tem-se vindo, aliás, a reforçar ao longo dos últimos anos, na sequência da percepção dos efeitos das alterações climáticas e da consequente necessidade de transição para um novo paradigma energético, baseado em fontes limpas e renováveis.

São estas várias dimensões da questão energética que o Tratado de Lisboa acabou por acolher no seu seio. De facto, se observarmos os objectivos traçados no nóvel artigo 194/1 do TFUE – assegurar o funcionamento do mercado da energia, garantir a segurança do aprovisionamento energético da União, promover a eficiência energética bem como o desenvolvimento de energias renováveis, promover a interconexão das redes de energia –, facilmente constatamos que eles se encontram numa linha de continuidade face àquela que já era a acção da Europa comunitária no domínio da energia.

Pelo que, sem questionar a relevância do artigo 194 do TFUE, a novidade não está tanto no seu conteúdo, mas no facto de ele passar a existir. Isto é, o grande contributo do Tratado de Lisboa no que diz respeito à política energética da União reside no facto de esta passar a contar com uma base habilitante expressa e autónoma. Já a forma como essa política é definida e regulada pelo Tratado de Lisboa resume-se, no essencial, a uma codificação do *status quo*[81].

Não se julgue, porém, que a presença da temática energética ao nível dos Tratados institutivos começa com o Tratado de Lisboa. Importa recordar que a energia esteve na própria génese da Europa comunitária, constituindo a razão de ser de dois dos três Tratados fundadores das Comunidades Europeias: o Tratado CECA, sobre os mercados do carvão e do aço, de 1951; e o Tratado EURATOM, sobre energia atómica, de 1957. Só no Tratado de Roma é que, pelas razões que já identificámos, pairava um eloquente silêncio sobre a questão energética. Silêncio esse que começou a ser quebrado pelo Tratado de Amesterdão, do qual resultou uma alteração que, conquanto "disfarçada" no contexto da política ambiental, se pode revelar crucial para o estabelecimento

---

[81] Neste sentido, HANS VEDDER, *The Treaty of Lisbon and European Environmental Policy*, disponível em http://ssrn.com/abstract=1310190, 4.

de uma base de intervenção sólida no domínio da energia – pelo menos sempre que estiver em causa a salvaguarda de objectivos de protecção ambiental.

Note-se que na redacção original do artigo 192/2, *c*) do TFUE [anterior 130S e 175/2, c)] se lia que a Comunidade deveria respeitar as escolhas dos Estados-membros relativas às suas fontes de abastecimento energético. Ora, o Tratado de Amesterdão deu à disposição o seu conteúdo actual, que reza como segue:

> Em derrogação do processo de decisão previsto no n.º 1 e sem prejuízo do disposto no artigo 114, o Conselho, deliberando por unanimidade, de acordo com um processo legislativo especial e após consulta ao Parlamento Europeu, ao Comité Económico e Social e ao Comité das Regiões, adoptará: (...) *c*) As medidas que afectem consideravelmente a escolha de um Estado-Membro entre diferentes fontes de energia e a estrutura geral do seu aprovisionamento energético.

Esta alteração denota a estreita relação entre a protecção do ambiente e as opções em sede de política energética, as quais, sempre que possam intersectar os objectivos da política ambiental eurocomunitária, serão passíveis de correcção.

Do artigo 194 do TFUE – em exame – emerge também uma aliança clara entre política energética e "preservação e melhoria do ambiente". Entre os objectivos estabelecidos no n.º 1 conta-se o de "promover a eficiência energética e as economias de energia, bem como o desenvolvimento de energias novas e renováveis". O procedimento de decisão com vista à consecução dos objectivos do n.º 1 será o ordinário (que corresponde ao antigo procedimento de co-decisão), sendo certo que o § 2.º do n.º 2 do preceito ressalva o direito de os Estados determinarem "as condições de exploração dos seus recursos energéticos, a sua escolha entre diferentes fontes energéticas e a estrutura geral do seu aprovisionamento", em estrita (e expressa) articulação com o artigo 192/2, *c*) do TFUE *supra* citado.

Um domínio muito óbvio de cruzamento entre as políticas energética e ambiental é, sem dúvida, o que diz respeito às energias renováveis. Trata-se, de resto, de um sector em plena expansão. Como vimos *supra*, na sequência do empenho europeu na luta contra as alterações climáticas e, mais concretamente, no âmbito do *Pacote Clima-Energia,* o incremento da produção de energia a partir de fontes renováveis foi assumido por todos os Estados-membros como um desiderato obrigatório. De tal forma que, ao longo dos últimos anos, a aposta nas energias renováveis (incluindo os biocombustíveis) tem vindo a ganhar um protagonismo crescente, apresentando-se como a verdadeira força--motriz do direito europeu da energia. É, pois, à política da União em matéria de energias renováveis que dedicaremos as próximas linhas.

58   *Carla Amado Gomes/Tiago Antunes*

Antes de mais, recorde-se que, nos termos do artigo 191/1 do TFUE, os objectivos da política da União no domínio do ambiente são: a preservação, a protecção e a melhoria da qualidade do ambiente; a protecção da saúde das pessoas; a utilização prudente e racional dos recursos naturais; e, a promoção, no plano internacional, de medidas destinadas a enfrentar os problemas regionais ou mundiais do ambiente, designadamente a combater as alterações climáticas.

Ora, como observa Domingo López, "o aumento da utilização de energias renováveis implica uma estabilização das emissões de CO_2, o que contribuirá para a consecução dos dois primeiros objectivos da política ambiental da União; quanto ao terceiro objectivo, é indubitável a necessidade de aproveitamento das fontes de energia renovável como medida tendente à utilização racional e prudente dos recursos naturais"[82]. A filiação ecológica da opção pelas energias renováveis é, pois, indesmentível. A aliança entre redução de emissões de gases com efeito de estufa e promoção das energias renováveis está igualmente patente no *Livro Verde* da Comissão de 2006[83], onde a Comissão se vincula a elaborar um roteiro das energias renováveis com vista à minimização da dependência petrolífera por parte dos Estados-membros.

Foi, de resto, ao abrigo do artigo 192 do TFUE (ex-174) que se aprovaram as Directivas 2001/77/CE, do Parlamento Europeu e do Conselho, de 27 de Setembro de 2001 (relativa à promoção de electricidade produzida a partir de fontes de energia renováveis no mercado interno da electricidade) e 2003/30/CE, do Parlamento Europeu e do Conselho, de 8 de Maio de 2003 (relativa à promoção da utilização de biocombustíveis ou de outros combustíveis renováveis nos transportes), primeiros instrumentos de harmonização em matéria de aproveitamento energético que a União produziu.

Entretanto, no âmbito do *Pacote Clima-Energia* já mencionado, a União Europeia definiu as seguintes metas energéticas para 2020: 20% do consumo de energia a partir de fontes renováveis; mais 20% de eficiência energética; 10% de incorporação de biocombustíveis. São metas ambiciosas, para cujo cumprimento a União Europeia aprovou já um conjunto de dispositivos legais, entre os quais avulta a Directiva 2009/28/CE, do Parlamento Europeu e do Conselho, de 23 de Abril de 2009 (relativa à promoção da utilização de energia pro-

---

[82] E. DOMINGO LÓPEZ, *Régimen jurídico de las energias renovables y la cogeneración eléctrica*, 2000, 67.
[83] COM (2006) 105 final, de 8 de Março de 2006: *Estratégia europeia para uma energia europeia sustentável, competitiva e segura.*

veniente de fontes renováveis) – que altera e subsequentemente revoga as duas Directivas anteriormente referidas[84].

Não é este o local para, em detalhe, proceder à análise da referida Directiva. Cumpre, no entanto, assinalar os seus traços essenciais: fixa metas vinculativas no tocante à quota de energia proveniente de fontes renováveis no consumo final bruto de energia e nos transportes; redistribui a meta de consumo de energia renovável entre os diferentes Estados-membros (em consequência, no caso português, em vez de 20% teremos de atingir uma quota de 31% de fontes renováveis no consumo final de energia, até 2020); institui um sistema de "garantias de origem" transaccionáveis; define um conjunto bastante exigente de critérios ambientais com vista a assegurar a sustentabilidade dos biocombustíveis.

5. O artigo 11 do TUE traz uma novidade de natureza procedimental de grande importância – teoricamente, pelo menos. Este dispositivo introduz a pré-iniciativa legislativa popular europeia, atribuindo a pelo menos um milhão de cidadãos, oriundos de um número "significativo" de Estados-membros, a possibilidade de apresentarem uma petição à Comissão com vista à elaboração, por este órgão, de uma iniciativa legislativa a propor ao Parlamento e ao Conselho a adopção de um determinado acto jurídico sobre a matéria em questão.

Com vista à rápida operacionalização deste mecanismo, a Comissão lançou, em final de 2009, o *Green Paper on a European's citizen initiative* [COM (2009) 622 final, de 11 de Novembro][85], no qual abre o debate sobre a regulamentação do artigo 11, nomeadamente sugerindo que: 1) o número significativo de Estados se circunscreva a 9 (1/3 dos Estados-membros); 2) que cada Estado deva apresentar assinaturas numa proporção de pelo menos 0,2% da sua população; 3) que a capacidade de subscrição da petição se paute pela idade de capacidade eleitoral activa no Estado-membro de residência; 4) que a petição se limite a indicar a matéria e o sentido da iniciativa legislativa da Comissão (e não revestir a forma de um projecto legislativo); 5) que o controlo da veracidade das assinaturas se faça ao nível da União e que possa existir recolha *online*; 6) que o limite temporal de recolha de assinaturas seja de um ano; 7) que a iniciativa deva ficar registada num *website* a criar pela Comissão (e que pode ser-

---

[84] A revogação plena das Directivas 2001/77/CE e 2003/30/CE ocorrerá em Janeiro de 2012 – cf. o artigo 26/3 da Directiva 2009/28/CE.
[85] Acessível em http://ec.europa.eu/dgs/secretariat_general/citizens_initiative/docs/com_2009_622_en.pdf

vir para divulgar o pedido); 8) que os responsáveis pela iniciativa devam disponibilizar dados sobre o financiamento da campanha de recolha de assinaturas; 9) que deva ser estabelecido um prazo limite para avaliação da viabilidade da iniciativa (embora tal prazo não exista no seio da regulação do direito de petição ao Parlamento Europeu), que poderá ser fixado em seis meses; e 10) que deva existir uma forma de desincentivar a apresentação de sucessivas iniciativas sobre o mesmo tema.

Uma vez gizados os contornos precisos desta pré-iniciativa, ela pode revelar grande interesse no campo ambiental, em razão da natureza metaindividual e metaestadual dos valores em jogo. Identicamente, no plano das vias abertas a uma legitimidade alargada, deve referir-se a possibilidade – já admitida do antecedente – de apresentação de queixas ao Provedor de Justiça Europeu, nos termos do artigo 228 do TFUE. Como explica Gjerloeff Bonnor, o preceito citado "não contém qualquer exigência no sentido de o queixoso ter que provar um interesse individual e directo na apresentação da queixa; queixas promovidas através da *actio popularis*, relativas a assuntos mais abrangentes, constituem, por isso e inevitavelmente, parte do trabalho do Provedor"[86].

Meio passo em frente no afrouxamento das condições de legitimidade para a defesa de valores ambientais foi dado no âmbito do acesso à justiça da União. A nova redacção do artigo 263, § 4.° do TFUE, fez cair o "individualmente respeito" como condição de legitimidade processual de autores peticionando a anulação de actos de natureza regulamentar que não necessitem de medidas de execução – mas somente destes. Esta cedência sabe a pouco e soa a experimental, por deixar de fora os actos "legislativos" e como que preparando a grande abertura relativa a todos os actos regulamentares. Compreende-se a cautela, que se prende com o receio de inundação dos tribunais da União com um aluvião de processos propostos por autores populares, de indivíduos a associações, multiplicados por 27 Estados-membros. Todavia, talvez uma acção popular restrita, circunscrita a associações não governamentais, tivesse constituído um passo um pouco mais ousado, sem ser temerário[87].

Na verdade, na sequência da ratificação da Convenção de Aarhus pela Comunidade, foi aprovado, em 6 de Setembro de 2006, o Regulamento

---

[86] GJERLOEFF BONNOR, *The European Ombundsman: a novel source of soft law in the European Union*, in RDAOT, n.° 25, 2000, 39 ss., 41.

[87] Já assim o propusemos no nosso *A impugnação jurisdicional de actos comunitários lesivos do ambiente, nos termos do artigo 230 do Tratado de Roma: uma acção nada popular*, in *Textos dispersos de Direito do Ambiente*, I, 2008, 293 ss., 328-329.

O ambiente no Tratado de Lisboa: uma relação sustentada 61

1367/2006, do Parlamento Europeu e do Conselho, relativo à aplicação das disposições da Convenção de Aarhus sobre o acesso à informação[88], participação do público no processo de tomada de decisão e acesso à justiça em matéria ambiental às instituições e órgãos comunitários. Deste Regulamento constam três disposições da máxima relevância para a eventual abertura das vias contenciosas a entidades sem interesse directo e individual no pedido: os artigos 10, 11 e 12. Destes normativos resulta que uma organização não governamental do ambiente que, nos termos do direito interno, tenha personalidade jurídica própria, não tenha fins lucrativos, tenha como fins primários a promoção da protecção ambiental e revele actuação efectiva há mais de dois anos, pode requerer o reexame de quaisquer actos ou omissões de instituições comunitárias, desde que tal pedido se insira no âmbito do seu fim e actividade (artigos 10 e 11)[89]. Tendo desenvolvido tal iniciativa procedimental, a organização em causa terá direito de acesso a juízo, "nos termos das disposições aplicáveis do Tratado" (artigo 12/1).

[88] Sobre esta matéria, sustentando que o Tratado de Lisboa veio – no artigo 15/3 do TFUE – alargar o leque de entidades que estão obrigadas a permitir o acesso aos seus documentos face àquilo que resulta, quer da versão anterior dos Tratados, quer da Convenção de Aarhus, quer do próprio Regulamento 1367/2006, cf. DAVID BENSON e ANDREW JORDAN, *A grand bargain or an "incomplete contract"? ...*, *cit.*, 287. Neste âmbito, veja-se ainda, com um âmbito de aplicação bastante lato, o artigo 42 da Carta de Direitos Fundamentais.

[89] Estes critérios são decalcados daqueles que o Conselho Económico e Social (=CES) da ONU elegeu para o reconhecimento de ONGAs como suas consultoras. O artigo 71 da Carta prevê que Organizações Não Governamentais possam desempenhar tais funções junto do CES, desde que preencham os requisitos estipulados nas resoluções 1296 (XLIV) de 25 de Junho de 1968, e 1996/31, de 25 de Julho de 1996, do CES. O Comité das ONGs, um órgão subsidiário do CES, serve de filtro, verificando se reúnem os requisitos seguintes:

– oferecer garantias de representatividade no seu campo de acção (devem contar com pelo menos dois anos de existência e intervenção activa);
– deter recursos financeiros provenientes essencialmente de contribuições dos seus associados, havendo garantia de que nunca mais de 30% das suas receitas provêm de contribuições estaduais;
– obedecer ao princípio da gestão democrática interna.

Sobre o novo papel das ONGAs numa emergente "sociedade internacional", HOLLY CULLEN e KAREN MORROW, *International civil society in international law: the growth of NGO participation*, in *Non-State actors and International Law*, n.º 1, 2001, 7 ss. Em especial, sobre o papel das ONGAs na *governança* internacional ambiental, A. DAN TARLOCK, *The role of non-governmental organizations in the development of International Environmental Law*, in *International Environmental Law*, I, coord. de Paula Pevato, 2003, 369 ss.

62   *Carla Amado Gomes / Tiago Antunes*

Note-se que esta última norma transforma em regra as situações que o Tribunal de Justiça só pontualmente vinha sancionando – aceitação da legitimidade processual por força da pré-existência de uma intervenção procedimental da associação, e somente no plano da tomada de decisão (não do reexame)[90]. E força a interpretação do "interesse directo e individual" a que se reporta o artigo 263, § 4.° do TFUE no tocante a regulamentos de base, aí acolhendo interesses estatutários relativos à protecção e promoção de bens não individualizáveis e não apropriáveis[91]. Mais se justificaria, portanto, coordenar a letra do Tratado com a possibilidade aberta pelo Regulamento[92].

Uma última nota para sublinhar a possibilidade de a Comissão requerer ao Tribunal de Justiça, logo na primeira acção de incumprimento, a condenação do Estado no pagamento de sanções pecuniárias compulsórias por atraso no acatamento da decisão. O artigo 260/3 do TFUE reforça, portanto, a eficácia do mecanismo que, é bom recordar, se estreou numa acção que teve por fim a defesa do ambiente[93].

---

[90] Cf. o § 15 do Acórdão *Greenpeace*, no qual o Tribunal de Justiça recordou que "a existência de circunstâncias especiais, tais como o papel desempenhado por uma associação no âmbito de um processo que conduziu à adopção de um acto na acepção do artigo 173 do Tratado [actual 263], pode justificar a admissibilidade de um recurso interposto por uma associação cujos membros não são directa e individualmente abrangidos pelo acto em causa" (Caso C-321/95, de 2 de Abril de 1998).

[91] Numa decisão anterior à entrada em vigor do Regulamento 1367/2006 mas que já o teve (sob a forma de proposta) em consideração (Acórdão de 28 de Novembro de 2005, Despachos T-236/04 e T-241/04), o Tribunal de Primeira Instância negou legitimidade a duas associações de defesa do ambiente e da saúde pública (uma belga e outra holandesa) para impugnar um regulamento sobre substâncias activas em produtos fitofarmacêuticos, alegadamente lesivas do ambiente. Apesar de aceitar que a defesa de tais interesses se compreende nos objectos estatutários das associações, o Tribunal insiste em que as normas lhes não dizem directa e individualmente respeito, não prevendo o Direito Comunitário o direito de acção colectiva perante o juiz comunitário (§ 63). O Tribunal sublinha que "(...) mesmo admitindo que os recorrentes são entidades qualificadas nos termos da proposta de regulamento Aarhus, é necessário observar que os mesmos não apontam qualquer razão pela qual essa qualidade permitiria considerar que as decisões atrazina e simazina lhes dizem individualmente respeito" (§ 72).

[92] Do Acórdão do Tribunal de Justiça de 15 de Outubro de 2009, Caso C-236/08, parece desenhar-se um cenário argumentativo de "dois pesos e duas medidas" neste ponto, na medida em que o Tribunal condena a Suécia por, no âmbito da lei que transpõe a directiva da avaliação de impacto ambiental, não admitir legitimidade processual a associações não governamentais de defesa do ambiente com menos de 2.000 associados...

[93] Num processo que opôs a Comissão à Grécia (Acórdão do Tribunal de Justiça de 4 de Julho de 2000, Caso C-387/97) – cf. CARLA AMADO GOMES, *A jurisprudência ambiental...*, *cit.*, 50.

Em suma: a assimilação formalmente verificada nos Tratados institutivos por força da entrada em vigor do Tratado de Lisboa – como é de resto habitual nas revisões dos Tratados – é parcialmente fruto de associações e práticas consolidadas e parcialmente consequência da importação de fórmulas do Direito Internacional do Ambiente, tão *pleasant sounding* como juridicamente vazias. A relação entre União Europeia e ambiente revela-se, assim, crescentemente sólida ao cabo de quase 40 anos, mas não dispensa uma certa retórica, tão romântica quanto inconsequente...

Lisboa, Junho de 2010.

A União Europeia após o Tratado de Lisboa.
Uma reflexão sobre a fase actual da integração europeia
e algumas das brechas intergovernamentais
que podem ser detectadas na sua construção

PROF. DOUTOR FERNANDO LOUREIRO BASTOS ★ ★★

> Sumário: *I – Considerações introdutórias. II – A estrutura da integração europeia após o Tratado de Lisboa: a União Europeia e as zonas da cooperação comunitarizada. III – O direito primário da integração europeia após o Tratado de Lisboa: 1. O Tratado da União Europeia, o Tratado sobre o Funcionamento da União Europeia e a importância dos protocolos que deles fazem parte integrante; 2. O catálogo dos direitos fundamentais da União Europeia; 3. A revisão dos tratados de direito primário da União Europeia; 4. O apuramento das normas aplicáveis às maiorias qualificadas utilizadas no Conselho Europeu e no Conselho. IV – Breve conclusão.*

I – Considerações introdutórias

O segundo parágrafo do artigo 1.° do Tratado da União Europeia (TUE), na versão em vigor desde 1 de Dezembro de 2009, prevê que o "presente Tratado assinala uma nova etapa no processo de criação de uma união cada vez

---

★ Professor Auxiliar da Faculdade de Direito da Universidade de Lisboa. Assessor Científico da Faculdade de Direito de Bissau.

★★ A presente reflexão foi elaborada em Bissau, reduzida às disponibilidades da Biblioteca da Faculdade de Direito de Bissau e aos elementos disponibilizados pelo sítio da União Europeia na Internet, razão pela qual é mínima a citação doutrinal e quase inexistente a referência a qualquer obra ou artigo sobre o Tratado de Lisboa ou a União Europeia após o Tratado de Lisboa.

mais estreita entre os povos da Europa"[1]. Desta afirmação podem retirar-se duas ideias distintas. Por um lado, que a actual União Europeia só pode ser adequadamente compreendida tendo em consideração a evolução história da integração europeia, iniciada em 1951 com a Comunidade Europeia do Carvão e do Aço (CECA). E, por outro lado, que o momento actual da integração europeia corresponde a um estádio de maior coesão entre os seus Estados membros, nomeadamente em relação aos momentos iniciais da sua construção.

Se a primeira ideia não suscita qualquer dúvida ou comentário, a mesma consensualidade já não é possível imanar da segunda. Com efeito, ao longo do processo da integração europeia o aprofundamento e o alargamento só têm sido possíveis em razão de uma certa atenuação da uniformidade do ordenamento jurídico comunitário – agora designando como Direito da União Europeia –, da aceitação de que podem existir zonas de especificidade convencional em relação a alguns dos seus Estados membros.

Nestes termos, tendo sido mantida a natureza internacional dos tratados constitutivos da União Europeia, uma adequada compreensão do direito primário da integração europeia não pode ignorar que, em certas matérias, existe aquilo que, na ausência de uma designação técnica mais adequada, se pode designar como "brechas intergovernamentais" ou "brechas de intergovernamentalidade". Isto é, de uma forma provavelmente mais clara, a existência de matérias ou de zonas de regulamentação que só podem ser verdadeiramente entendidas através do recurso ao Direito Internacional e ao Direito dos Tratados.

O clamoroso falhanço da chamada Constituição Europeia[2] demonstrou, uma vez mais, que a linha de continuidade entre a Comunidade Económica Europeia, a Comunidade Europeia e a União Europeia é a concretização das opções jurídico-políticas que foram sendo feitas, desde a década de cinquenta do século passado, pelos seus Estados membros. Nestes termos, as três comunidades iniciais (Comunidade Europeia do Carvão e do Aço, Comunidade Económica Europeia e Comunidade Europeia da Energia Atómica) foram o resul-

---

[1] Em conformidade, no preâmbulo do Tratado de Lisboa, os Estados membros da União Europeia, ao fundamentarem a decisão de assumirem esse compromisso internacional, afirmam que o concluem dado que desejam "completar o processo lançado pelo Tratado de Amesterdão e pelo Tratado de Nice no sentido de reforçar a eficiência e a legitimidade democrática da União, e bem assim a coerência da sua acção".

[2] Sobre o Tratado que estabelece uma Constituição para a Europa, numa perspectiva primacialmente formal, o nosso «Perante uma "Constituição" será que ainda é possível continuar a falar em "tratado"? Algumas considerações jusinternacionalistas sobre o Tratado que estabelece uma Constituição para a Europa», O Direito, Ano 137, números IV-V, 2005, 699-730.

A *União Europeia após o Tratado de Lisboa*   67

tado de um compromisso internacional entre os seus seis Estados fundadores. Da mesma forma que, numa perspectiva juscomunitária e jusinternacional, a fase actual da integração europeia só poderá ser entendida como o resultado das decisões que foram tomadas em conjunto pelos actuais vinte e sete Estados membros. Assim, como salvaguarda da soberania, mas também nas suas vertentes mais negativas, os Estados membros da União Europeia são, e muito provavelmente vão continuar a ser nos decénios futuros, os "donos dos tratados" da União Europeia.

Fica assim sem sustentação a ideia de que existe um determinismo na construção europeia, um modelo que esteja a ser seguido, ou um objectivo que tenha de ser necessariamente alcançado. Em última análise, a integração europeia é (e será) aquilo que os seus Estados membros quiserem. Uma inequívoca prova disso foi a impossibilidade de obter a ratificação do tratado designado como Constituição Europeia, independentemente dos méritos e deméritos que lhe pudessem ser assacados.

Na verdade, a União Europeia é uma construção original, com uma natureza jurídica situada entre os modelos clássicos de Estado e de organização internacional intergovernamental, que vai sendo modelada à medida das circunstâncias concretas e dos constrangimentos que resultam da intenção de integrar um conjunto de Estados que, até ao presente momento, pretendem continuar a ser soberanos.

Contudo, se a União Europeia não está a seguir um modelo anteriormente existente, o inegável sucesso da integração europeia, desde logo ao ter permitido a paz entre os povos europeus, é a principal fonte inspiradora das restantes experiências de integração regional, com destaque para a multiplicidade de entidades de integração política, económica e jurídica que podem ser encontradas no continente africano[3].

A necessidade de ser mantida uma linha de continuidade entre o estádio actual da integração europeia e as suas fases anteriores, como manifestação do domínio que os Estados membros mantêm em relação aos tratados constitutivos[4], é manifesta ao nível do direito primário, desde logo na forma com o Tra-

---

[3] Sobre a questão, o nosso «A União Europeia e a União Africana – pode um puzzle de que não se conhece a imagem final servir de modelo à integração do continente africano?», in *Estudos jurídicos e económicos em Homenagem ao Prof. Doutor António de Sousa Franco*, vol. I, 2006, 1009-1044

[4] Neste âmbito, tendo em consideração as consequências da utilização do artigo 235 do Tratado de Roma até ao Tratado de Maastricht de 1992, é particularmente relevante que a Declaração n.º 42 *ad* artigo 352 do Tratado sobre o Funcionamento da União Europeia, anexa à Acta Final da Conferência Intergovernamental que Aprovou o Tratado de Lisboa, contenha uma afirmação

68   *Fernando Loureiro Bastos*

tado de Roma de 1957 tem sido mantido e transformado ao longo dos tempos[5]. Com efeito, ao contrário do que seria lógico, tendo em consideração que os tratados constitutivos ou institutivos precisam da ratificação unânime dos Estados membros para poderem vigorar, a cada nova fase da integração europeia não tem correspondido um novo tratado. Ao invés, em termos nem sempre satisfatórios, ainda hoje a estruturação da União Europeia tem na sua base o compromisso internacional que foi alcançado pelos Estados membros fundadores da Comunidade Económica Europeia na década de cinquenta do século passado.

Importa sublinhar, por isso, que o pragmatismo exigido pelo alargamento e pelo aprofundamento da integração europeia, aliado às especificidades dos tratados internacionais enquanto fonte de direito, têm implicado que a leitura dos seus instrumentos fundadores se tenha tomado numa tarefa cada mais difícil, seja para os não juristas, seja para os juristas não iniciados nas matérias do Direito da União Europeia[6].

Nestes termos, o presente estudo pretende explorar sinteticamente duas questões distintas mas interligadas. Por um lado, proceder a uma apresentação panorâmica da actual estrutura da União Europeia, pondo em destaque a possibilidade de existirem zonas de actuação no âmbito da União Europeia que

---

clara de que a evolução da União Europeia e os destinos da integração europeia são o resultados de decisões tomadas primacialmente pelos seus Estados membros, na medida em que afirma que o artigo 352 do Tratado de Funcionamento da União Europeia (TFUE), "não pode, em caso algum, servir de fundamento à adopção de disposições que impliquem em substância, nas suas consequências, uma alteração dos Tratados que escape ao processo por estes previsto para esse efeito".

[5] Essa a razão que explica que o Tratado sobre o Funcionamento da União Europeia, que corresponde ao Tratado de Roma que criou a Comunidade Económica Europeia, termine o articulado com a referência "Feito em Roma, aos vinte e cinco de Março de mil novecentos e cinquenta e sete". Adoptando uma abordagem idêntica, o Tratado da União Europeia continua a referir, no n.º 2 do artigo 54 TUE, que o "presente Tratado entrará em vigor no dia 1 de Janeiro de 1993", e a referência ao local e à data da elaboração continua a ser "Feito em Maastricht, em sete de Fevereiro de mil novecentos e noventa e dois".

[6] Nesse sentido, PAULO DE PITTA E CUNHA, "O Tratado de Lisboa e a revisão dos Tratados da União Europeia e da Comunidade Europeia", in PAULO DE PITTA E CUNHA (Org.), com a colaboração de SÓNIA DONÁRIO, NUNO CUNHA RODRIGUES e JOÃO PATEIRA FERREIRA, *Tratado de Lisboa. Incluindo um quadro sinóptico enunciando, por grandes temas, as soluções encontradas no actual regime, na Constituição Europeia (entretanto rejeitada), e no Tratado Reformador*, 2008 (Março), 15, ao afirmar que "[o] novo Tratado é denso, complexo, praticamente ilegível para o cidadão mediano, para mais estando envolvido nos meandros da inserção de múltiplas modificações dos Tratados de Roma e de Maastricht".

não têm de envolver todos os Estados membros. E, por outro lado, explicitar as particularidades dos actuais tratados constitutivos da União Europeia, através do recurso a uma perspectiva jusinternacional, na medida em que se continua a estar em presença de compromissos internacionais[7].

II – A estrutura da integração europeia após o Tratado de Lisboa: a União Europeia e as zonas da cooperação comunitarizada

Com o Tratado de Lisboa, em termos particularmente enfáticos, a estrutura da integração europeia passou a estar fundada exclusivamente na "União Europeia", entidade dotada de "personalidade jurídica", nos termos do artigo 47 TUE. Nesse sentido, no terceiro parágrafo do artigo 1 TUE, é expressamente previsto que a "União substitui-se e sucede à Comunidade Europeia".

Fica, assim, definitivamente ultrapassada a fase iniciada com o Tratado de Maastricht de 1992, dos "três pilares", em que a União Europeia tinha de ser definida como "uma entidade de carácter global que abrange as pessoas jurídicas de Direito Internacional e as áreas de actuação em que se desdobra a integração europeia". Nessa ocasião, com várias modificações posteriores, a União Europeia era composta pela Comunidade Europeia, pela Comunidade Europeia do Carvão e do Aço, pela Comunidade Económica da Energia, pela Política Externa e de Segurança Comum, e pela Cooperação nos domínios da justiça e dos assuntos internos[8].

A concentração da integração europeia na União Europeia não significa que tenha havido actualmente um reforço da componente integracionista, com a total e completa cessação das anteriores zonas de cooperação comunitarizada. Na verdade, em termos contrapostos, a União Europeia após o Tratado de Lisboa continua a manter dois regimes genéricos de cooperação comunitarizada e duas áreas concretas de cooperação comunitarizada entre os Estados membros da União Europeia[9].

---

[7] Sobre a questão das relações entre o Direito da União Europeia (anteriormente designado como Direito Comunitário) e o Direito Internacional é mantida, no essencial, a percepção que se tinha sobre a matéria na nossa dissertação de mestrado, *Os acordos mistos em Direito Comunitário*, 1997, 267 a 278.

[8] Sobre a questão, o nosso *A União Europeia. Fins, objectivos e estrutura orgânica*, 1993, e a síntese de FAUSTO DE QUADROS e FERNANDO LOUREIRO BASTOS, na entrada sobre a «União Europeia», no VII Volume do Dicionário Jurídico da Administração Pública, 1996, 543 a 569.

[9] Está-se a utilizar um conceito mais abrangente de cooperação comunitarizada, relativamente ao anteriormente utilizado em «União Europeia», de forma a cobrir as matérias da União Europeia

70 *Fernando Loureiro Bastos*

Daqui resulta, ao invés do que tinha sido a ideia inicial da construção comunitária, a possibilidade de poderem coexistir vários regimes jurídicos diferenciados no âmbito da União Europeia. Isto é, de o Direito da União Europeia aceitar, como é comum ao nível do Direito Internacional, a existência simultânea de várias posições jurídicas numa mesma entidade: a dos Estados membros que estão obrigados à totalidade do Direito da União Europeia, paralelamente à daqueles outros Estados membros que, em função dos seus interesses individuais, escolhem os termos e seleccionam as matérias em que aceitam vincular-se às suas obrigações.

São dois os regimes genéricos de cooperação comunitarizada previstos na actual fase da integração europeia: as cooperações reforçadas[10] e os mecanismos de acção externa da União Europeia.

As cooperações reforçadas estão enquadradas no artigo 20 TUE, sendo reguladas pelos artigos 326 a 334 TFUE. Podem ser criadas, no âmbito das competências não exclusivas da União Europeia[11], como "último recurso pelo Conselho, quando este tenha determinado que os objectivos da cooperação em causa não podem ser atingidos num prazo razoável pela União no seu conjunto"[12], visando "favorecer a realização dos objectivos da União, preservar os seus interesses e reforçar o seu processo de integração"[13].

Embora constituam um regime jurídico específico numa matéria que se integra nos objectivos da União Europeia, com a participação mínima de nove Estados membros, as cooperações reforçadas não podem "prejudicar o mercado interno, nem a coesão económica, social e territorial", nos termos no artigo

---

em que não participam todos os Estados membros e não apenas aquelas que não estão sujeitas à jurisdição do Tribunal de Justiça da União Europeia.

[10] Numa abordagem estritamente jusinternacional, as cooperações reforçadas correspondem à previsão da possibilidade de algumas partes de um tratado multilateral poderem concluir entre si um regime específico no âmbito de um tratado de que são partes, em conformidade com o regime jurídico previsto no artigo 41 da Convenção de Viena sobre o Direito dos Tratados (Acordos para modificar tratados multilaterais somente entre algumas das Partes).

[11] Em conformidade com o artigo 3 TFUE, são matérias de competência exclusiva da União Europeia: i) "União aduaneira"; ii) "Estabelecimento das regras de concorrência necessárias ao funcionamento do mercado interior"; iii) "Política monetária para os Estados-Membros cuja moeda seja o euro"; iv) "Conservação dos recursos biológicos do mar, no âmbito da política comum de pescas"; e v) "Política comercial comum". Nos termos do n.º 1 do artigo 2 TFUE, "[q]uando os Tratados atribuam à União competência exclusiva em determinado domínio, só a União pode legislar e adoptar actos juridicamente vinculativos, os próprios Estados-Membros só podem fazê-lo se habilitados pela União ou a fim de dar execução aos actos da União".

[12] Número 2 do artigo 20 TUE.

[13] Número 1 do artigo 20 TUE.

A União Europeia após o Tratado de Lisboa   71

326 TFUE, que exige ainda que "não podem constituir uma restrição, nem uma discriminação ao comércio entre os Estados-Membros, nem provocar distorções de concorrência entre eles". Do que resulta, em contraponto, nos termos do artigo 327 TFUE, que as "cooperações reforçadas respeitam as competências, direitos e deveres dos Estados-Membros não participantes".

Neste domínio é particularmente significativa a possibilidade de poderem ser criadas cooperações reforçadas em matéria de cooperação judiciária em matéria penal quando: i) um projecto de directiva da União Europeia sobre regras mínimas relativas ao reconhecimento mútuo das sentenças e decisões judiciais e a cooperação policial e judiciária nas matérias penais com dimensão transfronteiriça ficar paralisado por um Estado membro considerar que "prejudica aspectos fundamentais do seu sistema de justiça penal", em conformidade com o n.º 3 do artigo 82 TFUE; ii) um projecto de directiva da União Europeia sobre regras mínimas relativas à definição das infracções penais e das sanções em domínios de criminalidade particularmente grave com dimensão transfronteiriça ficar paralisado por um Estado membro considerar que "prejudica aspectos fundamentais do seu sistema de justiça penal", em conformidade com o n.º 3 do artigo 83 TFUE; e iii) não tiver sido possível avançar com a aprovação dos regulamentos necessários à criação de uma Procuradoria Europeia, a partir do Eurojust, para combater as infracções lesivas dos interesses financeiros da União, em conformidade com o n.º 1 do artigo 86 TFUE. A criação de uma cooperação reforçada é, além disso, identicamente prevista em matéria da cooperação policial, quando não tiver sido possível aprovar medidas em matéria de cooperação operacional entre as autoridades competentes dos Estados membros, nos termos do n.º 3 do artigo 87 TFUE.

Os mecanismos de acção externa da União Europeia estão regulados nos artigos 21 a 46 TUE, integrando a política externa e de segurança comum (artigos 23 a 41 TUE) e a sua operacionalização através da política comum de segurança e de defesa (artigos 42 a 46 TUE).

A política externa e de segurança comum "abrange todos os domínios da política externa, bem como todas as questões relativas à segurança da União, incluindo a definição gradual de uma política comum de defesa que poderá conduzir a uma defesa comum", em conformidade com o n.º 1 do artigo 24 TUE. Constitui uma área de actuação da União Europeia subtraída à competência do Tribunal de Justiça[14], nos termos do n.º 1 do artigo 24 TUE, salvo

---

[14] Importa ter ainda em consideração, nos termos do artigo 276 TFUE, que "no exercício das suas atribuições relativamente às disposições dos Capítulos 4 e 5 do Título V da Parte III, relati-

72   Fernando Loureiro Bastos

"para verificar a observância do artigo 40 (...) [TUE] e fiscalizar a legalidade de determinadas decisões a que se refere o segundo parágrafo do artigo 275 do Tratado sobre o Funcionamento da União Europeia"[15].

A política comum de segurança e defesa é "parte integrante da política externa e de segurança comum" e "garante à União uma capacidade operacional apoiada em meios civis e militares", nos termos do n.º 1 do artigo 42 TUE. No seu âmbito pode ser criada a denominada "cooperação estruturada permanente"[16], integrada por Estados membros "cujas capacidades militares preencham critérios mais elevados e que tenham assumido compromissos mais vinculativos na matéria tendo em vista a realização de missões mais exigentes", em conformidade com o n.º 6 do mesmo artigo.

Os mecanismos de acção externa da União Europeia ainda continuam a representar o exemplo mais significativo de uma brecha intergovernamental no âmbito da União Europeia, em razão da expressa exclusão da jurisdição do Tribunal de Justiça da União Europeia.

A actuação prática nas duas áreas concretas de cooperação comunitarizada entre Estados membros da União Europeia – a moeda única e o regime jurídico de supressão gradual de controlos nas fronteiras comuns, designado por "acervo de Schengen"[17] – tem vindo a demonstrar que a coexistência entre vários regimes jurídicos no âmbito da União Europeia, em modelos estrutura-

---

vas ao espaço de liberdade, segurança e justiça, o Tribunal de Justiça da União Europeia não é competente para fiscalizar a validade ou a proporcionalidade de operações efectuadas pelos serviços de polícia ou outros serviços responsáveis pela aplicação da lei num Estado-Membro, nem para decidir sobre o exercício das responsabilidades que incumbem aos Estados-Membros em matéria de manutenção da ordem pública e de garantia da segurança interna".

[15] Nos termos do artigo 275 TFUE, o Tribunal de Justiça da União Europeia é competente para se "pronunciar sobre os recursos interpostos nas condições do quarto parágrafo do artigo 263 (...), relativos à fiscalização da legalidade das decisões que estabeleçam medidas restritivas contra pessoas singulares ou colectivas, adoptadas pelo Conselho com base" nas disposições relativas à política externa e de segurança comum".

[16] A cooperação estruturada permanente está regulada no Protocolo (n.º 10) Relativo à Cooperação Estruturada Permanente Estabelecida no Artigo 42 do Tratado da União Europeia.

[17] Nesse sentido, é particularmente relevante a distinção no n.º 2 do artigo 8 do Protocolo (n.º 22) Relativo à Posição da Dinamarca, entre a aplicação do acervo de Schengen como "obrigações de direito internacional" e como "direito da União", ao ser previsto que "[s]eis meses após a data em que notificação a que se refere o n.º 1 produzir efeitos, todo o acervo de Schegen, bem como as medidas adoptadas no intuito de desenvolver esse acervo – que até essa data vinculavam a Dinamarca como obrigações de direito internacional – passarão a vincular a Dinamarca como direito da União".

A *União Europeia após o Tratado de Lisboa*   73

dos de acordo com o Direito Internacional, é possível mesmo sem a necessidade de um radical afastamento da actuação do órgão jurisdicional.

Nestes termos, para os Estados membros da União Europeia cuja moeda ainda não seja o Euro: i) a política monetária não é uma competência exclusiva da União Europeia, nos termos da alínea *c*) do n.º 1 do artigo 3 TFUE; ii) não lhes são aplicáveis as disposições específicas em matéria de política económica, constantes do n.º 1 do artigo 5 TFUE e dos artigos 136 a 138 TFUE (Capítulo 4 do Título VIII – Disposições específicas para os Estados-Membros cuja moeda seja o Euro); e iii) está excluída a sua participação no denominado Eurogrupo, composto por ministros dos Estados membros, cuja missão é "debater questões relacionadas com as responsabilidades específicas que partilham em matéria de moeda única"[18].

Da mesma forma que o "acervo de Schegen", correspondendo materialmente a uma cooperação reforçada[19], foi integrado no Direito da União Europeia, mesmo existindo a particularidade de ser aplicável, enquanto Direito Internacional, a dois Estados não membros da União Europeia: a República da Islândia e o Reino da Noruega. E, embora se aplique em condições específicas à Dinamarca e não abranja a Irlanda e o Reino Unido, é interessante salientar que a sua aceitação é imposta integralmente aos candidatos à adesão à União Europeia, numa manifesta e discutível prevalência da posição dos Estados que já são membros da União Europeia em relação àqueles que a esta pretendem aderir[20].

Daqui resulta, em síntese, que o Direito da União Europeia, após o Tratado de Lisboa, continua a aceitar a existência de regimes específicos relativamente à aplicação de disposições ou de partes dos tratados de direito primário em

---

[18] Em conformidade com o Protocolo (n.º 14) relativo ao Eurogrupo.

[19] Nesse sentido, o artigo 1 do Protocolo (n.º 19) Relativo ao Acervo de Schengen Integrado no Âmbito da União Europeia, prevê expressamente que os Estados membros participantes "ficam autorizados a instaurar entre si uma cooperação reforçada nos domínios abrangidos pelas disposições, definidas pelo Conselho, que constituem o acervo de Schengen. Essa cooperação realizar-se-á no quadro institucional e jurídico da União Europeia e na observância das disposições pertinentes dos Tratados".

[20] Nesse sentido, o artigo 7 do Protocolo (n.º 19) Relativo ao Acervo de Schengen Integrado no Âmbito da União Europeia determina que "[p]ara efeitos das negociações de adesão de novos Estados-Membros à União Europeia, o acervo de Schengen e as demais medidas adoptadas pelas instituições no seu âmbito de aplicação entendem-se como sendo um acervo que deve ser aceite na totalidade por todos os Estados candidatos à adesão".

74   *Fernando Loureiro Bastos*

relação a alguns dos seus Estados membros como o Reino Unido[21], a Dinamarca[22], a França[23], a Irlanda[24] e a Polónia[25].

Assim, embora sejam comuns ao nível do Direito Internacional, e resultem de um compromisso internacional legítimo, os regimes específicos de privilégio reconhecidos a alguns dos Estados membros da União Europeia representam necessariamente uma brecha intergovernamental no âmbito do Direito da União Europeia.

Se estas brechas de intergovernamentalidade constituem as cedências indispensáveis ao equilíbrio dos interesses da diversidade de Estados envolvidos na integração europeia ou se, pela sua multiplicação e diversificação, vão conduzir ao surgimento de fracturas irremediáveis na frágil construção jurídica-política que é a União Europeia, só a evolução futura o pode revelar. O facto da decisiva ratificação da República Checa[26] ter estado dependente da extensão a

---

[21] O regime específico do Reino Unido resulta: i) do Protocolo (n.º 15) Relativo a Certas Disposições Relacionadas com o Reino Unido da Grã-Bretanha e da Irlanda do Norte; ii) do Protocolo (n.º 20) Relativo à Aplicação de Certas Aspectos do Artigo 26 do Tratado sobre o Funcionamento da União Europeia ao Reino Unido e à Irlanda; iii) do Protocolo (n.º 21) Relativo à Posição do Reino Unido e da Irlanda em Relação ao Espaço de Liberdade, Segurança e Justiça; e iv) do Protocolo (n.º 30) Relativo à Aplicação da Carta dos Direitos Fundamentais da União Europeia à Polónia e ao Reino Unido.

[22] O regime específico da Dinamarca resulta: i) do Protocolo (n.º 16) Relativo a Certas Disposições Respeitantes à Dinamarca; ii) do Protocolo (n.º 17) Respeitante à Dinamarca; iii) do Protocolo (n.º 22) Relativo à Posição da Dinamarca; iv) do Protocolo (n.º 32) Relativo à Aquisição de Bens Imóveis na Dinamarca; e v) do Protocolo (n.º 34) Relativo ao Regime Especial Aplicável à Gronelândia.

[23] O regime específico da França resulta do Protocolo (n.º 18) Respeitante à França.

[24] O regime específico da Irlanda resulta: i) do Protocolo (n.º 20) Relativo à Aplicação de Certas Aspectos do Artigo 26 do Tratado sobre o Funcionamento da União Europeia ao Reino Unido e à Irlanda; ii) do Protocolo (n.º 21) Relativo à Posição do Reino Unido e da Irlanda em Relação ao Espaço de Liberdade, Segurança e Justiça; e iii) do Protocolo (n.º 35) Relativo ao Artigo 40.3.3. da Constituição da Irlanda.

[25] O regime específico da Polónia resulta do Protocolo (n.º 30) Relativo à Aplicação da Carta dos Direitos Fundamentais da União Europeia à Polónia e ao Reino Unido.

[26] Não obstante a exigência da extensão do Protocolo (n.º 30) Relativo à Aplicação da Carta dos Direitos Fundamentais da União Europeia à Polónia e ao Reino Unido ser coerente com a Declaração da República Checa sobre a Carta dos Direitos Fundamentais da União Europeia, anexada à Acta Final da Conferência Intergovernamental que aprovou o Tratado de Lisboa, onde era afirmado, no número 1, que a "República Checa recorda que as disposições da Carta dos Direitos Fundamentais da União Europeia têm como destinatários as instituições e os órgãos da União Europeia, na observância do princípio da subsidiariedade e da repartição de competências entre a União Europeia e os Estados-Membros, como se reafirma na declaração (n.º 18) a

este Estado membro do Protocolo (n.º 30) Relativo à Aplicação da Carta dos Direitos Fundamentais da União Europeia à Polónia e ao Reino Unido não é, no entanto, um sinal positivo no sentido da contenção dos prejuízos que as brechas intergovernamentais podem vir a causar.

No presente, numa perspectiva primacialmente formal, estas brechas intergovernamentais representam, antes de mais, um enorme "quebra-cabeças" ao nível do direito primário da União Europeia. Será nessa perspectiva que, no ponto seguinte das presentes reflexões, iremos abordar o direito primário da integração europeia após o Tratado de Lisboa.

III – O direito primário da integração europeia após o Tratado de Lisboa

1. *O Tratado da União Europeia, o Tratado sobre o Funcionamento da União Europeia e a importância dos protocolos que deles fazem parte integrante*

O direito primário da integração europeia, após o Tratado de Lisboa, passou a constar de tratados internacionais bastante complexos, com características que os afastam cada vez mais da simplicidade que deveria ser apanágio de um direito uniforme e, em contraponto, os aproximam perigosamente de (mais) uma vinculação internacional intergovernamental clássica entre Estados soberanos.

Com efeito, a entrada em vigor do Tratado de Lisboa, em 1 de Dezembro de 2009, após ter sido prevista inicialmente para 1 de Janeiro desse ano, traduziu-se numa série de modificações ao nível do direito primário da União Europeia. Esse objectivo é, desde logo, evidente ao nível da sua designação enquanto vinculação jurídico-internacional: Tratado de Lisboa que altera o Tratado da União Europeia e o Tratado que institui a Comunidade Europeia, assinado em Lisboa a 13 de Dezembro de 2007[27-28].

---

respeito da delimitação de competências. A República Checa sublinha que o disposto na referida Carta apenas tem por destinatários os Estados-Membros quando estes põem em execução o direito da União, e não quando adoptam e põem em execução disposições de direito nacional independentemente do direito da União".

[27] Publicado no Jornal Oficial da União Europeia, C 306, de 17 de Dezembro de 2007, disponível no sítio da União Europeia http://eur-lex.europa.eu .

[28] O texto deverá ser lido em conjunção com a Acta de Rectificação do Tratado de Lisboa que altera o Tratado da União Europeia e o Tratado que institui a Comunidade Europeia, assinado

76   *Fernando Loureiro Bastos*

O Tratado de Lisboa pode ser dividido em três partes. A primeira parte corresponde ao articulado, com os sete artigos que integram as modificações que são ser introduzidas no Tratado da União Europeia e no Tratado que institui a Comunidade Europeia (que a partir dessa data se passou a designar como Tratado sobre o Funcionamento da União Europeia). A segunda parte é composta por protocolos, por um lado, pelos protocolos que são anexados aos tratados institutivos em vigor, e, por outro lado, pelos protocolos ao Tratado de Lisboa enquanto tal. A terceira parte circunscreve-se ao anexo ao Tratado de Lisboa com os quadros de correspondência entre as disposições em vigor antes e depois do Tratado de Lisboa[29]. Paralelamente ao Tratado de Lisboa, em razão da sua natureza jurídico-internacional distinta, a compreensão dos seus efeitos implica ainda que se tenham em consideração as Declarações Anexadas à Acta Final da Conferência Intergovernamental que Aprovou o Tratado de Lisboa, numeradas sequencialmente de um a sessenta e cinco, e que devem ser divididas em três grupos: i) as quarenta e três declarações relativas a disposições dos tratados; ii) as sete declarações relativas a protocolos anexados aos tratados; e iii) as quinze declarações dos Estados membros.

Daqui decorre que o Tratado de Lisboa, enquanto tal, tem uma existência meramente transitória, ao se limitar a conter as alterações que devem ser incorporadas nos tratados que constituem o direito primário da União Europeia. Nesse sentido, o Tratado de Lisboa não veio substituir o Tratado de Roma ou o Tratado de Maastricht que criou a União Europeia, sendo antes um instrumento internacional equivalente aos Tratados de Nice ou de Amesterdão, que tiveram uma função idêntica à do Tratado de Lisboa antes da alteração estrutural que seria levada a cabo pelo fracassado Tratado que estabelece uma Constituição para a Europa.

As dificuldades em incorporar as alterações constantes do Tratado de Lisboa nos textos do direito primário da União Europeia levaram à preparação de versões oficiais consolidadas do Tratado da União Europeia e do Tratado sobre o Funcionamento da União, publicadas no Jornal Oficial da União Europeia logo em 2008[30-31]. Após a entrada em vigor do Tratado de Lisboa, no final de

---

em Lisboa em 13 de Dezembro de 2007 (JO C 306, de 17.12.2007), publicada no Jornal Oficial da União Europeia, C 290, de 30 de Novembro de 2009.

[29] O artigo 51 TUE sublinha expressamente, em conformidade com as regras vigentes do Direito Internacional, que os "Protocolos e Anexos dos Tratados fazem deles parte integrante".

[30] Jornal Oficial da União Europeia, C 115, de 9 de Maio de 2008, com 388 páginas, disponível no sítio da União Europeia http://eur-lex.europa.eu . Nessa ocasião, simbolicamente o Dia da Europa, foi feito o seguinte "Aviso ao Leitor": "A presente publicação contém as versões conso-

em Março de 2010, foi publicada uma nova versão consolidada do Tratado da União Europeia e do Tratado sobre o Funcionamento da União Europeia[32].

Assim, após o Tratado de Lisboa, o direito primário da União Europeia passou a estar vertido fundamentalmente em dois tratado internacionais: o Tratado da União Europeia, com 55 artigos, e o Tratado sobre o Funcionamento da União Europeia, com 358 artigos. Nesse sentido, no parágrafo terceiro do artigo 1 TUE, é possível ler que a União Europeia "funda-se no presente Tratado [Tratado de União Europeia] e no Tratado sobre o Funcionamento da União Europeia" e que "[e]stes dois Tratados têm o mesmo valor jurídico". Em termos reversos, no n.º 2 do artigo 1 TFUE, é identicamente previsto que o "presente Tratado e o Tratado da União Europeia constituem os Tratados em que se funda a União. Estes dois tratados, que têm o mesmo valor jurídico, são designados pelos termos «os Tratados»".

lidadas do Tratado da União Europeia e do Tratado sobre o Funcionamento da União Europeia, bem como dos seus Protocolos e Anexos, tal como resultarão das alterações introduzidas pelo Tratado de Lisboa, assinado a 13 de Dezembro de 2007 em Lisboa. Contém igualmente as Declarações anexadas à Acta Final da Conferência Intergovernamental que aprovou o Tratado de Lisboa". (…) "A presente publicação tem carácter provisório. Até à entrada em vigor do Tratado de Lisboa, poderão ainda ocorrer rectificações de uma ou outra versão linguística do texto, a fim de corrigir eventuais erros que venham a ser detectados no Tratado de Lisboa ou nos Tratados vigentes". "Este texto constitui um instrumento de documentação, não implicando a responsabilidade das instituições".

[31] No início de 2008, ainda antes do texto das versões oficiais consolidadas publicadas Jornal Oficial da União Europeia, já tinham surgido em Portugal três colectâneas doutrinais de textos de direito primário da União Europeia: i) MIGUEL GORJÃO-HENRIQUES (Org.), *Tratado de Lisboa 2008. Consolidação oficiosa de: Tratado da União Europeia. Tratado sobre o Funcionamento da União Europeia. Tratado de Lisboa, de 13 de Dezembro de 2007. Protocolos e Declarações do Tratado de Lisboa. Acta Final da CIG/2007. Carta dos Direitos Fundamentais, de 12 de Dezembro de 2007. Protocolos anteriores actualizados. Actas Finais da CIG/2000, da CIG/1996 e da CIG/1990*, 2008 (Fevereiro), com uma adenda, nas páginas 769 a 772, relativa a gralhas e imprecisões detectadas na comparação entre o texto publicado e a versão consolidada do Tratado da EU e do Tratado sobre o Funcionamento da UE posta à disposição pelo Ministério dos Negócios Estrangeiros português em 12 de Fevereiro de 2008; ii) PAULO DE PITTA E CUNHA (Org.), com a colaboração de SÓNIA DONÁRIO, NUNO CUNHA RODRIGUES e JOÃO PATEIRA FERREIRA, *Tratado de Lisboa. Incluindo um quadro sinóptico enunciando, por grandes temas, as soluções encontradas no actual regime, na Constituição Europeia (entretanto rejeitada), e no Tratado Reformador*, 2008 (Março); e iii) MARIA LUÍSA DUARTE e CARLOS ALBERTO LOPES, *Tratado de Lisboa. Versão Consolidada do Tratado da União Europeia e do Tratado sobre o Funcionamento da União Europeia*, 2008 (Março), com referência a gralhas dos textos comunitários nas páginas 10 e 11.

[32] Jornal Oficial da União Europeia, C 83, de 30 de Março de 2010, disponível no sítio da União Europeia http://eur-lex.europa.eu.

O âmbito de aplicação territorial dos tratados de direito primário da União Europeia está primacialmente previsto no artigo 52 TUE, mas só pode ser adequadamente compreendido quando conjugado com o artigo 355 TFUE, tendo em consideração as especificidades de que gozam determinados territórios no âmbito da soberania de alguns dos seus Estados membros. Em conformidade, o artigo 198 TFUE prevê que os "Estados-Membros acordam em associar à Comunidade os países e territórios não europeus que mantêm relações especiais com a Dinamarca[33], a França, os Países Baixos e o Reino Unido", e que constam do Anexo II ao Tratado de Funcionamento da União Europeia.

Paralelamente a estes dois tratados, o direito primário da integração europeia ainda continua a incluir o Tratado que institui a Comunidade Europeia da Energia Atómica[34], concluído em 1957 e cujo núcleo essencial se mantido praticamente intocado desde então[35].

É em relação a estes três tratados de direito primário da União Europeia que devem ser tidos em consideração os trinta e sete protocolos actualmente em vigor. Com efeito, na actualidade, na linha dos tratados internacionais estritamente intergovernamentais, o direito primário da União Europeia só pode ser correcta e adequadamente apreendido se tiver em simultânea consideração o articulado dos tratados e dos Protocolos. Antes de mais, porque os protoco-

---

[33] O artigo 204 TFUE prevê que "[a]s disposições dos artigos 198.º a 203.º são aplicáveis à Gronelândia, sem prejuízo das disposições específicas para a Gronelândia constantes do Protocolo relativo ao regime especial aplicável à Gronelândia, anexo aos Tratados".

[34] A posição primária do Tratado que institui a Comunidade Europeia de Energia Atómica é manifesta na fundamentação, por exemplo, do Protocolo (n.º 6) Relativo à Localização das Sedes das Instituições e de Certos Órgãos, Organismos e Serviços da União Europeia ao ser referido que os Representantes dos Governos dos Estados membros "[t]endo em conta o artigo 341 do Tratado sobre o Funcionamento da União Europeia e o artigo 189 do Tratado que institui a Comunidade Europeia da Energia Atómica" "[a]cordaram nas disposições seguintes, que vêm anexas ao Tratado da União Europeia, ao Tratado sobre o Funcionamento da União Europeia e ao Tratado que institui a Comunidade Europeia de Energia Atómica".

[35] Nesse sentido, a Declaração da República Federal da Alemanha, da Irlanda, da República da Hungria, da República da Áustria e do Reino da Suécia, anexada à Acta Final da Conferência Intergovernamental que aprovou o Tratado de Lisboa, em conformidade com a qual a "Alemanha, a Irlanda, a Hungria, a Áustria e a Suécia registam que as disposições essenciais do Tratado que institui a Comunidade Europeia da Energia Atómica não foram substancialmente alteradas desde a sua entrada em vigor e precisam de ser actualizadas, pelo que preconizam a convocação de uma Conferência dos Representantes dos Governos dos Estados-Membros o mais rapidamente possível".

los fazem parte integrante dos tratados, mas para além dessa justificação formal, em razão dos Protocolos poderem conter excepções relevantes ao regime jurídico geral que está previsto no texto dos tratados.

2. *O catálogo dos direitos fundamentais da União Europeia*

Esta dualidade entre texto dos tratados e protocolos é particularmente manifesta em matéria de direitos fundamentais, no que concerne ao conteúdo e aos instrumentos em que se manifesta o catálogo dos direitos fundamentais da União Europeia.

Na verdade, tendo em consideração que a União Europeia se funda nos "valores do respeito pela dignidade humana, da liberdade, da democracia, da igualdade, do Estado de direito e do respeito pelos direitos do Homem, incluindo os direitos das pessoas pertencentes a minorias"[36-37], e a salvaguarda expressa que é feita no artigo 6 TUE[38], aos três tratados anteriormente referenciados deveria ser equiparado o texto da Carta dos Direitos Fundamentais. Com efeito, nos termos do número 1 do artigo 6 TUE, a "União reconhece

---

[36] Artigo 2 TUE.

[37] A importância dos Direitos Fundamentais na modelação da integração europeia não se circunscreve ao espaço territorial dos seus Estados membros. Constitui, além disso, uma orientação de política externa, em conformidade com o n.º 5 do artigo 3 TUE, onde é expressivamente afirmado que "[n]as suas relações com o resto do mundo, a União afirma e promove os seus valores e interesses e contribui para a protecção dos seus cidadãos. Contribui para a paz, a segurança, o desenvolvimento sustentável do planeta, a solidariedade e o respeito mútuo entre os povos, o comércio livre e equitativo, a erradicação da pobreza e a protecção dos direitos do Homem, em especial os da criança, bem como para a rigorosa observância e o desenvolvimento do direito internacional, incluindo o respeito dos princípios da Carta das Nações Unidas". No mesmo sentido, em termos identicamente impressivos, o n.º 1 do artigo 21 TUE, dedicado à acção externa da União, determina que a "acção da União na cena internacional assenta nos princípios que presidiram à sua criação, desenvolvimento e alargamento, e que é o seu objectivo promover em todo o mundo: democracia, Estado de direito, universalidade e indivisibilidade dos direitos do Homem e das liberdades fundamentais, respeito pela dignidade humana, princípios da igualdade e solidariedade e respeito pelos princípios da Carta das Nações Unidas e do direito internacional".

[38] No mesmo sentido, na Declaração sobre a Carta dos Direitos Fundamentais da União Europeia, anexada à Acta Final da Conferência Intergovernamental que aprovou o Tratado de Lisboa, foi assumido pelos Estados Membros que a "Carta dos Direitos Fundamentais da União Europeia, que é juridicamente vinculativa, confirma os direitos fundamentais garantidos pela Convenção Europeia para a Protecção dos Direitos do Homem e das Liberdades Fundamentais e resultantes das tradições constitucionais comuns aos Estados-Membros".

os direitos, as liberdades e os princípios enunciados na Carta dos Direitos Fundamentais da União Europeia, de 7 de Dezembro de 2000, com as adaptações que lhe foram introduzidas em 12 de Dezembro de 2007, em Estrasburgo, e que tem o mesmo valor jurídico que os Tratados".

No entanto, como referido anteriormente, não apenas a Carta dos Direitos Fundamentais não está integrada no articulado do Tratado da União Europeia, nem do Tratado sobre o Funcionamento da União Europeia, como o Protocolo (n.° 30) prevê expressamente um regime específico para o Reino Unido e a Polónia que, de modo a permitir ultrapassar o perigo da República Checa bloquear a entrada em vigor do Tratado de Lisboa, já foi alargado a um terceiro Estado membro da União Europeia.

Vai ser, assim, muito discutida a posição hierárquica que deva ser reconhecida à Convenção Europeia para a Protecção dos Direitos do Homem e das Liberdades Fundamentais, após a adesão da União Europeia a este tratado, tendo em consideração a previsão do n.° 3 do artigo 3 TUE. Com efeito, se enquanto "princípios gerais" é possível defender a prevalência do seu conteúdo em relação ao restante direito da União Europeia, será que é defensável subscrever uma posição semelhante relativamente ao texto de tratado enquanto tal?

A possibilidade de a Convenção Europeia ser colocada numa posição de superioridade em relação aos tratados de direito primário da União Europeia encontra o seu fundamento no Direito Internacional[39], mas parece ser incompatível com a manutenção das "especificidades do ordenamento jurídico da União"[40] que é expressamente assumida como a posição orientadora da actuação dos Estados membros da União Europeia nessa matéria.

---

[39] Nesse sentido, o n.° 2 do artigo 30 (Aplicação de tratados sucessivos sobre a mesma matéria) da Convenção de Viena sobre o Direito dos Tratados, de 23 de Maio de 1969, em conformidade com o qual "[q]uando um tratado estabelece que está subordinado a um tratado anterior ou posterior ou que não deve ser considerado incompatível com esse outro tratado, prevalecem as disposições deste último" (versão oficial em língua portuguesa publicada no Diário da República, número 181, de 7 de Agosto de 2003).

[40] A expressa menção a esta salvaguarda pode ser encontrada: *i*) no Protocolo (n.° 8) Relativo ao n.° 2 do Artigo 6.° do Tratado da União Europeia Respeitante à Adesão da União à Convenção Europeia para a Protecção dos Direitos do Homem e das Liberdades Fundamentais, onde foi previsto que "o acordo relativo à adesão da União (…) deve incluir cláusulas que preservam as características próprias da União e do Direito da União, nomeadamente no que se refere: *a*) às regras específicas da eventual participação da União nas instâncias de controlo da Convenção Europeia; *b*) aos mecanismos necessários para assegurar que os recursos interpostos por Estados terceiros e os recursos interpostos por indivíduos sejam dirigidos correctamente contra os Estados-Membros e/ou a União, conforme o caso"; e ii) na Declaração *ad* n.° 2 do artigo 6 do Tratado da

A União Europeia após o Tratado de Lisboa 81

Em qualquer caso, não obstante a polémica que possa causar em alguns Estados membros, o catálogo dos direitos fundamentais da União Europeia deverá constituir uma supralegalidade comunitária, em conformidade com o n.º 3 do artigo 6 TUE, na medida em que do "direito da União Europeia fazem parte, enquanto princípios gerais, os direitos fundamentais tal como os garante a Convenção Europeia para a Protecção dos Direitos do Homem e das Liberdades Fundamentais e tal como resultam das tradições constitucionais comuns aos Estados-Membros".

E, tendo em consideração a existência de mecanismos eficazes de protecção desses direitos no espaço da União Europeia, será mesmo possível defender que se está em presença de um conjunto de normas de *ius cogens* regional, não obstante a pressão que foi feita por alguns dos Estados membros para que a Carta dos Direitos Fundamentais da União Europeia não integrasse o texto dos tratados de direito primário e os termos restritivos em que a sua aplicação à Polónia, ao Reino Unido (e à República Checa) está prevista no Protocolo (n.º 30) Relativo à Aplicação da Carta dos Direitos Fundamentais da União Europeia à Polónia e ao Reino Unido.

3. *A revisão dos tratados de direito primário da União Europeia*

Se o modo como foi levado a cabo a aplicação do Protocolo (n.º 30) à República Checa constitui um exemplo extremo do domínio que os Estados membros mantêm sobre o direito primário da União Europeia, os termos como os processos de revisão dos tratados foram alterados em consequência do Tratado de Lisboa não representam uma cedência menos relevante à intergovernamentalidade na construção da União Europeia, na medida em que o essencial do poder de revisão está dependente das decisões que sobre a matéria venham a ser assumidas pelos Estados.

Com efeito, depois do insucesso da elaboração da Constituição Europeia determinada pelos resultados alcançados numa "Convenção", a revisão dos tratados do direito primário da União Europeia passa a poder ser feita através do recurso a dois modos distintos: o processo de revisão ordinário, regulado nos

---

União Europeia, em conformidade com a qual a "Conferência acorda em que a adesão da União à Convenção Europeia para a Protecção dos Direitos do Homem e das Liberdades Fundamentais se deverá realizar segundo modalidades que permitam preservar as especificidades do ordenamento jurídico da União".

82 *Fernando Loureiro Bastos*

números 2 a 5 do artigo 48 TUE, e os processos de revisão simplificados, constantes dos números 6 e 7 do mesmo artigo.

Assim, antes de mais, a modificação dos tratados de direito primário é possível de ser levada a cabo através do processo de revisão ordinário, centrado numa conferência intergovernamental. Neste caso é possível seguir um processo mais ou menos solene, em função do alcance das alterações que serão introduzidas nos tratados, nos termos dos números 2 a 4 do artigo 48 TUE.

Nas situações em se pretenda "aumentar ou reduzir as competências atribuídas à União pelos Tratados", o processo de revisão é mais complexo. Numa primeira fase, de natureza juscomunitária, o Presidente do Conselho, após consulta ao Parlamento Europeu e à Comissão, e ao Banco Central Europeu quando a revisão envolver alterações institucionais no domínio monetário, convoca uma "Convenção composta por representantes dos Parlamentos nacionais, dos Chefes de Estado e de Governo dos Estados-Membros, do Parlamento Europeu e da Comissão", que terá por missão analisar os projectos de revisão e adoptar por consenso uma "recomendação dirigida a uma Conferência dos Governos dos Estados-Membros". Na segunda fase, de natureza jusinternacional, as alterações serão decididas por uma "Conferência dos Representantes do Governos dos Estados-Membros", e entrarão em "vigor após a sua ratificação por todos os Estados-Membros, em conformidade com as respectivas normas constitucionais".

Nas restantes situações, "quando o alcance das alterações o não justifique", o processo de revisão é menos solene na primeira fase, dado que a convocação da Convenção é substituída pelo estabelecimento de um "mandato de uma Conferência dos Representantes dos Governos dos Estados-Membros" pelo Conselho Europeu.

Em qualquer dos casos, tendo em consideração os arrastados processos internos de ratificação anteriores, o n.º 5 do artigo 48 TUE previu a possibilidade da demora ser analisada quando "decorrido um prazo de dois anos a contar da data de assinatura de um Tratado que altera os Tratados, quatro quintos dos Estados-Membros o tiverem ratificado e um ou mais Estados-Membros tiverem deparado com dificuldades em proceder a essa ratificação".

Em termos inovadores, os processos de revisão simplificados podem ser utilizados em três situações distintas: i) para proceder à modificação das disposições dos artigos 26 a 197 TFUE, relativas às "políticas e acções internas da União", desde que não se pretenda "aumentar as competências atribuídas à União pelos Tratados"; ii) para alterar as maiorias de aprovação de unanimidade para maioria qualificada; e iii) para alterar o tipo de procedimento previsto na aprovação de actos legislativos de processo legislativo especial para processo legislativo ordinário.

Cadernos O Direito 5 (2010), 65-87

No primeiro caso, nos termos do n.º 6 do artigo 48 TUE, a revisão simplificada é consubstanciada numa decisão aprovada por unanimidade pelo Conselho Europeu, mas a produção dos seus efeitos fica condicionada à "aprovação pelos Estados-Membros, em conformidade com as respectivas normas constitucionais". Nos restantes casos, em conformidade com o número 7 do mesmo artigo, a aprovação da decisão do Conselho Europeu, também por unanimidade, está dependente de não ter sido comunicada, no prazo de seis meses, qualquer oposição por parte do Parlamento nacional de um dos Estados membros[41].

Do mesmo modo que, por iniciativa do Estado membro beneficiado, através de uma decisão unânime do Conselho Europeu, tomada após consulta à Comissão, pode ser alterado o estatuto perante a União Europeia de um dos países ou territórios dinamarqueses, franceses ou holandeses que estão abrangidos pelo artigo 355 TFUE.

Nestes termos, em qualquer dos casos antes referenciados, as modificações que venham a ser introduzidas estão dependentes da posição que venha a ser assumida pelo Conselho Europeu, não sendo reconhecido qualquer papel determinante ao Parlamento Europeu ou à Comissão.

Em situações pontuais, como na cessação de efeitos de normas do Tratado de Funcionamento da União Europeia, cinco anos após a entrada em vigor do Tratado de Lisboa, impropriamente referenciadas como "revogação" na versão em língua portuguesa, é atribuído um papel mais relevante a órgãos da União Europeia distintos do Conselho Europeu. Com efeito, é através da aprovação de decisões do Conselho, propostas pela Comissão, que podem ser modificados: i) o artigo 98 TFUE[42], relativamente à medidas especiais aplicáveis à Alemanha no domínio dos transportes; e ii) a alínea *c*) do n.º 2 do artigo 107 TFUE[43], no que respeita a auxílios de Estado concedidos a certas regiões da Alemanha.

---

[41] Em conformidade com o artigo 353 TFUE, o n.º 7 do artigo 48 TUE não é aplicável: i) ao terceiro e quarto parágrafo do artigo 311 TFUE; ii) ao primeiro parágrafo do n.º 2 do artigo 312 TFUE; e iii) aos artigos 352 e 354 TFUE.

[42] Em conformidade com a declaração 28 anexada à Acta Final da Conferência Intergovernamental que Aprovou o Tratado de Lisboa, a "expressão «as medidas (...) necessárias para compensar as desvantagens económicas que a divisão da Alemanha causa na economia de certas regiões da República Federal afectadas por essa divisão» deve ser interpretada de acordo com a actual jurisprudência do Tribunal de Justiça da União Europeia".

[43] Em conformidade com a declaração 29 anexada à Acta Final da Conferência Intergovernamental que Aprovou o Tratado de Lisboa, a "Conferência constata que a alínea *c*) do n.º 2 do artigo 107 deve ser interpretado de acordo com a actual jurisprudência do Tribunal de Justiça da União Europeia sobre a aplicabilidade das disposições aos auxílios atribuídos a certas regiões da República Federal da Alemanha afectadas pela antiga divisão da Alemanha".

84   *Fernando Loureiro Bastos*

No mesmo sentido, a alteração de alguns artigos do Protocolo (n.º 4) Relativo aos Estatutos do Sistema Europeu de Bancos Centrais e do Banco Central Europeu, taxativamente elencados no n.º 3 do artigo 129 TFUE, poderá ser feita pelo Parlamento Europeu e pelo Conselho, através de processo legislativo ordinário.

Numa outra perspectiva, a posição dos Estados é ainda determinante na modelação do núcleo do direito primário da construção europeia, no que respeita à admissão de novos Estados membros.

Com efeito, no que respeita à admissão de novos Estados membros a abordagem intergovernamental é incontornável, como o demonstram os tratados que foram sendo historicamente concluídos. Na versão em vigor do Tratado da União Europeia, a matéria é regulada no artigo 49 TUE, em conformidade com o qual as "condições de admissão e as adaptações dos Tratados em que se funda a União, decorrentes dessa admissão, serão objecto de acordo com os Estados-Membros e o Estado peticionário".

Em termos contrapostos, regulando uma situação jusinternacionalmente incontornável mas anteriormente omissa, o Tratado de Lisboa passou a prever expressamente os tratados de retirada ou de denúncia da participação na União Europeia, em que se regulam as condições da saída de um Estado membro, em conformidade com o artigo 50 TUE, e que serão concluídos pela União Europeia e pelo Estado que se retira "tendo em conta o quadro das suas futuras relações com a União"[44].

4. *O apuramento das normas aplicáveis às maiorias qualificadas utilizadas no Conselho Europeu e no Conselho*

Importa terminar a presente digressão pelas novidades introduzidas pelo Tratado de Lisboa no direito primário da União Europeia e as brechas intergovernamentais que a construção europeia exige para a obtenção dos consensos indispensáveis à sua prossecução, com uma referência à questão do apuramento das normas do direito da União Europeia aplicáveis às maiorias qualificadas que podem ser utilizadas pelo Conselho Europeu e pelo Conselho.

---

[44] Caso não tenha sido possível chegar a um acordo entre a União Europeia e o Estado que decidiu deixar de ser membro desta, "os Tratados deixam de ser aplicáveis ao Estado em causa (...) dois anos após a notificação" da decisão de se retirar da União Europeia, em conformidade com o n.º 3 do artigo 51 TUE.

Cadernos O Direito 5 (2010), 65-87

Com efeito, a questão das maiorias qualificadas utilizadas no Conselho Europeu[45] e no Conselho não é de imediata apreensão, a menos que se faça uma aproximação ao sistema previsto através da articulação das disposições do Tratado da União Europeia, do Tratado sobre o Funcionamento da União Europeia, do Protocolo (36) Relativo às Disposições Transitórias[46], e da Declaração *ad* n.º 4 do artigo 16 do Tratado da União Europeia e n.º 2 do artigo 238 do Tratado sobre o Funcionamento da União Europeia[47-48].

Na verdade, numa primeira aproximação, nos termos do n.º 3 do artigo 16 TUE, o "Conselho delibera por maioria qualificada, salvo disposição em contrário dos Tratados". Do mesmo modo que o número seguinte do artigo em referência determina que, a "partir de 1 de Novembro de 2014, a maioria qualificada corresponde a, pelo menos, 55% dos membros do Conselho, num mínimo de quinze, devendo estes representar Estados-Membros que reúnam, no mínimo, 65% da população". Ao que acresce, ainda, dever a "minoria de bloqueio" ser composta por "pelo menos quatro membros do Conselho".

Contudo, simultaneamente, o número 2 do artigo 238 TFUE, em termos distintos, estabelece que, a partir de 1 de Novembro de 2014, em derrogação do n.º 4 do artigo 16 TUE e "sob reserva das disposições estabelecidas pelo Protocolo relativo às disposições transitórias", "quando o Conselho não delibere sob proposta da Comissão ou do Alto Representante da União para os Negócios Estrangeiros e a Política de Segurança a maioria qualificada corres-

---

[45] Em conformidade com o n.º 1 do artigo 235 TFUE, "o n.º 4 do artigo 16 do Tratado da União Europeia e o n.º 2 do artigo 238 do presente Tratado são aplicáveis ao Conselho Europeu quando este delibere por maioria qualificada", dado que, nos termos do n.º 4 do artigo 15 TUE, "[o] Conselho Europeu pronuncia-se por consenso, salvo disposição em contrário dos Tratados".

[46] As disposições do Protocolo (n.º 36) Relativo às Disposições Transitórias produzem efeitos em relação "ao Tratado da União Europeia, ao Tratado sobre o Funcionamento da União Europeia e (ao) Tratado que institui a Comunidade Europeia da Energia Atómica".

[47] Declaração anexada à Acta Final da Conferência Intergovernamental que aprovou o Tratado de Lisboa.

[48] A importância do equilíbrio encontrado é posto em destaque no artigo único do Protocolo (n.º 9) Relativo à Decisão do Conselho Relativa à Aplicação do n.º 4 do Artigo 16 do Tratado da União Europeia e do n.º 2 do Artigo 238 do Tratado sobre o Funcionamento da União Europeia entre 1 de Novembro de 2014 e 31 de Março de 2017, por um lado, e a partir de 1 de Abril de 2017, por outro, em conformidade com o qual "[a]ntes de o Conselho analisar um projecto que vise alterar ou revogar a decisão ou qualquer das suas disposições, ou modificar indirectamente o seu âmbito de aplicação ou o seu significado através da modificação de outro acto jurídico da União, o Conselho Europeu debaterá o referido projecto, deliberando por consenso nos termos do n.º 4 do artigo 15 do Tratado da União Europeia".

86 *Fernando Loureiro Bastos*

ponde a, pelo menos, 72% dos membros do Conselho, devendo estes representar Estados-Membros que reúnam, no mínimo 65% da população da União".

Daqui decorre que devem ser autonomizadas três situações temporais sequenciais relativamente à escolha da maioria qualificada aplicável: i) até 31 de Outubro de 2014; ii) entre 1 de Novembro de 2014 e 31 de Março de 2017; e iii) após 1 de Abril de 2017.

Relativamente ao primeiro dos períodos, até 31 de Outubro de 2014, a regulamentação aplicável em vigor não consta do articulado dos tratados, mas antes dos números 3 e 4 do artigo 3.º do Protocolo (n.º 36) Relativo às Disposições Transitórias. Nestes números, dando cumprimento à intenção de criar as condições que "permitam uma transição suave do sistema de tomada de decisão no Conselho por maioria qualificada"[49], é mantida a atribuição de uma ponderação aos votos dos Estados, em conformidade com a qual a maioria qualificada é atingida se tiver sido obtido um determinado número de votos, não obstante qualquer dos membros do Conselho Europeu ou do Conselho poderem "pedir que se verifique se os Estados-Membros que constituem essa maioria qualificada representam, no mínimo, 62% da população total da Europa".

No respeitante ao segundo dos períodos, entre 1 de Novembro de 2014 e 31 de Março de 2017, aplicar-se-ão as disposições dos tratados vigentes (n.º 4 do artigo 16 TUE e n.º 2 do artigo 238 TFUE), salvo nas situações em que "qualquer dos membros do Conselho (…) pedir que a deliberação seja tomada pela maioria qualificada definida no n.º 3" do Protocolo (36) Relativo às Disposições Transitórias.

Em conformidade, entre 1 de Novembro de 2014 e 31 de Março de 2017, nos termos de um projecto de decisão do Conselho constante da Declaração *ad* n.º 4 do artigo 16 do Tratado da União Europeia e n.º 2 do artigo 238 do Tratado sobre o Funcionamento da União Europeia, a aplicação da regra da maioria qualificada poderá ser sustida e objecto de discussão[50] se "um conjunto

---

[49] Primeiro considerando do projecto de decisão do Conselho constante da Declaração *ad* n.º 4 do artigo 16 do Tratado da União Europeia e n.º 2 do artigo 238 do Tratado sobre o Funcionamento da União Europeia.

[50] O projecto de decisão do Conselho, constante da Declaração *ad* n.º 4 do artigo 16 do Tratado da União Europeia e n.º 2 do artigo 238 do Tratado sobre o Funcionamento da União Europeia, não apresenta uma solução para os casos em que as discussões não consigam conduzir a uma solução, ao prever que o "Conselho, durante esses debates, faz tudo o que estiver ao seu alcance

de membros do Conselho que represente, pelo menos: *a*) três quartos da população; ou *b*) três quartos do número de Estados-membros" (…) "declarar opor--se a que o Conselho adopte um acto por maioria qualificada".

Finalmente no terceiro período, a partir de 1 de Abril de 2017, embora já não estejam em vigor as disposições de transição previstas no Protocolo (n.º 36) Relativo às Disposições Transitórias, a aplicação da regra da maioria qualificada ainda poderá ser bloqueada e objecto de discussão se "um conjunto de membros do Conselho que represente, pelo menos: *a*) 55% da população; ou *b*) 55% do número de Estados-membros" (…) "declarar opor-se a que o Conselho adopte um acto por maioria qualificada", em conformidade com o projecto de decisão do Conselho constante da Declaração *ad* n.º 4 do artigo 16 do Tratado da União Europeia e n.º 2 do artigo 238 do Tratado sobre o Funcionamento da União Europeia.

IV – **Breve conclusão**

A presente apreciação panorâmica da União Europeia, centrada em algumas das brechas intergovernamentais existentes no âmbito de um direito de integração regional, não pode terminar sem que seja expresso um sentimento de alívio por parecer que se chegou ao fim de um longo período de instabilidade ao nível do direito institucional vigente na União Europeia.

Se as alterações que resultaram do Tratado de Lisboa podem ser consideradas perfeitas e acabadas, à prova dos tempos futuros, é uma apreciação que ainda não pode ser feita de forma adequada no tempo presente. O certo é que, depois de um prolongado hiato de incerteza, em tempos de crise global, é melhor que a atenção da União Europeia, dos seus Estados membros, dos seus órgãos e, acima de tudo, dos seus cidadãos possa passar a estar dedicada a questões mais prementes do que continuados debates sobre o modelo de estruturação da União Europeia e dos seus instrumentos de actuação interna e externa. É que a permanente discussão sobre o modelo a adoptar na União Europeia, com a consequente paralisia na actuação, muito mais do que as brechas intergovernamentais detectadas na sua construção, pode conduzir a um indesculpável falhanço de processo de integração regional europeu.

Bissau, Abril de 2010.

para, num prazo razoável e·sem prejuízo dos prazos obrigatórios fixados pelo direito da União, chegar a uma solução satisfatória que vá ao encontro das preocupações manifestadas pelos membros do Conselho".

O acesso dos particulares ao recurso de anulação após o Tratado de Lisboa: remendos a um fato fora de moda

DR. FRANCISCO PAES MARQUES [*]

SUMÁRIO: *1. Introdução. 2. Evolução da jurisprudência: 2.1. A idade das certezas; 2.2. A idade das hesitações; 2.3. A idade da crise. 3. A reforma necessária: 3.1. O debate na Convenção sobre o futuro da Europa; 3.2. O Tratado de Lisboa: i) Actos regulamentares; ii) Actos que dispensam medidas de execução. 4. O recurso de anulação e o princípio da tutela jurisdicional efectiva dos particulares: 4.1. Perspectiva de curto prazo; 4.2. Perspectiva estrutural.*

1. Introdução

A interpretação das regras relativas à legitimidade dos particulares para impugnarem actos comunitários tem constituído uma das mais controversas temáticas do Direito da União Europeia[1]. Não obstante o Tratado de Lisboa, e o defunto Tratado Constitucional, não terem considerado, no cerne das suas preocupações, a protecção jurídica individual dos particulares, a revisão das regras relativas ao recurso de anulação foi sempre assumida, no processo de reforma em curso, como uma das preocupações a que urgia dar resposta[2]. Por conseguinte, o Tratado de Lisboa introduziu uma modificação no Tratado da

---

[*] Assistente da Faculdade de Direito da Universidade de Lisboa.

[1] Cf. CORNELIA KOCH, "Locus standi of private applicants under the EU Constitution: preserving gaps in the protection of individuals'right to an effective remedy", European Law Review, 2005, 511.

[2] Neste sentido, cf. JÜRGEN BAST, "Legal Instruments and Judicial Protection", in A. VON BOG-DANDY/J. BAST, *Principles of European Constitutional Law*, 2.ª ed., 2010, 394.

90 Francisco Paes Marques

Comunidade Europeia, doravante designado Tratado de Funcionamento da União Europeia – TFUE (4.° parágrafo do artigo 263.°) tendo por desígnio pôr cobro às críticas dirigidas à forma como tem sido entendida a legitimidade dos particulares no acesso ao recurso de anulação consagrado na ordem jurídica da União Europeia. O objecto deste estudo consiste, assim, em determinar o alcance destas modificações por forma a poder concluir-se se ocorreu, efectivamente, um reforço da protecção jurídica dos particulares num sentido plenamente conforme ao princípio da tutela jurisdicional efectiva, consagrado na Carta dos Direitos Fundamentais da União Europeia (artigo 47.°) e na Convenção Europeia dos Direitos do Homem (artigo 6.°, parágrafo 1.°).

É necessário, assim, fazer-se um breve historial desta problemática (2.) para depois nos debruçarmos sobre o exacto alcance das novas disposições (3.), procedendo, por fim, a uma análise das novas regras, tendo por base a sua hipotética aplicação aos controversos casos submetidos à apreciação do TJ, caso essa normas já se encontrassem em vigor à data do julgamento de tais litígios, bem como a algumas reflexões de carácter estrutural sobre a tutela jurisdicional dos particulares no sistema jurídico da União Europeia (4.).

2. Evolução da jurisprudência

2.1. *A idade das certezas*

De acordo com o sistema instituído pelo Tratado de Roma, contrariamente aos Estados-membros e certos órgãos da Comunidade, que não teriam de justificar o seu interesse em agir, podendo impugnar quaisquer actos que consideram inválidos à luz dos Tratados, os particulares estavam sujeitos a condições bastante restritivas no que respeita ao acesso ao recurso de anulação gizado pelo Tratado da Comunidade Europeia[3]. Até à recente revisão dos Tra-

---

[3] Cf. ANATOLE ABAQUESNE DE PARFOURU, "Locus standi of private applicants under the article 230 EC action for annnulment: any lessons to be learnt from France", Maastricht Journal of European Law, 2007, 361 ss., TIM CORTHAUT/FRÉDERIC VANNESTE, "Waves between Strasbourg and Luxembourg: the right of acess to a Court to contest the validity of legislative and administrative measures",Yearbook of European Law, 2006, 475 ss.; JOSÉ MANUEL CORTÉS MARTÍN, "*Ubi ius, Ibi Remedium*- Locus Standi of Private Applicants under Article 230 (4) EC at European constitutional Crossroads", Maastricht Journal of European Law, 2004, 233 ss.; JÜRGEN SCHWARZE, "The legal protection of the individual against regulations in European Law", European Public Law, 2004, 285 ss.; MARTIN BOROWSKI, "Die Nichtigkeitsklage gem.Art. 230 Abs. 4 EGV", Euro-

O *acesso dos particulares ao recurso de anulação após o Tratado de Lisboa*   91

tados europeus, operada pelo Tratado de Lisboa, as regras relativas à legitimidade dos particulares, no âmbito do recurso de anulação de actos comunitários, encontravam-se no 4.º parágrafo do artigo 230.º do Tratado da Comunidade Europeia, o qual dispunha da seguinte forma: "Qualquer pessoa singular ou colectiva pode interpor, nas mesmas condições, recurso das decisões de que seja destinatária e das decisões que, embora tomadas sob a forma de regulamento ou de decisão dirigida a outra pessoa, lhe digam directa e individualmente respeito". Por conseguinte, os particulares apenas possuíam legitimidade para impugnar os seguintes tipos de actos: 1) decisões de que fossem destinatários; 2) decisões dirigidas a um terceiro mas em que os recorrentes demonstrassem que os afectavam de forma directa e individual; 3) decisões adoptadas sob a forma de regulamento mas em que os recorrentes demonstrassem que os afectavam de forma directa e individual.

Quanto ao primeiro tipo de actos, a verificação da sua existência tem demonstrado ser pacífica, ocorrendo, frequentemente, a impugnação das decisões que a Comissão adopta, com o objectivo de dar execução aos anteriores artigos 85.º e 86.º (regras da concorrência), por parte dos seus destinatários. O conceito de afectação directa não apresenta grandes dificuldades, entendendo-se que esta se verifica sempre que "o acto em causa tem por efeito privar o recorrente de um direito ou impor-lhe uma obrigação, sem necessidade de qualquer intervenção de uma autoridade nacional ou comunitária". Por conseguinte, se ao destinatário da medida é dada verdadeira discricionariedade, não se verifica uma afectação directa do recorrente, apenas existindo essa afectação caso a medida atacada não confira qualquer discricionariedade ao seu destinatário[4]. Verdadeiras dificuldades revelaram-se, contudo, no que respeita ao conceito de afecta-

---

parecht, 2004, 880 ss.; JOHN USHER, "Direct and individual concern-an effective remedy or a conventional solution?", European Law Review, 5, 2003, 8 ss.; ANGELA WARD, "Locus standi under article 230 (4) of the EC Treaty: crafting a coherent test for a Wobbly Polity", Yearbook of European Law, 2003, 45 ss.; CHIARA AMALFITANO, "La protezione giurisdizionale dei ricorrenti non priveligiati nel sistema comunitario", Il Diritto dell'Unione Europea, 2003, 13 ss.; EWA BIERNAT, "The Locus standi of Private Applicants under article 230 (4) EC and the principle of judicial protection in the European Community, Jean Monnet Working Papers, 2003, 3 ss. in www.jeanmonnetprogram.or; ANTHONY ARNULL, "Private aplicants and the action of annulement since *Codorniu*", Common Market Law Review, 2001, 7 ss.; DELFINA BONI, "Il ricorso di annullamento delle persone fisiche e giuridiche" in BRUNO NASCIMBENE/L. DANIELE (dir.), *Il Ricorso di Annullamento nel Trattato institutivo della Comunitá Europea*, 1998, 53 ss.; GEORGE VANDERSANDEN, "Pour un élargissement du droit des particuliers d'agir en annulation contre des actes autres que les décisions qui leur sont adressés", Cahiers de Droit Européenne, 1995, 535 ss.
[4] Caso *NV International Fruit Company*, proc. 41-44/70, de 13 de Maio de 1971, col. 1971, 00131.

92 Francisco Paes Marques

ção individual, em relação ao qual a jurisprudência do TJ (Tribunal de Justiça da União Europeia) tem sido extremamente restritiva, regendo-se basicamente pela designada fórmula Plaumann, segundo a qual "os sujeitos que não sejam destinatários de uma decisão só podem ser individualmente afectados se essa decisão os atingir em razões de certas qualidades que lhes são particulares ou de uma situação de facto que os caracteriza em relação a qualquer outra pessoa"[5].

As dificuldades de acesso são evidentes se pensarmos que a circunstância de haver um grupo determinado que possa ser perfeitamente identificado através do acto de carácter geral, em virtude de certas características distintivas relativamente a outros indivíduos, não significa que a fórmula Plaumann esteja preenchida e, consequentemente, que haja legitimidade de recurso. De um ponto de vista teórico, a verificação da fórmula Plaumann poderia ocorrer em três momentos diferentes: momento da adopção do acto; momento da impugnação; momento futuro sem limite temporal estabelecido[6]. Ora, o TJ optou pela terceira hipótese, o que implica que mesmo havendo apenas um indivíduo que preencha as características descritas no acto de carácter geral, este não obterá legitimidade para o impugnar, já que, em termos futuros, poderá sempre argumentar-se que outros sujeitos poderão adquirir tais qualidades que os coloquem no campo de aplicação desse mesmo acto[7]. Assim sendo, é possível afirmar-se que "locus standi" dos particulares, em sede de recurso de anulação, não passa de uma "miragem no deserto"[8].

2.2. *A idade das hesitações*

O TJ pareceu, no entanto, em determinados casos, mostrar alguma sensibilidade no sentido de encontrar soluções mais flexíveis por forma a atender ao princípio da tutela jurisdicional efectiva. Por exemplo, no caso *Les Verts*, o TJ reconheceu legitimidade de impugnação a um partido político, com o objectivo de não estabelecer condições discriminatórias, no que respeita à tutela jurisdicional conferida entre partidos concorrentes às eleições ao Parlamento Europeu[9]. Ignorou-se, assim a fórmula Plaumann, dado ter-se reconhecido que

---

[5] Caso *Plaumann*, proc. 25/62, de 15 de Julho de 1963, col. de 1963, 197.
[6] Cf. PAUL CRAIG/GRAINNE DE BÚRCA, *EU Law Text, Cases and Materials*, 4.ª ed., 2008, 512.
[7] Cf. PAUL CRAIG/GRAINNE DE BÚRCA, *EU Law...* cit., 512, notando os Autores que, desta forma, uma actividade comercial pode ser exercida por qualquer pessoa em qualquer momento, o que é criticável em termos pragmáticos e conceptuais.
[8] Cf. PAUL CRAIG/GRAINNE DE BÚRCA, *EU Law...* 512.
[9] Caso *Les Verts*, proc. 294/83, de 23 de Abril de 1986, col. 1986, 01339.

O acesso dos particulares ao recurso de anulação após o Tratado de Lisboa   93

os actos relativos ao financiamento de uma campanha de informação, com vista às eleições, não diziam individualmente respeito a um partido não representado no Parlamento Europeu.

O critério extremamente restritivo da fórmula Plaumann pareceu, a dada altura, ter sido revogado no acórdão *Codorniu*. O caso referia-se à impugnação de um regulamento que reservava o termo crémant para espumantes provenientes de França e Luxemburgo, por parte de um produtor de espumante espanhol, o qual tinha registado, há largos anos, um termo semelhante a utilizar nos seus produtos[10]. O TJ, não obstante ter considerado que a medida em causa era um verdadeiro regulamento, concedeu legitimidade ao impugnante, defendendo que a existência da sua situação o diferenciava de outros produtores. Acreditou-se, assim, que o TJ teria adoptado uma visão mais liberal no acesso ao recurso de anulação, admitindo que um verdadeiro regulamento fosse susceptível de afectar individualmente um recorrente particular[11].

A jurisprudência pós-*Codorniu* caracterizou-se, porém, pela aplicação da fórmula Plaumann nos mesmos termos em que esta originariamente tinha sido concebida[12]. Por exemplo, mais recentemente, no caso *Buralux*, os recorrentes impugnaram um regulamento relativo ao transporte de resíduos, tendo o TJ sustentado que a possibilidade de se determinar o número ou a identidade de particulares afectados não equivale a considerar que aquela medida os afecta individualmente, desde que se encontre formulada de fórmula geral e abstracta[13].

O TJ adoptou, no entanto, no que respeita à legitimidade dos particulares no recurso de anulação, uma postura mais liberal, permitindo um "locus standi" mais alargado em determinadas áreas, designadamente as que se prendem com medidas *anti-dumping*[14], concorrência[15] e auxílios do Estado[16]. O fundamento apontado para justificar esta maior generosidade reside na circunstância de, nes-

---

[10] Caso *Codorniu*, proc. C-309/89, de 18 de Maio de 1994, col. 1994, I-01853.

[11] Neste sentido, cf. PAUL CRAIG/GRAINNE DE BÚRCA, *EU Law...* 516.

[12] Neste sentido, cf. PAUL CRAIG/GRAINNE DE BÚRCA, *EU Law...* cit., 517; JOSÉ MANUEL CORTÉS MARTÍN, "*Ubi ius...*" cit., 238, notando que a jurisprudência posterior demonstrou que os casos referidos não seriam facilmente extrapoláveis; por seu turno GEORGE VANDERSANDEN, "Pour un élargissement..." cit., 544, refere que apesar do caso *Codorniu* ter-se destinado, sem qualquer dúvida, a fazer jurisprudência, o facto é que o TJCE nunca se conseguiu libertar da jurisprudência anterior.

[13] Caso *Buralux*, porc. C-209/94, de 15 de Fevereiro de 1996, col. de 1996, I-00615.

[14] Caso *Timex*, proc. 264/82, de 20 de Março de 1985, col. de 1985, 00849; caso *Extramet*, proc. C-358/89, de 11 de Junho de 1992, col. de 1992, I-03813.

[15] Caso *Metro*, proc. 26/76, de 25 de Junho de 1977, col. 1977, 00659.

[16] Caso *Cofaz*, proc. 169/84, de 28 de Janeiro de 1986, col. 1986, 00391.

94 Francisco Paes Marques

tes domínios, os particulares deterem uma maior legitimidade de intervenção, podendo alertar a Comissão para a violação da ordem jurídica da União Europeia, que os individualizaria de forma análoga a um destinatário[17], para além de o TJ revelar uma maior receptividade para aceitar a contestação de medidas em que o interesse da Comunidade é mais facilmente vislumbrável[18].

2.3. *A idade da crise*

A concepção altamente restritiva da legitimidade dos particulares no acesso ao recurso de anulação, que o TJ persistiu em manter, originou um conjunto aceso de críticas, tendo o próprio tribunal, no caso *Ocalan*[19], examinado se a sua jurisprudência, quanto a esta matéria, violava o artigo 6.º da Convenção Europeia dos Direitos do Homem.

Particular importância, no âmbito dessa visão restritiva, assumiram os casos *UPA*[20] e *Jégo-Quéré*. O primeiro respeitava a um recurso de anulação interposto por uma associação de pequenos agricultores espanhóis, que pretendia a anulação de um regulamento que procedia à reorganização do mercado de azeite, abolindo um sistema de subsídios concedidos a pequenos agricultores. O segundo era relativo a um caso em que uma empresa de pesca, que desenvolvia as suas actividades na costa irlandesa, pretendia a impugnação de um regulamento da Comissão que proibia, com o objectivo de salvaguardar determinadas espécies de peixe, o uso de redes abaixo de certa medida[21]. Neste percurso, marcantes foram igualmente as conclusões do Advogado-Geral Jacobs, formuladas nestes processos, o qual, num tom quase dramático, sustentou uma interpretação mais liberal das condições de acesso dos particulares ao recurso de anulação, propondo que um "indivíduo deve considerar-se individualmente afectado por um acto comunitário sempre que, em razão das suas circunstâncias particulares, essa medida tenha, ou é susceptível de vir a ter, um efeito substancialmente adverso no seu círculo de interesses"[22].

---

[17] Cf. Fausto de Quadros/Ana Maria Guerra Martins, *Contencioso da União Europeia*, 2.ª ed., 2007, 165.

[18] Neste sentido, cf. Paul Craig/Grainne de Búrca, *EU Law...* 518.

[19] Caso *Ocalan*, proc. C-229/05, de 18 de Janeiro de 2007.

[20] Caso *UPA*, proc. C-50/00, de 25 de Julho de 2002, col. 2002, I-06677.

[21] Caso *Jégo-Quéré*, proc. C-263/02, de 1 de Abril de 2004.

[22] Refira-se que o TPI, no caso *Jégo-Quéré*, proc T-177/01, de 3 de Maio de 2002, col. de 2002, II-02365, admitiu o alargamento da legitimidade aos particulares, levando Maria Luísa Duarte,

O acesso dos particulares ao recurso de anulação após o Tratado de Lisboa   95

Quanto as alegações dos recorrentes, baseadas na violação do princípio da tutela jurisdicional efectiva, sustentou o TJ, nos casos *UPA* e *Jégo-Quéré*, que os Tratados estabeleciam um sistema omnicompreensivo e completo de meios, concebido para a fiscalização dos actos adoptados pelas instituições. Por conseguinte, o cumprimento do princípio da tutela jurisdicional efectiva não se efectuaria apenas por meio da impugnação directa de actos comunitários, ao abrigo do 4.º parágrafo do artigo 230.º, mas também através do controlo incidental destes actos, previsto no artigo 241.º do TCE, ou da invocação da invalidade, junto de um tribunal nacional, o qual sempre poderia lançar mão do processo das questões prejudiciais de validade, previsto no artigo 234.º do TCE. De resto, significativo é o facto de, naquele último caso, o impugnante conseguir demonstrar que era o único operador económico abrangido pelo regulamento em questão, provando que era o único armador que pescava no sul da Irlanda com navios de mais de trinta metros, utilizando determinada técnica de pesca, não considerando este tribunal, todavia, que aquele fosse individualmente afectado pela medida em causa, dando a entender que potencialmente outros poderiam estar naquelas condições.

No entanto, a utilização das outras vias processuais não se encontra também, de forma alguma, facilitada, adoptando o TJ, igualmente no que respeita ao acesso a estes meios, uma orientação restritiva, defendendo, precisamente, que estes devem constituir mecanismos alternativos de protecção nos casos em que o recurso de anulação não possa ser accionado[23]. No acórdão *TWD Textilwerke*[24] estava em causa uma decisão dirigida à Alemanha informando-a que determinados auxílios concedidos por este Estado a uma empresa têxtil eram ilegais. Esta decisão não foi impugnada em tempo devido, tendo apenas sido mais tarde contestada num tribunal nacional, que se encarregou de suscitar uma questão prejudicial de validade ao TJ, o qual declarou que a apreciação da validade do acto não poderia ser feita através do mecanismo do artigo 234.º, pois não havia dúvidas que a empresa afectada tinha legitimidade de impug-

---

Direito Comunitário II – Contencioso Comunitário (relatório), suplemento da Revista da Faculdade de Direito da Universidade de Lisboa, 2003, 78 ss., a referir-se ao acórdão *Jégo-Quéré* como a tentativa de viragem jurisprudencial, enquanto o caso UPA consistiria na reafirmação da jurisprudência tradicional temperada pela alusão à Comunidade de Direito e às exigências do princípio da tutela judicial efectiva.

[23] Cf. FRANCISCO PAES MARQUES, *A excepção de ilegalidade no contencioso da União Europeia*, 2008.

[24] Caso *TWD Textilwerke Daggendorf*, proc. C-188/92, de 9 de Março de 1994, col. de 94, I-00833.

96 Francisco Paes Marques

nação dessa decisão, perante o Tribunal comunitário, mediante um recurso de anulação nos termos do artigo 230.°.

Mais tarde, um novo plano de auxílios foi aprovado pela Comissão, embora condicionado à restituição do auxílio anterior. Desta vez a empresa em causa interpôs recurso de anulação dessa decisão no TPI[25], aproveitando para invocar, ao abrigo do ex-artigo 184.° do TCE, uma excepção de ilegalidade contra a primeira decisão da Comissão, tendo, porém, este Tribunal rejeitado a dedução dessa excepção, alegando que esta empresa poderia, igualmente, ter impugnado a primeira decisão através de um recurso directo previsto no artigo 230.°. Tal como o TJ rejeitou a questão prejudicial de validade, também o TPI sustenta que o mesmo fundamento impede-o, neste processo, de admitir uma excepção de ilegalidade ao abrigo do artigo 241.°. Assim sendo, consideram os tribunais comunitários, não ser possível uma impugnação indirecta, quer através de uma excepção de ilegalidade, quer através de uma questão prejudicial de validade, àqueles recorrentes que, sem quaisquer margem para dúvidas, tivessem legitimidade para impugnar actos comunitários através do recurso de anulação. Adoptar-se diferente solução equivaleria a reconhecer-se, a estes sujeitos, a faculdade de contornarem o carácter definitivo de que, por força do princípio da segurança jurídica, a decisão se reveste após o prazo de expiração do recurso.

Elucidativo desta concepção de alternatividade do mecanismo das questões prejudiciais, como via indirecta de sindicabilidade de actos comunitários, constitui o caso *Nachi*[26], respeitante a uma empresa japonesa de rolamentos de esferas que foi obrigada a pagar direitos *antidumping* constantes de um regulamento já considerado ilegal pelo TPI num processo anterior. Face à recusa de devolução desse montante por parte da Administração Fiscal alemã, a empresa em causa intentou uma acção num tribunal nacional, o qual suscitou, por sua vez, ao TJ uma questão prejudicial acerca da validade do referido regulamento. No entanto, o TJ afirmou que os regulamentos consagradores de um direito *antidumping*, se bem que tenham, pela sua natureza e alcance, um carácter normativo, dizem directa e individualmente respeito às empresas produtoras e exportadoras que possam demonstrar que foram identificadas nos actos da Comissão ou do Conselho, ou implicadas nos inquéritos preparatórios. Assim sendo, considerou este Tribunal que esta empresa era claramente detentora de legitimi-

---

[25] Caso *TWD Textilwerke II*, proc. T-244/93 e T-486/93, de 13 de Setembro de 1995, col. 1995, II-02265.
[26] Caso *Nachi*, proc. C-239/99, de 15 de Fevereiro de 2001, col. 2001, I01197.

dade de impugnação directa face ao artigo 230.º do TCE, o que a impedia agora de vir contestar a validade de tal regulamento *antidumping*.

3. A reforma necessária

3.1. *O debate na Convenção sobre o futuro da Europa*

A intensidade das críticas, e o círculo vicioso em que a jurisprudência do TJ se foi crescentemente enredando, tornaram evidente a necessidade de introduzir novas regras nos tratados que consagrassem um acesso mais liberal dos particulares ao recurso de anulação. De resto, o próprio TJ reconheceu que as vias de recurso gizadas pelos Tratados não permitiam ir-se mais longe, tendo chegado a exortar os Estados-Membros a alterar as regras deste sistema em sede de revisão dos Tratados. Neste sentido, no âmbito da Convenção sobre o futuro da Europa, na qual tiveram lugar os trabalhos preparatórios do projecto de Constituição Europeia[27], três hipóteses se perfilaram: i) garantir aos particula-

---

[27] Sobre o projecto de Constituição Europeia, em geral, cf. KOEN LENAERTS/DAMIEN GERARD, "The Structure of the Union according to the Constitution for Europe: the emperor is getting dressed", ELR, 2004, 289 ss.; MAXIM LEFEBVRE, "La Constituion Européenne: Bilan d'un accouchement(2002-2004), Revue du Marché Commun et de L'Union Europénne, 2004, 559 ss.; CASPAR EINEM, "Eine Verfassung für Europa. Ammerkungen zu ausgewählten Aspekten des Verfassungsentwurfs", Europarecht, 2004, 202 ss.; FLORENCE CHALTIEL, "Une Constitution pour l'Europe, An I de la République Européenne", Revue du Marché Commun et de L'Union Europénne, 2003, 493 ss.; JÜRGEN SCHWARZE, "Ein pragmatischer Verfassungentwurf- Analyse und Bewertung des vom Europäischen Verfassungskonvent vorgelegten Entwurfs eines Vertrags über eine Verfassung für Europa", Europarecht, 2003, 535 ss.; GIL CARLOS RODRIGUEZ IGLESIAS, "La Constitucionalización de la Unión Europea", Revista de Derecho Comunitario Europeo, 2003, 893 ss.; JEAN-VICTOR LOUIS, "Le Project de Constitution: continuité ou rupture", Cahiers de Droit Européenne, 2003, 215 ss.; ANTONIO TIZZANO, "Prime note sul progetto di Constituzione Europea, Il Diritto de l'Unione Europea, 2003, 24 ss.; JULIANNE KOKOTT/ALEXANDRA RÜTH, "The European Convention and its Draft Treaty establishing a Constitution for Europe: Appropriate Answers to the Laeken Questions", Common Market Law Review, 2003, 1315 ss.; na doutrina portuguesa, cf. ANA MARIA GUERRA MARTINS, *O Projecto de Constituição Europeia-Contributo para a sua compreensão*, 2.ª ed., 2004; MARGARIDA SALEMA D'OLIVEIRA MARTINS, "O Tratado que estabelece uma Constituição para a Europa- Contributo para uma avaliação positiva", O Direito, 2005, 787 ss.; MARIA JOSÉ RANGEL DE MESQUITA, "Forças e fraquezas do Tratado que estabelece uma Constituição para a Europa: cinco tópicos breves de reflexão", O Direito, 2005, 807 ss.; PAULO DE PITTA E CUNHA, "O Projecto de uma Constituição para a Europa", O Direito, 2005, 1015 ss.

98   Francisco Paes Marques

res acesso directo ao TJ sempre que se verifique a violação de direitos fundamentais, independentemente do requisito do interesse individual; ii) a obrigação dos Estados de introduzirem meios de Direito interno susceptíveis de assegurarem uma protecção jurisdicional efectiva dos direitos consagrados pela ordem jurídica da União Europeia; iii) atenuação da rigidez das condições previstas no 4.º parágrafo do artigo 230.º, eliminando-se o requisito do interesse individual[28].

A opção escolhida foi a terceira, tendo-se procurado suavizar as condições exigidas pelo 4.º parágrafo do artigo 230.º, através de uma atenuação, em certos casos, da interpretação consolidada do conceito de "interesse individual". Assim, no projecto de Constituição europeia, introduziu-se uma alteração na norma que prevê a legitimidade dos particulares no acesso ao recurso de anulação, estatuindo-se que "Qualquer pessoa singular ou colectiva pode interpor, nas condições previstas nos primeiros e segundo parágrafos, recursos contra os actos de que seja destinatária ou que lhe digam directa e individualmente respeito, bem como contra actos regulamentares que lhes digam directamente respeito e não necessitem medidas de execução (artigo III-365.º, 4.º parágrafo)".

3.2. *O Tratado de Lisboa*

A disposição atrás referida, consagrada no projecto de Constituição Europeia, é, tal como muitas outras soluções aí consagradas, replicada inteiramente pelo Tratado de Lisboa (4.º parágrafo, artigo 263.º do Tratado de Funcionamento da União Europeia)[29]. Por conseguinte, a grande inovação introduzida

---

[28] Cf. MASSIMO CONDINANZI/ROBERTO MASTROIANNI, *Il Contenzioso dell'Unione Europea*, 2009, 139; MARTIN VARJU, "The debate on the Future of the standing under article 230(4) TEC in the European Convention", European Public Law, 2004, 49.

[29] Os chumbos ao Tratado Constitucional, nos referendos que tiveram lugar em França e na Holanda, colocaram um travão definitivo nos processos de ratificação nacionais com vista à entrada em vigor deste texto. Consequentemente, com vista à superação deste impasse, foi aprovado, no Conselho Europeu de 18 e 19 de Outubro, realizado em Lisboa, um Tratado reformador, o qual foi assinado, também em Lisboa, pelos 27 Estados-Membros, em Dezembro de 2007. O Tratado de Lisboa aboliu o termo "constitucional" dos projectos de reforma em curso, procedendo simplesmente à revisão do Tratado da União Europeia e do Tratado da Comunidade Europeia. O Tratado da União Europeia contém os princípios que regem a União, as regras relativas à política externa e cooperação reforçada, enquanto o Tratado da Comunidade Europeia é também revisto, passando a denominar-se Tratado sobre o funcionamento da União Europeia. A União Europeia passa assim a basear-se no TUE e no TFUE, tendo os dois Tratados o mesmo

encontra-se nesta última parte do referido parágrafo, mantendo-se o requisito da necessidade de afectação directa da medida em causa, mas dispensando-se, aparentemente, o preenchimento do requisito de interesse individual nos casos em que o acto objecto de impugnação tenha natureza regulamentar (acto não legislativo) e não pressuponha a adopção de medidas de execução. Nesta medida, a determinação do exacto alcance das inovações introduzidas pelo Tratado de Lisboa, depende da análise destes dois elementos: i) o que deve entender-se por actos regulamentares; ii) o que deve entender-se por actos que dispensem medidas de execução[30].

i) *Actos regulamentares*

A reforma das condições de legitimidade dos particulares, em sede de recurso de anulação, encontra-se estreitamente ligada à alteração do sistema de fontes e à repartição do poder normativo entre instituições através da criação de uma hierarquia de normas. A reforma introduzida pelo Tratado de Lisboa não define o conceito de "acto regulamentar", parecendo, à primeira vista, segundo as concepções dogmáticas do Direito interno, que se estaria a referir a actos da função administrativa, mas, por exemplo, na versão inglesa o termo "regulatory act" poderia, eventualmente, ser entendido num sentido mais literal, como "acto regulador", o qual, teoricamente, poderia também abranger actos da função legislativa. De resto, o próprio Tratado de Lisboa contribui para o adensar de tais dúvidas, uma vez que se no projecto de Tratado Constitucio-

---

valor jurídico, sucedendo a União, de forma plena, às anteriores Comunidades; sobre o Tratado de Lisboa, em geral, cf. PAUL CRAIG, "The Treaty of Lisbon: Process, architecture and substance", European Law Review, 2008, 137 ss.; MICHAEL DOUGAN, "The Treaty of Lisbon 2007; winning minds not hearts", Common Market Law Review, 2008, 617 ss.; HERVÉ BRIBOSIA, "The Main Institutional Inovations of the Lisbon Treaty", in S. GRILLER/J. ZILLER, *The Lisbon Treaty*, 2008, 57 ss. JACQUES ZILLER, "The Law and Politics of the Ratification of the Lisbon Treaty", in S. GRILLER/J. ZILLER, *The Lisbon Treaty*, 2008, 309 ss.; entre nós, cf. MIGUEL GORJÃO HENRIQUES, "The Lisbon Treaty and the political governance of the EU: transforming the basic institutional equilibrium? Some preliminary remarks", Temas de Integração, n.º 26, 2008, 27 ss.; CARLA AMADO GOMES, "O Tratado de Lisboa: ser ou não ser... reformador (eis a questão)", Temas de Integração, n.º 26, 2008, 45 ss.; JOÃO NUNO CALVÃO DA SILVA, "Tratado de Lisboa (Algumas notas)", Temas de Integração, n.º 26, 2008, 115 ss.

[30] De acordo com ARNAUD VAN WAEYENBERGE/PETER PECHO, "L'Arrêt Unibet et le Traité de Lisbonne – Un pari sur l'avenir de la protection juridictionnelle effective", Cahiers de Droit Européen, 2008, 522, estas noções exigem amplas explicações.

100   *Francisco Paes Marques*

nal os regulamentos eram claramente definidos como actos não legislativos[31], já no Tratado de Lisboa, com o abandono do léxico estadualista[32], os regulamentos podem também ser actos legislativos, se adoptados pelo Conselho e Parlamento Europeu através do processo legislativo ordinário ou especial[33]. No novo artigo 288.° do TFUE encontramos, aparentemente, os três tipos de instrumentos que já constavam do artigo 249.° do TCE – regulamentos, directivas e decisões. Todos estes instrumentos poderão ser utilizados em cada um dos três níveis de decisão previstos: aprovação de actos legislativos, de actos delegados ou de actos de execução[34]. Os actos legislativos da União Europeia não possuem, em face dos outros actos, um traço distintivo de natureza material mas apenas de natureza procedimental ou formal, uma vez que, segundo o artigo 289.°, 3.° parágrafo, "Os actos jurídicos aprovados por processo legislativo constituem actos legislativos".

Referir-se-á, assim, o 4.° parágrafo do artigo 263.° do TFUE a actos legislativos ou apenas a actos da função administrativa? À partida, uma análise do elemento histórico diz-nos que a convenção que aprovou o projecto de constituição para a Europa adoptou a visão de um grupo minoritário, defendida no âmbito dos respectivos trabalhos preparatórios, segundo o qual o requisito do "interesse individual" só seria de eliminar perante actos regulamentares e cuja previsão teria por base a distinção, realizada por esse projecto, entre actos legislativos e não legislativos[35]. Não obstante, há quem sustente que o elemento his-

---

[31] Como observa Bruno de Witte, "Legal instruments and law-making in the Lisbon Treaty, in S. Griller/J. Ziller, *The Lisbon Treaty*, 2008, 86-87, apesar de, muito provavelmente, os votantes que rejeitaram o Tratado Constitucional estarem pouco preocupados com a questão dos instrumentos jurídicos da União, o certo é que durante as conversações diplomáticas de 2007 concordou-se na eliminação dos termos "lei europeia" e "lei-quadro europeia", que inculcavam a ideia de instrumentos de um super-Estado.

[32] Efectivamente, dotou-se projecto de Constituição europeia de uma elevada carga sistémico-simbólica, designadamente através da consagração expressa dos símbolos da União (art I-8.°), da adopção de uma fraseologia estadual- lei europeia, lei-quadro europeia (art I-33.°), Ministro dos Negócios Estrangeiros (art I-28.°), ou do acolhimento de certas disposições de origem jurisprudencial, como a própria designação de Constituição, ou o princípio do primado, com a expectativa de criação de um terreno propício que possibilitasse ao TJ alimentar um processo dinâmico e evolutivo.

[33] Cf. Massimo Condinanzi/Roberto Mastroianni, *Il Contenzioso*...cit., 142.

[34] Cf. Bruno de Witte, "Legal instruments..." cit., 92; como sublinha Afonso Patrão, "O Direito Derivado da União Europeia à luz do Tratado de Lisboa", Temas de Integração, n.° 26, 2008, 146, "existirão regulamentos, directivas e decisões com força legislativa, e regulamentos, directivas e decisões de valor infra-legislativo".

[35] Cf. Cornelia Koch, "Locus standi..." cit., 520.

O *acesso dos particulares ao recurso de anulação após o Tratado de Lisboa* 101

tórico não é decisivo, tendo antes sido adoptado um conceito algo indefinido com o objectivo de introduzir um compromisso dilatório susceptível de conferir uma margem de discricionariedade à jurisprudência do TJ[36]. Consequentemente, também a letra do tratado não excluiria a impugnação pelos particulares de actos legislativos, verificando-se que o termo francês *réglementaire* não constitui um antónimo de *législation*, mas apenas um dos seus atributos, pelo que um acto ter "carácter regulamentar" ou ser de "natureza legislativa" possuiria um significado equivalente, como demonstraria o caso *UPA*, cujos contornos teriam motivado os termos em que ficou redigido o 4.º parágrafo do artigo 263.º do TFUE[37]. De um ponto de vista substancial, alega-se que diferenciações com base na natureza do acto impugnável seriam desajustadas e contrárias ao princípio da tutela jurisdicional efectiva[38].

Efectivamente, a intenção dos autores do Tratado parece ter sido restringir a impugnação directa de actos da União, por parte de particulares, a medidas que revistam natureza executiva e não legislativa[39]. Assim o demonstra, por um lado, a redacção do preceito em causa, não fazendo sentido a especificação de um tipo de actos (natureza regulamentar ou regulatória) se afinal se pretendia abranger todos os actos da ordem jurídica da União – quer de natureza legislativa quer de natureza administrativa – que não carecessem de medidas de execução, bastando, se fosse essa a intenção, nada dizer ou usar a expressão "acto de alcance geral", vertida no artigo 277.º do TFUE (excepção de ilegalidade), essa sim, de forma inequívoca, abrange actos legislativos[40]. Por outro lado, é

---

[36] Cf. Jürgen Bast, "Legal Instruments…" cit., 396.

[37] Cf. Jürgen Bast, "Legal Instruments…" cit., 396.

[38] Cf. Jürgen Bast, "Legal Instruments…" cit., 396-397, qualificando as mudanças no recurso de anulação como modestas.

[39] Neste sentido, cf. Massimo Condinanzi/Roberto Mastroianni, *Il Contenzioso*…cit., 140 ss.; Anatole Abaquesne de Parfouru, "Locus standi…" cit., 376; Arnaud van Waeyenberge/Peter Pecho,"L'Arrêt…" cit., 153; Paul Craig/Grainne de Búrca, *EU Law*…" 527; Tim Corthaut/Fréderic Vanneste, "Waves…" cit., 499; Cornelia Koch, "Locus standi…" cit., 520-521, não deixando, todavia, de salientar que, apesar de ser esta a intenção, o TJ terá alguma liberdade na interpretação deste conceito; Martin Varju, "The Debate…" cit., 54, reconhecendo, no entanto, que o termo "regulatory acts" não é inteiramente claro; também entre nós Carla Amado Gomes, "O Tratado…" cit., 81, "De fora ficam as acções contra actos legislativos directamente operativos".

[40] Precisamente essa opção parece ter sido considerada, pois, no relatório final do grupo de trabalho, a expressão "actos de alcance geral" ficou, juntamente com o termo "actos de natureza regulamentar", entre parêntesis, demonstrando, segundo Martin Varju, "The Debate…" cit., 53, que os respectivos membros não chegaram a um consenso sobre a possibilidade de os particulares impugnarem actos legislativos, tendo depois o *Praesidium* optando pela segunda possibilidade.

102 *Francisco Paes Marques*

consabido que não se pretendeu introduzir uma revolução no regime do recurso de anulação, que se traduziria num acréscimo significativo do número de processos a julgar pelo TJ bem como na possibilidade de atacar actos de natureza primária, dotados de uma legitimidade acrescida, e cuja impugnação directa, por parte dos cidadãos, não é, em geral, permitida nas ordens jurídicas estaduais[41]. A limitação de impugnação directa, a actos de natureza regulamentar, por parte de particulares, parece resultar inequivocamente das posições assumidas pelos presidentes do TJ e do TPI, ao sustentarem que o acesso dos cidadãos, a este meio processual, devia ter subjacente a distinção entre medidas legislativas e não legislativas, refreando assim posições mais liberais defendidas nos grupos de trabalho da Convenção sobre o futuro da Europa[42].

Significam, no entanto, estas considerações de que apenas os regulamentos ou actos de natureza regulamentar se encontram, em termos de impugnação directa, ao alcance dos particulares? Com efeito, assim o parece entender certa doutrina, ao defender que as novas regras relativas ao acesso dos particulares ao recurso de anulação excluem não só actos legislativos mas também decisões dirigidas a terceiros e actos individuais de execução[43]. Cremos, porém, não fazer sentido esta interpretação restritiva, pois encontra-se contido no espírito da nova disposição que se encontram abrangidos todos os actos não legislativos, ou da função executiva, que dispensem a adopção de medidas de execução, excepto se estiverem em causa actos individuais quando o impugnante seja o próprio destinatário, por já se encontrarem previstos na primeira parte do 4.º parágrafo do artigo 263.º[44]. Excluídos da nova disposição encontram-se, assim, apenas os actos legislativos e as decisões dirigidas formalmente ao recorrente.

ii) *Actos que dispensam medidas de execução*

O acesso directo à impugnação de actos da União Europeia apenas será permitido em face de actos regulamentares que não necessitem de medidas de

---

[41] Como observam FAUSTO DE QUADROS/ANA MARIA GUERRA MARTINS, *Contencioso...* cit., 154, "Tratando-se de verdadeiros actos legislativos e não de meros regulamentos administrativos, o meio paralelo ao nível dos Direitos nacionais é o controlo de constitucionalidade, ao qual, segundo os Direitos nacionais, de um modo geral os particulares têm acesso restrito".

[42] Cf. MARTIN VARJU, "The debate..." cit., 49-50.

[43] Neste sentido, cf. MASSIMO CONDINANZI/ROBERTO MASTROIANNI, *Il Contenzioso...*cit., 140; PAUL CRAIG/GRAINNE DE BÚRCA, *EU Law...* 527.

[44] Neste sentido, cf. CORNELIA KOCH, "Locus standi..." cit., 522; ANATOLE ABAQUESNE DE PARFOURU, "Locus standi..." cit., 401; TIM CORTHAUT/FRÉDERIC VANNESTE, "Waves..." cit., 499.

O *acesso dos particulares ao recurso de anulação após o Tratado de Lisboa* 103

execução. Esta exigência prende-se, por um lado, com a preocupação de não sobrecarregar o TJ, remetendo para os tribunais nacionais os casos em que o particular pode obter protecção através da impugnação dos actos de execução nacionais, e, por outro lado, impedir a total negação de tutela judicial aos particulares, nos casos em que essas medidas não existam. Esta nova fórmula parece atender ao facto de se ter constatado que muitos dos regulamentos comunitários não necessitam de medidas de execução, pelo que, inexistindo um acto nacional de aplicação, não poderiam ser contestados num tribunal nacional, colocando-se o particular na posição absurda de ter de violar o regulamento para obter, de forma artificial, uma medida nacional de execução[45]. Trata-se, assim, apenas, segundo alguma doutrina, de o remendar de uma brecha, subsistindo, em todos os outros casos de actos carecidos de medidas de execução, o problema substancial do défice de protecção jurisdicional dos particulares[46].

Visa-se, assim, apenas os casos em que o acto regulamentar não pressuponha a existência de medidas de execução, pois, se estas existirem, pode o acto regulamentar ser contestado indirectamente, quer por via das questões prejudicais de validade (artigo 267.º TFUE), caso as medidas de execução sejam nacionais, quer por via da excepção de ilegalidade (artigo 277.º TFUE), caso as medidas de execução caibam aos órgãos da União.

Consagra-se, aparentemente, de forma decisiva, o carácter alternativo e não complementar, em face do recurso de anulação, da contestação indirecta da validade de actos da União, realizada através do mecanismo das questões prejudiciais e da excepção de ilegalidade[47]. De facto, tendo o particular passado a

---

[45] Cf. Martin Varju, "The debate…" cit., 56; visa-se portanto, como anota José Manuel Cortés Martín, "*Ubi ius…*" cit., 246, a questão crucial, em toda esta problemática, era a seguinte: como poderiam os particulares ser tutelados quando o Direito nacional não contivesse nenhum meio a que estes pudessem recorrer, designadamente em face de um acto de carácter geral cuja invalidade não pode ser contestada no TPI e que, adicionalmente, não pressupõe também medidas nacionais de execução que possam ser contestadas nos tribunais nacionais; muito claramente, também Maria Luísa Duarte, *Direito Administrativo da União Europeia*, 2008, 138, declarando que o princípio da tutela jurisdicional efectiva poderá ser violado no caso em que "o acto administrativo comunitário reveste a forma de regulamento e não foi objecto de medidas nacionais de execução interna"; Ewa Biernat, "The Locus…" cit., 51.

[46] Neste sentido, cf. Cornelia Koch, "Locus standi…" cit., 519.

[47] Cf. Francisco Paes Marques, *A Excepção…* cit., 137-138, onde defendemos que a corrente jurisprudencial orientada para a preclusão da contestação indirecta de validade de um acto quando o particular seja detentor de legitimidade de impugnação directa, pode justificar-se em nome do princípio da segurança jurídica, mas deveria valer apenas para decisões dirigidas especificamente ao particular, e não para actos dirigidos a terceiro ou decisões sob a forma de regu-

104   Francisco Paes Marques

ter legitimidade para impugnar directamente um acto de natureza regulamentar, que não necessite de medidas de execução, mesmo que, mais tarde, essas medidas venham a ser adoptadas, não poderá utilizar as vias indirectas para incidentalmente suscitar a invalidade do regulamento que sustenta a aplicação de tais medidas. Correlativamente, necessitando o acto regulamentar de execução, nunca se colocará a dúvida da sua legitimidade de impugnação indirecta, dado que, a partir da reforma introduzida pelo Tratado de Lisboa, fica claro que os particulares nunca poderão impugnar directamente este tipo de actos[48]. Tudo dependerá, portanto, da análise que venha a ser realizada sobre a necessidade de adopção de medidas de execução de tais actos, o que poderá vir a revelar-se ser um juízo complexo caso o acto regulamentar seja imediatamente lesivo mas seja susceptível de, *a posteriori*, vir a ser concretizado[49]. A questão da alternatividade ou complementaridade dos vários meios de fiscalização de actos da União fica, no entanto, definitivamente resolvida no que respeita a actos legislativos, pois agora não subsistem dúvidas que um particular nunca o poderá impugnar directamente, tendo de o fazer exclusivamente através dos meios indirectos de impugnação[50].

Quanto a esta disposição, uma perplexidade que nos assalta resulta do facto de, aparentemente, esta exigência ser, por um lado, pleonástica, e, por outro lado, insuficiente, uma vez que, de acordo com a nova disposição, bastará verificar-se a afectação directa do particular para lhe ser concedida legitimidade de impugnação de actos regulamentares não carecidos de medidas de execução.

---

lamento, pois tendo em conta a ambiguidade do conceito de afectação individual, seria, no mínimo, caricato exigir que o particular tivesse certezas absolutas acerca da sua legitimidade de impugnação directa; também neste sentido, cf. CARMEN MARTINEZ CAPDEVILA, "The action for annulement, the preliminary reference on validity and the plea of illegality: complementary or alternative means", Yearbook of European Law, 2006, 451 ss., considerando a preclusão de contestação indirecta muito severa em face da indefinição do conceito de "afectação individual" do qual está dependente a impugnação directa.

[48] Excepto se o acto em causa não for um verdadeiro regulamento, mas antes substancialmente uma decisão, provando o particular que o acto o afecta de forma directa e individual, tendo, de facto, o 4.º parágrafo do artigo 263.º do TFUE passado a fazer referência a actos e não a decisões, tornando claro que o decisivo é a substância do acto e não a forma.

[49] Entendem ARNAUD VAN WAEYENBERGE/PETER PECHO, "L'Arrêt…" cit., 150, que será necessário verificar-se se o acto produz efeitos autonomamente e se não deixa aos Estados quaisquer poderes discricionários na sua execução.

[50] Excepto se o particular provar que não se trata de um verdadeiro acto legislativo mas antes uma decisão, afectando-o directa e individualmente, tendo ocorrido uma manipulação das formas estabelecidas pelos Tratados. Neste caso, porém, não nos parece que possa ser censurada a não impugnação directa de tal acto.

Cadernos O Direito 5 (2010), 89-109

O acesso dos particulares ao recurso de anulação após o Tratado de Lisboa   105

Porém, se o conceito de afectação directa se verifica quando o acto em causa impõe ao particular "uma obrigação, sem necessidade de qualquer intervenção de uma autoridade nacional ou comunitária", à partida, um acto que não necessite de medidas de execução, cumprirá, automaticamente, esta condição[51]. Para além do mais, se a afectação directa constitui o único requisito que um particular tem de cumprir para impugnar um acto de natureza regulamentar auto-exequível, tal vai redundar numa situação de *actio popularis*, tendo, pelo menos, de fixar-se um interesse suficientemente consistente do particular que justifique conceder-lhe legitimidade de impugnação. Parece, assim, que o conceito de "afectação directa", nestes casos, deve também continuar a incluir uma certa individualização, mesmo que mínima, do particular atingido.

4. O recurso de anulação e o princípio da tutela jurisdicional efectiva dos particulares

4.1. *Perspectiva de curto prazo*

As inovações trazidas pelo Tratado de Lisboa, no que respeita ao acesso dos particulares ao recurso de anulação, não foram especialmente significativas, concluindo-se que a tutela jurisdicional dos particulares foi reforçada, muito embora apenas de forma parcial. Tomando como ponto de referência os casos que mais directamente impulsionaram estas alterações aos Tratados, diríamos que, à luz das novas regras, os casos *Jégo-Quéré* e *UPA* teriam soluções diferentes no que respeita ao reconhecimento de legitimidade de impugnação dos particulares no âmbito do recurso de anulação. O caso *Jégo-Quéré* respeitava a um regulamento adoptado pela Comissão ao abrigo de um regulamento do Conselho que lhe permitia adoptar medidas urgentes tendentes à conservação de espécies marinhas. Uma vez que se trataria de um regulamento delegado, imediatamente lesivo, dispensando medidas de execução, o particular poderia, caso o 4.º parágrafo do artigo 263.º já se encontrasse em vigor, impugná-lo sem ter que demonstrar ser individualmente afectado por este acto[52]. Já o caso *UPA* referia-se a um regulamento do Conselho relativo à organização dos mercados de azeite, o qual revestiria a forma de acto legislativo da União, tendo, assim, o recorrente, mesmo que as novas regras introduzidas pelo Tratado de Lisboa já

[51] TIM CORTHAUT/FRÉDERIC VANNESTE, "Waves…" cit., 501.
[52] Cf. CORNELIA KOCH, "Locus standi…" cit., 526.

106   *Francisco Paes Marques*

se encontrassem em vigor, de continuar a ter de demonstrar ser individualmente afectado por esta medida, o que, à luz da jurisprudência precedente do
TJ, não sucederia[53].

4.2. *Perspectiva estrutural*

As considerações precedentes demonstram que as regras sobre a legitimidade dos particulares, em sede de recurso de anulação, foram objecto apenas de
um "retoque", tendo-se mantido a sua estrutura básica. Segundo a opinião
maioritária, expressa, até ao momento, pela doutrina, um reforço substancial na
protecção dos particulares só ocorreria se a estes fosse permitido impugnar
todo o tipo de actos emanados das instituições da União, designadamente actos
que revestissem natureza legislativa[54]. Cremos, porém, que o défice de protecção jurisdicional dos particulares radica numa dimensão mais profunda, não se
encontrando a sua solução numa maior dose de liberalização ou abertura das
condições a que os particulares se encontram sujeitos no quadro do recurso de
anulação traçado originariamente pelo Tratado de Roma. Um reforço substancial e efectivo do défice verificado só pode fazer-se mediante a alteração
radical de um sistema pensado para um estádio mais recuado da integração
europeia, pelo que a introdução de novas regras não será mais do que o remendar de brechas num regime que apresenta uma notória crise de crescimento.

De facto, este regime, quer o resultante directamente da letra do Tratado,
quer a jurisprudência que sobre ele se formou, encontra-se marcado por um
carácter excessivamente funcionalista, fazendo tábua rasa de conceitos dogmá-
ticos com larga tradição nas ordens jurídicas dos Estados-membros. A disposição do 4.º parágrafo do artigo 230.º do TCE (originariamente artigo 173.º,
4.º parágrafo do TCEE), permitindo aos particulares a impugnação directa de
actos comunitários junto de um tribunal supranacional, representou uma inovação significativa em face do Direito internacional Público, o que reflectiria
a concepção personalista do Direito Comunitário, colocando o individuo
como elemento central do respectivo sistema jurídico[55]. A sua origem parece,
porém, resultar de uma mistura não inteiramente conseguida entre as concep-

---

[53] Cf. CORNELIA KOCH, "Locus standi..." cit., 526.
[54] Cf. JÜRGEN BAST, "Legal Instruments..." cit., 395; ARNAUD VAN WAEYENBERGE/PETER
PECHO, "L'Arrêt..." cit., 153; TIM CORTHAUT/FRÉDERIC VANNESTE, "Waves..." cit., 500.
[55] Cf. THOMAS VON DANWITZ, *Verwaltungsrechtliches System und Europäische Integration*, 1996, 231.

ções sobre a legitimidade processual do Direito alemão e do Direito francês. Por um lado, a concessão automática de legitimidade ao destinatário do acto[56], e a respectiva contraposição em face dos não destinatários (terceiros) parece indicar que os autores do Tratado se inspiram na doutrina da protecção de terceiros germânica (*Drittschutz*), uma vez que o contencioso administrativo francês desconhece a dicotomia destinatário *versus* terceiros[57]. Por outro lado, a exigência de afectação "directa e individual" da esfera do particular pelo acto a impugnar parece decorrer da doutrina firmada pelos tribunais administrativos franceses sobre o *interêt pour agir*. De facto, no *recours pour excés de pouvoir* exige-se que o interesse do recorrente seja pessoal, não visando somente a defesa da legalidade, e directo, que a lesão sofrida não seja excessivamente indirecta e incerta na respectiva esfera jurídica[58], não se fazendo referência à titularidade de direitos subjectivos, peça estruturante na configuração do sistema de protecção jurisdicional de raiz alemã. Não se formou, assim, na ordem jurídica comunitária, uma teoria consistente sobre as posições jurídicas subjectivas dos particulares, não tendo este sistema optado decisivamente pela concepção subjectivista alemã nem pela concepção objectivista francesa[59].

As posições jurídicas individuais, no Direito Comunitário, têm origem, segundo o TJ, em termos paritários, nas partes que celebraram os Tratados e nos órgãos das Comunidades, não sendo concebidas, como no Direito interno, como uma tarefa a cargo do legislador[60]. Optou-se antes por um entendimento funcional da protecção jurídica individual, tendo por base o interesse da integração através de uma aplicação descentralizada do Direito Comunitário[61], designadamente nos requisitos que estabeleceu para construir as teorias do efeito directo, ou da responsabilidade dos Estados-membros por violação do Direito Comunitário[62]. Por conseguinte, na ordem jurídica europeia, não

---

[56] Cf. Dirk Ehlers, *Die Europäisierung des Verwaltungsprozessrechts*, 1999, 54.

[57] Neste sentido, cf. Stephan Gerstner, *Die Drittschutzdogmatik im Spiegel des französischen und britischen Verwaltungsgerichtsverfahrens*, 1995, 72.

[58] Cf. René Chapus, *Droit du Contentieux Administratif*, 12.ª ed., 2006, pags. 467 ss.

[59] Em termos aproximados, cf. Thomas von Danwitz, *Verwaltungsrechtliches*...cit., 231, notando que falta na ordem jurídica comunitária essa teoria, pelo que a orientação entre um e outro modelo afigura-se uma questão decisiva para o desenvolvimento do Direito da União Europeia.

[60] Cf. Thomas von Danwitz, *Verwaltungsrechtliches*...cit., 232.

[61] Cf. Thomas von Danwitz, *Verwaltungsrechtliches*...cit., 232.

[62] A título exemplificativo, cf. caso *Van Duyn*, proc. 41/74, de 4 de Dezembro de 1974, col. 1974, 1337; caso *Francovich*, proc. C-6/90 e C-9/90, de 19 de Novembro de 1991, col. 1991, I-05357; caso *Brasserie du Pêcheur*, proc. C-46/93 e C-48/93, de 5 de Março de 1996, col. 1996, I-01029.

108   *Francisco Paes Marques*

encontra pleno cabimento uma teoria dos direitos subjectivos públicos, como critério de protecção individual, podendo, quando muito, sustentar-se a aplicação de uma teoria da norma de protecção em termos alargados[63].

Curiosamente, agora num sentido oposto, também nas condições de acesso ao recurso de anulação, não se fez apelo à titularidade de direitos subjectivos por parte dos particulares, pois apesar de a fórmula Plaumann, ao exigir que afectação do particular ocorra "em razões de certas qualidades que lhes são particulares ou de uma situação de facto que os caracteriza em relação a qualquer outra pessoa" parecer assemelhar-se à fórmula da teoria da norma de protecção germânica, ao exigir que "o particular pertença a um círculo individualizado de interesses que se distingue da comunidade em geral"[64], o certo é que as condições concretas de operacionalização da tal esquema, fixadas pelo TJ, se revelam mais restritivas do que no próprio Direito alemão[65].

Assim sendo, reina, no regime relativo ao acesso dos particulares ao recurso de anulação, a confusão terminológica e dogmática, devendo definir-se com precisão: i) qual a natureza da posição jurídica de que um particular precisa de ser titular para impugnar um acto da União; ii) qual a natureza dos actos susceptíveis de serem impugnados pelos particulares. Só desta forma pode traçar-se uma correspondência adequada de parametricidade entre a posição jurídica individual a respeitar e o acto sob impugnação que, potencialmente, a violou. Quanto à primeira, diríamos que a opção devia fazer-se através de uma assunção clara do direito subjectivo como critério de legitimação a imperar no sistema de protecção jurisdicional da União Europeia. Quer por razões materiais, afirmando a União Europeia a sua concepção personalista da ordem jurídica, quer por razões de segurança jurídica, adoptando-se uma noção mais consistente acerca do seu parâmetro aferidor de protecção, quer ainda por razões pragmáticas, evitando-se um recurso excessivo ao TJ. Quanto à segunda, não

---

[63] Neste sentido, cf. DIRK EHLERS, *Die Europäisierung*...cit., 57 ss., sustentando que se uma norma comunitária compreende, ainda que de forma objectiva, a satisfação de interesses individuais, presume-se que um particular pode invoca-la em seu benefício; em sentido contrário, cf. THOMAS VON DANWITZ, *Verwaltungsrechtliches*...cit., 237, notando que o funcionamento dos mercados e a saúde pública não constituem bens individualizáveis para efeitos da teoria da norma de protecção; CLAUS DIETER CLASSEN, *Die Europäisierung der Verwaltungsgerichtsbarkeit*, 1996, 77.

[64] Cf. THOMAS VON DANWITZ, *Verwaltungsrechtliches*...cit., 239.

[65] Neste sentido, cf. DIRK EHLERS, *Die Europäisierung*...cit., 53; THOMAS VON DANWITZ, *Verwaltungsrechtliches*...cit., 240-241; e, por maioria de razão, no Direito francês, observando ANATOLE ABAQUESNE DE PARFOURU, "Locus standi..." cit., 390-391, que a diferença em face do ordenamento jurídico da União consiste em afirmar que a "théorie des cercles d'interêt" a que o recorrente tem de pertencer, para ter legitimidade, pode incluir um círculo aberto e não fechado.

O *acesso dos particulares ao recurso de anulação após o Tratado de Lisboa* 109

nos parece desadequado que o objecto do recurso de anulação, no que aos particulares respeita, se restrinja a actos de natureza regulamentar. Com efeito, mesmo no Direito interno dos Estados, a impugnação de actos legislativos – quando permitida[66], apenas é admissível sob estritas condições, uma vez que estes se encontram dotados de uma maior legitimidade democrática, pelo que, também na ordem jurídica da União Europeia, deve haver uma linha de demarcação, em termos de legitimidade de suscitação do controlo jurisdicional, entre actos legislativos e administrativos[67]. Por conseguinte, neste específico ponto, não deve ser criticável a mudança operada pelo Tratado de Lisboa.

Poderá, no entanto, colocar-se a questão se não deverá o Direito da União Europeia prever um mecanismo de tipo recurso de amparo, ao qual os cidadãos possam ter acesso em caso de violação de direitos fundamentais. Este mecanismo deve ser equacionado em termos específicos, sendo apenas admissível como *ultima ratio*, nos casos em que os meios processuais perante o TJ, quer por via directa, quer por via indirecta, não garantam eficazmente tutela jurisdicional aos particulares lesados[68]. Por conseguinte, nestes termos poderá admitir-se a impugnação directa, por parte de um particular, de um acto legislativo, inclusivamente em termos mais amplos do que aqueles que resultariam de uma simples extensão ou liberalização do 4.º parágrafo do artigo 263.º do TFUE, na redacção que lhe deu o Tratado de Lisboa. Com efeito, exigir-se que o acto objecto de impugnação dispense medidas de execução, como faz aquele preceito, poderá revelar-se excessivamente gravoso para o particular, já que, muitas vezes, quando está em causa a violação de direitos fundamentais, poderão causar-se danos irreversíveis na sua esfera, caso se exija que o lesado tenha de esperar a adopção de medidas de execução para que a acção possa ter lugar[69]. Mas, para que esta mudança possa ocorrer, seria necessário que se procedesse a uma alteração estrutural e a uma depuração dogmática das vias de acesso garantidas aos particulares pelo Direito da União Europeia, ou, caso contrário, cair-se-ia de uma situação em que se remenda um fato fora de moda (como ocorreu com o Tratado de Lisboa) para uma situação em que se fabrica um fato com as medidas desajustadas (caso se fosse tão longe como pretendia a larga maioria da doutrina).

---

[66] No Direito francês nem sequer é permitida, não podendo qualquer órgão anular um acto legislativo senão o próprio Parlamento, cf. ANATOLE ABAQUESNE DE PARFOURU, "Locus standi…" cit., 377.

[67] Cf. JÜRGEN SCHWARZE, "The legal protection…" cit., 298 ss.

[68] Cf. JÜRGEN SCHWARZE, "The legal protection…" cit., 301.

[69] Cf. JÜRGEN SCHWARZE, "The legal protection…" cit., 301.

O Tratado de Lisboa: a resposta adequada aos desafios da globalização?

PROF. DOUTOR MANUEL PORTO[*]
DR. MIGUEL GORJÃO-HENRIQUES[**]

SUMÁRIO: *1. Introdução. 2. No século XXI, o desafio da globalização. 3. A política comercial comum. 4. A cooperação com os países terceiros e a ajuda humanitária. 5. A política externa e de segurança comum: 5.1. A continuação de uma linha de intergovernamentalidade, em especial na PESC; 5.2. Os actores da acção externa da União Europeia. 6. Conclusões.*

1. Introdução

Pode bem dizer-se que a evolução na construção europeia tem vindo a verificar-se em resposta a desafios que se foram levantando ao longo das décadas: sendo indispensável que a estrutura institucional se adeque às respostas a dar a estes (e a outros) desafios.

O primeiro desafio foi o desafio da paz. Remontando a pensadores muito anteriores a ideia de uma Europa unida, ou pelo menos mais unida, o projecto actual foi idealizado no decurso da 2.ª Guerra Mundial, com a imagem viva do descalabro provocado, na sequência de nacionalismos e proteccionismos exacerbados, e a noção muito clara das nossas responsabilidades perante os nossos cidadãos e perante o mundo[1]. Apesar de, por razões estratégicas, ser pelo menos

---

[*] Professor Catedrático Aposentado da Faculdade de Direito da Universidade de Coimbra. Professor da Universidade Lusíada e do Instituto Superior Bissaya Barreto.
[**] Assistente Convidado da Faculdade de Direito da Universidade de Coimbra.
[1] Nas palavras de ADRIANO MOREIRA, "ambas as guerras, a de 1914-1918 e a de 1939-1945, foram qualificadas de mundiais, com o esquecimento comum de acrescentar que foram mundiais

112 Manuel Porto/Miguel Gorjão-Henriques

prematuro avançar então numa linha mais política, foi também este o *leitmotiv* da Declaração Schuman de 9 de Maio de 1950, que veio a dar origem à primeira das Comunidades Europeias, a Comunidade Europeia do Carvão e do Aço. E é ainda bem significativo que se reafirme agora, no primeiro dos tratados do Tratado de Lisboa[2], no Tratado da União Europeia (a partir daqui referenciado por TUE[3] no artigo 3.º, que "a União Europeia tem por objectivo promover a paz, os seus valores e o bem estar dos seus povos" (dando-se pois primazia à promoção da paz e dos seus valores).

Depois, nos anos 70, houve o desafio da paralisia e do desânimo, face a economias em abrandamento e mesmo recessão, na sequência, a par de outros factores, da primeira crise do petróleo: com o que foi designado por "Euroesclerose" e "Europessimismo". Foi então que, em boa hora, apareceram as iniciativas da Comissão presidida por Jacques Delors e foi lançado, através do Acto Único Europeu (17 de Fevereiro de 1986) o objectivo do "mercado único"[4], como desiderato complementar ao objectivo inicial (da então Comunidade Económica Europeia) de realização do "mercado comum"[5].

Já nos anos 90, em particular na sequência da queda do comunismo, o aumento acentuado dos pedidos de adesão, grande parte deles já concretizados, contribuiu para as sucessivas alterações do Tratado originário: na sequência do Acto Único, com os Tratados de Maastricht (7 de Fevereiro de 1992), de Ames-

---

pelos efeitos, mas exclusivamente ocidentais pelas causas" (*A lei da complexidade crescente na vida internacional*, policopiado, 15); e também do autor, sobre o "Euromundo" e o seu fim, *Ciência Política*, 6.ª reimp., 2001, 405-416); sendo especialmente duras as palavras de Eduardo Lourenço: "a utopia europeia em marcha foi, é, a resposta que se nos impôs às nações piloto dessa mesma Europa para domesticar, e desta vez, de mútuo acordo, a sua intrínseca barbárie, a sua demoníaca inquietude que fez delas (e de nós) o Fausto da história mundial" (*Da identidade europeia como labirinto*, em *O Mundo em Português*, n.º 16, Janeiro de 2001).

[2] A designação "Tratado de Lisboa" resulta do próprio Tratado, ou Tratados, constando designadamente do n.º 4 do artigo 17.º do Tratado da União Europeia e dos artigos 98.º ou 107.º, n.º 2, alínea *c*), do Tratado sobre o Funcionamento da União Europeia.

[3] Salvo indicação em contrário, os artigos citados do TUE respeitam à versão resultante do Tratado de Lisboa.

[4] Julgamos que a designação de mercado "único" (em tradução à letra da designação inglesa, *"single" market*) seria preferível à de mercado "interno" na medida em que dá melhor a ideia, correcta e desejável, de que não se visa um mercado fechado em relação ao exterior (cf. MANUEL PORTO, *Teoria da integração e políticas comunitárias: face aos desafios da globalização*, 4.ª ed., 2009, v.g. 219-20).

[5] Designação tradicional, que na versão portuguesa do Tratado de Lisboa é substituída, ao longo do texto, pela de "mercado interno".

O *Tratado de Lisboa: a resposta adequada aos desafios da globalização?* 113

terdão (2 de Outubro de 1997) e de Nice (26 de Fevereiro de 2001), bem como com a *defunta* Constituição Europeia (29 de Outubro de 2004).

A par de outros passos, v.g. mais virados para um melhor funcionamento das instituições, foram anunciados, prefigurados ou desenvolvidos pequenos e grandes passos num sentido reformador, com a criação da União Europeia, o reforço das atribuições da Comunidade Europeia e a introdução de novos mecanismos e competências de acção externa da União.

2. No século XXI, o desafio da globalização

Não é uma afirmação "de circunstância" dizer que no século XXI teremos um mundo diferente. Ele está aqui, com a afirmação de novas potências, em especial dos BRIC's (Brasil, Rússia, Índia e China), designadamente destes dois últimos países, que terão em 2050 45% do PIB mundial, numa projecção que poderá pecar por defeito, pois foi feita antes da crise de que estamos agora a sair, pouco ou quase nada os afectando.

Trata-se de desafio, da globalização, que não podia deixar de estar na primeira linha das preocupações dos responsáveis pelas mais recentes propostas e alterações institucionais, designadamente através das alterações que o Tratado de Lisboa operou no Tratado da União Europeia (TUE) e no Tratado da Comunidade Europeia (redenominado Tratado sobre o Funcionamento da União Europeia, a partir daqui "TFUE").

Trata-se de preocupações que têm de estar reflectidas em todos os domínios, mesmo nas políticas internas mais modestas. Em todos os casos está em causa conseguir-se um ganho de eficácia que é indispensável para que se consiga competir no plano mundial. Tendo todavia naturalmente de nos limitar na análise feita neste artigo, vamos concentrar-nos em aspectos que dizem respeito à acção externa da União Europeia.

Os desafios mundiais não são aliás apenas desafios económicos, não podendo a Europa deixar de se preocupar com a sua presença política. Seria uma ingenuidade se assim acontecesse. E foi de facto com o Tratado de Lisboa que se realizou a mais ampla das reformas incidentes sobre a acção externa da União Europeia[6], *qua tale*, sem que contudo tenha sido posta em causa a dis-

---

[6] Em geral, sobre o Tratado de Lisboa podem ver-se: PIETER VAN NUFFEL, "Institutional Report – Preparing the European Union for the Future? Necessary Revisions of Primary Law after the non-ratification of the Treaty Establishing a Constitution for Europe" e GRAÍNNE DE BÚRCA,

114   Manuel Porto/Miguel Gorjão-Henriques

tinção fundamental – com raízes anteriores – entre as duas fundamentais dimensões da acção externa: (*i*) política e de segurança (ainda sujeita a características típicas de uma maior intergovernamentalidade) e (*ii*) económica (submetida de modo mais completo ao que tem sido designado por "método comunitário").

3. A política comercial comum

Trata-se, compreensivelmente, de um domínio em que não haveria muito a fazer, pela razão básica de que muito estava já feito.

Tendo a Comunidade Económica Europeia aparecido desde o início como uma união aduaneira, foram mesmo antecipados os prazos estabelecidos em 1957 para o afastamento das barreiras alfandegárias entre os países; tendo sido estabelecida também, como seu elemento essencial, uma pauta comum. Deixou por isso de ter sentido qualquer iniciativa nacional no sentido do aumento ou da redução de um imposto alfandegário, não podendo ser diferente o que se pagasse para entrar em França, na Alemanha ou em qualquer outro país membro. Também por isso não poderia deixar de haver uma só voz nas negociações comerciais internacionais, v.g. no seio do GATT, agora no quadro da Organização Mundial do Comércio (OMC). E no artigo 3.° do TFUE é esta-

---

"Preparing the European Union for the Third Millenium: From the TECE to the Lisbon Treaty", ambos em *Preparing the European Union for the future? Necessary Revisions of Primary Law after the non-ratification of the Treaty Establishing a Constitution for Europe* – F.I.D.E. XXIII.° Congresso, Linz 2008, Congress Publications, Vol. 1, Nomos/facultas.wuv, Wien, 2008, 357-383 e 385-406; CHRISTIAN PENNERA, "Les enjeux du Traité modificatif", *ERA Forum*, n.° 9, 2008, 7-24; o número praticamente monográfico que lhe dedica a revista *Temas de Integração*, n.° 26, 2.° semestre de 2008, com textos, pela ordem de entrada, de MANUEL PORTO, N. SISKOVA, PAULO PITTA E CUNHA, ISABEL MARIA FREITAS VALENTE, CARLA AMADO GOMES, DULCE LOPES, JOÃO NUNO CALVÃO DA SILVA, AFONSO PATRÃO, ANA ISABEL MARTINS e EDUARDO LOPES RODRIGUES; J. DUTHEIL DE LA ROCHÈRE/F. CHALTIEL, "Le Traité de Lisbonne: quel contenu?", em *Revue du Marché Commun Européen*, n.° 513, 2007, 617 ss.; PAULO DE PITTA E CUNHA, *O Tratado de Lisboa – Génese, conteúdo e efeitos*, 2008; ALESSANDRA SILVEIRA/ISABEL CAMISÃO/LUÍS LOBO-FERNANDES/PEDRO MADEIRA FROUFE, *Reflexão sobre o "Tratado de Lisboa"*, Se*Scientia Ivridica*, 2008, Tomo LVII, n.° 313; ANTÓNIO GOUCHA SOARES, "O Tratado Reformador da União Europeia", em *Relações Internacionais*, n.° 17, 2008, 23-32; F.-X. PRIOLLAUD/D. SIRITZKY, *Le Traité de Lisbonne – Texte et commentaire article par article des nouveaux Traités Européens (TUE – TFUE)*, 2008; *Les Notices – L'Union Européenne – Édition Traité de Lisbonne* (dir. Jacques Ziller), 2008; DORA RESENDE ALVES, "Notas sobre o Tratado de Lisboa de 13 de Dezembro de 2007", em *Revista Jurídica da Universidade Portucalense*, n.° 13, 2008, 27-40.

O Tratado de Lisboa: a resposta adequada aos desafios da globalização? 115

belecido logo em primeiro lugar [alínea *a*)] que a "união aduaneira" é "competência exclusiva" da União, tal como a "política comercial comum [referida na alínea *e*)].

Mas, como elementos novos, nos artigos do título II da parte V do TFUE são de assinalar acrescentos no sentido de se dar mais força à promoção do comércio mundial e à acção externa da União Europeia.

É de saudar que assim aconteça num período em que, com a globalização, a Europa vai perdendo terreno relativo em relação a países com os quais é muito difícil concorrer (não só com os BRIC's[7]). Poderia recear-se pois um aumento do proteccionismo, apesar de não apontarem nesse sentido as lições da teoria e da experiência económicas. Mas uma desejável preocupação com a manutenção e inclusive uma maior abertura é revelada em pequenos pormenores.

Assim, por exemplo no artigo 206.º do TFUE é acrescentado (em relação ao anterior artigo 131.º do Tratado da Comunidade Europeia, TCE; mencionado deste modo a partir daqui) que devem ser reduzidas também barreiras "de outro tipo", não se ficando pela referência à "redução das barreiras alfandegárias".

Depois, no artigo 207.º do TFUE, em relação ao artigo 133.º do TCE, é acrescentada a referência a domínios de actualidade acrescida a que é preciso dar atenção. Assim, sobre a obediência a princípios uniformes na política comercial, concretiza-se que tal deve acontecer em relação a acordos pautais e comerciais sobre a concorrência "de mercadorias e serviços" (tendo-se em conta o relevo crescente do comércio internacional dos serviços), bem como que se trata de princípios a observar em relação "aos aspectos comerciais da propriedade intelectual" e ao "investimento estrangeiro directo" (áreas não mencionadas antes).

É também significativo, no sentido de um acréscimo de coerência na acção da União Europeia face ao exterior, que se tenha acrescentado uma frase dispondo que "a política comercial comum é conduzida de acordo com os princípios e os objectivos da acção externa da União".

E é neste sentido que o Tratado de Lisboa aprofunda e reconfigura, de forma global e unitária, a matéria da acção externa da União, na parte não coberta pela Política Externa e de Segurança Comum, quer no TUE (título V:

---

[7] Sobre as oportunidades (diversas) também de vários outros países é interessante ler o livro recente de PRAG KHANNA com o título e o sub-título sugestivos de *O segundo Mundo. Como as potências emergentes estão a redefinir a concorrência global no século XXI*, 2009.

116 Manuel Porto/Miguel Gorjão-Henriques

artigos 21.º e 22.º) quer no TFUE (em especial, parte V: artigos 205.º e seguintes).

Na senda do disposto no artigo 3.º, n.º 5, do TUE, que assinala à União Europeia o objectivo de promover, *inter alia*, o "desenvolvimento sustentável" ou o "comércio livre e equitativo", são reafirmadas políticas comuns e proclamada a competência exclusiva da União Europeia, quer nos já referidos domínios tradicionais da união aduaneira e da política comercial comum quer sempre que a União Europeia pretenda celebrar acordos internacionais «quando tal celebração esteja prevista num acto legislativo da União» ou «seja susceptível de afectar regras comuns ou de alterar o alcance das mesmas» (artigo 3.º, n.º 2, e artigo 216.º do TFUE); o que, a nosso ver, altera ou pelo menos precisa melhor o quadro que, até aí, resultava do artigo 133.º do TCE, mesmo na redacção de Nice.

A concretização de novos objectivos e meios na realização das atribuições da União é ainda norteada, é de assinalar também, pela vontade em se «incentivar a integração de todos os países na economia mundial, inclusivamente através da eliminação progressiva dos obstáculos ao comércio internacional» [artigo 21.º, n.º 2, alínea *e*) do TUE; artigo 205.º do TFUE].

Entre as notas que concretizam o reforço e o aprofundamento da intervenção e da autonomia da União nestas matérias é de reconhecer, pois, ainda algum alargamento da sua competência em matéria comercial, ao ponto até de se poder porventura questionar se sobra alguma competência significativa para os Estados membros no contexto da sua presença em organizações como a Organização Mundial do Comércio (OMC), já muito reduzida.

4. A cooperação com os países terceiros e a ajuda humanitária

Também aqui há novas achegas, com os capítulos 1 e 2 do título III da parte V (artigos 208.º a 214.º do TFUE) em relação ao que estava no título XX do TCE, com as epígrafes "A cooperação para o desenvolvimento" (artigos 177.º a 180.º) e "Cooperação económica, financeira e técnica com os países terceiros" (artigo 181.º-A); bem como com a inserção de um capítulo novo, sobre "A ajuda humanitária".

Apesar da emergência de novas potências, os BRIC's e outros países, continua a haver países com graves carências, em particular em África, na América Latina e na Ásia. Estão aí países com populações que não podem ser esquecidas, numa cooperação por que têm de se sentir responsáveis os países mais ricos do mundo.

O *Tratado de Lisboa: a resposta adequada aos desafios da globalização?* 117

Deve sem dúvida lembrar-se sempre aos demais, a este propósito, que estão na Europa os países que mais têm vindo a contribuir para a cooperação, só aqui estando países que têm cumprido com o objectivo estabelecido pelas Nações Unidas de afectar aos países mais atrasados 0,7% dos seus PIB's[8].

Mas a menor responsabilização dos demais não pode levar-nos ao abrandamento dos nossos esforços, em termos institucionais e na prática seguida.

a) Com algum significado positivo, e na linha do que já vimos, no artigo 208.º do TFUE, que abre o capítulo sobre "A cooperação para o desenvolvimento", diz-se, já não só que "a política da Comunidade em matéria de cooperação para o desenvolvimento e as políticas dos Estados-Membros no mesmo domínio completam-se e reforçam-se mutuamente" (reforçando-se a ideia de que "é complementar das políticas dos Estados-Membros", tal como se dizia no artigo 177.º do TCE), como, antes disso, que "é conduzida de acordo com os princípios e objectivos da acção externa da União".

Não podem todavia deixar de se acrescentar dois comentários negativos, sobre evoluções verificadas nos articulados, com a aprovação do TFUE. Um deles é sobre a não referência a exigências democráticas, tal como acontecia com o n.º 2 do artigo 177.º do TCE: segundo o qual "a política comercial neste domínio deve contribuir para o objectivo geral de desenvolvimento e de *consolidação da democracia e do Estado de direito, bem como para o respeito dos direitos do Homem e das liberdades fundamentais*" (itálico nosso).

É certo que, como vimos, se trata de preocupação reflectida no artigo 21.º do TUE. Mas a sua consagração em cada uma das políticas daria mais força à exigência a fazer em relação a terceiros países.

E é também difícil de justificar, embora tendo-se em conta o artigo 21.º do TUE, a mudança dos textos em relação à lógica da cooperação, em particular em relação ao esforço próprio que, no seu interesse, deve ser exigido aos países apoiados.

No TCE tínhamos expressada uma lógica de promoção dos recursos desses países, dispondo-se no n.º 1 do artigo 177.º que "a política da Comunidade em matéria de cooperação para o desenvolvimento" deveria "fomentar" "o desenvolvimento económico e social *sustentável* dos países em vias de desenvolvimento, em especial dos mais desfavoreci-

---

[8] Ver MANUEL PORTO, *Economia: um texto introdutório*, 3.ª ed., 2009, 542-4.

dos" e "a inserção *harmoniosa* dos países em vias de desenvolvimento *na economia mundial*". Referia-se depois, em terceiro lugar, o objectivo básico de fomentar "a luta contra a pobreza", que todavia, sendo o objectivo primário a atingir, deve sê-lo com a emergência económica dos países mais atrasados, passando a concorrer sustentadamente, no plano mundial (tal como está a acontecer, com o maior êxito, com alguns deles).

É por isso de estranhar que o texto do TFUE esteja numa linha mais ou menos assistencialista, focando apenas, no artigo 208.°, "a redução e, a prazo, a erradicação da pobreza".

Teria sido desejável que, com ambição, se tivesse mantido a ideia de que tal deverá acontecer com desenvolvimento sustentável, com a inserção harmoniosa dos países agora atrasados na economia internacional.

b) No capítulo sobre a "Cooperação económica, financeira e técnica com os países terceiros" são de sublinhar uma nota positiva e uma das notas negativas referidas na alínea anterior.

Por um lado, também aqui se sublinha, em relação ao texto do TCE, que as acções a desenvolver devem ser "conduzidas de acordo com os princípios e objectivos" da "acção externa" da União (dizendo-se ainda, no mesmo n.° 1 do artigo 212.°, que devem ser acções "coerentes com a política de desenvolvimento da União"). Mas por outro lado deixa de se estabelecer a exigência democrática do artigo 181.°-A do TCE, de se contribuir "para o objectivo geral de desenvolvimento e consolidação da democracia e do Estado de Direito, bem como para o objectivo de respeito dos direitos humanos e das liberdades fundamentais".

c) E é de sublinhar ainda a inserção agora, no TFUE, de um novo capítulo, o capítulo 3 do mesmo título, sobre a "A ajuda humanitária".

Trata-se de considerar no texto do Tratado, com um relevo a sublinhar, "acções que têm por objectivo, pontualmente, prestar assistência, socorro e protecção às populações dos países terceiros vítimas de catástrofes naturais ou de origem humana" (artigo 214.°).

Também aqui, na linha do que é estabelecido nos dois capítulos anteriores, as acções devem ser «desenvolvidas de acordo com os princípios e objectivos da acção externa da União»; e também não se acrescenta, o que todavia no caso agora em análise poderá ser melhor compreendido, tratando-se de catástrofes, nenhuma exigência de índole democrática.

5. A política externa e de segurança comum

Neste domínio, as alterações introduzidas pelo Tratado de Lisboa são profundas, em relação aos conteúdos e à repartição de competências, com o aparecimento de novos actores. Não deixa todavia de se continuar numa linha de intergovernamentalidade em relação à política de segurança e defesa, como começaremos por ver no número que se segue.

5.1. *A continuação de uma linha de intergovernamentalidade, em especial na PESC*

Mesmo com o reconhecimento do papel também da Comissão na garantia da coerência da acção externa da União (artigo 21.°, n.° 3, § 2 do TUE), o certo é que a definição de interesses e objectivos estratégicos da União continua a pertencer ao Conselho Europeu, deliberando por unanimidade, revelando que não é aqui que os Estados membros cederam ao modelo comunitário[9].

E o mesmo se acentua no quadro mais específico da Política Externa e de Segurança Comum (PESC), que se apresenta agora como cobrindo «todos os domínios da política externa»[10], sem deixar de realizar uma cisão clara entre a «política externa» e as «questões de segurança» (artigo 24.°, n.° 1, § 1 do TUE), por um lado, e a dimensão política e a dimensão económica (e outras), por outro (artigo 17.° do TUE). Aqui, a definição e a execução da PESC compete ao Conselho Europeu e ao Conselho, que deliberam segundo o modelo unanimitário, com a expressa previsão de uma partilha da função executiva com o Alto Representante para os Negócios Estrangeiros e a Política de Segurança (adiante, "Alto Representante")[11] e os Estados membros.

Também o artigo 24.°, n.° 1, agora no § 2, fornece outros elementos que mostram que, no contexto institucional único (uma única organização, a UE), perduram ainda os diferentes modelos e lógicas, podendo dizer-se que no

---

[9] As deliberações são, aliás, tomadas pelo Conselho Europeu sob recomendação do Conselho, sem prejuízo para o reconhecimento da iniciativa do Alto Representante para os Negócios Estrangeiros e a Política de Segurança, no domínio do PESC, e da Comissão (uma leitura apressada do artigo 22.°, n.° 2, diria: apenas em conjunto com o Alto Representante), nos restantes domínios da acção externa da União.

[10] Ao invés do âmbito a que se referia o artigo 11.°, n.° 1 do Tratado da UE, na versão anterior: "*extensiva a todos os domínios da política externa* e de segurança" (o itálico é nosso).

[11] Sobre esta figura nos debruçaremos, ainda que sumariamente em 5.2.

120 Manuel Porto/Miguel Gorjão-Henriques

domínio da PESC vigora ainda a «lógica de intergovernamentalidade, estruturalmente distinta dos princípios comunitários de integração» (J. L. Cruz Vilaça[12]). A par de outros aspectos, é significativo que o Tribunal de Justiça da União Europeia seja excluído como instância de garantia do respeito pelo direito da União neste domínio (*idem*, artigo 275.°, § 1, TFUE[13])[14], com excepção para a garantia da "legalidade procedimental" do respeito pela legalidade das medidas restritivas de direitos fundamentais dirigidas a particulares.

---

[12] "A evolução do sistema jurisdicional comunitário: antes e depois de Maastricht", in *Direito Comunitário e construção europeia*, Boletim da Faculdade de Direito, Stvdia Ivridica, 38, 1999, 30, em sentido crítico da solução referida, já face ao Tratado da União nas versões aneriores; reconhecendo, entre outros aspectos, que, apesar da a solução não ser estranha atendendo ao facto de os dois pilares em questão serem dominados por lógicas diversas, tal poderia corresponder a um *«enfraquecimento no grau de protecção dos direitos dos cidadãos e de controlo dos actos de poder»* (v. igualmente, do mesmo autor "La CIG et le système juridictionel communautaire", em *A revisão do Tratado da União Europeia*, 1996, 69).

[13] Esta disposição aparece como correlata da afirmação segundo a qual na PESC *«fica excluída a adopção de actos legislativos»*, aí, e no intergovernamentalismo, se encontrando o fundamento político para a afirmação jurídica de que o *«Tribunal de Justiça da União Europeia não dispõe de competência no que diz respeito às disposições relativas à política externa e de segurança comum, nem no que diz respeito aos actos adoptados com base nessas disposições»*. Daí também o âmbito da excepção, nos termos da qual cabe ao Tribunal de Justiça da UE assegurar, por um lado, o respeito das regras procedimentais e do equilíbrio institucional desenhado nos artigos 3.° a 6.° do TFUE, e, por outro, controlar a legalidade, no contexto do chamado recurso de anulação, *«das decisões que estabeleçam medidas restritivas contra pessoas singulares ou colectivas, adoptadas pelo Conselho»* no quadro da PESC (julgamos extremamente interessante esta afirmação, sobretudo no contexto de processos passados e presentes da justiça comunitária – por todos e por último, vide os processos *Kadi c. Conselho e Comissão* – acórdão do Tribunal de Primeira Instância de 21 de Setembro de 2005, proc. T-315/01; proc. C-402/05 P, e as conclusões do Advogado-Geral Miguel Poiares Maduro, a 16 de Janeiro de 2008). Sobre aquele acórdão, entre nós, ANTÓNIO GOUCHA SOARES, «Portugal», *External Relations in the EU and the Member States: Competence, Mixed Agreements, International Responsability, and Effects of International Law – FIDE 2006 National Reports*, Cyprus, em particular 237-244.

[14] Igualmente, são relevantes as disposições constantes do artigo 10.° do Protocolo relativo às disposições transitórias, nos termos do qual, até à sua alteração ou, no máximo, até o Tratado de Lisboa perfazer cinco anos de vigência, «[a] título transitório, e no que diz respeito aos actos da União no domínio da cooperação policial e da cooperação judiciária em matéria penal adoptados antes da entrada em vigor do Tratado de Lisboa, as competências das instituições serão as seguintes, à data de entrada em vigor do referido Tratado: não serão aplicáveis as competências conferidas à Comissão nos termos do artigo 258.° do Tratado sobre o Funcionamento da União Europeia e as competências conferidas ao Tribunal de Justiça da União Europeia nos termos do título VI do Tratado da União Europeia, na versão em vigor até à entrada em vigor do Tratado de Lisboa, permanecerão inalteradas, inclusivamente nos casos em que tenham sido aceites nos termos do n.° 2 do artigo 35.° do TUE» [versão resultante do Tratado de Amesterdão].

O Tratado de Lisboa: a resposta adequada aos desafios da globalização? 121

Esta fundamental captura pela dimensão intergovernamental (exclusão do Tribunal de Justiça, referida há pouco, bem como decisão apenas pelo Conselho, unanimidade, bloqueio por um Estado membro e limitação da intervenção de Parlamento Europeu e da Comissão) mostra claramente que a União Europeia procurou preservar equilíbrios entre aquilo que se mantém sob controlo do pilar intergovernamental (ainda que internalizado pelos órgãos e procedimentos da União) e aquilo que se submete ao pilar comunitário ou, com a entrada em vigor do Tratado de Lisboa, da União[15].

Portanto, é sustentável, porventura, dizer-se que o Tratado de Lisboa não suprimiu inteiramente a lógica de "pilares" existente, conquanto estes sejam menos visíveis, pois que inseridos nas paredes-mestras de um edifício que agora se pretende único[16]. Como afirma Richard Whitman, «*the underlying principle of a distinctive decision-making regime for the policy area is retained*», sendo os papéis de Parlamento Europeu, Comissão e Tribunal de Justiça «*heavily circumscribed*»[17].

5.2. *Os actores da acção externa da União Europeia*

Podemos ver agora o impacto do Tratado de Lisboa sobre as diferentes componentes institucionais em relação à acção externa, numa perspectiva que não deixa de apresentar algumas dificuldades de articulação.

---

[15] Também no domínio orçamental se mantém em medida assinalável a intergovernamentalidade, v.g no que respeita às *despesas operacionais* "decorrentes de operações que tenham implicações no domínio militar ou da defesa" (ou outras, na sequência de decisão unânime do Conselho), com relevo dada a sua inevitável grande dimensão na generalidade dos casos: fugindo-se com elas ao princípio da unicidade, ou do orçamento único (ver MANUEL PORTO, *O Orçamento da União Europeia. As perspectivas financeiras para 2007-2013*, 2006, 18-22).
Temos assim uma excepção, de grande importância, à regra de constarem do orçamento outras despesas operacionais, bem como (itálico nosso) "as *despesas administrativas* ocasionadas às instituições pelas disposições do Tratado da União Europeia relativas à política externa e de segurança comum" (tal como as despesas administrativas relativas à."cooperação nos domínios da justiça e dos assuntos internos"). Trata-se de ideia expressada nos artigos 28.° do TUE, na versão pré-Lisboa e no artigo 268.° do TCE, bem como agora no artigo 41.° do actual TUE (já não no artigo 310.° do TFUE, que "substituiu" o artigo 268.° do TCE).
[16] Fazemos aqui a tradicional cedência à terminologia da engenharia que tantas vezes tem sido usada no quadro comunitário, na descrição do processo da "construção europeia", como sinónimo de «processo, desenvolvimento ou criação progressiva» – Acórdão Tribunal Constitucional n.° 531/98 (proc. 756/98), de 30.7.1998, DR, I-A, de 30.7.1998, 3660, ponto 4.2.
[17] "Foreign, Security and Defence Policy and the Lisbon Treaty: significant cosmetic reforms?", em *Revista Jurídica da Universidade Portucalense*, n.° 13, 2008, 190.

122 Manuel Porto/Miguel Gorjão-Henriques

Para o efeito ora em causa, é adequado salientar alterações no Conselho Europeu; em especial quanto à sua composição, na medida em que se introduz uma figura nova e autónoma como membro do Conselho, a do seu Presidente («O Conselho Europeu é composto pelos Chefes de Estado ou de Governo dos Estados membros, bem como pelo seu Presidente e pelo Presidente da Comissão»: artigo 15.º, n.º 2, do TUE).

O cargo de Presidente do Conselho Europeu constitui, indubitavelmente, a grande novidade que, do ponto de vista orgânico, é nele introduzida[18]. Eleito pelo Conselho Europeu por maioria qualificada para um mandato de dois anos e meio, renovável uma vez (artigo 15.º, n.º 5 TUE), o Presidente do Conselho Europeu é o *chairman* do Conselho Europeu[19], a pessoa a quem compete presidir às reuniões, assegurar a preparação e a continuidade dos trabalhos, facilitar a coesão e o consenso internos e apresentar ao Parlamento Europeu, após cada reunião, o relatório da reunião a que presidiu (artigo 15.º, n.º 6 TUE)[20].

Poderia pensar-se que, à luz do tratado, esta identificação do Presidente do Conselho Europeu apenas com a pessoa que preside à reunião do Conselho Europeu é uma leitura que não reconheceria o impacto e a importância reais da nova figura. Contudo, partindo da lógica formal do TUE, não nos parece. Com efeito, se tem sido apontado na imprensa que o Presidente do Conselho Europeu é um "Presidente da União Europeia" e se, como se sabe, não são só os cargos que "fazem as pessoas", mas também as "pessoas que fazem os cargos"[21], o certo é que essa imagem não corresponde a uma correcta com-

---

[18] Já antes, no entanto, o Conselho Europeu possuía um Presidente, em termos funcionais, pois era presidido pelo Chefe do Estado ou do Governo que em cada semestre ocupava a presidência do Conselho (artigo 4.º do TUE, na versão resultante do Tratado de Nice).

[19] Neste sentido, em 2003, LARS HOFFMANN, "Liderar a União – Que espécie de Presidência para a UE", in *Uma Constituição para a Europa*, 2004, 126, ao referir, no projecto do *Praesidium* da Convenção Europeia que preparou o projecto de Constituição, a distinção entre "Chair" e "President".

[20] Com as reuniões, correspondendo à realidade hoje vigente, a realizar-se quatro vezes por ano, duas por semestre (artigo 15.º, n.º 3, do TUE).

[21] Na Europa, exemplo deste último tipo foi claramente a marca que Jacques Delors imprimiu à Comissão, durante a sua presidência, e que terá justificado a profunda transformação que este órgão e a sua presidência sofreram, a partir do Tratado de Maastricht.

E na linha do que acabamos de referir, que em boa medida "são as pessoas que fazem os cargos" (em especial se se trata de um cargo novo, acrescentamos nós), não contribuiu seguramente para a valorização da figura e do papel do Presidente do Conselho a afirmação do actual e primeiro titular deste cargo, HERMAN VAN ROMPUY, feita numa entrevista, de "ter feito tudo o que estava ao seu alcance para recusar o cargo que ocupa"... (cf. o *Jornal de Negócios* de 5.5.2010). Foi bem diferente o caso de Jacques Delors, ou agora de J.M. Durão Barroso.

O *Tratado de Lisboa: a resposta adequada aos desafios da globalização?* 123

preensão da letra do Tratado e subavalia as cautelas e limitações que os Estados membros impuseram à figura do Presidente do Conselho Europeu[22].

De facto, os Estados membros acabaram por afastar qualquer pretensão de o Presidente do Conselho Europeu ser um *primus supra partes* ou, sequer, um *primus inter pares*, ao estabelecerem que, «quando o Conselho Europeu se pronuncia por votação, o seu Presidente e o Presidente da Comissão não votam» (artigo 235.° do TFUE). Isto acontecerá sempre que o Conselho Europeu não decida de acordo com a regra do consenso (artigo 15.°, n.° 4 do TUE), mas por unanimidade (v., entre muitos outros, os artigos 14.°, n.° 2; 17.°, n.° 5; 18.°, n.° 1, 22.°, n.° 1, ou 24.°, n.° 1 do TUE), maioria qualificada (v., entre muitos outros, os artigos 17.°, n.° 7; e 50.°, n.° 2 do TUE) ou maioria simples (v. artigos 48.°, n.° 3 do TUE; e 235.°, n.° 3 do TFUE).

Pôr-se-ia talvez a hipótese de, cabendo ao Presidente do Conselho Europeu representar externamente a União Europeia[23], se resolveria pela primeira vez e em definitivo a questão que foi colocada pelo Secretário de Estado norte-americano Henry Kissinger, há longo tempo: quem é o interlocutor na União Europeia, na cena internacional? A quem telefona o Presidente dos EUA, se quiser falar com a UE? Há quase dez anos, quando foi criada a figura do Alto Representante para a PESC, no Tratado de Amesterdão, Bill Clinton terá afirmado que a questão estava resolvida[24]. Estará? E estando, será o Presidente do Conselho Europeu?

---

[22] LARS HOFFMANN, ao descrever o debate na Convenção, afirmava que os Estados membros mais pequenos, se aceitassem o Presidente permanente do Conselho Europeu, provavelmente só o fariam «*a um preço que incluísse a estrita limitação dos seus poderes políticos*» – *op. cit.*, 137. Retire o leitor as ilações do que no texto se escreve... Alguns outros sinais há, como por exemplo a circunstância de ser o Presidente do Conselho (rotativo) quem tem direito a participar nas reuniões do conselho do BCE (artigo 284.°, n.° 1, do TFUE).

[23] Até ao Tratado de Lisboa, era a Presidência *do Conselho* que representava e era responsável pela execução da PESC. Apenas o Estado membro que ocuparia a presidência no semestre seguinte poderia ser chamado a assistir a Presidência. Fora isso, a presidência apenas poderia conferir estas funções ao Alto Representante para a PESC ou a um representante especial, designadamente nos termos do artigo 18.° UE-M.

[24] Como escreveu STANLEY R. SLOAN em 2003, «*In 1981, former U.S. Secretary of State Henry Kissinger, frustrated by the fact that nobody and yet everybody spoke for Europe, asked half-seriously "What is Europe's telephone number?" Some would argue Kissinger's question has now been answered. The European Union has a "High Representative for Common Foreign and Security Policy," Javier Solana, who in theory is the voice and face of the EU toward the outside world. However, if the outside world wants to talk about trade or economic and monetary issues, it had better not talk to Solana. Authority in this area is in the hands of the supranational EU commission.*» (http://www.inthenationalinterest.com/Articles/vol2issue10/vol2issue10sloanpfv.html).

Parece-nos que a questão, a estar resolvida, não o é em favor do Presidente do Conselho Europeu mas em favor, em último termo, da Comissão. Primeiro, porque se o «Presidente do Conselho Europeu assegura, *ao seu nível e nessa qualidade*, a representação externa da União nas matérias do âmbito da política externa e de segurança» (artigo 15.°, n.° 6, § 2, do TUE, com o itálico nosso), o certo é que a representação externa da União compete à Comissão Europeia, «com excepção da política externa e de segurança comum e dos restantes casos previstos nos Tratados» (artigo 17.°, n.° 1, do TUE) (repare-se que o TUE não diz competir tal representação ao Presidente da Comissão).

Mas mesmo na área da PESC a afirmação do poder de representação externa da União pelo Presidente do Conselho Europeu é feita «sem prejuízo das atribuições do Alto Representante para os Negócios Estrangeiros e a Política de Segurança» (artigo 15.°, n.° 6, § 2, do TUE); e um conjunto impressivo de normas confere ao Alto Representante o papel fundamental no domínio da PESC.

Assim, compete ao Alto Representante[25] contribuir com as suas propostas para a definição desta política (artigo 18.°, n.° 2, § 2, do TUE), mas também a condução (artigo 18.°, n.° 2, § 1, do TUE) e a representação da União no âmbito da PESC (artigo 27.°, n.° 2 do TUE). É neste contexto que o Tratado prevê que o Alto Representante assuma a representação externa da União, que o artigo 17.°, n.° 1, do TUE afirma competir em geral à Comissão, pois é a ele que, como Vice-Presidente da Comissão, cabe assegurar «a coerência da acção externa da União» e «no âmbito da Comissão, as responsabilidades que incumbem a esta instituição no domínio das relações externas, bem como a coordenação dos demais aspectos da acção externa da União» (artigo 18.°, n.° 4, do TUE)[26].

E esta conclusão é reforçada pela análise das normas do Tratado da União Europeia sobre a acção externa da União. Em todo o título V, entre os artigos 21.° e 46.° TUE, onde é desenvolvida a PESC, há apenas *uma única* referência ao Presidente do Conselho Europeu, na qual se prevê que este possa convocar

---

[25] Na Constituição Europeia, o Alto Representante era chamado Ministro dos Negócios Estrangeiros, apesar de o Grupo de Trabalho respectivo da Convenção (Grupo de Trabalho VII) ter votado contra este nome e proposto o nome de "Representante Europeu para as Relações Externas", "que tem a vantagem de não corresponder a nenhum título usado a nível nacional". Contudo, se a prudência democrática dos Estados membros os levou a não utilizar a designação de "Ministro", não os impediu de manter a expressão "Negócios Estrangeiros".

[26] O Alto Representante é, por inerência, Vice-Presidente da Comissão Europeia e responsável pelas Relações Externas (o chamado Comissário RELEX), presidindo ainda à nova formação do Conselho que também foi criada (Conselho dos Negócios Estrangeiros).

O Tratado de Lisboa: a resposta adequada aos desafios da globalização? 125

uma reunião do Conselho Europeu (artigo 26.°, n.° 1, § 2, do TUE). Ao invés, ao Alto Representante referem-se, entre muitos outros e de forma muito intensa, os seguintes artigos do Tratado da União Europeia:

a) Artigo 21.°, n.° 3, § 2 – Assiste ao Conselho e à Comissão, enquanto estes asseguram a coerência de toda a acção externa da União;

b) Artigo 26.°, n.° 3 – Assegura com o Conselho a «unidade, coerência e eficácia da acção da União» no domínio da PESC;

c) Artigos 22.°, n.° 2; 27.°, n.° 1; 30.°, n.° 1; 41.° – Apresenta propostas em todos os domínios da acção externa da União, incluindo a PESC[27];

d) Artigos 24.°, n.° 1, § 2; 26.°, n.° 3, 27.°, n.° 1; 32.°, § 3 – Tem competência para executar a PESC, em conjunto com os Estados membros;

e) Artigo 24.°, n.° 2 – Assegura a observância dos princípios da lealdade e solidariedade mútua entre os Estados membros;

f) Artigo 27.°, n.° 2 – «O Alto Representante representa a União nas matérias do âmbito da PESC. Conduz o diálogo político com terceiros em nome da União e exprime a posição da União nas organizações internacionais e em conferências internacionais» (cf. também o artigo 34.° do TUE);

g) Artigo 31.°, n.° 2, § 2 – Procura o consenso entre os Estados membros, quando o Conselho haja de deliberar por maioria qualificada e um Estado membro declare que "tenciona opor-se à adopção de uma decisão por maioria qualificada";

h) Artigo 33.° – Tem o exclusivo da iniciativa da nomeação de um representante especial do Conselho, o qual actuará sob a autoridade do Alto Representante[28];

i) Artigo 36.° – Consulta regularmente, informa e responde às questões do Parlamento Europeu[29].

Neste sentido, impõe-se concluir que, à luz do Tratado, embora não possa nem deva ser subvalorizado o peso político de uma presidência estável do

---

[27] Note-se que ao Presidente do Conselho Europeu o Tratado não concede especificamente qualquer direito de iniciativa neste domínio.

[28] Situação bem diversa da anterior, em que o Conselho podia designar um representante especial e substituir-se à figura do Alto Representante para a PESC.

[29] Recorde-se que o Presidente do Conselho Europeu, em relação ao Parlamento Europeu, se limita a apresentar o relatório da reunião do Conselho Europeu [artigo 15.°, n.° 6, alínea d) do TUE].

126   *Manuel Porto/Miguel Gorjão-Henriques*

órgão de direcção política da União (o Conselho Europeu) e o papel de dinamizador de consensos e de estratégias que possa assumir e desenvolver, é ao Alto Representante e à Comissão (de que o mesmo é Vice-Presidente) que os Tratados cometem as principais competências e reconhecem o maior grau de protagonismo na acção externa da União, conferindo-lhe a representação externa da União nos domínios da PESC ou a direcção do serviço europeu para a acção externa (artigo 27.°, n.° 3, do TUE)[30] e à Comissão a representação externa da União fora do âmbito da PESC (artigo 17.°, n.° 1, do TUE). Além de que é à Comissão que os Tratados conferem os meios de acção, financeiros e operacionais, que permitem a actuação externa da União, fora do âmbito da PESC e até, em medida relevante, no próprio quadro da política externa de segurança e defesa[31].

Ao Presidente do Conselho Europeu, pelo contrário, tal representatividade é, recorde-se, reconhecida apenas "ao seu nível e nessa qualidade", surgindo por isso, essencialmente, como símbolo da unidade da cúpula política da União Europeia, expressa na composição do Conselho Europeu.

Será só a realidade, no entanto, que, afinal, irá porventura clarificar as relações entre estes dois novos órgãos da União Europeia e as instituições que os mesmos integram. Mas, à primeira vista, parece-nos que, mesmo que a figura do Alto Representante não logre impor-se, a consequência não será necessariamente a de conferir protagonismo ao Presidente do Conselho Europeu mas, porventura, contribuirá para acentuar ainda mais a prevalência da Comissão e do seu Presidente: pois não só é esta que representa directa e explicitamente a União na sua acção externa em todas as outras áreas (vide o referido artigo 17.°, n.° 1 TUE), como é nesta que se integra o Alto Representante para a União nas áreas da PESC; e, finalmente, é a Comissão que tem uma estrutura e os meios de implantação e operacionalização das estratégias e políticas com dimensão externa.

Este cenário é aliás porventura o que será mais favorecido pelo Parlamento Europeu, pois é sobre a Comissão que este exerce controlo político...

---

[30] Uma importante novidade do Tratado de Lisboa, como assinala ALASTAIR SUTTON, "The IGC 2007:The European Union Comes to Age?", em *European Public Law*,Vol. 14, n.° 1, March 2008, 67.

[31] Em matéria financeira, e não só, algumas decisões são tomadas pelo Conselho e não pelo Conselho Europeu (artigo 24.°, n.° 3, § 3; 26.°, n.° 2; 28.°, n.° 1 e 5; 29.°, 30.°, 31.°, n.° 2, 33.°, 40.°, n.° 3, 42.°, 43.° ou 45.° todos do TUE). Também o Comité Político e de Segurança apoia o Conselho e não o Conselho Europeu (artigo 38.°, n.° 1 do TUE).

Cadernos O Direito 5 (2010), 111-130

O *Tratado de Lisboa: a resposta adequada aos desafios da globalização?* 127

Além destas, permitimo-nos salientar duas outras alterações, em relação a situações que tradicionalmente muito se reflectiam na visibilidade externa da União e das organizações em que a mesma se fundava[32].

A primeira é a reconfiguração das presidências rotativas do Conselho (artigo 16.°, n.° 9, do TUE; artigo 236.° do TFUE[33]), que se mantêm, apesar de extirpadas da dimensão externa[34], por força das figuras emergentes do Presidente do Conselho Europeu e do Alto Representante.

É retomado o sistema de *troika* vigente na versão inicial do Tratado da UE[35], nos termos da qual «a Presidência do Conselho é assegurada por grupos pré--determinados de três Estados membros durante um período de 18 meses (...) formados com base num sistema de rotação igualitária dos Estados membros» e «tendo em conta a sua diversidade e os equilíbrios geográficos da União». Durante estes 18 meses, «cada membro do grupo preside sucessivamente, durante seis meses, a todas as formações do Conselho, com excepção da formação de Negócios Estrangeiros» (n.° 2 do artigo 1.° do Projecto de decisão do Conselho Europeu anexo à Declaração n.° 9 anexa à Acta Final da CIG/2007).

---

[32] A natureza pública das reuniões do Conselho quando reúne e delibera sobre um projecto de acto legislativo, prevista no artigo 16.°, n.° 8, do TUE, já está há muito prevista no Regulamento Interno do Conselho (actualmente, no artigo 8.° do Regulamento Interno aprovado pela Decisão n.° 2006/683/CE, Euratom do Conselho, de 15 de Setembro de 2006, JO, L 285, de 16.10.2006, 47-71).

[33] A Declaração n.° 9 anexa à Acta Final da CIG/2007 estabelece que o regime da Presidência do Conselho, e respectivo exercício, deverá ser, nos termos do artigo 4.° do projecto de decisão do Conselho Europeu anexo à referida declaração, aprovado pelo Conselho, no prazo de 6 meses a contar da data da entrada em vigor do Tratado de Lisboa, por maioria qualificada (visto que é a regra geral prevista no TUE).

[34] Mas não interna. Entre outros exemplos, saliente-se que continua a ser previsto um papel específico para o Presidente do Conselho nos seguintes artigos do TFUE: artigo 121.°, n.° 5, 122.°, n.° 2; 134.°, n.° 3, 219.°, n.° 1, 284.°, n.° 1, 294.°, n.° 8, 297.°, n.° 1 ou 314.°, n.° 4.

[35] No domínio da PESC – artigo J.5, n.° 3, TUE, na redacção inicial resultante do Tratado de Maastricht. Pronunciou-se o Prof. Pitta e Cunha, em 2006, pelo modelo de *troika* (ou *team presidencies*, como lhe chamam L. CARBONE/L. GIANNITI/C. PINELLI, in *Constituzione Europea – un primo commento*, cit., 155), como alternativa à supressão das presidências rotativas (PITTA E CUNHA, *Direito Europeu – Instituições e políticas da União*, cit.,121); *vide*, ainda, A. M. GUERRA MARTINS, "Comentário", *A revisão do Tratado da União Europeia*, 1996, 181; ou, na linha de defender presidências rotativas em *troikas*, mas simultaneamente com os três países em causa, na sequência de uma proposta feita em tempo pelo ex-Primeiro Ministro Tony Blair, MANUEL PORTO, "A Participação dos Países na União Europeia", em *O Direito*, IV-V, 2005, 771-85 e "Decorridos 50 Anos de Integração Europeia: Que Caminho para o Futuro?", em *Revista Jurídica da Universidade Portucalense*, n.° 13, 2008, 150-66.

A excepção assinalada corresponde, justamente, à outra alteração que queríamos salientar. Com a criação da figura do Alto Representante, é a este Vice--Presidente da Comissão que competirá a presidência da nova formação do Conselho, o Conselho de Negócios Estrangeiros, que resulta do desdobramento que o Tratado de Lisboa opera do actual Conselho "Assuntos Gerais e Relações Externas". É por isso indispensável referir que o Tratado de Lisboa interfere de modo directo sobre, entre outros aspectos, a composição e hierarquia interna da Comissão, ao prever a autonomização da figura do Comissário responsável pelas relações externas, que, sob a designação de Alto Representante para os Negócios Estrangeiros e a Política de Segurança, passa a ter um processo autónomo de designação, responsabilidades políticas e jurídicas específicas e a assumir internamente o cargo de Vice-Presidente da Comissão Europeia, ao mesmo tempo que, enquanto responsável pela condução da PESC e pela representação da UE neste domínio, preside ao Conselho de Negócios Estrangeiros.

Referido que foi atrás o papel que o Tratado de Lisboa reserva ao Alto Representante, impõe-se apenas salientar o modo como este interage com o Presidente da Comissão, e este também com o Presidente do Conselho Europeu[36].

E se é certo que o Presidente da Comissão continua a ser uma figura central no sistema institucional europeu e verdadeiro *primus supra partes* na Comissão, dada a autonomia do seu processo designativo[37], o seu papel na designação e exoneração dos restantes comissários, na definição da organização (artigo 248.º do TFUE) e das orientações da acção da Comissão, não pode deixar de ser referido: por um lado, que a supressão da fórmula usada no artigo 217.º, n.º 1, do TCE, nos termos do qual «a Comissão actuará sob a orientação política do seu Presidente», é substituída por uma referência mais suave, que omite o carácter "político"[38] do papel do Presidente na definição das "orientações no

---

[36] A opção por dois Presidentes diferentes, com mandatos relativamente longos, foi propugnada pelo eixo franco-alemão, como forma de preservar o equilíbrio institucional da União e garantir que o Conselho e a Comissão permaneçam «instituições intrinsecamente separadas, tendo, cada uma, funções diferentes na estrutura institucional da UE e consequentemente presidentes diferentes a defender os seus respectivos interesses» – LARS HOFFMANN, "Liderar a União – Que espécie de Presidência para a UE", *op. cit.*, 123.

[37] Na verdade, embora a Comissão seja nomeada pelo Conselho Europeu, em vez de o ser pelo Conselho, como antes previa o artigo 214.º, n.º 2, § 3, do Tratado CE, o Presidente é eleito pelo Parlamento Europeu e confirmado depois pelo Conselho Europeu.

[38] Segundo Jacques Pertek, a perda do qualificativo *«ne doit rien au hasard»* – J. PERTEK, "Article I-27», *Traité établissant une Constitution pour l'Europe – Commentaire article par article*, Tome 1, 2007, 362.

O Tratado de Lisboa: a resposta adequada aos desafios da globalização?   129

âmbito das quais a Comissão exerce a sua missão" [artigo 17.º, n.º 6, alínea *a*), do TUE]; mas, por outro lado, que, se a nomeação de vice-presidentes[39] ou a demissão de um comissário ou mesmo do Alto Representante[40], por vontade do Presidente, deixa de depender de aprovação pelo colégio de comissários (ao contrário do que resultava do artigo 217.º, n.ᵒˢ 3 e 4, do TCE), a supremacia do Presidente da Comissão Europeia não pode deixar de afectar o modo como o Alto Representante desempenha as relevantes funções que o TUE lhe comete na área da PESC e, cremos, poderá conduzir à afirmação da supremacia da Comissão e do seu Presidente em toda a dimensão executiva da acção externa da União[41].

6. Conclusões

A União Europeia procurou proceder a uma reforma institucional e material que se pretende que permita uma actuação mais coerente, a muitos propósitos mesmo unitária, na arena internacional: prosseguindo a realização dos objectivos transversais que os tratados agora lhe assinalam, em termos que incluem, não apenas o alargamento das suas atribuições, mas porventura até uma fundamental mutação da sua intencionalidade, que em definitivo transcende e supera o plano estritamente económico e comercial. A União Europeia pretende assumir-se como actor autónomo na sociedade internacional, ainda que limitado pelos princípios da atribuição e da natureza derivada dos seus poderes, face aos Estados membros que a instituem.

Para o efeito, além do alargamento e do aprofundamento das suas atribuições, em matéria de acção externa, a União Europeia realizou também uma profunda reforma institucional que, em princípio, visaria definir e clarificar as

---

[39] Excepto o Alto Representante.

[40] Se o Presidente pedir ao Alto Representante que se demita, este deverá demitir-se. Contudo, a remissão para o artigo 18.º, n.º 1, do TUE, poderia inculcar que competiria ao Conselho Europeu confirmar a demissão por maioria qualificada. Julgamos que não deverá ser esse o entendimento. O papel central do Alto Representante supõe, ao invés, que este deve ter em permanência a confiança do Conselho Europeu e do Presidente da Comissão. Este é aliás o pressuposto para a sua nomeação, conforme estabelece o artigo 18.º, n.º 1, do TUE («O Conselho Europeu, deliberando por maioria qualificada, com o acordo do Presidente da Comissão, nomeia o Alto Representante...») Faltando a confiança política por parte de qualquer deles, deverá demitir-se.

[41] Diz ainda o Tratado que o Alto Representante «fica sujeito aos processos que regem o funcionamento da Comissão», salvo se tal prejudicar o exercício da Presidência do Conselho dos Negócios Estrangeiros ou a execução de mandatos do Conselho (artigo 18.º, n.º 4, TUE).

suas instâncias de representação externa, quer no domínio político e de segurança, quer em termos gerais.

O resultado, contudo, não parece ser, à partida, particularmente feliz. Se a criação do Presidente do Conselho Europeu poderia e, porventura, poderá ser interpretada, pelo menos pelas opiniões públicas, como algo análogo a um *putativo* chefe de Estado sem Estado, o certo é que esse protagonismo aparece irremediavelmente limitado pelo resultado da complexa negociação que o Tratado de Lisboa concretiza, em que se cinde a representação da União entre os domínios de política externa e segurança, por um lado, e os restantes domínios, por outro.

Se nestes últimos o protagonismo é da Comissão (artigo 17.º, n.º 1, do TUE), tal é realizado de forma funcionalmente ainda não totalmente esclarecida, pois apesar do papel inequívoco do seu Vice-Presidente (artigo 18.º, n.ºs 2 a 4 do TUE), o Presidente da Comissão parece dispor sobre o mesmo de poderes – incluindo, porventura, de forçar a sua demissão – que lhe asseguram uma certa supremacia (artigo 18.º TUE; artigo 246.º, § 2, do TFUE).

E a acção externa da União nos domínios da PESC sofre de ambiguidade semelhante, coexistindo duas figuras que, a prazo, podem colidir na compreensão das suas funções e que, sobretudo, pelo seu diverso enquadramento institucional e funcional, se afiguram parcialmente incompatíveis. Toda a representação externa da União é aqui cometida, de modo impressivo, ao Alto Representante para os Negócios Estrangeiros e a Política de Segurança e o Presidente do Conselho Europeu é totalmente desvalorizado, quanto aos poderes efectivos e à sua capacidade de acção, que manifestamente não tem.

Em suma, o futuro revelará certamente boas oportunidades para se medir em que medida estas personalidades e cargos podem coexistir ou até, porventura, até que ponto a União Europeia resistirá, a curto ou médio prazo, à necessidade de mais uma reforma institucional, tendo-se especialmente em conta os desafios inevitáveis da globalização...

O Tratado de Lisboa e o novo regime do princípio da subsidiariedade e o papel reforçado dos parlamentos nacionais

PROF.ª DOUTORA MARGARIDA SALEMA D'OLIVEIRA MARTINS* **

SUMÁRIO: *1. Introdução. 2. O princípio da subsidiariedade: do Tratado de Maastricht ao Tratado de Lisboa ou da subsidiariedade horizontal à subsidiariedade vertical. 3. O Protocolo relativo à aplicação dos princípios da subsidiariedade e da proporcionalidade. 4. O défice democrático e o papel dos parlamentos nacionais.*

1. Introdução

O Tratado de Lisboa, assinado em 13 de Dezembro de 2007, entrou em vigor em 1 de Dezembro de 2009[1]. Este Tratado foi desde logo alcunhado de

---

* Professora Auxiliar da Faculdade de Direito da Universidade de Lisboa e Professora Associada da Faculdade de Direito da Universidade Lusíada de Lisboa.

** O presente trabalho insere-se no quadro de um projecto de investigação do Grupo de Investigação em Direito Público e Teoria Política do Centro de Estudos Jurídicos, Económicos e Ambientais da Universidade Lusíada de Lisboa.

[1] Sobre a entrada em vigor do Tratado de Lisboa, em consequência do depósito do último instrumento de ratificação pela República Checa, em 13 de Novembro de 2009, v. Aviso n.º 121/2009 do Ministério dos Negócios Estrangeiro, in D.R. 1.ª Série, n.º 233, de 2 de Dezembro de 2009.

Quanto ao Tratado de Lisboa, v. J.O.U.E. C 306, de 17 de Dezembro de 2007. V. as versões consolidadas do Tratado da União Europeia e do Tratado sobre o Funcionamento da União Europeia in J.O.U.E. C 115 de 9 de Maio de 2008. V. Acta de Rectificação do Tratado de Lisboa in

132 Margarida Salema d'Oliveira Martins

Tratado reformador quer para lhe dar uma aparência menos inovadora do que a do seu malogrado antecessor Tratado dito fundador quer porque assim se aquietavam os temores daqueles que o acusavam de derivas federalistas.

O Tratado de Lisboa não obteve a unificação jurídico-política de tratados e de organizações que se vinha defendendo há muito e que se iniciara com o Acto Único Europeu de 1986 que já se revelara como o primeiro tratado razoavelmente promotor da referida unificação.

O processo de unificação e de aprofundamento da integração europeia ficava assim de novo suspenso, sujeito às mais variadas contingências políticas nos Estados-Membros. Também, de certa forma sibilinamente, o Tratado de Lisboa acolhia muitas das soluções perfilhadas pelo Tratado Constitucional, o que levou muitos a afirmar que afinal não havia tão grandes diferenças entre ambos, e que bastaria apenas apagar as marcas mais visíveis de uma pretensa federalização europeia indesejada. Houve assim uma espécie de processo de "desconstitucionalização" que, no entanto, não afectou algumas novidades como as relativamente ao princípio da subsidiariedade e ao reforço do papel dos parlamentos nacionais, dois dos elementos essenciais na construção do edifício da União Europeia. O primeiro, por se tratar de um princípio nuclear na relação de repartição de competências entre a União Europeia e os seus Estados-Membros[2] e o segundo, por potenciar as possibilidades de superação de défice democrático do processo decisório comunitário.

A subsidiariedade passa de horizontal a vertical, tratando-se de uma mutação de tomo que deve ser analisada[3].

J.O.U.E. C 290, de 30 de Novembro de 2009 e Aviso n.º 22/2010 do Ministério dos Negócios Estrangeiros in D.R., 1.ª Série, n.º 26, de 8 de Fevereiro de 2010.
V. MIGUEL GORJÃO-HENRIQUES (org.), *Tratado de Lisboa*, 2.ª ed., 2009; RUI MANUEL GENS DE MOURA RAMOS, *Tratado da União Europeia e Tratado sobre o Funcionamento da União Europeia, de acordo com o Tratado de Lisboa*, 4.ª ed., 2009; MARIA LUÍSA DUARTE/CARLOS ALBERTO LOPES, *Tratado de Lisboa, versão consolidada do Tratado da União Europeia e do Tratado sobre o Funcionamento da União Europeia*, 2008; PAULO DE PITTA E CUNHA (org.), *Tratado de Lisboa*, 2008.

[2] V. PHILIPP MOLSBERGER, *Das Subsidiaritätsprinzip im Prozess europäischer Konstitutionalisierung*, 2009.

[3] V. SEBASTIAN KURPAS, PHILIPPE DE SCHOUTHEETE, FRANKLIN DEHOUSSE, ANTONIO MISSIROLI, Ed. Royal Institute for International Relations (Bruxelles), *The Treaty of Lisbon: implementing the institutional innovations: joint study/Centre for European Policy Studies* (CEPS), http://www.egmontinstitute.be/SD/Joint_Study_complet.pdf, v. págs. 81-97; FRANZ XAVIER BARRIOS SUVELZA, *Conceptos alternativos para comprender las grandes reformas descentralizadoras contemporaneas en Europa Ocidental*, in *Revista de Estudios Politicos* 2009, n.º 144, Abril/Junho, 47-85; YVES BERTONCINI, *Les interventions de l'UE au niveau national: quel impact?*, Notre Europe, 73, http://www.notre-

Os parlamentos nacionais passam de uma posição de espectadores a observadores com alguma capacidade interventiva, o que indicia uma mudança de lógica no relacionamento inter-parlamentar que embora ainda rudimentar, deve ser acompanhada quanto à sua utilização e eficácia.

Passaremos assim em revista neste estudo, estes dois pontos à luz do novo Tratado de Lisboa, recordando, ainda que sumariamente, os principais traços evolutivos.

2. O princípio da subsidiariedade: do Tratado de Maastricht ao Tratado de Lisboa ou da subsidiariedade horizontal à subsidiariedade vertical

O princípio da subsidiariedade foi acolhido expressamente, pela primeira vez, em tratado internacional, com a criação da União Europeia (Tratado de Maastricht de 7 de Fevereiro de 1992), surgindo no respectivo Tratado constitutivo e também no Tratado da Comunidade Europeia, em cujo artigo 3.°-B passou a inscrever-se a respectiva definição. Se bem que tal princípio não constasse dos outros dois restantes tratados comunitários (Tratado da Comunidade Europeia do Carvão e do Aço – TCECA e do Tratado da Comunidade Europeia de Energia Atómica – TCEEA), entendia-se que o princípio da subsidiariedade não era apenas um princípio relativo à Comunidade Europeia, mas um princípio geral também respeitante à União Europeia.

Com o Tratado de Amesterdão, de 2 de Outubro de 1997, as referências expressas ao princípio da subsidiariedade não sofreram alterações de conteúdo mas apenas de renumeração ou de composição. Contudo, a Conferência Inter-

---

europe.eu/uploads/tx_publication/Etud73_y_Bertoncini-fr.pdf; MEINHARD SCHRÖDER, *Neuerungen im Rechtsschutz des Europäischen Union durch der Vertrag von Lissabon*, in *Die Öffentliche Verwaltung* 2009, Jahrg.62, n.° 2, Janeiro, 61-66; ROBERT SCHÜTZE, *Subsidiarity after Lisbon: reinforcing the safeguards of federalism?*, in *Cambridge Law Journal* 2009, v. 68, n.° 3, Novembro, 525-536, http://www.swetswise.com/link/access_db?issn=0008-1973&vol=Co8&iss=3&FT=1; ROBERT SCHÜTZE, *From dual to cooperative federalism: the changing structure of European law*, 2009; KENNETH ARMSTRONG, IAIN BEGG, JONATHAN ZEITLIN, *JCMS symposium: EU governance after Lisbon*, in *Journal of Common Market Studies* 2008, v. 46, n. 2, Março, 413-450; MIKEL ANTÓN, *Previsiones sobre el principio de subsidiariedad y su impacto en el ámbito regional*, in *Cuadernos Europeos de Deusto*, 2009, n.° 40, 19-41; FLORENCE CHALTIEL, *Le Traité de Lisbonne: la répartition des compétences entre l'Union européenne et les États members*, in *Les Petites affiches* 2008, v. 397, n.° 34, Fevereiro, 6-13; FRANCESCA IPPOLITO, *Fundamento, attuazione e controllo del principio di sussidiarietà nel Diritto della Comunità e dell'Unione Europea*, 2007.

134   *Margarida Salema d'Oliveira Martins*

governamental, não tendo ficado alheia à problemática das diferenças de interpretação e aplicação do princípio da subsidiariedade, optou pelo aditamento de um Protocolo – o Protocolo relativo à aplicação dos princípios da subsidiariedade e da proporcionalidade, então anexado ao TCE, como n.º 7 (Acta Final de Amesterdão) ou como n.º 30 (no rol de Protocolos anexos ao TCE, na versão compilada). Este Protocolo visou fixar as condições de aplicação dos princípios da subsidiariedade e da proporcionalidade consagrados no artigo 5.º (renumerado) do TCE, a fim de definir de forma mais precisa os critérios de aplicação desses princípios e assegurar o respectivo cumprimento rigoroso e aplicação coerente por parte de todas as instituições. Por esta via, os Estados-membros da União Europeia conferiram valor de direito comunitário primário a um extenso articulado que reflecte todo o anterior labor de desenvolvimento dedicado à aplicação destes princípios pelas instituições comunitárias, pretendendo, de forma definitiva, encerrar o debate interinstitucional, quase infindável, sobre a interpretação e os critérios de aplicação desses princípios.

O Protocolo confirmou que o princípio da subsidiariedade tem uma função orientadora do modo de exercício das competências partilhadas da Comunidade e reiterou a densificação do princípio por interpretação extensiva dos seus dois requisitos cumulativos (o requisito negativo da insuficiência da acção estatal e o requisito positivo da "melhor" realização pelo nível comunitário), impondo-se, quanto ao requisito negativo, a sua análise à luz do sistema constitucional de cada Estado-membro e, quanto ao positivo, a sua redução a uma análise de relação de adequação entre os objectivos a prosseguir e a acção ao nível comunitário.

Ficou assim adquirida a importância do princípio da subsidiariedade como princípio jurídico, obrigatório e vinculativo, mas carecendo de efeito directo, dirigindo-se sobretudo às instituições legislativas comunitárias e sendo passível de controlo jurisdicional pelo Tribunal de Justiça das Comunidades Europeias.

O Tratado de Nice, de 26 de Fevereiro de 2001, não traz alterações às regras do Tratado sobre a subsidiariedade[4].

Apresentava-se assim a subsidiariedade numa perspectiva horizontal afecta à repartição do exercício de competências entre a Comunidade Europeia e os Estados-Membros, visando limitar a propensão para a extensão competencial por parte da Comunidade Europeia.

---

[4] V. MARGARIDA SALEMA D'OLIVEIRA MARTINS, *O princípio da subsidiariedade em perspectiva jurídico-política*, 2003, 173-301.

O Tratado de Lisboa e o novo regime do princípio da subsidiariedade   135

Com o já referenciado Tratado que estabelece uma Constituição para Europa, assinado em Roma, a 29 de Outubro de 2004[5], também conhecido por Constituição Europeia, verifica-se uma alteração ao então artigo 5.° do TCE, dispondo o artigo I-11.° sobre os princípios fundamentais relativos às competências da União, no seu n.° 3, que "em virtude do princípio da subsidiariedade, nos domínios que não sejam da sua competência exclusiva, a União intervém apenas se e na medida em que os objectivos da acção considerada não possam ser suficientemente alcançados pelos Estados-Membros, tanto ao nível central como ao nível regional e local, podendo contudo, devido às dimensões ou aos efeitos da acção considerada, ser melhor alcançados ao nível da União.

A Constituição europeia distinguiu ainda categorias de competências da União relevando a distinção entre os domínios de competência exclusiva e os de competência partilhada para pôr termo a longa polémica[6], já que o princípio da subsidiariedade apenas opera relativamente a estes últimos.

A Constituição Europeia também introduzira uma alteração no sentido de permitir ao Comité das Regiões, que se arrogara um papel crescente em matéria de subsidiariedade, recurso de ilegalidade com o objectivo de salvaguardar as respectivas prerrogativas, à semelhança de igual poder de que já anteriormente dispunham o Tribunal de Contas e o Banco Central Europeu.

Desde a sua instituição em 1994, que o Comité das Regiões vinha apresentando propostas no sentido de reforçar o seu papel, incluindo a sua elevação à categoria de instituição comunitária.

Assim, logo por ocasião da Conferência Intergovernamental de 1996, se pronunciara criticando o carácter restritivo da definição do princípio da subsidiariedade tal como acolhido pelo Tratado de Maastricht. Propusera uma definição mais alargada em que aquele funcionasse não apenas como critério de exercício das competências partilhadas entre a União e os Estados-Membros, mas igualmente como critério de partilha das competências e das responsabilidades entre todos os níveis de governo representados no seio da União Euro-

---

[5] V. Tratado que estabelece uma Constituição para a Europa in JOUE C 310, de 16 de Dezembro de 2004.

[6] V. MARGARIDA SALEMA D'OLIVEIRA MARTINS, *A repartição de competências entre a União Europeia e os Estados-membros – As competências exclusivas e as competências partilhadas*, in *Colóquio Ibérico: Constituição Europeia, Homenagem ao Doutor Francisco Lucas Pires*, Studia IVRIDICA 84, *Boletim da Faculdade de Direito da Universidade de Coimbra*, 2005, 529-537; e *Repartição de competências entre a União Europeia e os Estados Membros*, in *Revista de Estudos Europeus*, Ano I, n.° 1, 2007 (Janeiro--Junho), 179-185.

peia. Também defendera a introdução de uma lista de competências da União e dos Estados para facilitar a aplicação do princípio da subsidiariedade, o qual deveria igualmente ser aplicado pelos Estados no seu território relativamente às regiões e às colectividades locais.

Nesta ordem de razões, o Comité exigira igualmente a criação de mecanismos adequados de acesso ao Tribunal de Justiça em caso de violação da subsidiariedade que afectasse as competências das colectividades regionais e locais. Dados o sistema de recursos existentes para o Tribunal de Justiça e a natureza do princípio da subsidiariedade que carece de efeito directo, tornava-se impossível o recurso contra um acto ou uma abstenção das instituições da União por causa da violação deste princípio, na medidas em que o recorrente eventual deveria fazer a prova de um dano directo e individual. Por conseguinte, o Comité propusera que, no caso do recurso de anulação, regulado no então artigo 173.º (posteriormente artigo 230.º) do Tratado CE (actualmente artigo 263.º do TFUE), lhe fosse reconhecido, à semelhança do que se faz quanto ao Parlamento Europeu e ao Banco Central Europeu, o direito de recurso para salvaguarda das respectivas prerrogativas e que, além disso, lhe fosse reconhecido um direito de recurso especial para defender o princípio da subsidiariedade. Este direito deveria também ser atribuído às regiões dotadas de competências legislativas, na medida em que a actividade da União as afectasse em particular.

Quanto ao recurso por omissão, regulado no então artigo 175.º (posteriormente artigo 232.º) do TCE (hoje artigo 265.º do TFUE), ao qual o Comité também pretendeu ter acesso, tal disposição não necessitaria de ser modificada se o Comité fosse elevado à categoria de instituição comunitária, o que *inter alia* igualmente propôs.

As propostas do Comité das Regiões não foram acolhidas pelo Tratado de Amesterdão de 1997 que no Protocolo relativo à aplicação dos princípios da subsidiariedade e da proporcionalidade, ponto 9, 4.º travessão, se limitava a prever o envio ao Comité das Regiões pela Comissão de um seu relatório anual sobre a aplicação do artigo 5.º do Tratado.

Já o Protocolo relativo à aplicação dos princípios da subsidiariedade e da proporcionalidade anexo ao Tratado que estabelece uma Constituição para a Europa, previa, no seu artigo 8.º que:

> O Tribunal de Justiça é competente para conhecer dos recursos com fundamento em violação, por um acto legislativo europeu, do princípio da subsidiariedade, interpostos nos termos do artigo III-365 da Constituição por um Estado-membro, ou por ele transmitidos, em conformidade com o seu ordenamento jurídico interno, em nome do seu Parlamento nacional ou de câmara desse Parlamento. Nos termos do mesmo artigo, o Comité das Regiões pode igualmente

interpor recursos desta natureza relativamente aos actos legislativos europeus para cuja adopção a Constituição determine que seja consultado.

Vê-se assim que a Constituição Europeia inovou em muito.

O Tratado de Lisboa propõe então uma redacção para o n.º 3 do artigo 5.º do Tratado da União Europeia (havendo pois uma passagem do TCE para o TUE)[7] que é rigorosamente igual à da Constituição Europeia, porém com uma rectificação gramatical linguística que já se denunciara desde o Tratado de Maastricht, mas sem qualquer sucesso.

Agora já não se diz "melhor" mas "mais bem", sendo pois o texto proposto o seguinte:

> Em virtude do princípio da subsidiariedade, nos domínios que não sejam da sua competência exclusiva, a União intervém apenas se e na medida em que os objectivos da acção considerada não possam ser suficientemente alcançados pelos Estados-Membros, *tanto ao nível central como ao nível regional e local*, podendo contudo, devido às dimensões ou aos efeitos da acção considerada, ser *mais bem* alcançados ao nível da União.

O Tratado de Lisboa retoma igualmente o poder de defender as prerrogativas do Comité das Regiões em recurso de ilegalidade para o Tribunal de Justiça em preceito de teor igual (v. artigo 263.º § 3.º do TFUE) ao proposto no Tratado Constitucional.

Mantém-se o Protocolo, a que adiante voltaremos, cujo artigo 8.º é de teor semelhante ao acima transcrito, embora adoptado às categorias terminológicas do Tratado de Lisboa, dispondo:

> O Tribunal de Justiça da União Europeia é competente para conhecer dos recursos com fundamento em violação do princípio da subsidiariedade por um acto legislativo que sejam interpostos nos termos do artigo 263.º do Tratado sobre o Funcionamento da União Europeia por um Estado-membro, ou por ele transmitidos, em conformidade com o seu ordenamento jurídico interno, em nome do seu Parlamento nacional ou de uma câmara desse Parlamento.

Nos termos do mesmo artigo, o Comité das Regiões pode igualmente interpor recursos desta natureza relativamente aos actos legislativos para cuja adopção

---

[7] O "Tratado que institui a Comunidade Europeia" passa a chamar-se "Tratado sobre o Funcionamento da União Europeia" (n.º 1 do artigo 2.º do Tratado de Lisboa). As partes, os títulos, os capítulos, as secções e os artigos do Tratado da União Europeia e do Tratado sobre o Funcionamento da União Europeia, são renumerados (artigo 5.º e anexo do Tratado de Lisboa. Sobre os quadros de correspondência do Tratado da União Europeia e do Tratado sobre o Funcionamento da União Europeia, v. Jornal Oficial da União Europeia C 83, de 30 de Março de 2010).

138   *Margarida Salema d'Oliveira Martins*

o Tratado sobre o Funcionamento da União Europeia determine que seja consultado.

Vê-se assim que a pressão exercida pelo Comité das Regiões, como guardião da subsidiariedade, junto das instituições comunitárias, ao longo destes anos, desde logo ao nível da revisão dos tratados, quanto ao seu próprio papel e ao incremento das suas funções, numa tentativa de ligação do poder decisório comunitário ao poder nacional, regional e local e de uma ligação entre as entidades infra-estaduais e as instâncias comunitárias, acabou por ter algum acolhimento.

Concluímos assim que o Tratado de Lisboa reforça o papel do Comité das Regiões, alargando a subsidiariedade, que até então era uma subsidiariedade horizontal, no sentido de repartir competências entre a União Europeia e os Estados-Membros, numa vertente vertical, em que a intervenção dos níveis regional e local também passa a contar para os testes da subsidiariedade, assim se falando em subsidiariedade vertical.

Mas o Tratado de Lisboa, também na sequência do Tratado Constitucional (v. artigo I-11, n.º 3, § 2.º), atribui um papel aos parlamentos nacionais de controlo da observância do princípio da subsidiariedade, assim retirando ao Comité das Regiões a tendência deste de monopolização desse controlo.

Com efeito, o § 2.º do n.º 3 do artigo 5.º do TUE dispõe que:

> As instituições da União aplicam o princípio da subsidiariedade em conformidade com o Protocolo relativo à aplicação dos princípios da subsidiariedade e da proporcionalidade. Os Parlamentos nacionais velam pela observância do princípio da subsidiariedade de acordo com o processo previsto no referido Protocolo[8].

3. O Protocolo relativo à aplicação dos princípios da subsidiariedade e da proporcionalidade

O Protocolo relativo à aplicação dos princípios da subsidiariedade e da proporcionalidade, que já existia desde Amesterdão[9], sofre alterações consideráveis na versão do Tratado Constitucional retomada, com ligeiras diferenças, pelo Tratado de Lisboa.

---

[8] V. GAVIN BARRETT, *The king is dead, long live the king: the recasting by the Treaty of Lisbon of the provisions of the Constitutional Treaty concerning national parliaments*, in *European Law Review* 2008, n. 1, Fevereiro, 66-84.

[9] V. MARGARIDA SALEMA D'OLIVEIRA MARTINS, *O princípio da subsidiariedade*, cit., 271-293.

O Tratado de Lisboa e o novo regime do princípio da subsidiariedade   139

Esse Protocolo continuando embora a regular os princípios da subsidiariedade e da proporcionalidade em sede inter-institucional e de fundamentação para suporte qualitativo e quantitativo dos testes da intervenção da União como a insuficiência de acção estadual, seja central, seja regional e local e o alcance da intervenção da União quanto à dimensão e efeito dessa intervenção (v. artigos 1.º, 2.º e 5.º), contudo traz inovações de tomo em termos procedimentais e de intervenção dos parlamentos nacionais[10].

O Protocolo destina-se a fixar as condições de aplicação dos referidos princípios, ambos consagrados no artigo 5.º do TUE, bem como a instituir um sistema de controlo da aplicação dos mesmos.

Enquanto, no artigo 1.º, se afirma o controlo inter-institucional contínuo, no artigo 2.º determina-se que a Comissão, antes de propor um acto legislativo, proceda a amplas consultas que devem, se for caso disso, ter em conta a dimensão local e regional das acções consideradas. A Comissão só poderá dispensar tais consultas em caso de urgência excepcional, devendo fundamentar a sua decisão na proposta que venha a apresentar.

Ora, esta análise pela Comissão da dimensão local e regional da acção a empreender implica a faculdade de esta instituição averiguar a organização interna regional e local competencial dos Estados-membros, usualmente contemplada nas respectivas Constituições, ultrapassando a barreira do direito internacional público clássico – o princípio da unidade do Estado.

O artigo 3.º define o que se entende por projecto de acto legislativo para efeito do Protocolo: as propostas da Comissão, as iniciativas de um grupo de Estados-membros, as iniciativas do Parlamento Europeu, os pedidos do Tribunal de Justiça, as recomendações do Banco Central Europeu, e os pedidos do Banco Europeu de Investimento, que tenham em vista a adopção de um acto legislativo.

Os projectos de actos legislativos são fundamentados relativamente aos princípios da subsidiariedade e da proporcionalidade, como explicita o artigo 5.º, referindo ainda que tais projectos devem incluir uma ficha com elementos circunstanciados que permitam apreciar a observância dos mesmos princípios.

---

[10] V. RICARDO PASSOS, *Recent developments concerning the role of national parliaments in the European Union*, in *ERA – Fórum: scripta iuris europaei* 2008, v. 9., n.1, Abril, 25-40; LINDA A.J. SENDEN, *Het Verdrag van Lissabon enhet Europese mandaat van nationale parlementen*, in *SEW: Tijdschrift voor Europees en Economisch Recht* 2009, n.º 1, Janeiro, 21-27; ALEXANDRE MET-DOMESTICI, *Les parlements nationaux et le contrôle du respect du principe de subsidiarité*, in *Revue du Marché Commun et de l'Union européenne*, 2009, n.º 525, Fevereiro, 88-96; CHRISTINE MELLEIN, *Subsidiaritäts kontrolle durch nationale Parlamente: eine Untersuchung zur Rolle der mitgliedstaatlichen Parlamente*, in *derArchitektur Europas*, 2007.

140 Margarida Salema d'Oliveira Martins

E acrescenta que a mesma ficha deve contar elementos que permitam avaliar o impacto financeiro do projecto, bem como, no caso das directivas, as respectivas implicações para a regulamentação a aplicar pelos Estados-Membros, incluindo, nos casos pertinentes, a legislação regional. As razões que permitam concluir que determinado objectivo da União pode ser "melhor" (deveria ser "mais bem") alcançado ao nível desta serão corroboradas por indicadores qualitativos e, sempre que possível, quantitativos. O artigo 5.º ainda refere que os projectos de actos legislativos têm em conta a necessidade de assegurar que qualquer encargo, de natureza financeira ou administrativa, que incumba à União, aos Governos nacionais, às autoridades regionais ou locais, aos agentes económicos e aos cidadãos, seja o menos elevado possível e seja proporcional ao objectivo a atingir.

De acordo com o artigo 4.º do Protocolo em análise, a Comissão envia os seus projectos de actos legislativos e os seus projectos alterados aos Parlamentos nacionais e ao mesmo tempo ao legislador da União. O Parlamento envia igualmente os seus projectos de actos legislativos e os seus projectos alterados aos Parlamentos nacionais. O Conselho também envia aos Parlamentos nacionais os projectos de actos legislativos emanados de um grupo de Estados-Membros, do Tribunal de Justiça, do Banco Central Europeu ou do Banco Europeu de Investimento, bem como os projectos alterados. Logo que adoptadas, as resoluções legislativas do Parlamento Europeu e as posições do Conselho serão enviadas por estas instituições aos Parlamentos nacionais.

Estas estipulações de envio visam desde logo dar conhecimento aos Parlamentos nacionais de peças-chave do processo legislativo constituindo assim uma obrigação de informação.

As novidades do Protocolo vão contudo mais longe, visando sobretudo a possibilidade de intervenção e posição dos Parlamentos nacionais.

Estes, como referido, recebem os projectos de actos legislativos da Comissão, do Parlamento Europeu e do Conselho, consoante os casos, bem como os projectos alterados, as resoluções e as posições que correspondem a fases diversas do processo legislativo europeu.

E, no prazo de oito semanas, qualquer Parlamento nacional pode, nas línguas oficiais da União, dirigir aos presidentes dessas instituições europeias um parecer fundamentado em que indica as razões pelas quais considera que o projecto em causa não obedece ao princípio da subsidiariedade. Caberá ao Parlamento Nacional (ou a cada uma das câmaras se for bicamaral) consultar, se for pertinente, os Parlamentos regionais caso estes tenham competências legislativas (v. artigo 6.º do Protocolo).

Esses pareceres serão tidos em conta pelas instituições das quais tiver emanado o projecto de acto legislativo (v. artigo 7.º, n.º 1, § 1.º do Protocolo).

O Tratado de Lisboa e o novo regime do princípio da subsidiariedade   141

A cada Parlamento nacional é atribuído dois votos, repartidos nos termos do sistema parlamentar nacional, cabendo um voto a cada uma das câmaras nos sistemas parlamentares nacionais bicamarais (são então 54 votos) (v. artigo 7.º, n.º 1, § 2.º do Protocolo).

Se houver pareceres fundamentados sobre a inobservância do princípio da subsidiariedade num projecto de acto legislativo que representem pelo menos 1/3 daqueles votos, ou seja, 18 votos (o que equivale a 9 pareceres – 1/3 dos 27 Estados Membros da União Europeia), então o projecto deve ser reanalisado. Há uma excepção relativa a projecto de acto legislativo apresentado com base no artigo 76.º do Tratado sobre o Funcionamento da União Europeia, respeitante ao espaço de liberdade, segurança e justiça que exige apenas 1/4 dos votos (13,5, ou seja equivalente a sete Estados). Tal reanálise não impede a manutenção do projecto, devendo esta decisão de manutenção ser fundamentada (v. artigo 7.º, n.º 2 do Protocolo).

Além do exposto, prevê-se que, no quadro do processo legislativo ordinário, caso os pareceres fundamentados sobre a inobservância do princípio da subsidiariedade numa proposta de acto legislativo representem pelo menos a maioria simples dos votos, a proposta deve ser reanalisada, podendo a Comissão, se entender manter a proposta, especificar a razão pela qual entende que a mesma obedece ao princípio da subsidiariedade.

Esse parecer da Comissão e os pareceres dos Parlamentos nacionais deverão ser ponderados no processo legislativo da seguinte forma:

– antes da primeira leitura, o legislador (Parlamento Europeu e Conselho) pondera a compatibilidade da proposta com o princípio da subsidiariedade verificando as razões invocadas por estes e por aquela;
– se por maioria de 55% dos membros do Conselho (15 membros) ou por maioria dos votos expressos no Parlamento Europeu, o legislador considerar que a proposta não é compatível com o princípio da subsidiariedade, a proposta legislativa não continuará a ser analisada (v. artigo 7.º, n.º 3 do Protocolo).

Este sistema bastante estranho, designado de sistema de alerta precoce, visa articular uma ligação entre os legisladores nacionais e o legislador europeu, sendo ainda muito cedo para fazer qualquer prognóstico sobre o funcionamento deste mecanismo.

Aliás, são dois os mecanismos, apelidados de "cartão amarelo" e de "cartão laranja", que apontam para a reanálise e possível modificação ou retirada da proposta.

142 *Margarida Salema d'Oliveira Martins*

De salientar ainda que a Comissão apresenta anualmente ao Conselho Europeu, ao Parlamento Europeu, ao Conselho e aos Parlamentos nacionais um relatório sobre a aplicação do artigo 5.° do Tratado da União Europeia. Este relatório anual é igualmente enviado ao Comité Económico e Social e ao Comité das Regiões (v. artigo 9.° do Protocolo).

A Comissão Europeia, aliás, tem vindo, desde 2006, a enviar todas as suas novas propostas aos parlamentos nacionais, tendo montado um procedimento para responder aos pareceres destes[11].

O número de pareceres tem duplicado em cada ano. Desde 53 em 2006 a 115 em 2007 até 200 em 2008[12].

A Comissão refere que apesar do âmbito desse exercício ser mais abrangente do que a matéria da subsidiariedade e da proporcionalidade, os parlamentos nacionais têm frequentemente levantado questões com ela relacionadas. Por outro lado, as respostas recebidas parecem revelar que os parlamentos nacionais têm desenvolvido os procedimentos necessários para responder às iniciativas da Comissão.

4. O défice democrático e o papel dos Parlamentos nacionais[13]

A superação do défice democrático foi tentativamente efectuada, por diversas formas, pelos tratados comunitários subsequentes ao Tratado de Maastricht, de tal sorte que deixou de se falar tanto sobre esse tema ou, pelo menos, parece que deixou de se considerar que se tratava de um problema central.

---

[11] V. "A Citizens'Agenda – Delivering Results for Europe", COM (2006)211, 10.05.2006.

[12] V. Report from the Commission on subsidiarity and proportionality (16th Report on Better lawmaking covering the year 2008), Bruxelas, 25.9.2009 COM(2009)504 final, p. 5. No Anexo I deste Relatório (v. p. 11), verifica-se que a Assembleia da República é o parlamento nacional que apresenta mais pareceres (65) a larga distância de outros 23 parlamentos ou câmaras parlamentares, sendo o Bundesrat o segundo com um total de 18 pareceres.

[13] V. FLORENCE CHALTIEL, *Le comité des sages: réponse au déficit démocratique de l'Europe?*, in *Revue du Marché commun et de l'Union européenne* 2008, Janeiro, 5-8; CHRISTINE DELCOURT, MURIEL LE BARBIER-LE BRIS, *Du Traité Constitutionnel au Traité modificatif de Lisbonne, 4.ª partie: coups de projecteur «sur la démocratisation de l'Union»*, in *Revue du Marché commun et de l'Union Européenne* 2008, Setembro, 490-498; ELISABETH WOHLAND, *Bundestag, Bundesrat und Landesparlamente im europäischen Integrationsprozess: zur Auslegung von Art. 23 Grundgesetz unter Berücksichtigung des Verfassungsvertrags von Europa und des Vertrags von Lissabon*, 2008; JUKKA SNELL, *«European constitutional settlement», an ever-closer union, and the Treaty of Lisbon: democracy or relevance?*, in *European Law Review* 2008, Outubro, 619-642.

O Tratado de Lisboa e o novo regime do princípio da subsidiariedade   143

A questão da repartição de competências concorrentes entre a Comunidade Europeia e os Estados-Membros à luz do novo princípio da subsidiariedade inscrito no Tratado de Maastricht bem como a aplicação do princípio da proporcionalidade e a necessidade de clarificação, simplificação e transparência legislativas passaram a ocupar a agenda das instituições comunitárias preocupadas com a justificação e a fundamentação das suas decisões. A própria Comissão Europeia subordinou a sua actividade ao lema "legislar menos para legislar melhor".

A preocupação política central consistia agora em aproximar a União Europeia dos seus cidadãos.

Assim, e para além do desenvolvimento institucional havido em torno dos princípios da subsidiariedade e da proporcionalidade que chegaram a ser objecto do Protocolo[14] já referido anexo ao Tratado da Comunidade Europeia pelo Tratado de Amesterdão, de 2 de Outubro de 1997, outro Protocolo foi anexado pelo mesmo Tratado aos Tratados da União Europeia e das Comunidades Europeias relativo ao papel dos Parlamentos nacionais na União Europeia (Protocolo n.° 13).

Nesse Protocolo reafirmava-se que o controlo exercido pelos diferentes Parlamentos nacionais sobre a acção dos respectivos Governos no tocante às actividades da União obedece à organização e à prática constitucionais próprias de cada Estado-Membro.

Mantinha-se assim a fiscalização no âmbito nacional que se distinguia da fiscalização inter-institucional a nível comunitário feita nos termos dos tratados. Apesar disso, no Protocolo manifestava-se o desejo de incentivar a maior participação dos Parlamentos Nacionais nas actividades da União Europeia e reforçar a capacidade de exprimirem as suas opiniões sobre questões que para aqueles pudessem revestir-se de especial interesse.

Para tal, adoptava-se desde logo algumas disposições a nível de informações destinadas aos Parlamentos nacionais que visavam garantir a tomada de conhecimento por estes da actividade comunitária, sem outro alcance que não o de canalizar tal informação e o de estabelecer prazos de espera no processo legislativo comunitário.

Assim determinava-se que todos os documentos de consulta da Comissão, como Livros verdes, Livros brancos e comunicações, fossem prontamente enviados aos Parlamentos nacionais (n.° 1 do Protocolo), sem mais.

---

[14] V. MARGARIDA SALEMA D'OLIVEIRA MARTINS, *O princípio democrático no Ordenamento Comunitário. O problema do Défice Democrático. Evolução e perspectiva à Luz do Direito Português*, in *Estado & Direito – Revista Semestral Luso-Espanhola de Direito Público*, n.° 27-44, 2001-2009, 140 ss.

Já as propostas legislativas da Comissão seriam transmitidas atempadamente por forma a que o Governo de cada Estado-Membro pudesse assegurar que o Parlamento nacional as recebia em devido tempo. A redacção tortuosa do n.º 2 do Protocolo indicava que o envio das propostas dependeria do Governo responsabilizando assim directamente cada Governo pelo tratamento que desse no plano nacional às propostas da Comissão e enjeitando qualquer interferência comunitária na relação nacional governo-parlamento.

E, além disso, de acordo com o mesmo n.º 2 do Protocolo, só seriam enviadas as propostas legislativas da Comissão que o Conselho definisse como tais nos termos do n.º 3 do então artigo 207.º do Tratado da Comunidade Europeia. Este artigo, de conteúdo ainda mais ambíguo, previnia que o Conselho pode determinar os casos em que se deve considerar que actua no exercício dos seus poderes legislativos, a fim de possibilitar um maior acesso do público aos documentos nesses casos, preservando simultaneamente a eficácia do seu processo decisório. O mesmo n.º 3 do artigo 207.º do Tratado finalizava, com o objectivo de tornar mais transparente o seu processo decisório, que "de qualquer modo, sempre que o Conselho actue no exercício de poderes legislativos, os resultados das votações e as declarações de voto, bem como as declarações exaradas em acta, serão tornadas públicas".

O n.º 3 do Protocolo veio impor um prazo de espera de seis semanas entre a data de transmissão de uma proposta legislativa ou de uma proposta de medida a adoptar em aplicação do Título VI do Tratado da União Europeia (cooperação policial e judiciária em matéria penal) pela Comissão ao Parlamento Europeu e ao Conselho, em todas as línguas, e a data em que esta seria inscrita na agenda do Conselho para deliberação, com vista à adopção quer de um acto, quer de uma posição comum nos termos dos então artigos 251.º e 252.º do Tratado da Comunidade Europeia, sendo admissíveis excepções por motivos de urgência, que deveriam ser especificados no acto ou na posição comum.

Nesse Protocolo, previam-se várias medidas de teor essencialmente informativo. Contudo, eram mais avançadas e completas do que as contempladas em Declarações anteriores, para além da diferente natureza e valor jurídico dos instrumentos que as contemplavam. Verificou-se assim um avanço na possibilidade de, pelo menos, os Parlamentos nacionais poderem dispor da informação necessária mínima para exercer controlo político sobre o comportamento do respectivo Governo no seio do Conselho.

Para além disto, esse Protocolo constitucionalizou a «COSAC» que, instituída em Paris em 16 e 17 de Novembro de 1989, consiste na conferência dos órgãos parlamentares especializados em assuntos europeus (comissões de assuntos europeus) e que podia submeter às instituições da União Europeia qualquer contributo que considerasse adequado, em especial com base em projectos de actos legislativos que os representantes dos Governos dos Estados-Membros podiam decidir, de comum acordo, enviar-lhe atendendo à natureza da questão (ponto n.º 4 do Protocolo).

Previa-se que a COSAC podia analisar quaisquer propostas ou iniciativas de actos legislativos relacionados com a criação de um espaço de liberdade, segurança e justiça e que pudessem ter uma incidência directa sobre os direitos e liberdades individuais, devendo destes contributos ser informados o Parlamento Europeu, o Conselho e a Comissão (ponto n.º 5 do Protocolo).

Dispunha-se ainda no mesmo Protocolo que a COSAC podia dirigir ao Parlamento Europeu, ao Conselho e à Comissão todos os contributos que considerasse adequados sobre as actividades legislativas da União, nomeadamente no que se refere à aplicação do princípio da subsidiariedade, ao espaço de liberdade, de segurança e de justiça, bem como a questões relacionadas com os direitos fundamentais (ponto n.º 6 do Protocolo).

"Os contributos da COSAC não vinculariam de modo algum os Parlamentos nacionais nem condicionariam a respectiva posição", nos termos do ponto n.º 7 do Protocolo.

Tratava-se de tentar desenvolver o interrelacionamento dos Parlamentos nacionais com os órgãos legislativos comunitários[15], de uma forma ainda pouco consistente e muito especializada, como se tal relacionamento se situasse ainda numa zona acantonada das actividades parlamentares e não envolvesse a generalidade das áreas de intervenção comunitária que abarca um conjunto vasto de matérias e domínios coincidente com uma grande parte das zonas de incidência governativa nacional.

Trata-se contudo de um passo dado no sentido de evitar o desfasamento e a descoordenação entre a órbita decisória comunitária e a nacional, independentemente das questões relativas à aplicabilidade, efeito e primado das normas comunitárias que quanto menos exigem a intermediação legislativa nacional menos controláveis se tornam num plano democrático-representativo nacional. Este menor controlo nem sempre foi acompanhado por um peso maior de competências do Parlamento Europeu. Mas mesmo que assim sucedesse, como

---

[15] Sobre as relações entre o Parlamento Europeu e os parlamentos nacionais no quadro da construção europeia, v. Documento de Trabalho com esse mesmo título, da Comissão dos Assuntos Constitucionais, de 7 de Junho de 2001, sendo relator GIORGIO NAPOLITANO (PE 294. 776) e Documento de Trabalho n.º 2, de 3 de Setembro de 2001, do mesmo relator (PE 304. 278).

vaticinou o Tribunal Constitucional Federal Alemão, há que não deixar desequilibrar a balança democrática, dadas a formação e composição da própria instituição parlamentar europeia, o sistema eleitoral para a eleição dos Deputados e ainda as listas político-partidárias europeias. Nesta área, a evolução prevista no sentido da uniformização do sistema eleitoral e do sistema partidário para que o Parlamento Europeu represente globalmente os povos europeus, numa óptica de mandato representativo geral, não se compadece facilmente com o mandato parlamentar nacional ainda subsistente e imerso nas realidades nacionais, o que continua a perspectivar o Parlamento Europeu como um conjunto heterogéneo de mandatos parlamentares nacionais.

Com o Tratado de Lisboa, o Protocolo relativo ao papel dos Parlamentos Nacionais na União Europeia mantém-se e sofre as adaptações necessárias de adequação e coerência com as disposições relativas ao processo legislativo e ao Protocolo relativo à aplicação dos princípios da subsidiariedade e da proporcionalidade.

Permanece contudo como um conjunto de regras de informação e de espera no processo legislativo.

Mantém-se igualmente a COSAC.

Com um articulado de dez artigos dividido em 2 Títulos, este Protocolo contém uma parte relativa a informações destinadas aos Parlamentos nacionais, determinando o artigo 1.º, de modo semelhante ao n.º 1 do Protocolo anterior, que a Comissão envia directamente aos Parlamentos nacionais os seus documentos de consulta (livros verdes, livros brancos e comunicações), aquando da sua publicação. A Comissão envia também aos Parlamentos nacionais, ao mesmo tempo que ao Parlamento Europeu e ao Conselho, o programa legislativo anual e qualquer outro instrumento de programação legislativa ou de estratégia política.

O artigo 2.º deste Protocolo é idêntico aos artigos 3.º e 4.º do Protocolo sobre a subsidiariedade, com a diferença de que no primeiro se reporta ao envio apenas de projectos de acto legislativo, não abrangendo outros actos posteriores do processo legislativo.

O artigo 3.º deste Protocolo é idêntico ao artigo 6.º do Protocolo sobre a subsidiariedade.

O artigo 4.º estabelece um prazo de oito semanas entre a data em que um projecto de acto legislativo é transmitido aos Parlamentos nacionais, nas línguas oficiais da União, e a data em que o projecto é inscrito na ordem do dia provisória do Conselho com vista à sua adopção ou à adopção de uma posição no âmbito de um processo legislativo. São admissíveis excepções em casos de urgência, cujos motivos devem ser especificados no acto ou posição do Conselho. Salvo em casos urgentes devidamente fundamentados, durante essas oito semanas não poderá verificar-se qualquer acordo sobre o projecto de acto legislativo. Salvo em casos urgentes devidamente fundamentados, deve mediar um prazo de dez dias entre a inscrição do projecto de acto legislativo na ordem do dia provisória do Conselho e a adopção de uma posição.

O artigo 5.º determina que as ordens do dia e os resultados das reuniões do Conselho, incluindo as actas das reuniões em que o Conselho delibere sobre projectos de actos legislativos, são transmitidos directa e simultaneamente aos Parlamentos nacionais e aos Governos dos Estados-Membros.

O artigo 6.º do Protocolo deve ser conjugado com o artigo 48.º n.º 7 §§ 1.º e 2.º (e § 3.º) do TUE, que permitem que o Conselho Europeu altere uma deliberação por unanimidade do Conselho para uma deliberação por maioria qualificada ou substitua um processo legislativo especial por um processo legislativo ordinário.

Nestas situações, os Parlamentos nacionais deverão ser informados da iniciativa do Conselho Europeu pelo menos seis meses antes de ser adoptada qualquer decisão.

O artigo 7.º do Protocolo prevê o envio pelo Tribunal de Contas do seu relatório anual, em simultâneo, não só ao Parlamento Europeu e ao Conselho, mas também, a título de informação, aos Parlamentos nacionais.

Todas as referências feitas aos Parlamentos nacionais devem-se aplicar, no caso do sistema parlamentar nacional não ser unicamaral, às câmaras que o compõem (artigo 8.º do Protocolo).

O Título II do Protocolo é dedicado à cooperação interparlamentar.

Enquanto o artigo 9.º prevê que o Parlamento Europeu e os Parlamentos nacionais definam em conjunto a organização e promoção de uma cooperação interparlamentar eficaz e regular ao nível da União, o artigo 10.º prevê a continuação da existência de uma conferência dos órgãos parlamentares especializados nos assuntos da União, que parece manter a sigla COSAC.

À semelhança do Protocolo anterior, a COSAC pode submeter ao Parlamento Europeu, ao Conselho e à Comissão qualquer contributo que considere adequado. Promove ainda o intercâmbio de informações e de melhores práticas entre os Parlamentos nacionais e o Parlamento Europeu, designadamente entre as respectivas comissões especializadas. Pode ainda organizar conferências interparlamentares sobre assuntos específicos, designadamente em matéria de política externa e de segurança comum, incluindo a política comum de segurança e de defesa.

Reafirma-se neste artigo 10.º do Protocolo que os contributos da COSAC não vinculam os Parlamentos nacionais nem condicionam as respectivas posições.

148　*Margarida Salema d'Oliveira Martins*

Em 2008, a COSAC dirigiu dois exercícios novos sobre a subsidiariedade para simulação dos procedimentos previstos no Tratado de Lisboa. Um, relativo à Decisão-Quadro do Conselho sobre combate ao terrorismo [COM(2007)650, 6.11.2007], obteve 12 pareceres, dos quais apenas o da Câmara dos Comuns do Reino Unido foi negativo relativamente à observância do princípio da subsidiariedade. Cinco Câmaras dos parlamentos nacionais pediram esclarecimentos relativamente a aspectos ligados à subsidiariedade e cinco outros pediram esclarecimentos sobre a ligação à Convenção sobre a Prevenção do Terrorismo do Conselho da Europa. Outro, relativamente à Directiva sobre igualdade de tratamento fora do emprego [COM(2008)426, 2.7.2008] que obteve quinze pareceres, dos quais 14 positivos sobre a subsidiariedade e um negativo, do Senado Checo[16].

Sem entrarmos na análise do caminho percorrido pelas várias instituições europeias e órgãos consultivos, onde o debate sobre a subsidiariedade continua, é extraível por ora a conclusão que o novo regime introduzido pelo Tratado de Lisboa permitirá, mais do que aprofundar aquele debate, remetê-lo para a sede parlamentar nacional, fechando assim o círculo decisório arrastando as instituições parlamentares nacionais, democráticas por excelência, de forma a superar o sempre presente défice democrático. Resta saber se o sistema funciona, e, em caso positivo, se não descentralizará o debate de tal forma que se volte à questão de interesse maniqueísta de qual o melhor nível de decisão – o nacional ou o comunitário.

---

[16] V. Report from the Commission on Subsidiarity and Proportionality (16th Report on better Lawmaking covering the year 2009) cit.
V. CLAIRE-FRANÇOISE DURAND, *Mieux légiférer : une des priorités centrales de la Commission européenne = Better regulation: a Central priority for the European Commission*, in *ERA-Forum: scripta iuris europaei* 2008, n. 1, Abril, 41-52, in http://www.springerlink.com/content/a31376583xOn7310/full ten.pdf; GRÉGORY GODIVEAU, *La codification du droit communautaire dérivé: le «mieux» est-il ennemi du «bien» légiférer*, in *Cahiers de Droit européen* 2009, n. 1-2, 15-47.

Cidadania europeia e legitimação democrática após o Tratado de Lisboa

PROF.ª DOUTORA MARIA JOSÉ RANGEL DE MESQUITA[*]

SUMÁRIO: *1. Considerações introdutórias. 2. Cidadania e legitimação democrática: as vias de reforço do lugar do cidadão dos Estados membros na União Europeia: 2.1. Disposições relativas aos princípios democráticos; 2.2. Não discriminação e cidadania europeia; 2.3. O papel dos Parlamentos nacionais na construção europeia e o controlo do princípio da subsidiariedade: 2.3.1. O papel dos Parlamentos nacionais na construção europeia em geral; 2.3.2. O controlo da observância do princípio da subsidiariedade pelos Parlamentos nacionais, em especial; 2.4. A relevância jurídica da Carta dos Direitos Fundamentais da União Europeia. 2.5. Outras vias.*

1. Considerações introdutórias

O Tratado de Lisboa apresenta-se formalmente como um Tratado *modificativo* do Tratado da União Europeia (TUE) e do Tratado da Comunidade Europeia (TCE)[1] [2] – não procedendo, como o Tratado que estabelece uma Constituição para a Europa (TECE) assinado em 29 de Outubro de 2004[3], à substituição do TUE e do TCE por um único Tratado.

---

[*] Professora Auxiliar da Faculdade de Direito da Universidade de Lisboa.

[1] *Tratado de Lisboa que altera o Tratado da União Europeia e o Tratado que institui a Comunidade Europeia* (2007/C 306/01), publicado no JOUE C 306, de 17/12/2007, 1 ss.

[2] O texto que ora se considera para efeitos de análise é o texto das versões consolidadas do TUE e do TFUE (JOUE C 115 de 9 de Maio de 2008, 1 ss.) incluindo as rectificações constantes da Acta de Rectificação do Tratado de Lisboa 2009/C 290/01 JOUE C 290 de 30/11/2009.

[3] Texto constante do documento CIG 87/1/04 REV 1, objecto de posterior publicação no Jornal Oficial da União Europeia (JOUE) C 310 de 16/12/2004, 1 ss.

150 *Maria José Rangel de Mesquita*

A configuração jurídica estrutural *final* do Tratado de Lisboa resulta do mandato da conferência intergovernamental (CIG) definido pelo Conselho Europeu de Bruxelas de 21 e 22 de Junho de 2007. A configuração jurídica substancial do Tratado de Lisboa resulta do teor do Tratado que estabelece uma Constituição para a Europa, com as modificações fixadas no referido mandato da CIG.

Em termos estruturais, as principais orientações definidas no *mandato da CIG* foram as seguintes: i) afastamento do conceito constitucional, que consistia desde logo em revogar todos os Tratados em vigor, substituindo-os por um texto único denominado "Constituição"; ii) manutenção dos Tratados em vigor (TUE, TCE e Tratado institutivo da Comunidade Europeia da Energia Atómica sem carácter constitucional, com todas as consequências em termos terminológicos; iii) configuração do *Tratado Reformador* como um tratado modificativo do TUE e do TCE; iv) dotação da União de personalidade jurídica única; v) e, em consequência, alteração da denominação do TCE para *Tratado sobre o Funcionamento da União Europeia* (TFUE); vi) a União substitui-se e sucede à Comunidade Europeia; vii) omissão de qualquer alusão aos símbolos da União Europeia (bandeira, hino, lema); viii) tratamento do princípio do primado numa declaração que remeterá para a jurisprudência do Tribunal de Justiça; ix) integração das inovações resultantes da CIG de 2004 no TUE e no TFUE, com as «modificações» introduzidas nessas inovações à luz das consultas realizadas com os Estados membros[4].

Ora a referência expressa à «integração das inovações resultantes da CIG de 2004» implica necessariamente que o mandato da CIG considerou e retomou, no essencial, o texto do Tratado que estabelece uma Constituição para a Europa após o encerramento dos trabalhos da CIG[5] – sem prejuízo das «modificações» introduzidas nessas inovações elencadas no mandato da CIG. Entre as diversas «modificações» às inovações da CIG 2004 impostas pelo *mandato* encontram-se duas que se prendem, em particular com cidadania europeia e legitimação democrática na União: as relativas ao *reforço do papel dos Parlamentos nacionais* e ao *tratamento da Carta dos Direitos Fundamentais da União Europeia* (CDFUE)[6].

[4] V. *mandato*, I, 1 a 4.

[5] Não cumpre neste âmbito proceder a uma análise exaustiva do TECE, objecto de vasta doutrina, e sua comparação com o texto do Tratado de Lisboa de forma a aferir exaustivamente a medida em que o TECE é retomado pelo Tratado de Lisboa – *vide*, quanto a alguns aspectos estruturais, MARIA JOSÉ RANGEL DE MESQUITA, *Sobre o Mandato da Conferência Intergovernamental definido pelo Conselho Europeu de Bruxelas: é o* Tratado de Lisboa *um* Novo Tratado?, in Estudos em Homenagem ao Professor Doutor José de Oliveira Ascensão, Vol. I, 2008, 551 ss.

[6] *Vide mandato da CIG*, I, 4. Sublinhe-se que estas duas questões enunciadas no mandato eram

Quanto ao *reforço do papel dos parlamentos nacionais*, tema já elencado pela Declaração sobre o futuro da União anexa ao Tratado de Nice, o mandato da CIG impõe a introdução no TUE de um artigo específico sobre o papel dos parlamentos nacionais ao nível da União Europeia[7]. Esta disposição – o artigo 12.° TUE –, que retoma o conteúdo do TECE (e do respectivo Protocolo relativo ao papel dos parlamentos nacionais na União Europeia) na matéria, elenca diversas áreas de participação dos parlamentos nacionais: mecanismos de avaliação da execução das políticas no âmbito do Espaço de Liberdade, Segurança e Justiça (ELSJ), avaliação das actividades do Eurojust e controlo político da Europol[8], processo de revisão dos tratados e pedidos de adesão à União[9] e, ainda, informação em matéria de projectos de actos legislativos europeus[10], garantia do respeito pelo princípio da subsidiariedade[11] e cooperação inter-parlamentar entre Parlamento Europeu (PE) e parlamentos nacionais[12]. O mandato da CIG impõe todavia o reforço do papel dos parlamentos nacionais quanto a dois aspectos: alargamento do prazo – de 6 para 8 semanas – para apreciação dos projectos de actos legislativos e emissão de parecer sobre o princípio da subsidiariedade e introdução de um mecanismo de controlo reforçado da subsidiariedade[13].

Quanto ao «tratamento» da CDFUE, matéria também elencada na Declaração sobre o futuro da União anexa ao Tratado de Nice, o mandato da CIG determinou, em vez da inclusão do texto da CDFUE no Direito originário, que o artigo do TUE relativo aos direitos fundamentais remeteria para a CDFUE acordada na CIG de 2004, conferindo-lhe valor juridicamente vin-

---

referidas na Declaração respeitante ao futuro da União Europeia anexa ao Tratado de Nice – estatuto da CDFUE e papel dos Parlamentos nacionais na arquitectura europeia (V. Declaração n.° 23, ponto 5).

[7] Mandato, Anexo 1, 7).

[8] V. artigo 12.°, c), TUE e artigos 70.°, 88.° e 85.° TFUE.

[9] V. artigo 12.°, d) e e), TUE e artigos 48.° e 49.° TUE.

[10] V. artigo 12.° a), TUE e Protocolo (N.°1) relativo ao papel dos parlamentos nacionais na União Europeia (arts. 1.° a 4.°).

[11] V. artigo 12.°, b), TUE e Protocolo (N.° 2) relativo à aplicação dos princípios da subsidiariedade e da proporcionalidade (artigos 6.° a 8.°) – v. também o artigo 3.° do Protocolo relativo ao papel dos parlamentos nacionais na UE.

[12] V. artigo 12.°, f) TUE e Protocolo (N.° 1) relativo ao papel dos parlamentos nacionais na União Europeia (artigos 9.° e 10.°).

[13] V. Mandato, II, 11, artigo 4.° do Protocolo (N.° 1) relativo ao papel dos parlamentos nacionais na UE e artigo 6.° do Protocolo (N.° 2) relativo à aplicação dos princípios da subsidiariedade e da proporcionalidade.

culativo e definindo o seu âmbito de aplicação[14]. O novo texto do artigo 6.º TUE passa a ter a redacção definida no Anexo 1, 5) do mandato da CIG, prevendo agora: que a União reconhece os direitos, liberdades e princípios enunciados na CDFUE de 7/12/2000[15], com as adaptações introduzidas em 2007[16] e que tem o mesmo valor jurídico que os Tratados; que o disposto na Carta não pode alargar as competências da União tal como definidas nos Tratados; que tais direitos, liberdades e princípios devem ser interpretados de acordo com as disposições gerais constantes do Título VII da Carta que regem a sua interpretação e aplicação (e tendo em devida conta as anotações a que a Carta faz referência, que estabelecem as fontes dessas disposições): e, ainda, que a União aderirá à Convenção Europeia dos Direitos do Homem (CEDH) e que tal adesão não altera as competências da União, tal como definidas nos Tratados[17-18].

Em matéria de CDFUE o mandato da CIG previu ainda a inclusão de um protocolo e de duas declarações anexas ao Tratado de Lisboa: o Protocolo (N.º 30) relativo à aplicação da CDFUE à Polónia e ao Reino Unido, a Declaração sobre a CDFUE (Declaração 1), e uma Declaração unilateral da Polónia sobre a Carta (Declaração 61)[19] – o primeiro, estabelecendo *opt-outs* em benefício do Reino Unido e da Polónia, a segunda estipulando, em especial, que a Carta não alarga o campo de aplicação da legislação da União para além dos poderes da União, nem estabelece qualquer novo poder ou missão para a União, nem altera os poderes e missões definidos nos Tratados, a terceira clarificando que a Carta não afecta o direito dos Estados membros de legislar em matéria de moralidade pública e direito da família, bem como de protecção da dignidade humana e respeito pela integridade física e moral do ser humano[20].

---

[14] Mandato, II, 9 e nota 3, que expressamente clarifica que o texto da Carta não será integrado nos Tratados.

[15] O Texto da CDFUE foi originariamente publicado no JO C 364, de 18/12/2000, 18 ss.

[16] O PE, o Conselho e a Comissão re-proclamaram solenemente a CDFUE em 12/12/2007 (2007/3/ 303/01, JOUE C 303 de 14/12/2007, 1 ss.). O texto proclamado em 2007 retoma, adaptando-a, a CDFUE proclamada em 7 de Dezembro de 2000 e, conjuntamente com o texto de 2007, foram publicadas «Anotações relativas à Carta dos Direitos Fundamentais», as quais foram elaboradas e actualizadas sob responsabilidade do *Praesidium* da Convenção que redigiu a Carta (2007/3 303/02, JOUE C 303, de 14/12/2007, 17 ss.).

[17] V. artigo 6.º, n.os 1 e 2, TUE. O n.º 3 corresponde no essencial ao n.º 2 do artigo 6.º do TUE anterior às modificações introduzidas pelo TL.

[18] A Declaração ad n.º 2 do artigo 6.º do TUE (Declaração 2) estipula que a adesão à CEDH deve ter lugar segundo modalidades que permitam preservar as especificidades do ordenamento jurídico da União.

[19] Mandato, Anexo 1, 5), notas 17, 19 e 18.

[20] Nas Declarações dos Estados membros anexas ao Tratado incluem-se mais duas relativas à

2. Cidadania europeia e legitimação democrática: as vias de reforço do lugar do cidadão dos Estados membros na União Europeia

Os povos dos Estados membros, na sua qualidade de cidadãos e titulares de direitos de participação política foram adquirindo, ao longo da construção europeia um lugar cimeiro: não só como sujeitos de direito da Ordem Jurídica comunitária e, depois, da União Europeia, beneficiários de direitos, mas também – e sobretudo – como elemento legitimador da construção europeia, quer directamente através do sufrágio directo e universal para eleição dos seus representantes no Parlamento Europeu (e indirectamente através do sufrágio para eleição dos titulares dos órgãos de soberania dos Estados membros) e através da titularidade do estatuto jurídico de cidadania europeia – que, ainda que dependendo da cidadania nacional, confere um conjunto de direitos expressos (e deveres implícitos) – e também de direitos fundamentais protegidos pela Ordem Jurídica da União, quer por via da sua veste de contribuintes que suportam em parte, indirectamente, o orçamento da União.

As modificações introduzidas pelo Tratado de Lisboa no TUE e no TFUE vêm reforçar, em algumas vertentes, o papel do cidadão dos Estados membros na construção europeia e, assim, a legitimação democrática da União.

São quatro as principais vias através das quais o Tratado de Lisboa, modificativo do TUE e do TCE, pretende reforçar o lugar do cidadão dos Estados membros na construção europeia e a legitimação democrática da União: i) a introdução nos Tratados de *disposições relativas aos princípios democráticos*[21]; ii) as modificações, ainda que modestas, introduzidas em matéria de não discriminação e de cidadania europeia no TFUE; iii) a consagração de disposições expressas sobre o papel dos parlamentos nacionais na construção europeia e, em particular, no controlo do princípio da subsidiariedade; iv) a relevância jurídica dada pelo Tratado de Lisboa à Carta dos Direitos Fundamentais da União Europeia.

2.1. *Disposições relativas aos princípios democráticos*

A primeira via de reforço do lugar do cidadão dos Estados membros na construção europeia e da legitimidade democrática prende-se com a introdu-

---

CDFUE: a Declaração da República Checa sobre a CDFUE (Declaração 53) e a Declaração da Polónia sobre o protocolo relativo à aplicação da CDFUE à Polónia e ao Reino Unido (Declaração 62) – esta última em matéria de respeito pelos direitos sociais e laborais.

[21] Artigos 9.º a 12.º TUE.

154   *Maria José Rangel de Mesquita*

ção, nos Tratados, de *disposições relativas aos princípios democráticos*[22] consagrando, designadamente, o princípio da igualdade dos cidadãos da União no confronto com as suas instituições, órgãos e organismos, e o princípio da democracia representativa, concretizada na representação directa daqueles ao nível da União, no Parlamento Europeu, o direito de os cidadãos participarem na vida democrática da União, ou o papel dos partidos políticos europeus na expressão da vontade dos cidadãos da União[23].

A inovação mais relevante concretizadora do princípio da participação dos cidadãos na vida democrática da União será porventura o direito de iniciativa legislativa por parte dos cidadãos da União: um milhão, pelo menos, de cidadãos da União pode tomar a iniciativa de convidar a Comissão a apresentar uma proposta, apenas no âmbito das *atribuições da Comissão*, adequada em matérias sobre as quais os cidadãos considerem necessário um acto jurídico da União para *aplicar os Tratados*[24]. Não sendo, à luz da letra do Tratado, uma iniciativa vinculativa para a Comissão enquanto titular do direito de iniciativa legislativa[25], esta não deverá, salvo com a devida fundamentação, deixar de a acolher mediante a apresentação de proposta legislativa que a concretize – sob pena de o direito conferido aos cidadãos europeus ficar esvaziado de conteúdo prático. As normas processuais e as condições para a apresentação da iniciativa em causa – e de qualquer iniciativa de cidadania na acepção do artigo 11.º TUE – incluindo o número mínimo de Estados membros de que devem provir os cidadãos que a apresentem, são estabelecidas pelo PE e o Conselho por meio de regulamentos de acordo com o processo legislativo ordinário[26].

2.2. *Não discriminação e cidadania europeia*

A segunda via de reforço do lugar dos cidadãos na construção europeia prende-se com as modificações, ainda que modestas, introduzidas em matéria de não discriminação e de estatuto jurídico da cidadania europeia no TFUE. Não só a referência à cidadania europeia que, doravante «acresce» à cidadania

---

[22] Artigos 9.º a 12.º TUE.

[23] Respectivamente artigo 9.º, 10.º, n.os 1 e 2 e n.º 3 e 4.

[24] Artigo 11.º, 4 TUE e artigo 24.º, par. 1, TFUE.

[25] Neste sentido FRANÇOIS-XAVIER PRIOLLAUD e DAVID SIRITZKY, *Le Traité de Lisbonne. Texte et commentaire article par article des nouveaux traités européens (TUE-TFUE)*, 2008, 58.

[26] Cf. artigo 24.º, par.1, TFUE.

nacional, passa a constar do TUE no Título II que contém as disposições relativas aos princípios democráticos[27], como são introduzidas algumas modificações no TFUE, cujo Título II passa a incidir sobre «Não discriminação e cidadania»[28]. Além disso, o artigo 20.°, n.° 2, do TFUE, passa a elencar, a título não taxativo, nas novas alíneas *a*) a *d*), os direitos elencados nos artigos 18.° a 21.° do antigo TCE.

2.3. *O papel dos Parlamentos nacionais na construção europeia e o controlo do princípio da subsidiariedade*

2.3.1. *O papel dos Parlamentos nacionais na construção europeia em geral*

O reforço do lugar dos cidadãos dos Estados membros na construção europeia e da legitimação democrática da União passa, em terceiro lugar, pela consagração de disposições expressas sobre o papel dos parlamentos nacionais na construção europeia e, em particular, no controlo do princípio da subsidiariedade. Quanto a este ponto, é de sublinhar que a Declaração respeitante ao futuro da União anexa ao Tratado de Nice elencava, no seu n.° 4, 4.° travessão, como questão a abordar, «o papel dos parlamentos nacionais na arquitectura europeia». E, anteriormente, o Tratado de Amesterdão (TA) incluía um Protocolo relativo ao papel dos Parlamentos Nacionais na União Europeia contemplando não só a questão das informações destinadas aos parlamentos nacionais dos Estados membros, como uma parte relativa à conferência das comissões de assuntos europeus dos parlamentos nacionais («COSAC»)[29].

Quanto a esta matéria, as alterações essenciais a registar foram consagradas pelo TECE[30], com três alterações decorrentes do mandato da CIG, no sentido do reforço do papel dos parlamentos nacionais: i) a inclusão, no TUE, de um novo artigo de carácter geral sobre o papel dos Parlamentos nacionais[31]; ii) o alargamento (de 6 para 8 semanas) do prazo de que dispõem os Parlamentos nacionais para analisar projectos de actos legislativos e emitir um parecer fun-

---

[27] Artigo 9.°, *in fine,* TUE e artigo 20.°, 1, *in fine,* TFUE.
[28] Artigos 18.° a 25.° TFUE.
[29] V. Protocolo relativo ao papel dos parlamentos nacionais na União Europeia (Protocolo n.° 13), anexo ao TA, I e II, respectivamente.
[30] Cf. artigos I-45.° a I-47.° do TECE.
[31] Cf. artigo 12.° TUE.

156 *Maria José Rangel de Mesquita*

damentado sobre a observância do princípio da subsidiariedade; e iii) a criação de um mecanismo de controlo reforçado da subsidiariedade[32].

O novo artigo do TUE sobre o papel dos Parlamentos nacionais na União Europeia – o artigo 12.° – contempla que aqueles contribuem activamente para o bom funcionamento da União através dos seguintes direitos e competências: direito à informação sobre os projectos de actos legislativos da União; competência de garantia do respeito pelo princípio da subsidiariedade; no âmbito do espaço de liberdade, segurança e justiça[33], competência de participação na avaliação da execução das políticas da União e no controlo político da Europol e avaliação das actividades da Eurojust; direito de participação no processo de revisão dos Tratados; direito à informação sobre os pedidos de adesão à União; direito de participação na cooperação interparlamentar entre os Parlamentos nacionais e com o Parlamento Europeu[34].

2.3.2. *O controlo da observância do princípio da subsidiariedade pelos Parlamentos nacionais, em especial*

Os mecanismos instituídos para garantir o controlo da observância do princípio da subsidiariedade pelos Parlamentos nacionais, nas suas duas referidas vertentes – emissão de parecer fundamentado sobre a observância do princípio e mecanismo de controlo reforçado da subsidiariedade – bem como na vertente da garantia contenciosa da observância do princípio – merecem uma referência particular. Tais mecanismos inserem-se na lógica de reforço do papel dos Parlamentos nacionais e, assim, da legitimidade democrática, no processo de integração europeia, retomando o disposto no TECE, com as alterações decorrentes do mandato da CIG – e relativas ao processo legislativo ordinário[35].

---

[32] Cf. mandato da CIG, II, 11. A segunda alteração indicada consta do Protocolo (N.° 1) relativo aos Parlamentos nacionais (artigo 4.°) e do Protocolo (N.° 2) relativo à subsidiariedade e proporcionalidade (artigo 6.°). A terceira alteração referida consta do artigo 7.°, 3, deste último Protocolo (N.° 2).

[33] *Vide* a cláusula restritiva prevista no Anexo 2, 2) *b*), do *mandato da CIG*, a qual permite que um parlamento nacional inviabilize a aprovação pelo Conselho de um acto da União em matéria de direito da família que tenha implicações transfronteiriças – artigo 81.°, n.° 3, par. 3, TFUE.

[34] Cf. novo artigo 12.° TUE, alíneas *a*) a *f*). Os direitos e competência nelas previstos são desenvolvidos nos Tratados e no Protocolo (N.° 1) relativo ao papel dos Parlamentos nacionais na União Europeia e no Protocolo (N.° 2) relativo à aplicação dos princípios da subsidiariedade e da proporcionalidade.

[35] Mandato, II, 11, par. 2 e artigo 7.°, 3 do Protocolo (N.° 2) relativo à aplicação dos princípios da subsidiariedade e da proporcionalidade.

As bases jurídicas relevantes que regem o controlo da subsidiariedade pelos Parlamentos nacionais em causa encontram-se quer no TUE[36] quer no Protocolo (N.º 1) relativo ao papel dos parlamentos nacionais na União Europeia e, em especial, no Protocolo (N.º 2) relativo à aplicação dos princípios da subsidiariedade e da proporcionalidade.

Tendo o Protocolo (N.º 1) fixado a obrigatoriedade de envio dos projectos de actos legislativos dirigidos ao PE e ao Conselho aos Parlamentos nacionais[37], estes podem dirigir aos Presidente do PE e do Conselho e da Comissão um *parecer fundamentado* sobre a conformidade de determinado projecto de acto legislativo europeu com o princípio da subsidiariedade nos termos do Protocolo (N.º 2) relativo à aplicação dos princípios da subsidiariedade e da proporcionalidade[38]. Nos termos do artigo 6.º deste Protocolo, qualquer Parlamento nacional ou qualquer das câmaras de um desses Parlamentos pode, no prazo de 8 semanas, a contar da data de envio de um projecto de acto legislativo, dirigir aos Presidentes do PE, do Conselho e da Comissão, um parecer fundamentado que exponha as razões pelas quais considera que o projecto em questão não obedece ao princípio da subsidiariedade[39].

Em termos de consequências jurídicas da formulação de um parecer por parte dos Parlamentos nacionais em termos de desenvolvimento do processo legislativo, são de sublinhar três.

Em primeiro lugar, os órgãos intervenientes no processo legislativo, em especial o PE, o Conselho e a Comissão, terão em conta os pareceres fundamentados emitidos pelos Parlamentos nacionais ou por uma câmara de um desses parlamentos[40].

Em segundo lugar, e para efeitos de determinação das consequências jurídicas da emissão de pareceres fundamentados em termos de processo legisla-

---

[36] Nos artigos 5.º, n.º 3, par. 2, *in fine,* e 12.º, *a*) e *b*) TUE,

[37] Entende-se por «projecto de acto legislativo» as propostas da Comissão, as iniciativas de um grupo de Estados membros, as iniciativas do PE, os pedidos do Tribunal de Justiça, as recomendações do BCE e os pedidos do Banco Europeu de Investimento, que tenham em vista a adopção de um acto legislativo (artigo 2.º, par. 2 do Protocolo (N.º 1) relativo ao papel dos Parlamentos nacionais na UE e artigo 3.º do Protocolo (N.º 2) relativo à aplicação dos princípios da subsidiariedade e da proporcionalidade).

[38] V. artigo 2.º, par. 1, e artigo 3.º, par. 1, do Protocolo (N.º 1) relativo ao papel dos parlamentos nacionais na UE.

[39] Cada um dos parlamentos ou cada uma das suas câmaras consultará, nos casos Pertinentes, os Parlamentos regionais com competências legislativas.

[40] Artigo 7.º, 1, par. 1, do Protocolo (N.º 1) relativo ao papel dos Parlamentos nacionais na União Europeia.

158 *Maria José Rangel de Mesquita*

tivo da União, a cada Parlamento nacional são atribuídos dois votos, repartidos em função do sistema parlamentar nacional[41] – e nos sistemas parlamentares nacionais bicamerais cada uma das câmaras dispõe de um voto. No caso de os pareceres fundamentados sobre a inobservância do princípio da subsidiariedade representarem, pelo menos, um terço – ou um quarto no caso de projecto legislativo apresentado com base no artigo 76.° TFUE em matéria de ELSJ – do total dos votos atribuídos aos Parlamentos nacionais, o projecto de acto legislativo deve ser objecto de reanálise, após a qual a Comissão ou o(s) autor(es) do projecto de acto legislativo pode decidir, fundamentadamente, manter, alterar ou retirar o projecto[42].

Em terceiro lugar – inovação decorrente expressamente do mandato da CIG – é instituído um mecanismo de controlo reforçado da subsidiariedade segundo o qual, no quadro – apenas – do *processo legislativo ordinário*[43], no caso de os pareceres fundamentados sobre a inobservância do princípio da subsidiariedade representarem, pelo menos, a maioria simples dos votos atribuídos aos Parlamentos nacionais, a proposta de acto legislativo deve ser objecto de reanálise, após a qual a Comissão pode decidir, fundamentadamente, manter, alterar ou retirar a proposta[44]. Caso a Comissão opte por manter a proposta, deve especificar, em *parecer fundamentado*, a razão pela qual entende que a proposta observa o princípio da subsidiariedade. Neste caso, os vários pareceres fundamentados – o da Comissão e os dos Parlamentos nacionais deverão ser enviados ao legislador da União para efeitos de «ponderação no processo legislativo», desencadeando-se então um procedimento específico, nos termos do qual: antes de concluir a primeira leitura ao abrigo do processo legislativo ordinário, o legislador da União (Conselho e PE) ponderará a compatibilidade da proposta legislativa com o princípio da subsidiariedade tendo especialmente em conta as razões expressas e partilhadas pala maioria dos Parlamentos nacionais, bem como o parecer fundamentado da Comissão; se, por maioria de 55% dos membros do Conselho ou por maioria dos votos expressos no PE, o pare-

---

[41] Artigo 7.°, 1, par. 2, do Protocolo (N.° 2) relativo à aplicação dos princípios da subsidiariedade e da proporcionalidade.

[42] Artigo 7.°, 2, pars. 1 e 2, do Protocolo (N.° 2) relativo à aplicação dos princípios da subsidiariedade e da proporcionalidade.

[43] O «processo legislativo ordinário», nos termos do artigo 289.°, 1, TFUE, consiste na adopção de um regulamento, de uma directiva ou de uma decisão pelo PE e pelo Conselho, sob proposta da Comissão, e definido no artigo 294.° TFUE – que corresponde ao processo de co-decisão.

[44] Mandato, II, 11, e artigo 7.°, 3, do Protocolo (N.° 2) relativo à aplicação dos princípios da subsidiariedade e da proporcionalidade.

Cidadania europeia e legitimação democrática após o Tratado de Lisboa   159

cer do legislador considerar que a proposta não é compatível com o princípio em causa, a proposta legislativa não continuará a ser analisada[45].

Por último, quanto à garantia contenciosa da observância do princípio da subsidiariedade, o artigo 8.º, par. 1, do Protocolo (N.º 2) relativo à aplicação dos princípios da subsidiariedade e da proporcionalidade anexo ao Tratado de Lisboa prevê – tal como já decorria do TECE – que o Tribunal de Justiça da União Europeia (TJUE) é competente para conhecer dos recursos, com fundamento em violação do princípio da subsidiariedade por um acto legislativo, interpostos nos termos do artigo 263.º do TFUE – que regula o recurso de anulação – «por um Estado membro, ou por ele transmitidos, em conformidade com o seu respectivo ordenamento jurídico interno, em nome do seu Parlamento nacional ou de uma câmara desse Parlamento». Note-se no entanto que, pese embora a ambiguidade da redacção da disposição, a legitimidade *activa* parece continuar, em última análise, a pertencer aos Estados membros, sem prejuízo do reconhecimento de um direito de iniciativa *indirecta* do respectivo Parlamento nacional ou de uma sua câmara. Neste sentido, não se afigurará verdadeiramente um regime especial de recurso de anulação – já que, uma vez exercido o direito de iniciativa indirecta pelo Parlamento nacional ou de uma sua câmara em causa, será o Estado membro respectivo que exercerá a legitimidade activa em sede de recurso de anulação, de acordo com o regime deste meio contencioso, incluindo em termos de fundamento do recurso, uma vez que a violação do princípio da subsidiariedade se reconduz, em última análise, ao vício de violação dos Tratados (concretamente do artigo 5.º do TUE)[46]. Por forma a não esvaziar de conteúdo a iniciativa processual indirecta dos Parlamentos nacionais, o Estado respectivo deverá intentar o correspondente recurso de anulação no Tribunal de Justiça da União Europeia.

2.4. *A relevância jurídica da Carta dos Direitos Fundamentais da União Europeia*

Em quarto e último lugar, o reforço do lugar dos cidadãos dos Estados membros na construção europeia decorre ainda da relevância jurídica dada

---

[45] Artigo 7.º, 3, par. 2, *a*) e *b*) do Protocolo (N.º 2) relativo à aplicação dos princípios da subsidiariedade e da proporcionalidade.

[46] Se a iniciativa do Estado membro em causa for configurada – o que não é claro de acordo com a letra do Protocolo – como uma obrigação de exercício da legitimidade activa quando o Parlamento nacional assim o solicita, então poderá configurar-se um regime especial de recurso de anulação.

160 *Maria José Rangel de Mesquita*

pelo novo Tratado à Carta dos Direitos Fundamentais da União Europeia. A CDFUE foi consagrada ao nível do Direito originário pelo Tratado de Lisboa, ainda que de modo *sui generis,* e a nova redacção do artigo 6.°, n.° 1, do TUE, afirma que «A União reconhece os direitos, as liberdades e os princípios contidos na CDFUE de 7 de Dezembro de 2000, com as *adaptações* que lhe foram introduzidas em 12 de Dezembro de 2007[47], em Estrasburgo, e que tem o *mesmo valor jurídico que os Tratados*»[48].

O novo texto aprovado, com as referidas «adaptações» ao texto de 2000, retoma quase na íntegra o texto da CDFUE inserido no Tratado que Estabelece uma Constituição para a Europa[49]. O texto da CDFUE reaprovado em Dezembro de 2007 – e retomando o texto inserido no TECE – apresenta, em relação ao texto anterior de 2000, as seguintes «adaptações» substanciais[50]:

– no considerando quinto do Preâmbulo acrescenta-se a menção de que a interpretação da Carta será efectuada pelos órgãos jurisdicionais da União e dos Estados membros tendo em conta as anotações elaboradas sob a autoridade do *Praesidium* da Convenção que redigiu a Carta e actualizadas sob a responsabilidade do *Praesidium* da Convenção Europeia (que redigiu o TECE);

---

[47] O texto reaprovado da CDFUE, nos termos do mandato da CIG (cf. II, 9 e Anexo 1, 5), foi publicado no JO C 303 de 14/12/2007 (2007/C 303/01).

[48] Artigo 6.°, 1, TUE.

[49] TECE, Parte II, artigos II-61.° a II-114.° e *Declaração sobre as anotações relativas à Carta dos Direitos Fundamentais* (Declaração n.° 12 anexa do Tratado) que reproduzem as anotações elaboradas sob a responsabilidade do *Praesidium* da Convenção que redigiu a Carta e actualizadas sob a responsabilidade do Praesidium da Convenção Europeia (que elaborou o TECE). Referimos «quase na íntegra» pois do ponto de vista formal a referência à «Constituição» foi substituída pela referência aos «Tratados» (TUE e TCE) – cf. os artigos 51.° e 52.° da Carta e os artigos II-111.° e II-112.° do TECE.

[50] Quanto a outras alterações formais menores, nomeadamente decorrentes da redenominação dos Tratados e dos órgãos, refiram-se: a introdução de alíneas (a) a d)) no n.° 2 do artigo 3.° relativo ao Direito à integridade do ser humano; a substituição da referência ao TCE pela referência ao TUE e TFUE no artigo 18.° sobre Direito de asilo; a introdução de alíneas (a) a c)) no n.° 2 do artigo 41.° relativo ao Direito a uma boa administração; a substituição da referência ao TJ e ao TPI por uma referência ao «Tribunal de Justiça da União Europeia» (que passa a incluir o TJ, o Tribunal Geral e tribunais especializados) no artigo 43.° relativo ao Provedor de Justiça Europeu; no artigo 52.°, relativo ao âmbito de interpretação dos direitos e princípios, a substituição no n.° 2, da referência aos Tratados comunitários e ao TUE pela referência aos «Tratados» (TUE e TFUE) e, no n.° 3, a eliminação da frase «a não ser que a Carta garanta uma protecção mais extensa ou mais ampla», redundante em relação ao último parágrafo do mesmo n.° 3; por último, no artigo 54.°, relativo à Proibição do abuso de direito, a alteração da inserção na frase do termo «maiores».

Cidadania europeia e legitimação democrática após o Tratado de Lisboa   161

– no artigo 42.º, relativo ao «Direito de acesso aos documentos», a substituição da referência aos documentos «do PE, do Conselho e da Comissão», pela referência mais ampla a documentos «das instituições, órgãos e organismos da União, seja qual for o suporte desses documentos»;
– no artigo 51.º, relativo ao «Âmbito de aplicação da Carta»: i) a expressa menção aos «organismos» da União enquanto destinatários da Carta, a par das instituições e órgãos; ii) a expressa menção à observância, pelos destinatários da Carta, dos «limites das competências conferidas à União pelos Tratados»; iii) a expressa menção de que a Carta «não torna o âmbito de aplicação do direito da União extensivo a competências que não sejam as da União»[51];
– no artigo 52.º, relativo ao «Âmbito e interpretação dos direitos e princípios», a introdução de quatro novos números: i) o número 4, no sentido de os direitos reconhecidos pela Carta decorrentes das tradições constitucionais comuns aos Estados membros deverem ser interpretados de harmonia com as mesmas[52]; ii) o número 5, no sentido de as disposições da Carta que contenham princípios poderem ser aplicadas através de actos legislativos e executivos das instituições, órgãos ou organismos da União e por actos dos Estados membros quando apliquem o direito da União e no exercício das respectivas competências e, ainda, que tais disposições só serão invocadas perante o juiz com vista à interpretação desses actos e à fiscalização da sua legalidade; iii) o número 6, dispondo expressamente que as legislações e práticas nacionais devem ser plenamente tidas em conta, tal como precisado na Carta; iv) o número 7, dispondo expressamente que os órgãos jurisdicionais da União e dos Estados membros têm em devida conta as anotações – anexas à Carta – destinadas a orientar a interpretação da Carta;
– por último, em anexo à CDFUE passam a constar as «Anotações relativas à Carta dos Direitos Fundamentais» referidas no Preâmbulo, ou seja, as anotações elaborada sob a responsabilidade do *Praesidium* da Convenção que redigiu a Carta e actualizadas sob a responsabilidade do *Praesidium* da Convenção Europeia (que redigiu a versão originária do TECE)

---

[51] Respectivamente artigo 51.º, n.º 1, 1.º par., n.º 1, 2.º par. e n.º 2, da CDFUE reaprovada em 2007, cit.
[52] «Na medida em que a Carta reconheça direitos fundamentais decorrentes das tradições constitucionais comuns aos Estados membros, tais direitos devem ser interpretados de harmonia com essas tradições».

162 *Maria José Rangel de Mesquita*

– apesar de não terem força de lei, constituem um instrumento de interpretação destinado a clarificar as disposições da Carta[53].

A alteração do estatuto jurídico da Carta dos Direitos Fundamentais afigura-se uma alteração de relevo em termos de reforço do lugar dos cidadãos europeus na construção europeia. O facto de a CDFUE passar a ter o mesmo valor jurídico do que os Tratados e, por isso, carácter vinculativo – ficando integrada inequivocamente no âmbito material dos Tratados e, por isso, sujeita ao controlo normal do TJUE –, significa que a CDFUE passa a fazer parte do bloco de legalidade da Ordem Jurídica da União que os cidadãos europeus podem invocar, em seu benefício, contra a União ou contra os Estados quando estes apliquem o Direito da União Europeia e, assim, que o controlo jurisdicional do TJUE se estende inequivocamente ao incumprimento da Carta pelos órgãos da União e também pelos Estados membros, através dos meios contenciosos previstos nos Tratados. E, de igual modo, também os tribunais nacionais, enquanto tribunais comuns de Direito da União Europeia, devem controlar a aplicação da Carta pelos Estados membros quando esteja em causa a aplicação do Direito da União.

Do ponto de vista do cidadão europeu, as alterações introduzidas pelo Tratado de Lisboa no TUE e no TFUE em matéria de competência *ratione materiae* do TJUE e de contencioso também contribuem para reforçar a sua protecção no que diz respeito à violação dos direitos sindicáveis[54] contidos na CDFUE. Em matéria de *direitos fundamentais*, com o Tratado de Lisboa desaparece a limitação constante do ex-artigo 46.°, alínea *d*), do TUE. Esse controlo passa, em consequência, a ser possível nos termos gerais previstos pelo TUE e pelo TFUE e relativamente a outros sujeitos de direito da Ordem Jurídica da União, como é o caso dos Estados membros[55] – e já não confinado à actuação

---

[53] *Anotações relativas à Carta dos Direitos Fundamentais* (2007/C 303/02, cit.) – sublinhe-se que neste texto foram actualizadas as referências para números de artigos dos Tratados e foram corrigidos alguns erros materiais.

[54] *Vide* a Anotação *ad* artigo 52.° da CDFUE, na parte relativa ao seu n.° 5.

[55] Subsiste todavia a articulação desse controlo, exercido através do processo por incumprimento comum previsto nos artigos 258.° a 260.° TFUE com o regime especial de controlo limitado do TJUE decorrente do novo artigo 269.° do TFUE, na medida em que o controlo da violação dos direitos fundamentais se enquadre no conceito de «respeito pelos direitos do Homem» previsto no artigo 2.° do TUE, para o qual remete o artigo 7.° do mesmo Tratado. E, sublinhe-se, o artigo 2.° do TUE acrescenta aos princípios – doravante referidos como «valores» no TUE – hoje previstos pelo artigo 6.°, n.° 1, do TUE, o «respeito pela dignidade humana» e a «igualdade». A articulação entre o processo por incumprimento comum e o processo por incumprimento qualifi-

Cidadania europeia e legitimação democrática após o Tratado de Lisboa   163

dos órgãos comunitários e aos meios adequados para o respectivo controlo, ou seja, os meios contenciosos integrados no contencioso da legalidade.

A inclusão, ainda, ainda que de modo indirecto, por via de remissão, da Carta dos Direitos Fundamentais da União Europeia no TUE efectuada pelo Tratado de Lisboa implica a clarificação e a extensão do âmbito *ratione materiae* do controlo contencioso do Tribunal de Justiça da União Europeia – não obstante as cláusulas de *opt-out* relativas a alguns Estados membros que se traduzem na redução do âmbito de competência do TJUE[56]. Apesar de a nova redacção do artigo 6.º do TUE não se referir expressamente à competência do Tribunal de Justiça da União Europeia em matéria de direitos fundamentais, a mesma decorre da função atribuída a este órgão de garantia do «respeito do direito na interpretação e aplicação dos Tratados», prevista no n.º 1 do novo artigo 19.º do TUE, bem como do respectivo n.º 3, alínea *c*)[57].

Questão diversa da natureza jurídica vinculativa das CDFUE, quer para os Estados membros, quer para a União e os respectivos órgãos, em benefício dos cidadãos europeus é a de saber se os meios contenciosos à disposição dos cidadãos na Ordem Jurídica da União Europeia são suficientes para assegurar, de modo eficaz, a protecção do cidadão europeu contra a violação dos direitos sindicáveis nela previstos – e, em geral, dos direitos fundamentais protegidos pela Ordem Jurídica da União Europeia.

A versão do TUE anterior à entrada em vigor do Tratado de Lisboa não deixava margem para dúvidas no tocante ao controlo da violação de direitos fundamentais cometida por órgãos da UE: tal violação era já sindicável, desde logo com base no ex–artigo 46.º, *d*), do TUE, e de acordo com os meios contenciosos previstos nos Tratados que se destinam a apreciar os comportamentos – acções ou omissões – de tais órgãos, ou seja, meios jurisdicionais integrados no contencioso da legalidade (recurso de anulação e processo por omissão), bem como de plena jurisdição (acção de responsabilidade civil extracontratual das Comunidades). Atribuindo então o TUE jurisdição ao TJCE em relação ao artigo 6.º, n.º 2, do TUE quanto à actuação das instituições, e enquadrando-se o mesmo artigo 6.º, n.º 2, nas disposições comuns à União Europeia, parece

---

cado afigura-se particularmente relevante por forma a evitar eventuais contradições entre a apreciação jurisdicional e apreciação política da violação de direitos fundamentais, com todas as consequências.

[56] *Vide* o Protocolo (N.º 30) relativo à aplicação da Carta dos Direitos Fundamentais da União Europeia à Polónia e ao Reino Unido (a anexar ao TUE, ao TFUE e, se for caso disso, ao TCEEA – Tratado de Lisboa, Protocolos, A).

[57] V. Tratado de Lisboa, artigo 1.º, 20).

164 *Maria José Rangel de Mesquita*

ser de entender que seriam sindicáveis violações cometidas por órgãos independentemente de tal actuação se enquadrar no 1.º ou no 3.º pilares, os únicos abrangidos na jurisdição do TJCE, à luz do ex-artigo 46.º do TUE, e com as limitações quanto ao 3.º pilar decorrentes do ex-artigo 35.º do TUE.

A versão do TUE e do TFUE resultante do Tratado de Lisboa veio dissipar a dúvida quanto à sindicabilidade, no âmbito da ordem jurídica da União, dos comportamentos estaduais violadores de Direitos fundamentais – que a letra do ex-artigo 46.º do TUE não abrangia, mas que a doutrina considerava um imperativo de uma União *de Direito*[58]. Tal resulta, no essencial, da plena «comunitarização» das matérias do terceiro pilar contidas, até à entrada em vigor do Tratado de Lisboa, no TUE, por um lado, e na ascensão da CDFUE a direito originário e, assim, a normas cuja violação é sindicável em moldes idênticos à das demais normas de direito originário – e através dos meios contenciosos comunitários previstos nos Tratados, em especial através do processo por incumprimento e das questões prejudiciais de interpretação na medida em que permitam revelar o incumprimento estadual em matéria de direitos fundamentais reconhecidos pela Ordem Jurídica da União.

A questão fulcral a equacionar é todavia a seguinte: sendo hoje inquestionável a jurisdição do TJUE em matéria de violação de direitos fundamentais, imputável aos órgãos da União e imputável aos Estados membros, ainda que com limites, quais são os meios contenciosos à disposição dos particulares para a tutela desses direitos directamente ao nível comunitário (e sem prejuízo do recurso aos tribunais nacionais enquanto tribunais comuns de aplicação do Direito da União). Com efeito, tal tutela não pode ter lugar fora do quadro de meios jurídicos contenciosos traçado pelos tratados – em decorrência dos princípios da especialidade de atribuições e da competência de atribuição dos órgãos e tendo em conta a diferenciação de meios contenciosos consagrados.

A questão fundamental relativamente à protecção dos cidadãos em relação à actuação dos *órgãos* da União é a da adequação dos meios contenciosos existentes para tal tutela, em especial no que toca à legitimidade activa dos particulares. Se tal legitimidade não parece levantar questões quando estejam em

---

[58] Neste sentido, FAUSTO DE QUADROS, *Direito da União Europeia*, 2009 (3.ª reimpr.), 167 ss. No sentido de uma «interpretação extensiva da competência de controlo jurisdicional em matéria de Direitos Fundamentais» com fundamento no «paradigma da "União de Direito"» v. MARIA LUÍSA DUARTE, *Direito Comunitário II – Contencioso comunitário – Programa, conteúdos e métodos do ensino teórico e prático*, 2003, 79-80, e *União Europeia e Direitos Fundamentais – No Espaço da Internormatividade*, 2006, 377-378.

Cidadania europeia e legitimação democrática após o Tratado de Lisboa 165

causa actos individuais e concretos – através de decisões – dirigidas aos particulares, o mesmo não se poderá dizer em relação a actos normativos, de índole geral e abstracta, susceptíveis de lesar os direitos fundamentais dos cidadãos. Nesse caso, de acordo com os moldes actuais da legitimidade dos recorrentes não privilegiados, tal tutela pode afigurar-se difícil, senão mesmo impossível, pela impossibilidade de demonstração do requisito da afectação *individual* decorrente da aplicação da jurisprudência restritiva do TJCE[59].

A questão fundamental relativamente à protecção dos cidadãos em relação à actuação dos *Estados membros* da União quando apliquem o Direito da União Europeia é também a da adequação dos meios contenciosos previstos nos Tratados – em concreto no TFUE. Admitindo – como é inequívoco após a entrada em vigor do Tratado de Lisboa – que o TJUE tem competência para aferir a violação de direitos fundamentais cometidas pelos Estados membros quando apliquem o Direito da UE, tal aferição há-se fazer-se no quadro dos meios contenciosos previstos pelos Tratados, e não outros. E simplificando, se os particulares não têm legitimidade activa nem no quadro de um processo por incumprimento, e muito menos em relação ao mecanismo da questões prejudiciais, aos particulares não é dado acesso directo a nenhum meio destinado a pôr em causa, directa ou indirectamente, o comportamento dos Estados – pelo que não têm outra alternativa senão recorrer aos tribunais comuns de direito comunitário, ou seja, os tribunais nacionais competentes, com a esperança de que, se for caso disso, o órgão jurisdicional nacional suscite uma questão prejudicial no quadro da qual tenha visibilidade, indirectamente, a desconformidade do comportamento do Estado em causa, em matéria de direitos fundamentais, e neles intentar uma acção de responsabilidade contra o Estado membro com fundamento no princípio comunitário da responsabilidade do Estado por incumprimento do Direito da União Europeia.

E o mesmo se diga em relação ao processo por incumprimento qualificado, de índole política, instituído pelo Tratado de Amesterdão para apreciar e sancionar o comportamento dos Estados membros em matéria de violação de valores fundamentais da União, entre os quais se abrange a protecção dos direitos do homem, e consagrado pelo artigo 7.° do TUE – já que a sindicabilidade de actos adoptados no âmbito de tal processo continua, após a entrada em vigor, a ser muito limitada – em termos de meios contenciosos, de legitimi-

---

[59] E sem prejuízo da inovação constante do artigo 263.°, par. 4, do TFUE, introduzida pelo TL, que consagra a impugnação de actos regulamentares que digam directamente respeito aos particulares e não necessitem de medidas de execução.

Cadernos O Direito 5 (2010), 149-167

166 *Maria José Rangel de Mesquita*

dade activa e de fundamento do recurso[60]. A legitimidade activa do cidadão vítima de uma violação é – directa ou indirectamente – inexistente.

Tal significa que a tutela dos cidadãos neste caso se situa ao nível nacional – com eventual recurso, a final, ao sistema europeu de protecção dos direitos do homem instituído com base na CEDH – tal como já existe hoje, e previamente à futura adesão da União à CEDH.

O sistema de protecção judicial dos direitos fundamentais na União Europeia apresenta, pois, do ponto de vista da sindicabilidade, algumas insuficiências. E, em suma, as fraquezas do sistema do ponto de vista do cidadão europeu prendem-se com a restrição de acesso aos tribunais da União para sindicar comportamentos dos órgãos e com a falta de acesso directo aos mesmos tribunais no âmbito dos meios contenciosos hoje existentes no tocante à actuação dos Estados. E das duas, uma: ou se alarga tal acesso, ou se instituem meios contenciosos adequados para o efeito – directamente junto dos tribunais comunitários ou por via dos órgãos jurisdicionais nacionais.

Parece impor-se, pois, o incremento do sistema de protecção jurisdicional da Ordem Jurídica da União Europeia.

E o referido incremento, em termos de protecção, do sistema da União Europeia poderia ser conseguido, designadamente: i) pela clarificação da jurisdição do TJUE em matéria de Direitos fundamentais; ii) pela devida articulação entre meios contenciosos e meios políticos que podem ser usados em caso de violação dos direitos fundamentais; iii) pelo alargamento da legitimidade activa dos cidadãos europeus, em especial em matéria de recurso de anulação, quando esteja em causa a violação dos seus direitos fundamentais, em particular por um acto normativo aprovado pelos órgãos da União Europeia competentes – e porventura da identificação de um fundamento de invalidade específico ou de um prazo de impugnação mais alargado nessa sede; iv) porventura pela criação de novos mecanismos, quer ao nível da União Europeia, quer ao nível dos Estados membros, para tutela dos direitos fundamentais, tais como, por exemplo, uma queixa por incumprimento ao TJUE, um processo por incumprimento especial por violação dos direitos fundamentais dos cidadãos europeus, com legitimidade activa restrita a estes últimos; um processo de questões prejudiciais especial, obrigatório para o juiz nacional, com fundamento em violação de um direito fundamental e a pedido do cidadão lesado[61].

---

[60] Cf. artigo 269.º TFUE.

[61] À semelhança, com as devidas adaptações, do que sucede após o Tratado de Lisboa, em matéria de violação do princípio da subsidiariedade e sua garantia por iniciativa dos parlamentos

Cidadania europeia e legitimação democrática após o Tratado de Lisboa   167

2.5. *Outras vias*

Além dos pontos de inovação indicados que reforçam o lugar do cidadão dos Estados membros na construção europeia e legitimação democrática na União, outras vias, de carácter mais abrangente, se poderiam elencar no sentido da relevância dos cidadãos dos Estados membros na construção europeia. Sublinhem-se apenas os seguintes: o alargamento dos «valores» (anteriormente ao TL, «princípios») em que se funda a União também à igualdade e ao respeito pela dignidade humana, conforme dispõe o artigo 2.° do TUE, a possibilidade de aplicação aos Estados de sanções no primeiro processo por incumprimento da obrigação de comunicação das medidas de transposição de directivas o controlo jurisdicional quase pleno das matérias correspondentes ao actual terceiro pilar, a consagração na CDFUE, a par dos direitos de cidadania hoje já consagrados no TCE, do *direito à boa administração*[62] que transcende agora o direito à fundamentação das decisões da administração comunitária, ou o alargamento da legitimidade activa dos particulares no âmbito do recurso de anulação.

De igual modo o acréscimo das competências do PE, enquanto órgão no qual os cidadãos estão directamente representados, decorrente das modificações introduzidas pelo Tratado de Lisboa no TUE e no TFUE, contribui para o reforço em apreço. No âmbito de tal acréscimo de competências são de mencionar, em especial, a generalização do processo de co-decisão, doravante denominado *processo legislativo ordinário,* o qual reforça os poderes do Parlamento Europeu[63], bem como a sua participação nos processos legislativos especiais[64] – especialmente por via do processo de aprovação, que implica um direito de veto por parte do PE[65-66].

---

nacionais – cf. artigo 8.° do Protocolo (N.° 2) relativo à aplicação dos princípios da subsidiariedade e da proporcionalidade.

[62] Cf. artigo 41.° do CDFUE.

[63] Cf. artigo 14.°, n.° 1, TUE, artigo 289.°, n.° 1, e 294.°, TFUE.

[64] Cf. artigo 289.°, n.° 2, TFUE que prevê, inclusive, a aprovação de actos pelo PE com a participação do Conselho.

[65] *Vide*, a título de exemplo, os artigos 7.°, 17.°, 49.° ou 50.° TUE ou, ainda, os artigos 82.°, 83.°, 86.° ou 218.° TFUE.

[66] O presente texto foi concluído em 15 de Março de 2010.

A União Europeia e o sistema europeu de protecção dos direitos fundamentais – a chancela do Tratado de Lisboa

PROF.ª. DOUTORA MARIA LUÍSA DUARTE[*]

SUMÁRIO: *I – Nota explicativa. II – As disposições do Tratado de Lisboa sobre direitos fundamentais. A. Declaração de direitos. B. Mecanismos de garantia. III – Protecção dos direitos fundamentais e privilégios de exclusão consentida: a via perigosa dos direitos a duas velocidades. IV – O Tratado de Lisboa e o sistema europeu de protecção dos direitos fundamentais: a chancela de uma* reafirmação.

I – Nota explicativa

1. Quase dois anos após a sua assinatura solene no Mosteiro dos Jerónimos, o Tratado de Lisboa logrou a (esperada, mas até ao último momento incerta) entrada em vigor[1]. Desde a criação da União Europeia pelo Tratado de Maastricht, depois adubada no seu lento crescimento pelos Tratados de Amesterdão e de Nice, é no Tratado de Lisboa que encontramos o conjunto mais ambicioso de alterações especificamente pensadas para dar resposta às exigências de garantia dos direitos fundamentais na *União de Direito*[2]. São estas alterações que vamos, de seguida, apresentar sob forma sumária.

---

[*] Professora Associada com Agregação da Faculdade de Direito da Universidade de Lisboa.

[1] Quando se pensava que, após a realização do referendo na Irlanda, em 2 de Outubro de 2009, com uma maioria expressiva a favor do sim, estaria afastado o último obstáculo à vigência do Tratado, surgiu a República Checa com a ameaça de recusa de ratificação. O risco sério de impasse só foi superado, recorde-se, no Conselho Europeu de 30 de Outubro de 2009, ou seja, apenas um mês antes da entrada em vigor, a 1 de Dezembro de 2009.

[2] Sobre a origem e significado da expressão no Direito da União Europeia, v. MARIA LUÍSA DUARTE, *União Europeia e Direitos Fundamentais – no espaço da internormatividade*, 2006, 65.

170   Maria Luísa Duarte

2. Antes, porém, importa esclarecer que tais alterações, todas elas subordinadas pelo objectivo de proporcionar um nível elevado de protecção dos direitos fundamentais, têm uma relação diferente com o passado do processo de construção europeia ou mesmo com o percurso de outras experiências de realização dos ideais europeus. Assim, como veremos, o Tratado de Lisboa acolhe soluções que não são novas e se limitam a retomar a experiência comunitária, outras soluções são inovadoras e outras ainda foram tomadas de empréstimo. A dúvida que se coloca é a de saber se e como será possível assegurar a harmonia e a efectividade de funcionamento de um modelo eclético e diferenciado como este. Antes mesmo da entrada em vigor do Tratado de Lisboa, as decisões de exclusão do Reino Unido, da Polónia e, por fim, da República Checa anunciam que, neste domínio, as dificuldades políticas serão um obstáculo real à concretização dos direitos.

II – As disposições do Tratado de Lisboa sobre direitos fundamentais

3. Qualquer modelo de protecção de direitos fundamentais, que pretenda ser efectivo e não meramente retórico, depende da adequada articulação entre as normas declarativas dos direitos e as normas instituidoras de mecanismos de garantia. O Tratado de Lisboa revela cuidado com a relação entre proclamação e meios de tutela, mas, como veremos, fica ainda aquém do nível pressuposto por padrões de garantia no Estado de Direito.

A. *Declaração de direitos*

4. Com a Carta dos Direitos Fundamentais da União Europeia, pela primeira vez, após sucessivas e mal sucedidas tentativas[3], a União dispõe de um texto proclamatório de direitos, de vocação geral.

Não integra o articulado dos Tratados, como acontecia com a chamada Constituição Europeia (v. Parte II), mas a Carta *"tem o mesmo valor jurídico que os Tratados"*, conforme o disposto no artigo 6.º, n.º 1, do Tratado da União Europeia (UE)[4].

---

[3] Sobre as vicissitudes do processo de positivação de direitos fundamentais no quadro das Comunidades Europeias, desde as primeiras iniciativas nos anos setenta até à elaboração da Carta, v. Maria Luísa DUARTE, *União Europeia e Direitos Fundamentais*, cit., 34 ss.

[4] V. MARIA LUÍSA DUARTE/CARLOS ALBERTO LOPES, *Tratado de Lisboa. Versão consolidada*, 2008.

A União Europeia e o sistema europeu de protecção dos direitos fundamentais 171

5. Elaborado pela Convenção de 2000, o texto da Carta foi redigido na *"língua dos direitos"*[5] para, apesar das incertezas quanto ao valor jurídico das suas disposições, se aplicar no futuro como um verdadeiro instrumento normativo de reconhecimento de direitos[6].

A Carta compreende cinquenta e quatro artigos, repartidos por sete capítulos encimados pelas seguintes epígrafes: *Dignidade, Liberdade, Igualdade, Solidariedade, Cidadania, Justiça e Disposições Gerais.* Avulta, por um lado, a preocupação de abranger um número relativamente alargado de direitos e de categorias de direitos. O rol de direitos, que vai do artigo 1.° ao artigo 50.°, esgota praticamente o elenco de direitos civis (v.g. artigo 2.°), direitos políticos (v.g. artigo 39.°), direitos económicos (v.g. artigo 16.°) e direitos sociais (v.g. artigo 31.°) comummente vertido em instrumentos internacionais. Por outro lado, as disposições finais da Carta foram, em certa medida, ditadas pelo desejo de conter os efeitos de uma tal extensão do âmbito de protecção da Carta. As disposições finais acolhem princípios gerais e critérios aplicativos que visam impedir um alargamento das competências da União (v. artigo 51.°, n.° 2), que limitam a vinculação dos Estados-membros pelos direitos da Carta à situação em que *"aplicam o direito da União"* (v. artigo 51.°, n.° 1) e que, aspecto de sumo relevo, salvaguardam o nível mais elevado de protecção dos direitos, ainda que tal signifique a prevalência sobre a Carta de disposições garantidoras do Direito Internacional dos Direitos do Homem ou das Constituições dos Estados-membros (v. artigo 53.°).

6. A Carta incorpora as chamadas *"Anotações"*, primeiro redigidas pela Convenção de 2000 que elaborou a Carta, depois completadas pela Chamada Convenção Europeia de 2003 que preparou o texto da Constituição Europeia[7]. O preâmbulo remete expressamente para as Anotações, o mesmo se verificando com o artigo 6.°, n.° 1, parágrafo terceiro, UE:

> *Os direitos, as liberdades e os princípios consagrados na Carta devem ser interpretados de acordo com as disposições gerais constantes do Título VIII da Carta que regem a sua interpretação e aplicação **e tendo na devida conta as anotações a que a Carta faz referência, que indicam as fontes dessas disposições*** (ênfase acrescentada).

---

[5] A expressão é de EDUARDO GARCÍA DE ENTERRÍA, in *La lengua de los derechos. La formación del Derecho Publico Europeo tras la Revolución Francesa*, 2.ª ed., 2001.
[6] Sobre a génese da Carta, v. MARIA LUÍSA DUARTE, "A Carta dos Direitos Fundamentais da União Europeia. Natureza e meios de tutela", in *Estudos de Direito da União e das Comunidades Europeias*, II, 2006, 258 ss.
[7] V. MARIA LUÍSA DUARTE/CARLOS ALBERTO LOPES, *Tratado...*, cit., 285 ss.

172 *Maria Luísa Duarte*

As *Anotações* são um apêndice esdrúxulo, ao mesmo tempo atípico e inapropriado. Se bem que o proémio esclareça que as *Anotações* não têm "*em si força de lei*", o que exclui a sua eventual relevância a título de interpretação autêntica da Carta, certo é que o mesmo proémio sublinha o préstimo destas glosas como "*valioso instrumento de interpretação destinado a clarificar as disposições da Carta*". O artigo 52.º, n.º 7, da Carta, determina, por seu lado, que "*os órgãos jurisdicionais da União e dos Estados-membros têm em devida conta as anotações destinadas a orientar a interpretação da presente Carta*". Com sentido bem diferente, o Protocolo n.º 30, relativo à aplicação da Carta à Polónia e ao Reino Unido, adverte no preâmbulo que a "*Carta deve ser aplicada e interpretada pelos tribunais (...) em estrita conformidade com as anotações*". Seja como for, as *Anotações*, redigidas num determinado cenário institucional e temporal, não podem, no futuro, limitar a liberdade aplicativa dos tribunais, da União e dos Estados-membros, e não podem, por isso, suster a dinâmica de interpretação evolutiva e contextual das disposições da Carta[8].

7. Embora arredada do corpo dos Tratados, a Carta integra o estatuto jurídico da União, com a garantia expressa de partilhar com os Tratados a mesma força jurídica[9]. As disposições da Carta gozam dos atributos típicos do Direito da União originário, mormente o primado, o efeito directo e a relativa rigidez, dependendo a alteração das cláusulas de direitos do processo ordinário de revisão do artigo 48.º UE.

8. Em suma, a relevância jurídica plena da Carta, alcançada através do artigo 6.º, n.º 1, UE, apresenta inegáveis vantagens relativamente ao modelo anterior ao Tratado de Lisboa, sob a forma das seguintes características[10]:

---

[8] Em defesa do papel meramente indicativo das *Anotações*, v. MARIA LUÍSA DUARTE, *União Europeia e Direitos Fundamentais...*, cit., 181.

[9] Alguns autores assinalam a diferença de perspectiva entre a Constituição Europeia ("abordagem constitucional") e o Tratado de Lisboa ("abordagem tradicional ou comunitária") como alegado fundamento de uma menor coerência ou eficácia das alterações resultantes do Tratado de Lisboa – entre outros, v. DIEGO J. LIÑÁN NOGUERAS/PABLO J. MARTÍN RODRÍGUEZ, "Reflexiones sobre los derechos fundamentales en la Unión Europea a la luz del Tratado de Lisboa", in *La Unión Europea ante los retos de nuestro tiempo. Homenaje a la Profesora V. Abellán Honrubia*, 2009, vol. II, 1053 (1071). Sem prejuízo do interesse teórico e ideológico de um tal debate, desenvolvido na dependência da propalada opção constitucional da União Europeia, no plano estritamente jurídico não existem diferenças substanciais entre o texto assinado em Roma e o texto assinado em Lisboa.

[10] Cf. MARIA LUÍSA DUARTE, *União Europeia e Direitos Fundamentais...*, cit., 184-185.

A União Europeia e o sistema europeu de protecção dos direitos fundamentais

a) *Visibilidade e certeza* – a positivação dos direitos, antes dispersos por várias fontes (v.g. princípios gerais de Direito, tradições constitucionais, normas avulsas dos Tratados), carentes da certificação jurisprudencial de relevância comunitária, coloca o *"bloco de fundamentalidade"* da União Europeia acessível ao conhecimento directo dos destinatários.

b) *Centralidade* – no arranque do processo de construção europeia, o centro foi ocupado, intencionalmente, pelos objectivos e instrumentos da integração económica (*era do mercado comum*) e assim permaneceu até ao dealbar da década de setenta; segue-se uma fase, diríamos de transição, na qual o projecto basicamente económico começa a acusar a repercussão de acções, da responsabilidade da Comissão e do Tribunal de Justiça que, diferentes na metodologia, convergem no resultado de comprometer a interpretação e a aplicação das tradicionais liberdades económicas com critérios de "fundamentalização" de direitos (v.g. direito de residência). O Tratado de Maastricht institui a União Europeia e lança uma nova fase, marcada pela cláusula geral do artigo F, n.º 2 (artigo 6.º, n.º 2, UE na versão do Tratado de Amesterdão e de Nice) e pelo reconhecimento do estatuto de cidadania da União (*era da união política*). A Carta completa esta evolução, porque concretiza a autonomização dos direitos em relação ao vínculo económico.

c) *Coerência sistemática e axiomática* – a Carta congrega direitos de filiação diversa, cuja articulação se fazia pela qualificação formal de princípios gerais de Direito. Com a Carta, a aplicação futura das normas garantidoras fica subordinada por um conjunto de valores comuns, expressamente enunciados no Preâmbulo (v.g. parágrafos segundo, quarto e quinto), no artigo 2.º e no artigo 3.º, n.º 3, parágrafo segundo, UE – v., em especial, o respeito pela dignidade da pessoa humana, os direitos inalienáveis da pessoa humana, a liberdade, a democracia, a igualdade, o pluralismo, a não discriminação, a justiça, a solidariedade, valores enquadrados pelo modelo do Estado de Direito. Assim, partiu-se de uma base plural e heterogénea para chegar a uma proclamação de direitos que é, por um lado, tendencialmente completa, e é, por outro lado, impulsionada por uma concreta Ideia de Direito partilhada pelos Estados-membros e pela União Europeia que são, na sua essência, uns e outra, *comunidades políticas de Direito*.

9. No que toca ao reconhecimento de direitos, a Carta não esgota a função garantidora do Tratado de Lisboa. Com efeito, importa ter presente que várias e importantes disposições avulsas do Tratado da União Europeia (UE) e

174 *Maria Luísa Duarte*

do Tratado sobre o Funcionamento da União Europeia (TFUE) consagram direitos e liberdades. Para assinalar apenas os que se afiguram de maior relevo, sem preocupação de exaustividade, refiram-se:

- direitos de participação política dos cidadãos da União (v. artigos 10.º UE e 11.º UE, *maxime*, sob a forma de iniciativa popular; v. artigo 22.º TFUE);
- outros direitos de cidadania (v. artigos 20.º TFUE, 21.º TFUE, 23.º TFUE e 24.º TFUE);
- direito à protecção de dados de carácter pessoal (v. artigo 16.º TFUE e Declaração anexa n.º 21);
- liberdade confessional e de consciência (v. artigo 17.º TFUE);
- direito à não discriminação em razão da nacionalidade (v. artigo 18.º TFUE) e com base em factores como a idade, o sexo ou a religião (v. artigo 19.º TFUE);
- direitos de defesa em caso de congelamento de fundos (v. artigo 75.º TFUE, 215.º TFUE; 275.º TFUE; Declaração anexa n.º 25);
- direitos dos refugiados (v. artigo 78.º TFUE);
- direitos dos imigrantes (v. artigo 79.º TFUE);
- direitos individuais de defesa em processo penal (v. artigo 82.º TFUE);
- direitos sociais (v. artigos 151.º TFUE, 153.º TFUE e 157.º TFUE);
- direitos dos consumidores (v. artigo 169.º TFUE).

10. Uma referência de particular congratulação nos merece o artigo 13.º TFUE:

> *Na definição e aplicação das políticas da União nos domínios da agricultura, da pesca, dos transportes, do mercado interno, da investigação e desenvolvimento tecnológico e do espaço, **a União e os Estados-membros terão plenamente em conta as exigências em matéria de bem-estar dos animais, enquanto seres sensíveis**, respeitando simultaneamente as disposições legislativas e administrativas e os costumes dos Estados-membros, nomeadamente em matéria de ritos religiosos, tradições culturais e património regional (ênfase acrescentada).*

Pela primeira vez no corpo dos Tratados[11], as exigências relativas ao bem--estar dos animais enquanto seres dotados de sensibilidade são objecto de reconhecimento, dependente, é certo, de um exercício de conciliação prática com

---

[11] O texto do artigo 13.º TFUE reproduz, com algumas alterações, o Protocolo relativo à protecção e ao bem-estar dos animais, anexo ao Tratado de Amesterdão.

legislações nacionais e práticas culturais. Independentemente da questão filosófica de saber se os animais são ou não titulares de direitos[12], parece claro – óbvio, para nós – que as sociedades modernas não podem ignorar o imperativo civilizacional do tratamento compassivo e digno dos animais. Neste sentido, o respeito do bem-estar dos animais assume, do ponto de vista jurídico, a forma de deveres na esfera do Legislador (da União e dos Estados-membros) e de deveres de conduta na esfera do indivíduo[13].

11. O artigo 6.º do Tratado da União Europeia continua a ser a pedra angular do sistema de protecção dos direitos fundamentais da União Europeia. O n.º 1 do artigo 6.º define o lugar da Carta. O n.º 2 anuncia que a União *"adere"* à Convenção Europeia dos Direitos do Homem (CEDH). O n.º 3, herdeiro da regra contida no pretérito artigo 6.º, n.º 2, mantém o sistema aberto ao reconhecimento e garantia de outros direitos fundamentais para além dos codificados pela Carta e pelas disposições dos Tratados, como *"princípios gerais (…) tal como os garante a Convenção Europeia para a Protecção dos Direitos do Homem e das Liberdades Fundamentais e tal como resultam das tradições constitucionais comuns aos Estados-membros"*.

Por esta forma, o Tratado de Lisboa proporciona um desenvolvimento qualitativo do sistema de protecção de direitos através da consagração da Carta como texto vinculativo e, ao mesmo tempo, mantém a adequada flexibilidade internormativa do sistema pela via criativa e aberta dos princípios gerais de Direito.

B. *Mecanismos de garantia*

12. No que respeita à aplicação e garantia dos direitos fundamentais, o Tratado de Lisboa não introduz mecanismos radicalmente novos ou diferentes dos já existentes. Comparável à inovação que representa a codificação de direitos através da Carta, temos em matéria de tutela a previsão da futura adesão da União Europeia à CEDH. São comparáveis ou equivalentes, porque são soluções que reproduzem uma lógica de consolidação virtuosa de um modelo

---

[12] V., por todos, as propostas de reflexão de FERNANDO ARAÚJO, *A hora dos direitos dos animais*, 2003.
[13] Cf. MARIA LUÍSA DUARTE, "União Europeia e garantia de bem-estar dos animais", in *Estudos de Direito da União e das Comunidades Europeias*, II, 2006, 119 ss.

176 Maria Luísa Duarte

cujos alicerces já existiam. Trata-se, agora, com a vigência da Carta e com a futura adesão à CEDH de garantir a este modelo de base pretoriana a chancela do acordo político entre os Estados-membros, sob a forma de um novo tratado institutivo da União Europeia.

13. O Parlamento Europeu foi, em 1979, a primeira das instituições comunitárias a sustentar a tese da adesão das Comunidades Europeias à CEDH, no contexto de uma estratégia ambiciosa de protecção comunitária dos direitos fundamentais, que incluía ainda a aprovação de uma catálogo próprio de direitos[14].

A Comissão, que começou por se mostrar contrária a esta ideia nos relatórios sobre a União Europeia de 1975[15] e sobre os direitos fundamentais de 1976[16], acabaria por abraçar a causa a partir de 1979[17]. Em Outubro de 1995, a Comissão criou um comité de sábios, presidido por Maria de Lourdes Pintassilgo, com o objectivo de elaborar propostas a submeter à Conferência Intergovernamental convocada para Março de 1996. O Relatório Pintassilgo afastou-se da posição oficial da Comissão ao enunciar um conjunto de razões contrárias à adesão, destacando o receio de descaracterização do modelo comunitário no seio de um sistema intergovernamental, heterogéneo e alargado, como é o sistema instituído pela CEDH e confiado ao Tribunal Europeu dos Direitos do Homem (TEDH). Por esta altura, a 28 de Março de 1996, o Tribunal de Justiça pronunciou-se contra a adesão em resposta à questão colocada pelo Conselho[18]. Para o Juiz comunitário, os Tratados careciam de disposição habilitadora suficiente, pelo que só através da sua revisão, com a introdução de uma cláusula expressa, poderiam as Comunidades consumar a entrada no sistema europeu de protecção judicial dos direitos fundamentais.

14. As reservas opostas à decisão de aderir à CEDH têm na sua origem uma abordagem, diríamos, política, que enfatiza a oposição entre o modelo integracionista da União Europeia e o modelo clássico, baseado no Direito Internacional, do Conselho da Europa. A questão dividiu as instituições comunitárias – Comissão e Parlamento Europeu a defender a adesão; Conselho, com muitas dúvidas, mais inclinado a rejeitar a adesão do que a promovê-la; Tribu-

---

[14] V. Resolução de 27 de Abril de 1979, JOCE, n.º C 127, de 21.5.1979, 69.
[15] V. Bull.CE 5/75.
[16] V. Bull.CE 5/76.
[17] V. Bull.CE, supl. 2/79.
[18] V. Parecer 2/94, *sobre a adesão da Comunidade Europeia à CEDH*, Col. 1996, I-1759.

nal de Justiça contra, por razões de lacuna habilitadora, mas, também, por receio de perder o seu estatuto de jurisdição suprema e exclusiva. A questão dividiu, e muito, a comunidade académica[19]. Neste caso, as correntes a favor e contra a adesão reflectiam um entendimento completamente distinto de um problema que todos reconheciam como real e difícil de resolver, relativo ao futuro estatuto da União Europeia como Parte Contratante da CEDH. Vários obstáculos de natureza técnico-jurídica condicionam o processo de adesão e tornam, mesmo depois da entrada em vigor do Tratado de Lisboa, incerta a concretização deste objectivo[20]. Em primeiro lugar, diferentemente do texto da Constituição Europeia, o acto de adesão, sob a forma de acordo internacional entre a União Europeia e as Partes Contratantes da CEDH, exige decisão unânime do Conselho, após aprovação do Parlamento Europeu; a sua entrada em vigor depende de aprovação por parte de todos os Estados-membros, *"em conformidade com as respectivas normas constitucionais"* [v. artigo 218.º, n.º 1, alínea *a*), ii), e n.º 8, TFUE]. Neste caso, a posição tradicionalmente reticente de Estados--membros como o Reino Unido e a Polónia, pode ser suficiente para travar a adesão. Em segundo lugar, a própria CEDH terá de ser alterada no sentido de permitir a adesão de uma entidade que não é um Estado, como é a União Europeia. O Protocolo n.º 14, de 13 de Maio de 2004, prevê no seu artigo 17.º um aditamento ao artigo 59.º da Convenção no sentido de permitir a adesão da União Europeia. Acontece que a entrada em vigor deste Protocolo requer a ratificação dos 47 Estados que são Partes Contratantes e a demora da Rússia em ratificar pode adiar por tempo indefinido a adesão da União Europeia. Finalmente, a adesão pressupõe respostas adequadas a questões relacionadas

---

[19] A divergência algo cismática sobre a matéria contagiou a autora destas linhas que começou por alinhar contra a adesão (v. *A liberdade de circulação de pessoas e a ordem pública no Direito Comunitário*, 1992, 263) e acabou a defender a adesão como requisito de um modelo europeu convergente de tutela dos direitos fundamentais (v. "O Direito da União Europeia e o Direito Europeu dos Direitos do Homem – uma defesa do "triângulo judicial europeu", in *Estudos em homenagem ao Professor A. Marques Guedes*, 2004, 735).

[20] Com um inventário das principais questões de teor técnico-jurídico suscitadas pela decisão de conduzir a União Europeia ao sistema judicial da CEDH, v. a excelente síntese de F. BENOÎT--RHOMER, "L'adhésion de l'Union à la Convention européenne des droits de l'homme", in *Revue Universelle des Droits de l'Homme*, 2000, vol. 12, n.os 1-2, 57 ss.; e de H. G. KRUGER/J. POLA-KIECICZ, "Proposals for a coherent human rights protection system in Europe. The European Convention on Human Rights and the EU Charter of Fundamental Rights", in *Human Rights Law Journal*, Oct. 2001, vol. 22, 1; e ainda o Relatório adoptado pelo Comité Director sobre os Direitos do Homem, de Junho de 2002 – "*Étude des questions juridiques et techniques d'une éventuelle adhésion de l'Union européenne à la CEDH* " [Doc. DG.II (2002) 006].

178   Maria Luísa Duarte

com a representação da União nas instâncias de controlo da CEDH, à existência de regras claras de imputação da responsabilidade à União ou/e aos Estados-membros pela violação da CEDH[21], à garantia da actual situação de vinculação dos Estados-membros, mormente no que se refere às reservas[22]. Estas questões terão de ser acauteladas na fase das negociações que envolverão vários interlocutores: a União Europeia, os seus Estados-membros, o Conselho da Europa e os restantes Estados europeus que são Partes Contratantes na CEDH, mas não são membros da União. Países como a Rússia ou a Turquia poderão ter razões acumuladas de queixa, suficientes para manter a União Europeia em estado de espera, à porta do Conselho da Europa.

15. Outras alterações introduzidas pelo Tratado de Lisboa, não tendo a relevância (eventual e futura) da integração do Tribunal de Justiça no sistema europeu de tutela judicial da CEDH, apresentam, ainda assim, um apreciável significado como expressão de uma vontade orientada para a efectivação da garantia judicial dos direitos das pessoas em situação de potencial violação no quadro do Direito da União Europeia.

16. O Tratado de Lisboa revogou o artigo 46.° do Tratado da União Europeia (versão Tratado de Nice) que, definindo os limites da competência do Tribunal de Justiça, excluía da sua jurisdição as matérias do II Pilar (Política Externa e de Segurança Comum). Em relação às matérias do III Pilar (Cooperação Policial e Judiciária em Matéria Penal), a competência do Tribunal de Justiça era exercida nos termos do artigo 35.° do Tratado da União Europeia. Esta disposição restringia fortemente o âmbito de jurisdição do Tribunal de Justiça por comparação com a competência-regra que exercia sobre as matérias do pilar comunitário, o que envolvia, por exemplo, a exclusão do meca-

---

[21] Um exemplo particularmente ilustrativo é o relativo à protecção dos direitos fundamentais no quadro das matérias abrangidas pelo chamado *espaço de liberdade, segurança e justiça* (ELSJ), cuja comunitarização está sujeita a um período de transição e a derrogações aplicáveis a certos Estados-membros (v. infra n.os 16 e 17), pelo que se coloca o problema de saber quem responderá perante o TEDH pelas eventuais violações de direitos: a União Europeia, os Estados-membros ou alguns Estados-membros?

[22] O *Protocolo relativo ao n.° 2 do artigo 6.° do Tratado da União Europeia*, procede a identificação destes pontos sensíveis que importa enquadrar no acordo de adesão. Por seu lado, a Declaração anexa n.° 2 explicita a vontade da Conferência Intergovernamental, isto é, dos Estados-membros, no sentido de a adesão se dever realizar "*segundo modalidades que permitam preservar as especificidades do ordenamento jurídico da União Europeia.*

Cadernos O Direito 5 (2010), 169-189

A União Europeia e o sistema europeu de protecção dos direitos fundamentais   179

nismo do incumprimento, da acção de indemnização e uma cláusula de jurisdição facultativa para o exercício da competência a título prejudicial. Aos particulares, titulares de direitos, o artigo 35.° do Tratado da União Europeia não reconhecia legitimidade processual própria, pelo que não podiam impugnar uma decisão-quadro ou uma decisão, como não podiam solicitar adequada tutela indemnizatória. Esta limitação constituía, sem dúvida, uma das mais conspícuas fragilidades estruturais do sistema de tutela judicial da União Europeia.

No tocante aos direitos fundamentais, o artigo 46.°, alínea *d*), reconhecia a competência do Tribunal de Justiça para interpretar e aplicar o n.° 2 do artigo 6.° *"no que respeita à acção das Instituições"*, mas logo ressalvava que tal controlo havia de ser exercido *"na medida em que o Tribunal de Justiça seja competente nos termos dos Tratados que instituem as Comunidades Europeias e nos termos do presente Tratado"*.

A revogação do artigo 46.° é coerente com a extinção da Comunidade Europeia, substituída pela União Europeia (v. artigo 1.°, parágrafo terceiro, UE) e é, sobretudo, coerente com a *"despilarização"* da União. A "dualidade metodológica"[23] subjacente a uma estrutura de pilares, apoiada sobre princípios diferentes de actuação da União em face das prerrogativas de soberania dos Estados-membros, deu lugar, pelo menos aparentemente, a uma estrutura homogénea, com particular incidência na uniformização dos procedimentos de controlo da legalidade exercidos pelo Tribunal de Justiça[24].

O artigo 19.°, n.° 1, UE, investe o Tribunal de Justiça, como acontecia com o artigo 220.° TCE, na missão de garantir *"o respeito do direito na interpretação e aplicação dos Tratados"*. Assim, seja qual for a matéria, o Juiz comunitário deverá garantir a estrita observância dos direitos fundamentais através, por um lado, do controlo de legalidade das normas comunitárias e, por outro lado, do controlo da actuação do decisor nacional quando este dá execução ao Direito da União. Ainda não é exactamente assim, porque o Tratado de Lisboa mantém uma espécie de "pilares invisíveis" ao preservar em relação a determinados domínios

---

[23] Sobre o sentido dado à expressão, v. MARIA LUÍSA DUARTE, *Direito da União Europeia e das Comunidades Europeias*, 2001, vol. I, 72 ss.

[24] Na vigência do Tratado de Nice, o Tribunal de Justiça procurou encurtar a distância entre o I e o III Pilares, no sentido de garantir uma "quase-comunitarização" dos actos jurídicos do III Pilar (decisões-quadro e decisões). No caso *Maria Pupino*, este objectivo serviu para impor o dever de interpretação conforme do direito nacional ao conteúdo de uma decisão-quadro, cujo sentido deveria ser compatível com os direitos fundamentais (v. Acórdão TJCE, de 16 de Junho de 2005, Proc. C-105/03, Col. 2005, I-5285, c. 47 e 59).

180 *Maria Luísa Duarte*

de acção da União Europeia regras específicas de sobrevivência dos poderes soberanos dos Estados-membros. Com este propósito, o artigo 276.º, parágrafo primeiro, TFUE, determina que o Tribunal de Justiça carece de competência no que diz respeito às disposições relativas à política externa e de segurança comum, o que abarca igualmente o domínio da política comum de segurança e defesa (v. artigos 23.º e seguintes). Em relação às matérias do antigo III Pilar (cooperação judiciária e policial em matéria penal, relativas ao espaço de liberdade, segurança e justiça), o artigo 276.º TFUE veda ao Tribunal de Justiça a fiscalização da *"validade ou proporcionalidade de operações efectuadas pelos serviços de polícia ou outros serviços responsáveis pela aplicação da lei num Estado-membro, nem para decidir sobre o exercício das responsabilidades que incumbem aos Estados-membros em matéria de manutenção da ordem pública e de garantia da segurança interna"* (cf. antigo artigo 35.º, n.º 5, Tratado da União Europeia).

O artigo 275.º, parágrafo segundo, TFUE, em nome do princípio da legalidade e da tutela judicial efectiva, mas em derrogação à regra da insindicabilidade contenciosa das disposições aplicativas no domínio da política externa e de segurança comum, estabelece que o Tribunal de Justiça é competente para, através do recurso de anulação do artigo 263.º TFUE, fiscalizar a *"legalidade das decisões que estabeleçam medidas restritivas contra pessoas singulares ou colectivas, adoptadas pelo Conselho com base no Capítulo 2 do Título V do Tratado da União Europeia"* (v. artigos 23.º e segs., UE). Esta garantia, que já estava prevista no texto da Constituição Europeia (v. artigo III-376.º), foi, na verdade, antecipada e imposta pelo veredicto do Tribunal de Justiça sobre a questão controvertida do controlo judicial de medidas comunitárias sobre congelamento de fundos. Apesar de tais medidas terem por base uma decisão do Conselho de Segurança das Nações Unidas e visarem a prossecução de uma política de combate ao terrorismo internacional, o Tribunal concluiu, em sede de recurso, contrariando a posição do Tribunal de Primeira Instância, que não se pode excluir o controlo de legalidade e os direitos de defesa das pessoas visadas[25]. Na fundamentação, o Tribunal de Justiça apela directamente para o imperativo de tutela dos direitos fundamentais:

> *a fiscalização, pelo Tribunal de Justiça, da validade dos actos comunitários à luz dos direitos fundamentais deve ser considerada a expressão, numa comunidade de direito, de uma garantia constitucional decorrente do Tratado CE enquanto sistema jurídico autónomo* (...) (n.º 316).

---

[25] V. Acórdão TJCE, de 3 de Setembro de 2008, Proc. C-402/05 P e C-415/05 P, *Kadi*, Col. 2008, I-6351.

A *União Europeia e o sistema europeu de protecção dos direitos fundamentais* 181

Já em relação a medidas restritivas equivalentes, mas adoptadas através de actos jurídicos do III Pilar, insusceptíveis de impugnação judicial por força do artigo 35.º do Tratado da União Europeia, a solução preconizada pelo Tribunal de Justiça, embora justificada pelo carácter restritivo da letra da lei, ficava aquém do limite exigido pela tutela judicial efectiva[26].

17. A proclamada judicialização do III Pilar e, em concreto, a tutela judicial dos direitos fundamentais no âmbito do ELSJ não atinge, contudo, um nível incondicional de realização[27]. Com o Tratado de Lisboa, importa reconhecê-lo, estão presentes soluções de compromisso entre o quadro intergovernamental do antigo III Pilar e o quadro eurocomunitário do actual ESLJ que se traduzem por desvios ao princípio da tutela judicial, geral e efectiva. A este propósito, cumpre referir o *Protocolo n.º 36, relativo às disposições transitórias,* que prevê em relação ao acervo de actos adoptados antes da entrada em vigor do Tratado de Lisboa, durante um período que pode ser de cinco anos, a sobrevigência do modelo de jurisdição facultativa e restrita do Tribunal de Justiça, nos termos do antigo artigo 35.º do Tratado da União Europeia (v. artigo 10.º, n.º 1 e n.º 3). Para os Estados-membros que beneficiam de cláusulas de *opting-out,* Reino Unido e Dinamarca, a competência fiscalizadora do Tribunal de Justiça pode ser objecto de não aceitação por período indeterminado [v. artigo 10.º, n.º 4, do Protocolo n.º 36; v. artigo 2.º do Protocolo n.º 22, relativo à posição da Dinamarca (1997)][28].

18. Note-se, contudo, que o tópico direitos fundamentais e respeito de valores identitários do Estado de Direito nem sempre convoca a vigilância fiscalizadora do Tribunal de Justiça. No caso do mecanismo das sanções políticas regulado pelo artigo 7.º UE (cf. antigo artigo 7.º do Tratado da União Euro-

---

[26] V. Acórdãos TJCE, de 27 de Fevereiro de 2007, Proc. C-354/04 P, *Gestoras Pro Amnistía* e C-355/05 P, *Segi,* Col. 2007, I-1579 e I-1657, respectivamente.
Sobre o significado desta jurisprudência na procura de um adequado equilíbrio entre a tutela dos direitos e o combate ao terrorismo no Direito da União Europeia, v., por todos, NUNO PIÇARRA, "Cooperação internacional no combate ao terrorismo e tutela dos direitos fundamentais. O debate na jurisprudência dos tribunais da União Europeia", in *Revista Mestrado em Direito,* ano 9, n.º 2, 2009.
[27] Para uma identificação da natureza das matérias e de procedimentos envolvidos, v. NUNO PIÇARRA, "A União Europeia como espaço de liberdade, segurança e justiça: uma caracterização geral", in *Estudos comemorativos dos 25 Anos do ISCPSI,* 2009.
[28] Com uma visão muito crítica do impacto negativo desta solução de compromisso, v. D. J. LIÑÁN NOGUERAS/P. J. MARTÍN RODRÍGUEZ, *Reflexiones...,* cit., 1075-1076.

182 Maria Luísa Duarte

peia), os actos adoptados pelo Conselho Europeu e pelo Conselho contra o Estado-membro alegadamente responsável por uma violação grave e persistente dos valores referidos no artigo 2.° UE não são passíveis de impugnação contenciosa, salvo no que se refere à observância das disposições processuais [v. artigo 269.° TFUE – cf. antigo artigo 46.°, alínea e), Tratado da União Europeia]. Mantemos as nossas reservas sobre a coerência sistémica de um modelo baseado na aplicação de sanções aos Estados-membros que violem os princípios democráticos e os direitos fundamentais e que faz depender a eficácia destas sanções da derrogação ao princípio democrático do controlo judicial[29]. Com o Tratado de Lisboa, perdeu-se a oportunidade de adequar o procedimento das sanções políticas às exigências elementares do Estado de Direito, extensivas ao exercício legítimo de direitos de defesa por parte de um Estado-membro contra a possível injustiça e arbitrariedade de decisões adoptadas pelo conjunto dos restantes Estados-membros.

19. Um outro ponto que teria merecido uma adequada adaptação respeita à legitimidade activa dos particulares, ao abrigo do artigo 263.° TFUE (ex-artigo 230.° CE). O parágrafo quarto do artigo 263.° TFUE sofreu uma pequena, diríamos cirúrgica, alteração no sentido de dispensar a demonstração do vínculo individual entre o acto impugnado e o particular recorrente quando se tratem de recursos *"contra actos regulamentares que lhe digam directamente respeito e não necessitem de medidas de execução"*. Esta flexibilização do grau de exigência aplicado à comprovação pelo recorrente do interesse em agir revela-se, contudo, muito limitada nos seus efeitos. Na verdade, o particular recorrente só estará dispensado de demonstrar que o acto impugnado lhe diz individualmente respeito se estiver em causa um acto regulamentar exequível por si mesmo. A dupla condição da afectação directa e individual continua a ser exigível em relação aos actos legislativos (v. artigo 289.° TFUE) e a todos os actos jurídicos da União que necessitem de medidas de execução, nacionais ou eurocomunitárias[30]. Em relação a estes actos, e tendo em conta as suas

---

[29] Tratamos desta questão no estudo "União Europeia e os direitos fundamentais. Métodos de protecção", in *Estudos de Direito da União e das Comunidades Europeias*, 2000, 32.

[30] A expressão "actos regulamentares" utilizada pelo artigo 263.° TFUE deixa em aberto a questão de saber o que se deve entender por *acto regulamentar*. A nova nomenclatura dos actos jurídicos da União, constante dos artigos 289.° e seguintes, não se refere a acto regulamentar, preferindo a contraposição entre actos legislativos (v. artigo 289.°, n.° 3, TFUE) e actos não legislativos, delegados (v. artigo 290.°, n.° 3, TFUE) e de execução (v. artigo 291.°, n.° 4, TFUE). Em nossa opinião, por apelo ao princípio do efeito útil que garanta o mais amplo controlo de

A *União Europeia e o sistema europeu de protecção dos direitos fundamentais*   183

implicações sobre o espaço de protecção dos direitos, mantém-se a situação anterior ao Tratado de Lisboa, caracterizada pelo potencial défice de tutela judicial efectiva e pela dependência dos mecanismos nacionais de impugnação contenciosa dos actos[31-32].

III – **Protecção dos direitos fundamentais e privilégios de exclusão consentida: a via perigosa dos direitos a duas velocidades**

20. Afirma-se, com razão, que o Tratado de Lisboa reproduz, no essencial, as soluções preconizadas no texto abandonado da Constituição Europeia. No domínio que versamos, a asserção não descreve com rigor o conteúdo do legado que foi transmitido. Por um lado, a Carta dos Direitos Fundamentais da União Europeia foi remetida para um texto avulso, o que permite uma certa leitura de "desconstitucionalização" do novo Tratado. Por outro lado, e é este o aspecto que importa analisar, a Carta não vincula *todos* os Estados-membros. Através de um protocolo, o Reino Unido e a Polónia obtiveram o acordo dos restantes Estados-membros sobre a não aplicação da Carta nos respectivos ordenamentos jurídicos[33]. Em concreto, o Protocolo garante a estes dois Estados-membros que as disposições da Carta não podem ser invocadas como fundamento de desaplicação, por desconformidade comunitária, das leis, práticas e acções administrativas internas, com uma referência expressa ao Título IV da Carta em matéria de direitos sociais que não cria direitos susceptíveis de invocação perante os tribunais nacionais. Mais tarde, no Conselho Europeu de 30 de Outubro de 2009, a República Checa juntou-se a este pequeno clube dos "auto-excluídos", fazendo depender a sua ratificação do Tratado de Lisboa, a

---

legalidade dos actos, a expressão "actos regulamentares" do artigo 263.º, parágrafo quarto, TFUE, deve ser interpretado no sentido de abranger qualquer acto não legislativo da União, susceptível de impugnação nos termos do n.º 1, parágrafo primeiro, do artigo 263.º TFUE.

[31] Sobre a insuficiência da resposta jurisprudencial ao problema da tutela judicial efectiva em sede de recurso de anulação, com uma concepção que perdura, com pequenos ajustamentos, há mais de meio século, v. Maria Luísa Duarte, *União Europeia e Direitos Fundamentais*, cit., 382 ss.

[32] Para uma análise dos limites do funcionamento articulado das diferentes vias de controlo da legalidade dos actos jurídicos da União, v., entre outros, C. Martínez Capdevila, "El recurso de anulación, la cuestión prejudicial de validez y la excepción de ilegalidad: vias complementares ou alternativas", in *Revista de Derecho Comunitario Europeo*, 2005, n.º 20, 135 ss.

[33] V. Protocolo n.º 30 relativo à aplicação da Carta dos Direitos Fundamentais da União Europeia à Polónia e ao Reino Unido.

184   *Maria Luísa Duarte*

última de um processo iniciado dois anos antes, da satisfação desta exigência de última hora[34].

21. A "fuga" à vinculatividade da Carta por parte destes três Estados-membros fragiliza o compromisso da União Europeia com os direitos fundamentais. Sobre esta matéria, não se compreende, nem aceita, a existência de blocos de normatividade de configuração variável. Do ponto de vista político, trata-se de uma manifestação desnecessária e inoportuna de intergovernamentalidade, porque o respeito pela soberania dos Estados-membros, nomeadamente sob a forma de identidade constitucional (v. artigo 4.º, n.º 2, UE), não depende da restrição do âmbito de aplicação da Carta. Recorde-se que os direitos proclamados pela Carta não geram obrigações novas, seja porque codificam direitos já reconhecidos como parte integrante do Direito da União Europeia seja porque a enunciação normativa de direitos e liberdades remete para as legislações e práticas nacionais (v.g. artigos 27.º, 28.º, 30.º, 35.º, da Carta).

Do ponto de vista jurídico, a integração diferenciada gera incerteza sobre o alcance subjectivo e objectivo dos direitos inscritos na Carta, com prejuízo notório para os titulares potenciais de tais direitos. Apenas dois exemplos que permitem antecipar o tipo de dúvidas que se colocarão no futuro: 1) na medida em que a Carta *"não cria novos direitos ou princípios"*, como se pode ler no preâmbulo do Protocolo n.º 30, e que se limita a *"reafirmar"* direitos (v. artigo 1.º, n.º 1, *in fine*, do Protocolo n.º 30), como poderão ou deverão os tribunais nacionais e o Tribunal de Justiça distinguir entre, por um lado, direitos previstos na Carta, insusceptíveis de invocação, e, por outro lado, direitos que, fazendo parte integrante do Direito da União Europeia, são vinculativos como princípios gerais, na acepção do artigo 6.º, n.º 3, UE?[35]; 2) O artigo 1.º, n.º 2,

---

[34] V. Anexo I às Conclusões do Conselho Europeu de Bruxelas (24/30 de Outubro de 2009), que aprovou o *Protocolo relativo à aplicação da Carta dos Direitos Fundamentais da União Europeia à República Checa*, a ratificar pelos Estados-membros ao abrigo do artigo 48.º UE, o que só deverá acontecer por altura da ratificação do Tratado de adesão da Croácia, provavelmente em 2012.
[35] Uma resposta clara a esta questão torna-se ainda mais improvável se tivermos em conta o facto de a Carta, no período que vai da sua proclamação solene em Dezembro de 2000 à sua entrada em vigor nove anos volvidos, ter sido expressamente invocada a propósito dos direitos e princípios que consagra, primeiro pela voz dos Advogados-Gerais, depois pelo próprio Tribunal de Justiça (v. Acórdão de 27 de Junho de 2006, Proc. C-540/03, *Parlamento Europeu c. Conselho*, Col. 2006, I-5769) e por vários tribunais supremos dos Estados-membros, incluindo o Tribunal Constitucional Português – v. MARIA LUÍSA DUARTE, *União Europeia e Direitos Fundamentais...*, cit., 154 ss.
O Protocolo n.º 30, no respeitante aos países abrangidos pela exclusão e no quadro mais alar-

do Protocolo n.° 30, refere expressamente o estatuto de irrelevância do Título IV da Carta, dedicado aos direitos sociais; a Polónia, através da Declaração n.° 62, apelando à tradição do movimento social *Solidariedade*, compromete-se a respeitar os direitos sociais e laborais reafirmados no Título IV da Carta. Pergunta-se: pode uma declaração alterar o sentido de uma cláusula expressa de derrogação contida no texto do Protocolo? Qual é, afinal, o estatuto da Polónia em relação aos direitos sociais? Cumpre se quiser ou pode ser compelida a fazê-lo através dos mecanismos comuns de garantia do primado do Direito da União Europeia, que abrange também a Carta?

22. O Protocolo n.° 30 e o estatuto de privilégio que reconhece a três Estados-membros constitui, na verdade, um retrocesso em termos históricos, seja em relação à Constituição Europeia seja mesmo em relação à CEDH. Em nossa opinião, não faz sentido desvalorizar o impacto negativo deste acordo como alegada expressão de um método comunitário de integração diferenciada, consagrado no Tratado sob a forma de cooperação reforçada (v. artigo 20.° UE e artigos 326.° e seguintes, TFUE) ou sob a forma de cooperação estruturada permanente (v. artigo 42.° UE). Neste caso, a geometria variável do espaço de integração ou, se quisermos, as diferentes velocidades imprimidas ao espaço da integração resultam da determinação ou preparação de um conjunto restrito de Estados-membros para avançar a um ritmo mais acelerado e exigente. No caso vertente, o Protocolo n.° 30 é apenas a expressão de um querer político contrário ao adquirido comunitário em matéria de direitos fundamentais, codificado através da Carta. Uma vontade política contrária que pode, e sublinhe-se o absurdo da situação, ser exercida para impedir uma revisão da Carta no sentido do aprofundamento do seu escopo de garantia (v. artigo 48.°, n.° 2, UE).

Na CIG de 2004, o texto da Carta sofreu várias alterações relativamente à versão proclamada em 2000 com o intuito confesso de mitigar a sua força jurídica, especialmente em relação aos direitos sociais. Assim nasceu, por exemplo, a controvertida distinção entre direitos, que devem ser respeitados, e princípios, que devem ser observados e promovidos através da adopção de actos aplicativos (v. artigo 51.°, n.° 1 e 52.°, n.° 5, da Carta), bem como a heterodoxa remissão para as *Anotações* constante do n.° 7 do artigo 52.°. Este exercício de "redução" da Carta foi, em larga medida, imposto pela intransigência negocial do

gado da União Europeia, representa, por isto, um recuo relativamente à situação existente no período de pré-vigência da Carta.

186   Maria Luísa Duarte

Governo britânico e foi consentido pela generalidade dos restantes Estados-
-membros, mesmo contrariando o legado europeu neste domínio, para assegurar a aceitação da Carta pelo Reino Unido. Passados três anos, à boleia de um
novo Tratado, o Reino Unido, agora acompanhado pela Polónia, acabou por
rejeitar a aplicação da Carta por cujas anomalias jurídicas é largamente responsável[36].

Também em relação à CEDH, a União Europeia projecta, com esta exclusão, uma imagem desfocada sobre o significado que atribui à tutela dos direitos fundamentais. Estando em causa um rol de direitos que corresponde, no
essencial, ao conjunto de direitos garantidos pela CEDH e por outras convenções internacionais que vinculam todos os Estados-membros, a União Europeia não conseguiu sequer garantir um nível de coesão equivalente ao já alcançado no quadro da CEDH, cuja aplicação é, sublinhe-se, garantida por um
sistema institucional de base jusinternacionalista e enquadrada pela existência
de uma organização intergovernamental, que é o Conselho da Europa.

IV – O Tratado de Lisboa e o sistema europeu de protecção dos direitos fundamentais: a chancela de uma *reafirmação*

23. No preâmbulo, a Carta dos Direitos Fundamentais da União Europeia
define, com inusitada clareza, a sua natureza de instrumento declarativo e codi-
ficador de direitos, que reafirma direitos, liberdades e princípios já integrantes
do *bloco de fundamentalidade* da União Europeia:

> *A presente Carta **reafirma**, no respeito pelas atribuições e competências da União e na
> observância do princípio da subsidiariedade, os direitos que decorrem, nomeadamente, das
> tradições constitucionais e das obrigações internacionais comuns aos Estados-membros, da
> CEDH, das Cartas Sociais aprovadas pela União e pelo Conselho da Europa, bem como
> da jurisprudência do Tribunal de Justiça da União Europeia e do Tribunal Europeu dos
> Direitos do Homem (…)* (ênfase acrescentada).

---

[36] A posição britânica em 2007 limitou-se, é certo, a replicar um padrão: em Dezembro de 1989,
o Reino Unido não acompanhou os demais Estados-membros no acto de aprovação da chamada
Carta Comunitária dos Direitos Sociais Fundamentais dos Trabalhadores. Em 1992, com o Tratado de
Maastricht, o Reino Unido recusou a participação no *Acordo relativo à política social* (v. Protocolo
n.º 14). A integração do Acordo no texto dos Tratados, através do Tratado de Amesterdão, trouxe
o Reino Unido de volta ao procedimento comunitário de decisão em matéria social, mas não
desvaneceu a tradicional resistência britânica ao aprofundamento dos direitos sociais (v. artigo
136.º do Tratado da Comunidade Europeia, actual artigo 151.º TFUE).

Cadernos O Direito 5 (2010), 169-189

O Protocolo n.º 30, relativo à aplicação da Carta à Polónia e ao Reino Unido, reitera este entendimento:

> Considerando que a Carta **reafirma** os direitos, as liberdades e os princípios reconhe-cidos na União, conferindo-lhes maior visibilidade, sem todavia criar novos direitos ou prin-cípios (ênfase acrescentada).

Também em prol desta concepção, a Declaração n.º 1, dedicada à Carta, elucida que esta sendo juridicamente vinculativa, apenas *"**confirma** os direitos fundamentais garantidos pela CEDH e resultantes de tradições constitucionais comuns aos Estados-membros"* (ênfase acrescentada).

24. Em rigor, a Carta não proclama novos direitos. A sua entrada em vigor em 1 de Dezembro de 2009 não implicou alterações substanciais no *bloco de fundamentalidade* da União Europeia[37]. Também não serão de esperar, pelo menos no horizonte próximo, modificações de relevo na forma como o Tribunal de Justiça interpreta e aplica as normas garantidoras de direitos constantes da Carta. A este propósito, basta ter presente que as *Anotações*, dirigidas aos órgãos jurisdicionais da União e dos Estados-membros (v. artigo 52.º, n.º 7, da Carta) se apoiam, em larga medida, na jurisprudência proferida pelo Tribunal de Justiça e pelo Tribunal Europeu dos Direitos do Homem.

Em suma, a Carta, na sua assumida função de reafirmação de direitos, reúne num único texto direitos provenientes do legado constitucional dos Estados--membros, do Direito da União Europeia (v.g. direitos de cidadania) e, na sua maioria, da CEDH. A Carta proclama direitos nascidos do funcionamento de um sistema europeu de base triangular. A eventual inovação da Carta não reside no tipo de direitos e liberdades que declara, mas sim no conjunto de direitos que dela resulta.

25. O aspecto mais inovador do Tratado de Lisboa em matéria de direitos fundamentais respeita à adesão da UE à CEDH. Trata-se, contudo, de um objectivo para concretização futura e, não dispensando uma nota de realismo, de desfecho muito incerto. Por conseguinte, o artigo 6.º, n.º 2, UE, não tem repercussão imediata.

26. Importa, assim, concluir que o Tratado de Lisboa, embora com clarifi-cações importantes e uma porta entreaberta à futura adesão da UE à CEDH,

---

[37] Cf. MARIA LUÍSA DUARTE, *União Europeia e Direitos Fundamentais*, cit., 243 ss.

188 Maria Luísa Duarte

não mutaciona o modelo eurocomunitário de protecção dos direitos fundamentais, seja no plano dos direitos proclamados seja no plano dos respectivos meios de garantia. Deveria fazê-lo? Não nos parece que, nesta fase, caracterizada por uma vontade de aprofundamento na continuidade do espaço de integração confiado à União Europeia, uma mudança radical de paradigma fizesse parte da equação. A continuidade do modelo, seria, contudo, compatível com soluções de mudança que dariam, aliás, valioso contributo para a desejada superação de lacunas identificadas no sistema actual. Apenas três sugestões: 1) maior ambição nos direitos arrolados pela Carta, em particular a preferência por uma formulação mais imperativa, menos condicional ou remissiva; 2) revisão do artigo 263.º TFUE (recurso de anulação), no sentido de permitir a impugnação de actos jurídicos da UE, ainda que gerais e abstractos, por iniciativa dos titulares dos direitos com fundamento na sua alegada violação; 3) sem prejuízo da medida anterior, deveria o Provedor de Justiça Europeu ser incluído no elenco dos recorrentes institucionais do artigo 263.º TFUE, com o poder para impugnar quaisquer actos jurídicos da UE com fundamento em alegada violação de direitos fundamentais.

27. O sistema eurocomunitário de protecção de direitos fundamentais, tal como o conhecemos – plural e internormativo no que se refere às fontes e pretoriano no que toca aos critérios de decisão aplicativa[38] – não sofrerá qualquer risco de transformação radical em virtude do Tratado de Lisboa. Mesmo a adesão da UE à CEDH, supondo que essa solução se possa concretizar, constituirá, importa reconhecê-lo, a formalização de um modelo de coexistência judicial, que já funciona em termos algo assimétricos de "diálogo de juízes", e que tivemos oportunidade de caracterizar como "triângulo judicial europeu"[39]. Com o Tratado de Lisboa, em matéria de direitos fundamentais, prevaleceu – e bem – o método comunitário do aperfeiçoamento gradual e pragmático dos meios jurídicos adequados à garantia do nível mais elevado de protecção. Tão ou mais importante do que a positivação das normas garantidoras e a formalização do sistema de tutela judicial em articulação com o Tribunal Europeu dos Direitos do Homem será a perspectiva que o Juiz comunitário, em especial o Tribunal

---

[38] Cf. MARIA LUÍSA DUARTE, *União Europeia e Direitos Fundamentais*, cit., 197 ss.
[39] A expressão foi por nós proposta, pela primeira vez, no estudo de 2004, intitulado "O Direito da União Europeia e o Direito Europeu dos Direitos do Homem. Uma defesa do «triângulo judicial europeu»", in *Estudos em homenagem ao Professor A. Marques Guedes*, 2004, 205 ss.

de Justiça, vier a tomar sobre o âmbito de protecção dos direitos e o estatuto dos particulares no funcionamento das vias de direito. Em definitivo, o Tratado de Lisboa é neste caminho, iniciado nos finais da década de sessenta, um ponto de passagem e não um ponto de chegada.

Lisboa, 16 de Fevereiro de 2010.

A separação de poderes no Tratado de Lisboa – avanços e recuos na autonomização da função administrativa europeia

DR. MIGUEL PRATA ROQUE*

> *Em todo o governo, existem três poderes essenciais, cada um dos quais o legislador prudente deve acomodar da maneira mais conveniente. Quando estas três partes estão bem acomodadas, necessariamente o governo vai bem, e é das diferenças entre estas partes que provêm as suas. O primeiro deste poderes é o que delibera sobre os negócios do Estado. O segundo compreende todas as magistraturas ou poderes constituídos, isto é, aqueles de que o Estado precisa para agir, suas atribuições e a maneira de satisfazê-las. O terceiro abrange os cargos de jurisdição.*
>
> ARISTÓTELES, *A Política*, Livro III, Capítulo X

SUMÁRIO: *1. Enquadramento dogmático do princípio da separação de poderes. 2. Separação de poderes no sistema de governo da União Europeia (I) – A perspectiva material. 3. Separação de poderes no sistema de governo da União Europeia (II) – A perspectiva orgânica. 4. Separação de poderes no sistema de governo da União Europeia (III) – A perspectiva instrumental. 5. Separação de poderes no sistema de governo da União Europeia (IV) – A perspectiva hierárquica.*

1. Enquadramento dogmático do princípio da separação de poderes

De tempos a tempos, critica-se o sistema de governo da União Europeia [UE] por não acautelar, de modo bastante e adequado, o princípio da separa-

---

* Mestre em Ciências Jurídico-Políticas. Assistente da Faculdade de Direito da Universidade de Lisboa. Assessor do Gabinete de Juízes do Tribunal Constitucional.

192 Miguel Prata Roque

ção entre os vários poderes[1]. Mais se nega que o ordenamento jurídico da União Europeia possa ser encarado enquanto emanação de um poder constituinte europeu (ou transnacional), precisamente porque aquele sistema de governo não seria consentâneo com o modelo actualmente vigente nos Estados de Direito Democrático. Procurarei demonstrar, contudo, que essas críticas assentam numa (edílica) concepção de separação de poderes entre os diversos órgãos encarregues da prossecução das funções de determinada pessoa colectiva pública, que privilegia a separação orgânica dos poderes à respectiva separação funcional ou material.

Em boa verdade, também os modelos de organização política de âmbito estatal – com particular acuidade, os que correspondem às diversas famílias europeias nas quais se insere cada Estado-Membro da União Europeia – assentam numa concepção flexível e mitigada de separação de poderes, que já não pressupõe uma absoluta estanquicidade entre cada órgão encarregue de cada função[2]. Pelo contrário, a concretização do princípio da separação de poderes já não repousa numa ideia de exclusividade orgânica do exercício de cada uma das funções do Estado, mas antes na garantia de que existe um órgão que exerce o predomínio quanto a cada uma das funções do Estado, ainda que vários órgãos possam partilhá-la, em homenagem ao princípio da cooperação interinstitucional[3].

---

[1] A propósito destas críticas, ver, entre muitos outros, MARIO P. CHITI, *"Derecho Administrativo Europeo"*, 2002, Civitas, 102; EBERHARD SCHMIDT-ASSMANN, *"Europäisches Verwaltungsrecht als Gemeinsame Aufgabe"*, in «REDP», n.º 1, printemps, 2000, 15; MICHAEL BRENNER, *"Der Gestaltungsauftrag der Verwaltung in der Europäischen Union"*, 1997, 191; SUSANNE HEGELS, *"EG-Eigenverwaltungsrecht und Gemeinschaftsverwaltungsrecht – Europäisches Verwaltungsrecht für den direkten und den indirekten Gemeinschaftsrechtsvollzug"*, 2001, 50; SABINO CASSESE, *"Diritto Amministrativo Comunitario e Diritti Amministrativi Nazionali: Signoria o integrazione?"*, in «RIDPC», 2004, n.º 5, 5; GIACINTO DELLA CANANEA, *"I procedimenti amministrativi della comunità europea"*, in AAVV, «Trattato di Diritto Amministrativo Europeo» (organizado por Mario Chiti e Guido Greco), 1997, 226; WERNER VON SIMSON, *"Anforderungen an die Rechtmässigkeit des Verwaltungshandelns der EG-Behörden"*, in «Europäische Verwaltungsrecht im Werden», 1982, 24.

[2] Pelo contrário, citando Wolff-Bachof, Sérvulo Correia entende que a limitação dos poderes – e a correspondente sustação dos fenómenos concentracionários – depende mais do grau de participação dos diversos partidos políticos nos diversos órgãos do Estado do que da separação rígidas entre cada um daqueles órgãos. Neste sentido, ver J. M. SÉRVULO CORREIA, *"Noções de Direito Administrativo"*, Volume I, 1982, 18 e 19.

[3] Nas elucidativas palavras de MÁRIO ESTEVES DE OLIVEIRA: «*Estes e muitos outros desvios, de tanto ou menor significado, impedem que o princípio da separação de Poderes e Funções do Estado ainda possa ser visto tal como foi inicialmente formulado: o seu sentido actual não é o de uma função/um Poder, mas sim o*

A separação de poderes no Tratado de Lisboa   193

Dito isto, importa então notar que, em boa verdade, o sistema de governo da União Europeia (e das suas antecessoras Comunidades) nunca se pautou por uma separação estanque de poderes[4] ou, pelo menos, por um modelo alicerçado numa separação evidente entre os órgãos que prosseguem cada uma das funções de que a União foi encarregue. Desde logo porque, de acordo com os tratados originários, era ao Conselho que cabia o monopólio do poder legislativo e (pelo menos textualmente) do poder administrativo[5]. Para além disso, a própria Comissão tanto desempenhava tarefas de âmbito legislativo (poder de iniciativa) como tarefas de âmbito puramente administrativo (ainda que por delegação do Conselho)[6]. Por fim, o Parlamento Europeu começou por ser uma mera câmara representativa de representantes dos parlamentos nacionais e

---

da atribuição a órgãos distintos (e também já não completamente autónomos) do essencial do núcleo de cada função, embora a cada um deles possam vir a ser agregadas parcelas mais ou menos significativas de actividades que, teoricamente, deveriam caber a órgãos de outro Poder. O que nos permitirá, hoje, qualificar um órgão como legislativo não é o facto de lhe estar confiada, em exclusivo, a tarefa de legislar ou administrar (...)». Assim, ver MÁRIO ESTEVES DE OLIVEIRA, "Direito Administrativo", Volume I, 1980, 11. Em sentido idêntico, ver ainda J. M. SÉRVULO CORREIA, "Noções de Direito Administrativo", cit., 17 e 18.

[4] GIANFRANCO PASQUINO, "Curso de Ciência Política" (traduzido por Ana Sassetti da Mota), 2005, 354 e 355.

[5] Roberto Caranta fala mesmo numa "androgenia do Conselho", em função desta confusão de funções. Cf. ROBERTO CARANTA, "Giustizia Amministrativa e Diritto Comunitario", cit., 27 e 28. Ver ainda, FAUSTO DE QUADROS, "Direito da União Europeia – Direito Constitucional e Administrativo da União Europeia", 2004, 492; ANA MARIA GUERRA MARTINS, "Curso de Direito Constitucional da União Europeia", 2004, 350 e 351. Note-se, porém, que, em momento bastante anterior à entrada em vigor do Tratado de Lisboa, Maria Luísa Duarte fazia questão de frisar que, à luz do 3.º travessão do (agora revogado) artigo 202.º do TCE, o efectivo titular do poder executivo seria o Conselho, ainda que este o pudesse delegar na Comissão. Contudo, a própria autora admitia que esta regulação "não o transformou num órgão executivo, e muito menos num órgão executivo de poderes ilimitados", visto que aquele "não tem vocação de órgão executivo". Assim, ver MARIA LUÍSA DUARTE, "Direito da União Europeia e das Comunidades Europeias", volume I, tomo I, 2001, 117.

[6] EBERHARD SCHMIDT-ASSMANN, "Europäisches Verwaltungsrecht als Gemeinsame Aufgabe", cit., 15; JOÃO MOTA DE CAMPOS, "Manual de Direito Comunitário", 2000, 78 e 79; WERNER VON SIMSON, "Anforderungen an die Rechtmässigkeit des Verwaltungshandelns der EG-Behörden", cit., 24. Há quem afirme que a Comissão chegou mesmo a assumir funções jurisdicionais, no âmbito do Direito da Concorrência. Assim, JOCHIM SEDEMUND, "Allgemeine Prinzipen des Verwaltungsverfahrensrechts, dargestellt am Beispiel des Verwaltungsverfahrens der EG in Kartellsachen", in «Europäische Verwaltungsrecht im Werden», 1982, 46. Contudo, não reputo esta afirmação de aceitável, uma vez que os poderes exercidos pela Comissão, nessa sede, emergem manifestamente de um modelo de Administração de Interferência ou Reguladora. Tolerar a afirmação de Jochim Sedemund corresponderia a aceitar que a Administração exerce poderes jurisdicionais quando procede à instrução e ao processamento de ilícitos de mera ordenação social.

194   Miguel Prata Roque

exercia funções meramente consultivas[7]. Apenas com a passagem ao sufrágio directo e universal[8] é que o Parlamento consolidou definitivamente as suas prerrogativas de verdadeiro órgão representativo dos cidadãos europeus. Mais tarde, o Parlamento Europeu viria a conquistar progressivamente um incontornável espaço de intervenção legislativa, que tem vindo a ser ampliado a cada revisão dos tratados[9].

A coberto deste pretexto, aqueles que vituperaram as alegadas tentativas de criação de um Estado Federal, ao estilo tradicional, apressaram-se logo a denunciar que o Direito da União Europeia não dispunha de um dos elementos essenciais à subsistência de um Estado soberano democrático: o princípio da separação de poderes[10]. Porém, creio ser inegável que o processo gradual de revisão dos tratados tem provocado uma lenta, mas progressiva, separação entre os poderes da União Europeia[11], quer por via do acréscimo de competências legislativas e de controlo político pelo Parlamento Europeu, quer por via da autonomização da Comissão Europeia como um verdadeiro "Executivo Comunitário"[12]. E conforme procurarei demonstrar, de ora em diante, o Tratado de Lisboa constitui mais um passo em direcção a uma adequada reparti-

---

[7] Note-se que, nos tratados originários, apenas era prevista uma "Assembleia" que reuniria representantes de todos os Estados-Membros. Contudo, a própria Assembleia – qual Napoleão Bonaparte – decidiu "auto-coroar-se", passando a assumir, por vontade própria, a designação de "Parlamento Europeu", por intermédio da Resolução de 30 de Março de 1962. Assim, FAUSTO DE QUADROS, *"Direito da União Europeia"*, cit., 230.

[8] Através da Decisão do Conselho, de 20 de Setembro de 1976.

[9] Sobre o processo de progressiva conquista de poderes do Parlamento Europeu, ver, entre muitos outros, PAUL CRAIG, *"The Role of the European Parliament under the Lisbon Treaty"*, in «The Lisbon Treaty – EU Constitutionalism without a Constitutional Treaty?» (org. Stefan Griller/Jacques Ziller), 2008, 109 a 134; FAUSTO DE QUADROS, *"Direito da União Europeia"*, cit., 237 a 251; ANA MARIA GUERRA MARTINS, *"Curso de Direito Constitucional da União Europeia"*, cit., 298 a 301; MARIA LUÍSA DUARTE, *"Direito da União Europeia e das Comunidades Europeias"*, volume I, tomo I, 2001, 153 a 155; MARGARITA A. ROBLES CARRILLO, *"El Controlo de la Politica Exterior por el Parlamento Europeo"*, 1994, e, em especial, 63 a 85, 107 a 167 e 204 a 238.

[10] Contudo, como bem nota Luciano Parejo Alfonso, a mera ausência de respeito integral pela dimensão orgânica não afecta a vigência de um sistema de separação substancial de poderes. Assim, ver LUCIANO PAREJO ALFONSO, *"Los Principios Generales del Derecho Administrativo Comunitario"* (organizado por Luciano Parejo Alfonso e outros), 2002, 53.

[11] Neste sentido, ANA MARIA GUERRA MARTINS, *"Curso de Direito Constitucional da União Europeia"*, cit., 126; SABINO CASSESE, *"Il Diritto Administrativo Europeo: una introduzione"*, in AAVV, «El desenvolupament del dret administratiu europeu», 1993, 4.

[12] Qualificando-a, em momento pós-Maastricht, como *"um embrião de governo comunitário"*, ver MARCELO REBELO DE SOUSA, *"A integração europeia pós-Maastricht e o sistema de governo dos Estados-Membros"*, in «Análise Social», vol. XXVII (118-119), 1992, 797.

ção entre a função legislativa e a função administrativa por órgãos distintos que a exercem[13], não a título exclusivo, mas predominante.

Atenta a magnitude do tema e a incontestável ausência de dúvidas quanto à consolidação de uma efectiva separação entre a função jurisdicional e as demais funções prosseguidas pelos órgãos da União Europeia[14], o presente estudo não curará de analisar eventuais alterações introduzidas pelo Tratado de Lisboa a propósito do reforço da separação de poderes na perspectiva do exercício do poder jurisdicional.

2. Separação de poderes no sistema de governo da União Europeia (I) – A perspectiva material

Vejamos, então, se o Tratado de Lisboa implementa, de modo adequado e efectivo, o princípio da separação de poderes.

Desde logo, há que notar que realçar que a concepção particular do princípio da separação de poderes, quando aplicado a uma organização política transnacional como é a União Europeia, não pode prescindir de uma ponderação sobre os elementos histórico e teleológico[15] que presidiram à sua consa-

---

[13] Afirmando que o Tratado de Lisboa continua a poder ser qualificado como um instrumento normativo de natureza jus-constitucional, precisamente por proceder a uma definição das competências de um poder público e da respectiva organização, mediante salvaguarda do princípio da separação de poderes, ver STEFAN GRILLER, *"Is This a Constitution? Remarks on a Contested Concept"*, in «The Lisbon Treaty – EU Constitutionalism without a Constitutional Treaty?» (org. Stefan Griller/Jacques Ziller), 2008, 27 a 33; SERGIO DELAVALLE, *"Constitutionalism Beyond the Constitution – The Treaty of Lisbon in the Light of Post-National Public Law"*, 2009, Jean Monnet Working Paper n. 3/09, 6, 7 e 16; acessível *in* www.jeanmonnetprogram.org.

[14] Em boa verdade, a doutrina tem entendido que a existência de uma nítida autonomia entre a função jurisdicional e as demais funções exercidas pelos órgãos da União Europeia constitui um dos principais argumentos a favor da inclusão do princípio da separação de poderes como trave estruturante do sistema de Governo da União Europeia. Como afirmou STEINBERGER: *"De todos os elementos estruturais da Comunidade, o seu poder jurisdicional é aquele que mais a aproxima de um Estado dotado de uma Constituição"* (tradução de minha autoria, a partir de HELMUT STEINBERGER, *"Der Verfassungsstaat als Glied einer Europäischer Gemeinschaft"*, in «Veröffentlichungen der Vereinigung der Deutschen Staatsrechtslehrer», 50, 1991, 37). Em idêntico sentido, ver ainda EBERHARD SCHMIDT-ASSMANN, *"Le modele de l'«administration composée» et le rôle du droit administratif européen"*, in «Revue Française de Droit Administratif», n.° 6, Novembre-Décembre, 2006, 1250.

[15] Para uma reflexão exaustiva sobre a dimensão histórica do princípio da separação de poderes, ver NUNO PIÇARRA, *"A Separação dos Poderes como Doutrina e Princípio Constitucional – Um contributo para o estudo das suas origens e evolução"*, 1989, em especial, 31 a 139.

196 *Miguel Prata Roque*

gração, enquanto trave-mestra dos Estados típicos da Idade Moderna. Nessa fase embrionária, os sistemas político-constitucionais nacionais consagraram o princípio da separação de poderes com o confessado propósito de evitar a concentração de poderes e de proteger a liberdade, a segurança e a propriedade dos indivíduos face à arbitrariedade do poder político[16].

Assim, no plano do Direito Constitucional, o princípio da separação dos poderes visou operar uma progressiva distinção entre o exercício do poder legislativo e o exercício do poder executivo, de modo a que apenas este último se mantivesse no âmbito de disposição (directa) ou de influência (indirecta) do monarca[17]. A autonomização do poder legislativo – e a entrega do respectivo exercício a assembleias parlamentares – visou, portanto, garantir que a comunidade de indivíduos livres pudesse fixar, de modo geral, abstracto e vinculativo, os limites da actuação régia[18]. Por seu turno, no plano do Direito Administrativo, o princípio da separação dos poderes começou por responder à preocupação evidente de criação de um corpo independente e autónomo encarregue da apreciação da legalidade da actuação administrativa, mediante a entrega aos tribunais desse poder jurisdicional. Desta feita, a comunidade de indivíduos livres não só sabia que era de si que resultavam os comandos da actuação do executivo, como permanecia tranquila face à certeza de que a eventual violação desses comandos seria declarada e alvo de reacção por parte de um corpo de magistrados independente face ao executivo[19].

---

[16] NUNO PIÇARRA, *"A Separação dos Poderes como Doutrina e Princípio Constitucional"*, cit., 147 a 153; MASSIMO SEVERO GIANNINI, *"Profili di un Diritto Amministrativo Europeo"*, in «RTDP», 4, 2003, 985 e 986; DIOGO FREITAS DO AMARAL, *"Curso de Direito Administrativo"*, volume 2, 2006, 12 e 13.

[17] NUNO PIÇARRA, *"A Separação dos Poderes como Doutrina e Princípio Constitucional"*, cit., 143 a 170; DIOGO FREITAS DO AMARAL, *"Curso de Direito Administrativo"*, cit., 12 e 13.

[18] ROGÉRIO SOARES, *"Princípio da Legalidade e administração constitutiva"*, in «Boletim da Faculdade de Direito de Coimbra», 1981, 171.

[19] Isto sem prejuízo de, numa perspectiva histórica restrita ao sistema administrativo vigente em França, o princípio da separação de poderes ter sido utilizado pelos revolucionários franceses para extrair do âmbito da jurisdição judicial o poder de fiscalização da actividade dos executivos revolucionários. Levada ao extremo, esta ideia acabou por subverter o princípio da separação de poderes, transformando-o num pretexto para retirar aos tribunais o poder de fiscalizar a legalidade da actividade administrativa e para sedimentar a ideia de um privilégio de foro da Administração, muitas vezes, a cargo de corpos intra-administrativos. Neste sentido, ver VASCO PEREIRA DA SILVA, *"Por um Contencioso dos Particulares"*, 1997, 18 a 23; SÉRVULO CORREIA, *"Direito do Contencioso Administrativo"*, I, 2005, 43 e 44.

A separação de poderes no Tratado de Lisboa   197

Creio, porém, que já não são estes objectivos que presidem à consagração da dimensão europeia do princípio da separação dos poderes.

Quer através dos tratados originários, quer através do Tratado de Lisboa, o que os Estados-Membros pretenderam foi criar uma nova forma de organização e exercício de poderes transnacionais que, mais do que interferir, de modo desfavorável, na esfera jurídica dos indivíduos, interfere antes nos próprios ordenamentos jurídicos nacionais. Dito de outro modo, o modelo de separação de poderes adoptado na União Europeia – e reforçado pelo Tratado de Lisboa – visou mais proteger os próprios Estados-Membros face ao exercício do poder legislativo e executivo por parte de uma organização política de natureza transnacional[20] do que proteger os cidadãos europeus do exercício de tais poderes.

Assim é porque, na realidade, o sistema jurídico-constitucional da União Europeia não visou defender os indivíduos de um poder político pré-estabelecido[21]. Para além disso, o sistema jurídico-constitucional desde cedo adoptado foi sempre *"individual-friendly"*, ou seja, foi delineado não no sentido de impor limitações aos indivíduos[22], legitimando a intervenção agressiva ou emulativa de um poder público, mas – pelo contrário – foi delineado para ampliar o nível de protecção jurídica dos Direitos Fundamentais dos indivíduos[23]. Para tal, o sistema jurídico-constitucional da União Europeia visou, ao

---

[20] Reportando-se ao que qualifica de "dimensão vertical" do princípio da separação de poderes, ver JEAN PAUL JACQUÉ, *"Introduction: Pouvoir Législatif et Pouvoir Exécutif dans l'Union Européen"*, in «Droit Administratif Européen» (organizado por Jean-Bernard Auby e Jacqueline Dutheil de la Rochère), 2007, 35 e 36.

[21] Neste sentido, ver MASSIMO SEVERO GIANNINI, *"Profili di un Diritto Amministrativo Europeo"*, cit., 985 e 986.

[22] Com argúcia, Schmidt-Assmann demonstra como o Direito da União Europeia "seduziu" o cidadão europeu, ampliando a esfera protectora dos seus direitos subjectivos, de modo a levá-lo a tomar partido pela União Europeia "contra" os Estados-Membros. Deste modo, verificou-se uma relativa funcionalização do cidadão europeu que, face à debilidade do aparelho coercivo da União, passou a ser o verdadeiro garante quotidiano da aplicação do Direito Administrativo Europeu. Neste sentido, EBERHARD SCHMIDT-ASSMANN, *"La Teoria General del Derecho Administrativo como Sistema"*, 2003, 46.

[23] Neste sentido, Miguel Poiares Maduro afirma que os tratados adoptaram uma estratégia de incitamento dos cidadãos europeus, no sentido da reivindicação, perante os tribunais nacionais, dos direitos concedidos pelos tratados. Assim, ver MIGUEL POIARES MADURO, *"A Constituição Plural – Constitucionalismo e União Europeia"*, 2006, 28, 59 e 60. Em sentido contrário, Werner von Simson alega que foi precisamente a concentração de poderes legislativos e executivos na Comissão Europeia que forçou ao desenvolvimento de mecanismos jurisdicionais de defesa dos interessados. Cf. WERNER VON SIMSON, *"Anforderungen an die Rechtmässigkeit des Verwaltungshandelns*

198   Miguel Prata Roque

invés do que sucede no Direito Constitucional interno, fixar e delimitar o âmbito de atribuição daquela, salvaguardando não directamente os indivíduos, mas antes os Estados-Membros que compõem essa nova forma de agregação de poder político[24].

Mas, ultrapassada a fase de mera integração económica, isto não quer dizer que o Direito da União Europeia não vise a protecção dos direitos subjectivos dos seus cidadãos[25]. Só assim se compreende que o modelo de separação de poderes da União entronque não numa divisão de poderes estanque entre órgãos, mas antes numa divisão entre a legitimidade democrática directa, expressa pelos Povos da Europa, e uma legitimidade democrática indirecta, expressa pelos Governos dos Estados europeus[26]. Deste modo, os diversos procedimentos decisórios encontram-se suficientemente divididos entre uma e outra legitimidades[27], assegurando o objectivo fundamental do princípio da separação de poderes: a concentração excessiva de poderes num só grupo de indivíduos[28].

---

der EG-Behörden", cit., 24. Salvo o devido respeito, creio que este argumento é extremamente frágil, visto que – na maioria das vezes – a Comissão Europeia tem-se assumido, pelo contrário, como uma verdadeira aliada dos administrados contra as administrações nacionais, designadamente, através da instauração de acções de incumprimento.

[24] MARIO P. CHITI, *"Derecho Administrativo Europeo"*, cit., 142; EBERHARD SCHMIDT-ASSMANN, *"Le modele de l'«administration composée» et le rôle du droit administratif européen"*, cit., 1248.

[25] EBERHARD SCHMIDT-ASSMANN, *"La Teoria General del Derecho Administrativo como Sistema"*, cit., 47; ROBERTO CARANTA, *"Giustizia Amministrativa i Diritto Comunitario – Studio sull'influzzo dell'integrazione giuridica europea sulla tutela giurisdizionale dei cittadini nei confronti della pubblica amministrazione"*, 1992, 93.

[26] Assim, corroboro a posição de Schmidt-Assmann, segundo a qual não existe uma verdadeira ofensa ao princípio da separação, mas apenas uma busca de um novo equilíbrio de poderes, em certa medida diferenciado daquele que ocorre nos sistemas político-constitucionais dos Estados-Membros. Cf. EBERHARD SCHMIDT-ASSMANN, *"La Teoria General del Derecho Administrativo como Sistema"*, cit., 45. Reforçando a circunstância de o princípio de separação de poderes na União Europeia assentar na diversidade de interesses representado por cada instituição comunitária, ver ainda ANA MARIA GUERRA MARTINS, *"Curso de Direito Constitucional da União Europeia"*, cit., 126; KOEN LENAERTS, *"Some reflections on the separation of powers in the European Community"*, in «CMLR», 1991, 12 e 14.

[27] Defendendo um modelo de separação de poderes assente numa dupla divisão horizontal (entre a União Europeia e os Estados-Membros) e vertical (entre a União Europeia e os cidadãos), ver LUCIANO PAREJO ALFONSO, *"Los Principios Generales del Derecho Administrativo Comunitario"*, cit., 52 a 56.

[28] Neste sentido, ver ANA MARIA GUERRA MARTINS, *"Curso de Direito Constitucional da União Europeia"*, cit., 126 e 127; LUCIANO PAREJO ALFONSO, *"Los Principios Generales del Derecho Administrativo Comunitario"*, in «Manual de Derecho Administrativo» (organizado por Luciano Parejo Alfonso e outros), 2002, 43 e 44.

Coloquemos, então, à prova o Tratado de Lisboa.

Em sede de procedimento legislativo, o (quase) monopólio de iniciativa da Comissão Europeia foi intensificado face à versão de Nice, na medida em que lhe é atribuída a uma competência genérica de iniciativa para a adopção de actos legislativos, que apenas fica prejudicada quando haja *"disposição em contrário dos Tratados"* (artigo 17.º, n.º 2, do TUE)[29]. Ora, em sede de Política Externa e de Segurança Comum (PESC), é o próprio Tratado que esclarece aquilo que já antes era entendido pela doutrina[30]; ou seja, que as decisões adoptadas no âmbito daquelas matérias não são qualificáveis como *"actos legislativos"* (artigos 24.º, n.º 1, 2.º §, e 31.º, n.º 1, ambos do TUE). Daqui resulta que a possibilidade de iniciativa por parte do Alto Representante da União para os Negócios Estrangeiros e a Política de Segurança (artigos 18.º, n.º 2, 22.º, n.º 2, 27.º, n.º 2 e 30.º, n.º 1, todos do TUE) e pelos Estados-Membros (artigo 30.º, n.º 1, do TUE), em matéria de PESC, não é confundível com o exercício de poder legislativo – mas antes de poder político *"stricto sensu"* e, eventualmente, de poder administrativo, quando haja lugar à implementação de medidas de execução[31]. Como tal, este tipo de iniciativas nem sequer corporizam uma excepção ao (quase) monopólio de iniciativa que cabe à Comissão Europeia.

---

[29] Sempre que o tratado de funcionamento expressamente o determine, os actos legislativos podem ser adoptados mediante iniciativa: *i)* de um milhão de cidadãos; *ii)* de um grupo de Estados-Membros; *ii)* do Parlamento Europeu; *iii)* do Banco Central Europeu; ou *iv)* do Banco Europeu de Investimento (artigo 11.º, n.º 4, do TUE e artigos 24.º, 1.º § e 289.º, n.º 4, ambos do TFUE). Sucede que essas situações são cada vez mais raras, à luz do Tratado de Lisboa. Podem identificar-se as seguintes: *i)* iniciativa legislativa de cidadania, sob proposta de grupos de cidadãos (artigo 11.º, n.º 4, do TUE e 24.º, 1.º §, do TFUE); *ii)* matérias de cooperação judiciária e policial em matéria penal, tal como previstas nos Capítulos 4 e 5 do Título V, relativo ao Espaço de Liberdade, Segurança e Justiça, bem como as respectivas medidas de cooperação administrativa, por iniciativa de um quarto dos Estados-Membros [artigo 76.º, alínea *b)*, do TFUE]; *iii)* alteração dos Estatutos do Sistema Europeu de Bancos Centrais e do Banco Central Europeu e adopção de disposições previstas nos Estatutos, sob recomendação do BCE (artigos 129.º, n.os 3 e 4, do TFUE); *vi)* regras relativas ao funcionamento de comissões parlamentares de inquérito, sob iniciativa do Parlamento Europeu (artigo 226.º, 3.º §, do TFUE); *v)* estatuto dos membros do Parlamento Europeu, sob iniciativa deste último; *vi)* estatuto do Provedor de Justiça, sob iniciativa do Parlamento Europeu (artigo 228.º, n.º 4, do TFUE); *vii)* alteração dos Estatutos do Banco Europeu de Investimento, sob iniciativa do BEI (artigo 308.º, 3.º §, do TFUE).

[30] Assim, ver MIGUEL PRATA ROQUE, *"O Ministro dos Negócios Estrangeiros da União na Constituição Europeia – A Caminho de uma Política Externa Europeia?"*, 2005, 74; Idem, *"A derrocada do sistema de três pilares – Breve apontamento sobre a permanência do método intergovernamental na Constituição Europeia"*, in «O Direito», Ano 137.º, 2005, IV-V, 918, 919, 922 e 923.

[31] No caso de *"actos não legislativos"* adoptados ao abrigo de normas relativas à PESC, cabe ao Alto Representante exercer o direito de iniciativa (artigos 27.º, n.º 1 e 30.º, n.º 1, ambos do

200   Miguel Prata Roque

Como tal, à luz do Tratado de Lisboa, a Comissão corporiza, sem margem para dúvidas, o próprio interesse público transnacional da União Europeia[32], sendo que a sua legitimidade decorre de duas fontes distintas: *i*) dos Governos dos Estados-Membros que designam os seus membros; *ii*) dos Povos europeus que elegem o Parlamento Europeu que, por sua vez, procede às audições parlamentares e vota a investidura de todos os membros da Comissão. Mas, ao contrário do que sucede nos Estados-Membros[33], quem propõe o acto legislativo pode nem sequer ter poderes para o adoptar (pense-se nas decisões ou nos actos de execução excepcionalmente praticados pelo Conselho). Por aqui se demonstra que o sistema de separação de poderes da União Europeia se apresenta ainda mais intenso do que os vigentes nos Estados-Membros. Por sua vez, na fase de aprovação, ao contrário do que sucede por exemplo em Portugal, não há uma separação estanque entre os órgãos com competência legisla-

---

TUE), ainda que, desde o Tratado de Lisboa, a Comissão possa apresentar propostas conjuntas com aquele (artigos 22.°, n.° 2 e 30.°, n.° 1, ambos do TUE) que, aliás, passou a fazer parte do colégio de comissários. Sobre a natureza híbrida do Alto Representante e as dificuldades suscitadas por uma *"dupla vassalagem"* perante as legitimidades intergovernamental e integracionista, ver MIGUEL PRATA ROQUE, *"O Ministro dos Negócios Estrangeiros da União na Constituição Europeia – A Caminho de uma Política Externa Europeia?"*, cit., 55 a 60.

De entre os *"actos não legislativos"* cuja iniciativa cabe ao Alto Representante, há que mencionar: *i*) adopção e execução de medidas restritivas contra Estados terceiros (215.°, n.° 1, do TFUE); *ii*) suspensão de acordos internacionais (artigo 218.°, n.° 9, do TFUE); *iii*) adopção e execução de medidas transitórias em cooperações reforçadas relativas à PESC (artigo 331.°, n.° 2, 2.° §, do TFUE).

[32] ANA MARIA GUERRA MARTINS, *"Curso de Direito Constitucional da União Europeia"*, cit., 126; MARIA LUÍSA DUARTE, *"Direito da União Europeia e das Comunidades Europeias"*, cit., 90.

[33] Note-se, contudo, que mesmo no sistema de governo português, podemos surpreender exemplos deste género. Reporto-me à possibilidade de exercício de iniciativa legislativa popular (artigo 167.°, n.° 1, da CRP) ou de iniciativa pelas assembleias legislativas das Regiões Autónomas [artigo 227.°, n.° 1, alínea *f*), da CRP] que, no caso destas últimas, pode mesmo ser reservada [226.°, n.°1, da CRP]. A propósito das dificuldades suscitadas pela omissão do exercício do direito de iniciativa, quando aquela seja reservada à assembleias legislativas regionais, ver o Acórdão n.° 382/07, do Tribunal Constitucional. Conforme então notado: *«Não se pode, contudo, ignorar – e o caso ora em apreço tem sido precisamente apontado como um exemplo desse risco – que a competência exclusiva das assembleias legislativas regionais para a iniciativa de alterações aos estatutos político-administrativos pode originar situações de "rigidez estatutária", colocando-se a questão de "como superar a «inércia regional»", sobretudo em hipóteses em que a manutenção do estatuto existente se mostre susceptível de ser acusada de desconformidade com normas ou princípios constitucionais, designadamente supervenientes»* (cf. § 8. do Acórdão n.° 382/07). Sobre este aresto, veja-se ANA MARIA GUERRA MARTINS/MIGUEL PRATA ROQUE, *"Constitutional Jurisprudence – Portugal – 2007"*, in «European Review of Public Law», Vol. 20, n.° 3, aumtumn/automne, 2008, 1251 e 1252.

tiva. Quer o Conselho, quer o Parlamento Europeu partilham o poder legislativo, evidenciando um verdadeiro equilíbrio de poderes entre os Povos e os Estados da Europa, o que dificulta qualquer tentativa de abuso de poder por parte dos órgãos da União.

Aproveito para notar que o princípio da separação de poderes desde há muito que deixou de pressupor uma mera divisão estática de tarefas[34]. Pelo contrário, exige precisamente uma efectiva cooperação entre os diversos poderes instituídos[35] – divisão dinâmica –, com vista à plena efectividade das tarefas fundamentais prosseguidas por determinada comunidade política[36]. Por isso, principalmente após o Tratado de Lisboa, torna-se impossível invocar a falta de um sistema moderno de separação de poderes com o intuito de negar a existência de um processo de constitucionalização em curso do sistema de governo da União Europeia.

Para além disso, se existe um sistema de separação de poderes assente no equilíbrio entre Estados e Povos, ele só subsiste para permitir a plena prossecução do interesse público da União Europeia[37]. Mas, então, será que o Tratado de Lisboa contribui para a autonomização de um conceito material de *"interesse público da União Europeia"*?

Enquanto instrumento operativo, proponho-me recorrer a um paralelismo com a necessidade de decantação dos princípios comuns aos Estados-Membros, enquanto fonte privilegiada do Direito da União Europeia. Ou seja, registando-se já uma experiência doutrinária e jurisprudencial[38] a propósito da

---

[34] MARIO P. CHITI, *"Derecho Administrativo Europeo"*, cit., 161; NUNO PIÇARRA, *"A Separação de Poderes como Doutrina e Princípio Constitucional"*, cit., 262 a 264.

[35] Quanto à *"função administrativa europeia"*, em particular, há que realçar que esta assenta numa constante cooperação entre a administração europeia e as diversas administrações nacionais, o que reforça um modelo mais assente na cooperação do que numa separação estanque de poderes. Neste sentido, ver EBERHARD SCHMIDT-ASSMANN, *"Le modele de l'«administration composée» et le rôle du droit administratif européen"*, cit., 1248.

[36] Schmidt-Assmann alude mesmo a uma "tensão dialéctica" entre o princípio da separação e o princípio da cooperação. Cf. EBERHARD SCHMIDT-ASSMANN, *"La Teoria General del Derecho Administrativo como Sistema"*, cit., 388 e 390.

[37] MARIO P. CHITI, *"Derecho Administrativo Europeo"*, cit., 141; ULRICH FASTENRATH, *"Die Veränderte Stellung der Verwaltung und ihr Verhältnis zum Bürger unter dem Einfluss des Europäischen Gemeinschaftrechts"*, in «Die Verwaltung – Zeitschrif für Verwaltungsrecht und Verwaltungswissenschaften», 1998, 277 e 278.

[38] Katrin Stoye destaca o papel do TJUE na defesa do interesse público comunitário, qualificando-o como *"Integrationsorgan"*. Cf. KATRIN STOYE, *"Die Entwicklung des Europäischen Verwal-*

202   Miguel Prata Roque

determinação do que são princípios comuns aos Estados-Membros, julgo prudente transplantar tais critérios para efeitos de determinação do interesse público da União Europeia. Mas, quando me reporto à noção de *"interesse público da União Europeia"*, devo considerá-lo numa dimensão puramente unionista (ou europeia) ou, em contraponto, numa dimensão de mero denominador comum dos Estados-Membros?

Salvo melhor entendimento, creio que o interesse público da União Europeia corresponde ao somatório dos interesses comuns dos Estados e dos Povos europeus[39], mas apenas daqueles que dizem respeito aos padrões essenciais de uma vivência democrática e pluralista, que permita a plena implementação dos objectivos definidos pelos tratados. Daqui resulta que o interesse público da União Europeia: *i)* não se restringe aos interesses públicos dos Estados-Membros[40]; *ii)* não se resume aos interesses individuais dos cidadãos europeus[41]; *iii)* não abrange quaisquer fundamentos de interesse público nacional, mas apenas aqueles que se destinem a garantir a essência do Estado de Direito Democrático; *iv)* não prescinde de uma dimensão valorativa assente em objectivos de

---

tungsrechts durch das Gericht Erster Instanz – Am Beispiel der Verteidigungsrechte im Verwaltungsverfahren", 2005, Nomos, Berlin, 27.

Por sua vez, Maria Luísa Duarte demonstra que o TJUE soube bem explorar aquilo que a autora apelida de *"promissor filão de normatividade"*, ou seja, a possibilidade de extracção de princípios próprios do Direito da União Europeia através dos princípios comuns aos Estados-Membros. Assim, ver MARIA LUÍSA DUARTE, *"União Europeia e Direitos Fundamentais – No espaço da internormatividade"*, 2006, 81.

[39] Em sentido similar, Karl-Heinz Ladeur define o "interesse público da União Europeia" como um "interesse poligonal", uma vez que aquele abarcaria tanto os interesses dos vários Estados-Membros, como igualmente os interesses de todos os cidadãos europeus. Assim, ver KARL-HEINZ LADEUR , *"Supra- und transnationale Tendenzen in der Europäisierung des Verwaltungsrechts – eine Skizze"*, in «EuR», Heft 3, Juli/September, 1995, 239. Qualificando a União Europeia como uma *"União de Estados e de Povos"*, ver MIGUEL POIARES MADURO, *"A Constituição Plural"*, cit., 19; ANA MARIA GUERRA MARTINS, *"Curso de Direito Constitucional da União Europeia"*, cit., 194 a 197. Sobre a "Europa dos Cidadãos", ver ainda CARLA AMADO GOMES, *"A Natureza Constitucional do Tratado da União Europeia"*, 1997, 47 a 59.

[40] Em tom bastante crítico, Colaço Antunes denuncia o risco de transformação do interesse público dos Estados-Membros num *"interesse trangénico"*, que se limite a transpor a noção de interesse público da União Europeia. Assim, ver LUÍS FILIPE COLAÇO ANTUNES, *"A Teoria do Acto e a Justiça Administrativa – O Novo Contrato Natural"*, 2006, 13 e 14.

[41] Martin Burgi alerta para o facto de a noção de interesse público da União Europeia limitar a natureza subjectiva do sistema processual administrativo europeu, em contraponto com o sistema alemão. Assim, cf. MARTIN BURGI, *"Verwaltungsprozess und Europarecht – Eine systematische Darstellung"*, 1996, 52. Em sentido idêntico, ver J. M. SÉRVULO CORREIA, *"Direito do Contencioso Administrativo"*, cit., 115.

natureza puramente intrínseca à própria União Europeia[42]. Isto significa que é perfeitamente possível que o interesse público da União Europeia não corresponda necessariamente aos interesses públicos estatais que sejam comuns à maioria dos Estados-Membros[43]. Ainda que, tendencialmente, tal constitua a situação mais frequente[44]. É que o interesse público da União Europeia salvaguarda não só os interesses públicos estatais, representados pelos Governos nacionais, mas igualmente os interesses de todos os cidadãos europeus[45], incluindo as minorias nacionais de oposição[46], bem como o interesse público específico da União Europeia, reconhecido expressamente pelos Estados-

---

[42] Neste sentido, Maria Luísa Duarte reconhece que a jurisprudência do TJUE encarregou-se de garantir que a interpretação daqueles princípios comuns, apesar de salvaguardar o núcleo essencial da norma axiológica nacional, não fazia perigar a coerência do ordenamento jurídico da União Europeia. Assim, ver MARIA LUÍSA DUARTE, *"União Europeia e Direitos Fundamentais"*, cit., 81 e 82.

[43] Como instrumento metodológico, recorro ao paralelismo com a definição dos princípios comuns do Direito Administrativo Europeu. A este propósito, Jürgen Schwarze defende frontalmente que os princípios comuns não podem ser um mero mínimo denominador comum, pelo que não é exigível que sejam aplicados em todos os Estados-Membros. Cf. JÜRGEN SCHWARZE, *"Europäisches Verwaltungsrecht – Entstehung und Entwicklung im Rahmen der Europäischen Gemeinschaft"*, Band I, 1988, 83. No mesmo sentido, ver LUCIANO PAREJO ALFONSO, *"Los Principios Generales del Derecho Administrativo Comunitario"*, cit., 67. Em sentido contrário, ver A. HELDRICH, *"Art. 215 Abs. 2 des Vertrages über die Europäische Wirtschaftsgemeinschaft – Ein Irrweg zu europäischer Rechtseinheit"*, in «JZ», 1960, 681 ss.. Contudo, A. HELDRICH viria a rever a sua posição num comentário ao Acórdão *"Kampffmeyer"*, de 14 de Julho de 1967, Procs. n.º 5, 7 e 13 a 24/66, publicado in «EuR», 1967, 387 ss..

[44] Com efeito, na fase inicial da construção europeia, tornava-se mais fácil detectar os interesses públicos comuns, visto que apenas existiam seis Estados-Membros fundadores. Com os progressivos alargamentos, creio que a noção de "interesse público da União Europeia" tem necessariamente que se emancipar, em virtude da quebra de homogeneidade estrita entre os ordenamentos jurídicos nacionais. Neste sentido, a propósito da determinação de princípios comuns do Direito Administrativo Europeu, ver GERHARD REISCHL, *"Ansätze zur Herausbildung eines Europäischen Verwaltungsrechtes in der Rechtsprechung des EuGH – Bestandsaufnahme, Einflussnahme der Unterschiedlichen Nationalen Rechtsvorstellungen"*, in «Europäische Verwaltungsrecht im Werden», 1982, 101 e 102.

[45] Neste sentido, ver KATRIN STOYE, *"Die Entwicklung des Europäischen Verwaltungsrechts durch das Gericht Erster Instanz"*, cit., 40; ANA MARIA GUERRA MARTINS, *"Curso de Direito Constitucional da União Europeia"*, cit., 196; FRANCESCO ASTONE, *"Integrazione Giuridica Europea e Giustizia Amministrativa Amministrativa – Contributo allo studio dell'influenza manifestata dal diritto europeo sul sistema di giustizia amministrativa italiano e sui poteri del giudice amministrativo"*, 1999, 23 a 27.

[46] Assim, FAUSTO DE QUADROS, *"Direito da União Europeia"*, cit., 89; SUSANNE HEGELS, *"EG-Eigenverwaltungsrecht und Gemeinschaftsverwaltungsrecht"*, cit., 159.

204 Miguel Prata Roque

Membros, através dos tratados europeus[47]. Deste modo, o interesse público da União Europeia assume-se verdadeiramente como um interesse autónomo[48], definido em função dos tratados e da actuação dos órgãos comunitários[49].

Julgo não ser demais reforçar que este interesse público autónomo pode nem sequer corresponder à maioria das concepções dos Estados-Membros sobre os respectivos interesses públicos nacionais, desde que aquele seja *"individual-friendly"*, ou seja, desde que aquele proteja os cidadãos europeus de modo mais intenso do que aquilo que sucede nos ordenamentos jurídicos internos[50]. Tal não prejudica, contudo, que as relações poligonais entre a União

---

[47] Sobre a triangularidade das relações jurídico-administrativas comunitárias, ver SABINO CASSESE, *"La Signoria Comunitária sul Diritto Amministrativo"*, in «RIDPC», Anno XII, números 2-3, 2002, 294 e 295; SUSANNE HEGELS, *"EG-Eigenverwaltungsrecht und Gemeinschaftsverwaltungsrecht"*, cit., 159 e 160; KOEN LENAERTS, *"Some reflections on the separation of powers in the European Community"*, cit., 14.

[48] Em apoio desta tese, socorro-me das palavras de ANA MARIA GUERRA MARTINS, ainda que a propósito do princípio do respeito pelas identidades nacionais: *"A União dispõe de uma autonomia e de uma especificidade em relação aos Estados que a compõem. Existe um espírito, uma consciência, uma identidade europeia, que é prévia à União e que ela deve aproveitar, aprofundar e desenvolver progressivamente"*. Cf. ANA MARIA GUERRA MARTINS, *"Curso de Direito Constitucional da União Europeia"*, cit., 254. No mesmo sentido, veja-se RUDOLF STREINZ, *"Der Einfluss des Europäische Verwaltungsrechts auf das Verwaltungrecht der Mitgliedstaaten"*, in «Europäische Verwaltungsrecht» (organizado por Michael Schweitzer), 1991, 250.

[49] Desta forma, previne-se igualmente que os Estados-Membros possam proceder a uma revisão unilateral dos tratados, definindo – cada um por si – a noção de interesse público da União Europeia. Com idêntica preocupação, a propósito da "ordem pública comunitária", veja-se SUSANA CHABERT, *"Ordem Pública Internacional e Direito Comunitário"*, in «Normas de Aplicação Imediata, Ordem Púbica Internacional e Direito Comunitário», 2004, 186.

[50] Em sentido contrário, Jürgen Schwarze critica esta posição, que designa por "maximalista", por impossibilitar a busca da melhor solução possível para cada caso concreto. Cf. JÜRGEN SCHWARZE, *"Europäisches Verwaltungsrecht"*, cit., 83. Não pretendendo iludir esta necessidade de aplicação da Justiça ao caso concreto, não posso deixar de alegar em defesa da minha posição que o interesse público comunitário já pressupõe, previamente, a ponderação dos diversos interesses em conflito: dos Estados-Membros, dos cidadãos e da própria União Europeia. Assim, sempre que não haja unanimidade entre os sistemas jurídico-administrativos quanto ao interesse público comum a prosseguir, não vislumbro melhor solução do que fazer prevalecer o interesse subjectivo dos cidadãos europeus, sob pena de violação do princípio da não discriminação e da aplicação uniforme do Direito da União Europeia. Em sentido favorável, Rob Widdershoven, não se reportando especificamente ao conceito "de interesse público da União Europeia", mas antes à problemática dos princípios comuns, afirma que, se o princípio emergente do Direito da União Europeia for mais favorável ao cidadão do que o vigente no ordenamento jurídico nacional, aquele deve prevalecer. Cf. ROB WIDDERSHOVEN, *"European Administrative Law"*, in «Administrative Law of the European Union, its Member States and the United States – A comparative

A separação de poderes no Tratado de Lisboa 205

Europeia, os cidadãos europeus e os Estados-Membros assumam uma geometria variável de alianças, consoante a aplicação do Direito da União Europeia corresponda a um tratamento mais ou menos vantajoso dos cidadãos[51]. Quando o Direito da União Europeia favorece os administrados, estes tendem a aliar-se às instituições comunitárias. Pelo contrário, quando aquele impõe ónus, deveres ou prejuízos aos administrados, estes tendem a associar-se aos Estados (pense-se nas situações típicas de concessão de auxílios de Estado que violam regras de Direito da União Europeia).

Procurando afastar quaisquer dúvidas quanto à tese por mim defendida, creio poder sintetizar duas posições[52]: *i*) ou se exige um consenso, ainda que a um nível meramente genérico, quanto à similaridade de idêntico interesse público nos ordenamentos jurídicos dos diversos Estados-Membros – "*técnica do mínimo denominador comum*"[53]; *ii*) ou se procede a uma mera comparação

analysis», 2002, 261. Indirectamente, Claus Dieter Classen parece igualmente partilhar a posição por mim aqui defendida, visto que afirma que o princípio da subsidiariedade não pode servir para privar os administrados de direitos subjectivos adicionais que lhes sejam conferidos pelo Direito Administrativo Europeu. Cf. CLAUS DIETER CLASSEN, "*Strukturunterschiede zwischen deutschem und Europäischen Verwaltungsrecht*", in «NJW», 38, September, 1995, 2462. Em defesa da mera consideração dos princípios gerais que ofereçam uma tutela mais efectiva dos administrados, ver ainda GUIDO GRECO, "*Il Diritto Comunitario propulsore del Diritto Amministrativo Europeo*", in «RTDP», 1993, volume 1, 86. Em Portugal, também Goucha Soares subscreve esta posição, referindo-se à decantação de princípios gerais comuns aos Estados-Membros. Cf. ANTÓNIO GOUCHA SOARES, "*Os Princípios Gerais de Direito na Ordem Jurídica Comunitária*", in «Estudos de Homenagem à Professora Doutora Isabel de Magalhães Collaço», vol. I, 2002, 767 e 768.

[51] SUSANNE HEGELS, "*EG-Eigenverwaltungsrecht und Gemeinschaftsverwaltungsrecht*", cit., 161 e 162.

[52] Ao contrário da divisão por mim proposta, Goucha Soares entende que deveríamos restringir-nos a uma opção entre uma comunidade de princípios entre todos os Estados-Membros e a existência de um mínimo denominador de consenso. Neste sentido, ver ANTÓNIO GOUCHA SOARES, "*Os Princípios Gerais de Direito na Ordem Jurídica Comunitária*", cit., 767.

[53] Este aparenta ser o entendimento de Maria Luísa Duarte, ainda que apenas reportado ao domínio dos direitos fundamentais, visto que a autora alerta para o carácter reduzido do núcleo constitucional comum aos vários Estados-Membros, e negando a automaticidade de um espaço jurídico europeu. Assim, ver MARIA LUÍSA DUARTE, "*União Europeia e Direitos Fundamentais*", cit., 119 e 120.

Com efeito, sob uma análise superficial, poderia pensar-se que a colisão entre os Direitos Administrativos nacionais e o Direito Administrativo Europeu jamais teria lugar, visto que os princípios que formatam este último seriam sempre comuns a todos os Estados-Membros. Alertando para tal falácia, ver RUDOLF STREINZ, "*Der Einfluss des Europäische Verwaltungsrechts auf das Verwaltungrecht der Mitgliedstaaten*", cit., 276. De modo explícito, Martin Burgi defende que os princípios comuns de Direito Processual Administrativo Europeu não podem resumir-se a um mero mínimo denominador comum. Cf. MARTIN BURGI, "*Verwaltungsprozessrecht und Europarecht*", cit., 10.

206   *Miguel Prata Roque*

estimativa[54] dos referidos ordenamentos jurídicos, determinando o interesse público que melhor se compatibiliza com os critérios funcionalistas do Direito da União Europeia. Quanto a mim, opto – sem hesitações – por esta última concepção[55]. O interesse público da União Europeia deve visar apenas a prossecução dos objectivos que foram cometidos pelos Estados-Membros àquela forma de organização de poder político, ainda que tal implique uma desconsideração do interesse público dos Estados-Membros[56]. Aliás, não posso deixar de referir que, em virtude da existência de princípios fundamentais comuns aos Estados-Membros (v.g., o princípio do Estado de Direito Democrático e o princípio do respeito pelos Direitos Fundamentais) dificilmente – se é que tal alguma vez sucederá – um Estado-Membro será forçado a tolerar a prossecução de um interesse público da União Europeia que seja absolutamente incompatível e intolerável pelo seu ordenamento jurídico-constitucional.

Assim, as próprias administrações nacionais passam a estar vinculadas por um bloco de legalidade muito mais alargado, devendo prosseguir não só a realização do interesse público nacional como – em igual medida – o interesse público da União Europeia[57].

---

[54] Zweigert, a propósito da extracção de princípios comuns aos Estados-Membros, definia assim o método de comparação estimativa: *"O princípio geral de Direito é geralmente aquele que surge como a melhor solução após uma análise crítica das soluções extraídas a partir de uma viagem por horizontes comparativos"* (tradução de minha autoria, a partir da versão alemã). Assim, ver K. ZWEIGERT, *"Der Einfluss des Europäischen Gemeinschaftsrecht auf die Rechtsordnung der Mitgliedstaaten"*, 1964, in «Rabels Z», vol. 28, 611. Sobre a comparação estimativa, veja-se ainda JÜRGEN SCHWARZE, *"Enlargement, the European Constitution and Administrative Law"*, in «ICLQ», volume 53, part 4, October 2004, 970; RUDOLF STREINZ, *"Der Einfluss des Europäische Verwaltungsrechts auf das Verwaltungsrecht der Mitgliedstaaten"*, cit., 244; ALBRECHT WEBER, *"Sviluppi nel Diritto Amministrativo Europeo"*, in «RIDP», 1998, n.os 3-4, 592.

[55] Esta concepção é igualmente sufragada por Ronny Abraham, distinto membro do *"Conseil d'État"* francês (e portanto insuspeito de prestar vassalagem à jurisprudência do TJUE), que afirma claramente: *"Ora, não é porque uma instituição ou regra não existe num país ou num pequeno número de países que ela deve ser necessariamente considerada prejudicial; a maioria nem sempre tem razão"* (tradução de minha autoria, a partir da versão francesa). Assim, ver RONNY ABRAHAM, *"Les incidences de la CEDH sur le droit constitutionnel et administratif des États parties"*, in «RUDH», volume 4, número 10-11, 1992, 580.

[56] Neste sentido ver, JÜRGEN SCHWARZE, *"Europäisches Verwaltungsrecht"*, cit., 85.

[57] De acordo com Stefan Kadelbach, esta situação corresponde a uma "colisão sistemática" entre o interesse público nacional e o interesse público da União Europeia. Exemplificando, Stefan Kadelbach recorre às origens do Direito Administrativo do Ambiente, considerando que a protecção jurídico-ambiental na Alemanha teve como fundamento inicial a regulação da vertente económica da exploração dos recursos económicos (ainda que tenha, posteriormente, evoluído),

Cadernos O Direito 5 (2010), 191-243

Esta nova concepção de interesse público tem consequências profundas, inclusive em sede dos próprios sistemas jurídico-constitucionais internos. Senão, repare-se. Ainda que determinados grupos de indivíduos (geralmente organizados ou representados em partidos políticos) não logrem obter um elevado grau de produtividade do exercício do seu voto, repercutido na escolha política interna, estes podem ver recompensado o seu interesse individual através do processo de decisão na União Europeia, caso este interesse público autónomo não corresponda ao interesse público nacional. Em suma, a existência de um interesse público da União Europeia permite que aqueles que se encontrem numa situação de oposição democrática, em virtude da relação de forças no respectivo sistema político nacional, possam vir a estar em maioria no plano mais alargado da União Europeia. Ora, parece-me a mim que este sistema de *"multilevel governance"*, ao invés de potenciar a concentração de poderes, evita de forma extremamente vigorosa e dinâmica qualquer tentação de abuso de poder por parte dos órgãos de soberania nacional. Cai assim por terra esse argumento "recauchutado", segundo o qual o Direito da União Europeia não assegura convenientemente o princípio da separação de poderes.

3. Separação de poderes no sistema de governo da União Europeia (II) – A perspectiva orgânica

Admitindo-se que o Tratado de Lisboa acolhe – e robustece – um modelo de separação de poderes especificamente aplicado a uma nova forma de estruturação de um poder público de génese transnacional, importa atentar nas soluções normativas que aquele acolheu quanto à repartição dos diversos poderes da União Europeia pelos órgãos que a incorporam[58].

---

enquanto a origem do Direito Administrativo Europeu do Ambiente tenha nascido com a marca genética da preservação ecológica dos recursos naturais. Perante esta "colisão sistemática", o autor demonstra que não se verifica apenas uma colisão entre o interesse individual de um particular e o interesse público, mas antes uma colisão estrutural entre a dimensão teleológica da norma interna e a correspondente dimensão teleológica da norma do Direito da União Europeia. De acordo com Stefan Kadelbach estes casos de "colisão sistemática" só podem ser resolvidos através de uma aproximação progressiva dos sistemas jurídico-administrativos nacionais. Neste sentido, ver STEFAN KADELBACH, *"Allgemeines Verwaltungsrecht unter Europäischem Einfluss"*, 1999, 32 a 35.

[58] Claro que não esqueço que os verdadeiros titulares da função administrativa da União Europeia são as próprias administrações nacionais dos Estados-Membros, que funcionam como *"admi-*

208   *Miguel Prata Roque*

Ora, esta ideia de que a União Europeia dispõe de um verdadeiro aparelho administrativo próprio, destacável das diversas administrações nacionais, não nasceu na margem direita do Tejo, na data de assinatura do Tratado a que Lisboa empresta o nome. Pelo contrário, desde que o segundo Tratado de Fusão foi assinado, em 08 de Abril de 1965, os Estados-Membros das (extintas) Comunidades Europeias já tinham determinado que os funcionários e agentes das Comunidades *"farão parte da Administração única das referidas Comunidades"*[59]. Assim, pode afirmar-se que, desde aquela data, as (então) Comunidades Europeias já dispunham daquilo que se pode designar por uma verdadeira Administração própria[60].

Ainda assim, face às dificuldades de compatibilização de um modelo marcadamente tradicional de separação de poderes[61] com o sistema de governo da União Europeia, a doutrina não deixou de evidenciar notórias hesitações quanto à delimitação de funções entre os diversos órgãos comunitários que exerciam a actividade administrativa[62]. Por vezes, em homenagem ao texto literal dos tratados, houve quem se revelasse deveras renitente a qualificar a

---

nistração comum da União Europeia" (noção de *"administração heterogénea"*). Porém, o presente estudo incide apenas sobre a incidência do princípio da separação de poderes nos órgãos que compõem o sistema de governo próprio da União Europeia. Para um maior desenvolvimento sobre a distinção entre *"administração homogénea"* (por órgãos da União) e *"administração heterogénea"* (pelas administrações nacionais), ver MIGUEL PRATA ROQUE, *"O Espaço Europeu de Justiça Administrativa – A Convergência Dinâmica do Direito Processual Administrativo Europeu"* (policopiado), 2006, BFDUL, em especial, 109 a 121.

[59] TOMÁS DE LA QUADRA-SALCEDO, *"Acto Administrativo Comunitario"*, in «Manual de Derecho Administrativo» (organizado por Luciano Parejo Alfonso e outros), 2002, 195.

[60] Optando por destacar uma fase mais recente da construção europeia, Pedro Gonçalves reporta-se apenas à previsão expressa de competências administrativas da Comissão Europeia, por via do Acto Único Europeu, de 1986. Assim, ver PEDRO GONÇALVES, *"Entidades Privadas com Poderes Públicos – O Exercício de Poderes Públicos de Autoridade por Entidades Privadas com Funções Administrativas"*, 2005, 83.

[61] SABINO CASSESE, *"Diritto Amministrativo Comunitario e Diritti Amministrativi nazionali"*, cit., 5; Idem, *"Il Diritto Amministrativo Europeo: una introduzione"*, cit., 4; WERNER VON SIMSON, *"Anforderungen an die Rechtmässigkeit des Verwaltungshandelns der EG-Behörden"*, cit., 24.

[62] Por exemplo, Roberto Caranta refere-se a uma "androgenia do Conselho", resultante da confusão naquele órgão da função executiva e da função administrativa (cf. o.c., 27 e 28). Porém, mais adiante, o mesmo autor distingue, de modo pouco rigoroso, as funções exercidas pelo Conselho e pela Comissão, afirmando que o primeiro assume uma função estritamente executiva ou de Governo, enquanto que a segunda se limitaria a uma função meramente administrativa (?). Assim, ver ROBERTO CARANTA, *"Giustizia amministrativa e Diritto Comunitario"*, cit., 31. Ver ainda SABINO CASSESE, *"Diritto Amministrativo Comunitario e Diritti Amministrativi nazionali"*, cit., 5.

A separação de poderes no Tratado de Lisboa   209

Comissão Europeia como a verdadeira detentora da função administrativa[63]. Nessa linha, alguns autores esforçaram-se por acentuar que a Comissão Europeia apenas podia mover-se num espaço perfeitamente limitado pelo Conselho, sempre que exercesse a função administrativa[64].

Mas, contribuindo para adensar a confusão sobre a questão em debate, outros[65] já defenderam que a introdução do procedimento de co-decisão, com Maastricht, veio forçar a que o 3.º § do (agora revogado) artigo 202.º do TCE devesse ser interpretado, de modo actualista, com vista a estender o domínio sobre a própria função administrativa ao próprio Parlamento Europeu, sempre que aquele interviesse no procedimento de adopção de actos legislativos. Deste modo, não só o Conselho, mas também o Parlamento Europeu, nos casos de actos adoptados segundo o procedimento de co-decisão, disporia de poder para incumbir a Comissão da adopção de actos de execução dos actos legislativos e, como tal, seria co-detentor da função executiva. A esse entendimento aderiu, aliás, o próprio TJUE, através do Acórdão *"Parlamento c/ Conselho"*[66].

---

[63] MARIO P. CHITI, *"Derecho Administrativo Europeo"*, cit., 152; SABINO CASSESE, *"Diritto Amministrativo Comunitario e Diritti Amministrativi nazionali"*, cit., 5; JEAN PAUL JACQUÉ, *"Introduction: Pouvoir Législatif et Pouvoir Exécutif dans l'Union Européen"*, cit., 32. Em contrapartida, Maria Luísa Duarte é extremamente frontal, esclarecendo – sem margem para dúvidas – que, apesar de não negar a vocação da Comissão para o exercício de funções administrativas, não aceita que a Comissão seja detentora de uma competência genérica de execução. Assim, ver MARIA LUÍSA DUARTE, *"Direito da União Europeia e das Comunidades Europeias"*, cit., 140.

[64] MARIA LUÍSA DUARTE, *"Direito da União Europeia e das Comunidades Europeias"*, cit., 140; JOÃO MOTA DE CAMPOS, *"Manual de Direito Comunitário"*, cit., 78 e 79; STEFAN KADELBACH, *"Allgemeines Verwaltungsrecht unter Europäischem Einfluss"*, cit., 16; JEAN PAUL JACQUÉ, *"Introduction: Pouvoir Législatif et Pouvoir Exécutif dans l'Union Européen"*, cit., 32.

[65] Assim, ver KOEN LENAERTS, *"Towards a Legal Framework for Executive Rule-Making in the EU? The Contribution of the New Comitology Decision"*, in «Common Market Law Review», 2000, 655.

[66] Cf. Acórdão *"Parlamento c/ Conselho"*, de 02 de Outubro de 1997, Proc. n.º C-259/95. Devo notar, porém, que – pelo menos desta feita – concordo plenamente com Jean Paul Jacqué, quando afirma que não pode retirar-se deste acórdão que o Parlamento Europeu dispusesse de poder regulamentar de natureza administrativa. Assim, ver JEAN PAUL JACQUÉ, *"Introduction: Pouvoir Législatif et Pouvoir Exécutif dans l'Union Européen"*, cit., 33.
Com efeito, o Acórdão *"Parlamento c/ Conselho"* limita-se a afirmar que, sempre que uma base jurídica apenas faça referência ao Conselho, deve interpretar-se tal norma à luz do (agora revogado) artigo 251.º do TCE, que institui o procedimento de co-decisão, de modo a que também o Parlamento Europeu seja considerado como titular do poder legislativo. Daqui não pode extrapolar-se no sentido de que, quando haja norma a fazer referência ao Conselho, para efeitos de exercício da função administrativa, se deva igualmente estender tal norma ao Parlamento Europeu, por este ser co-titular da função legislativa. Quanto muito, poderia extrair-se daquele aresto que, quando se tratasse de conceder à Comissão Europeia o poder de execução normativa, tanto a Comissão como o Parlamento Europeu deteriam competência para tal autorização.

Cadernos O Direito 5 (2010), 191-243

Porém, já Pierre Pescatore, em 1978, definia – sem hesitações – a Comissão Europeia como o verdadeiro "Executivo Comunitário"[67]. Segundo Pierre Pescatore, ainda que (nessa data) o perfil da Comissão Europeia não pudesse assemelhar-se ao perfil dos Governos nacionais, *"ela possui, ao menos parcialmente e em potência, as prerrogativas essenciais que definem o executivo na concepção da divisão de poderes"*[68].

Com efeito, não podia negligenciar-se que, na versão anterior ao Tratado de Lisboa, o 4.º travessão do (agora revogado) artigo 211.º do TCE parecia indiciar que a Comissão estava impedida de exercer competências administrativas próprias, dependo sempre de uma necessária delegação por parte do Conselho[69]. Porém, tal disposição teria sempre que ser compatibilizada com o 3.º travessão do (agora revogado) artigo 202.º do TCE, que determinava que o Conselho só *"pode igualmente reservar-se, em casos específicos, o direito de exercer directamente competências de execução"*. Entendo assim que, mesmo na redacção anterior ao Tratado de Lisboa, os tratados europeus já legitimavam a ideia de que o Conselho, embora sendo o titular formal da função administrativa, não poderia abster-se de delegar essas competências à Comissão, por força de disposição normativa imperativa (*in casu*, a constante do 3.º travessão do, então, artigo 202.º do TCE). De certo modo, ao assumir o tempo presente do verbo *"atribuir"*, aquela disposição normativa cria uma delegação de competências *"ope legis"*, de aplicação automática, que dispensa a própria manifestação de vontade do Conselho, na medida em que os Estados-Membros que o com-

---

[67] PIERRE PESCATORE, *"L'exécutif communautaire: justification du quadripartisme institué par les traités de Paris et de Rome"*, in «CDE», 1978, 387 ss.. No mesmo sentido, ver FAUSTO DE QUADROS, *"Direito da União Europeia"*, cit., 492; ANA MARIA GUERRA MARTINS, *"Curso de Direito Constitucional da União Europeia"*, cit., 359; SABINO CASSESE, *"La signoria comunitaria sul diritto amministrativo"*, cit., 297; LUCIANO PAREJO ALFONSO, *"Los Principios Generales del Derecho Administrativo Comunitario"*, cit., 55.

[68] A expressão decorre de tradução de minha autoria, a partir da versão original em francês, que transcrevo na íntegra: *"Certes, on n'a jamais permis à la Commission d'acquérir le profil qui est celui des gouvernements nationaux, mais quelles que soient les inhibitions et les limites existantes, quelles que soient les interférences, positives et négatives, du Conseil dans le domaine d'action réservé à la Commission (que l'on songe, par exemple, au domaine des relations extérieures), il reste que celle-ci possède, du moins partiellement et en puissance, les prérogatives essentielles qui définissent l'exécutif dans la conception de la séparation des pouvoirs"*. Cf. PIERRE PESCATORE, *"L'exécutif communautaire: justification du quadripartisme institué par les traités de Paris et de Rome"*, cit., 393.

[69] Neste sentido, ver CLAIRE FRANÇOISE DURAND, *"Typologie des Interventions"*, in «Droit Administratif Européen» (organizado por Jean-Bernard Auby e Jacqueline Dutheil de la Rochère), 2007, 109.

põem já a expressaram, previamente, no momento de adopção dos tratados[70]. Quanto muito, o Conselho podia chamar a si o exercício da função administrativa, a título excepcional, quando estejam em causa matérias de particular sensibilidade política, mas sempre fixando as linhas gerais daquela actuação administrativa.

Por outro lado, o domínio da Comissão sobre a função administrativa não pode ser visto como uma ameaça ao Conselho (e aos interesses nele representados). É, que, conforme demonstro noutro estudo[71], o reforço da função executiva da Comissão correspondeu, a nível nacional, a uma solidificação da função administrativa e das administrações nacionais face ao poder legislativo[72]. A governamentalização do sistema de governo da União Europeia acabou por reforçar a relevância jurídico-constitucional interna das próprias administrações nacionais, mantendo intactos os interesses dos Estados-Membros, mas operando uma deslocação do centro de gravidade do poder político dos sistemas político-constitucionais internos, em favor dos órgãos executivos[73]. Deste modo, torna-se evidente que a regra consiste na execução do Direito da União Europeia pela Comissão. A excepção será sempre a execução pelo Conselho[74].

---

[70] Defendendo a obrigatoriedade de delegação de competências pelo Conselho, ver KOEN LENAERTS, *"Some reflections on the separation of powers in the European Community"*, cit., 11; JOÃO MOTA DE CAMPOS, *"Manual de Direito Comunitário"*, cit., 79.

[71] Para maior detalhe, remeto para MIGUEL PRATA ROQUE, *"O Direito Administrativo Europeu – Um Motor de Convergência dos Direitos Administrativos Nacionais"*, in «Estudos de Homenagem ao Professor Sérvulo Correia», 2010 (no prelo).

[72] Neste sentido, veja-se MICHAEL BRENNER, *"Der Gestaltungsauftrag der Verwaltung in der Europäischen Union"*, 1997, 229.

[73] MICHAEL BRENNER, *"Der Gestaltungsauftrag der Verwaltung in der Europäischen Union"*, cit., 333.

[74] Atenta a natureza sintética deste estudo, reporto-me apenas à execução administrativa e não à execução normativa. Naquele primeiro sentido, pode demonstrar-se que, apesar de a competência genérica de execução pertencer à Comissão, o Conselho conserva – a título absolutamente excepcional – algumas competências de administração, tais como: *i*) autorizar a concessão de auxílios para a protecção de explorações agrícolas em situação estrutural ou naturalmente desfavorável (§ 2.° do artigo 42.° do TFUE); *ii*) adoptar medidas de execução destinadas ao controlo de movimentos de capitais e de pagamentos, com vista a combater o terrorismo, designadamente mediante congelamento de fundos e activos financeiros (artigo 70.° do TFUE); *iii*) autorizar, por unanimidade, medidas nacionais que sejam menos favoráveis para transportadores de outros Estados-Membros (artigo 92.° do TFUE); *iv*) decidir sobre a compatibilidade de auxílios de Estado como mercado comum (§ 3.° do n.° 2 de artigo 108.° do TFCE); *v*) adoptar medidas de aprovisionamento de bens, designadamente em matéria de energia, em em caso de calamidade natural ou de ocorrências excepcionais (n.° 1 do artigo 122.° do TFUE); *vi*) conceder ajuda financeira a

212   *Miguel Prata Roque*

A Comissão assume-se, assim, como a verdadeira "Administração Comunitária"[75].

Mas, se este entendimento já era passível de ser extraído dos tratados que o antecederam, o Tratado de Lisboa vem reforçar, de modo vigoroso[76], a separação entre o órgão predominantemente titular da função legislativa – o Conselho (artigo 16.º, n.º 1, do TUE) – e o órgão predominantemente titular da função administrativa – a Comissão (artigo 17.º, n.º 1, do TUE)[77].

Desde logo, o Tratado de Lisboa autonomiza e clarifica o *"princípio da legalidade da competência"*, segundo o qual cada um dos órgãos da União, com vista à prossecução das atribuições daquela pessoa colectiva pública transnacional, apenas exerce os poderes que lhe são fixados pelos tratados, nos termos e limites em que os forem fixados (artigo 13.º, n.º 2, do TUE). Densificando o referido princípio, o Tratado de Lisboa passa então a determinar, de modo exaustivo, quais as competências próprias de cada órgão. Sucede, porém, que os Estados-Membros optaram, de modo que não pode deixar de ser deliberado,

---

Estados-Membros, em caso de calamidade natural ou de ocorrências excepcionais (n.º 2 do artigo 122.º do TFUE); *vii*) adoptar medidas contra défices orçamentais excessivos (n.ºs 11 e 12 do artigo 126.º do TFUE); *viii*) decidir sobre assistência mútua ou medidas de combate a desequilíbrios das balanças de pagamentos (n.ºs 2 e 3 do artigo 143.º e n.º 3 do artigo 144 do TFUE); *ix*) adoptar medidas específicas de coordenação e supervisão das políticas orçamentais nacionais (n.º 1 do artigo 136.º do TFUE); *x*) reconhecimento de Estado-Membro como participante da União Económica e Monetária, mediante revogação de derrogação (n.º 2 do artigo 140.º do TFUE). Realçando algumas destas excepções, ainda que à luz do (agora revogado) TCE, ver ANA MARIA GUERRA MARTINS, *"Curso de Direito Constitucional da União Europeia"*, cit., 362 e 363; MARIA LUÍSA DUARTE, *"Direito da União Europeia e das Comunidades Europeias"*, cit., 253 a 256.
[75] EBERHARD SCHMIDT-ASSMANN, *"La Teoria General del Derecho Administrativo como Sistema"*, cit., 385 e 386; LUIS ORTÚZAR ANDÉCHAGA, *"La relación jurídica entre la Administración Europea y las nacionales: Los Problemas de Aplicación Administrativa del Derecho Comunitario"*, in «Administraciones Públicas y Constitución – Reflexiones sobre el XX Aniversario de la Constitución Española de 1978», 1999, INAP, 1129. Em sentido contrário, ver JEAN PAUL JACQUÉ, *"Introduction: Pouvoir Législatif et Pouvoir Exécutif dans l'Union Européen"*, cit., 34.
[76] Em sentido contrário, Delavalle desvaloriza esta clarificação, apesar de dar conta das profundas alterações introduzidas pelo abandono da fórmula outrora consagrada no artigo 202.º do TCE, acaba por afirmar, algo contraditoriamente, que aquelas não alteram substancialmente o *«status quo»* precedente. Assim, ver SERGIO DELAVALLE, *"Constitutionalism Beyond the Constitution – The Treaty of Lisbon in the Light of Post-National Public Law"*, cit., 16.
[77] No mesmo sentido, afirmando o papel da Comissão enquanto órgão titular da função administrativa, ver JOSÉ MARIA BENEYTO, *"From Nice to the Constitutional Treaty: Eight Theses on the (Future) Constitutionalisation of Europe"*, in «The Lisbon Treaty – EU Constitutionalism without a Constitutional Treaty?» (org. Stefan Griller/Jacques Ziller), 2008, 6.

Cadernos O Direito 5 (2010), 191-243

A separação de poderes no Tratado de Lisboa   213

por abandonar a anterior redacção dos já *supra* referidos artigos 202.°, 3.° travessão, e 211.°, 4.° travessão, do TCE.

Abandonaram-se, assim, as referências expressas ao poder do Conselho para atribuir à Comissão, nos actos por si adoptados, as competências para execução dos mesmos, bem como à faculdade de reserva, para aquele órgão, em casos específicos, das referidas competências de execução[78]. Desde a entrada em vigor do Tratado de Lisboa, apenas pode retirar-se, por interpretação directa do n.° 1 do artigo 16.° do TUE, que o Conselho exerce a *"função legislativa"* e a *"função orçamental"*. A sintomática falta de referência à *"função administrativa"* não pode ser desprovida de significado. Principalmente, quando os Estados- -Membros estavam bem cientes da polémica doutrinária e jurisprudencial sobre a titularidade da *"função administrativa"*. Aliás, o abandono da fórmula anteriormente consagrada no artigo 202.°, 3.° travessão, do TCE, só pode ser interpretado como uma opção no sentido de reforçar o predomínio da Comissão, quanto ao exercício da *"função administrativa"*. De modo ainda mais sintomático, são os próprios tratados (cf. artigo 17.°, n.° 1, do TUE) que conferem à Comissão as competências para: *i*) adoptar as iniciativas necessárias à promoção do interesse público da União; *ii*) para controlar a aplicação do Direito da União Europeia; *iii*) para executar o orçamento e os demais programas financeiros, designadamente, os plurianuais; *iv*) para exercer a função de *"coordenação, execução e gestão"*.

Claro está que a nova redacção do n.° 1 do artigo 16.° do TUE não invalida que o Conselho mantenha o poder de fixar o regime de exercício de competências de execução administrativa (como sucede, por exemplo, através da fixação dos procedimentos de comitologia[79]). Contudo, a meu ver, essa fixação constitui mero exercício da *"função legislativa"*, não podendo daí decorrer que o Conselho seja o efectivo titular da *"função administrativa"*. A partir do Tratado de Lisboa, deve então entender-se que as competências de execução administrativa cabem, de modo tendencialmente exclusivo, à Comissão Europeia, sem

---

[78] Tal não prejudica, porém, a manutenção de uma reserva mínima de competências executivas do Conselho, conforme resulta das diversas disposições do tratado, já *supra* identificadas na nota de rodapé n.° 74.

[79] Sobre o papel do Conselho, em matéria de fixação de regras de comitologia, ver EBERHARD SCHMIDT-ASSMANN, *"Le modele de l'«administration composée» et le rôle du droit administratif euro-péen"*, cit., 1253 e 1254; OLIVIER DUBOS/MARIE GAUTIER, *"Les Actes Communautaires d'Exécution"*, in «Droit Administratif Européen» (organizado por Jean-Bernard Auby e Jacqueline Dutheil de la Rochère), 2007, 137 a 144.

214   Miguel Prata Roque

necessidade de expressa fixação de tais competências por parte dos actos legislativos alvo de execução.

E nem se invoquem outras disposições normativas, com vista a enfraquecer este entendimento. A título de exemplo, caberia perguntar se a concessão ao Conselho de poderes genéricos de *"definição das políticas e coordenação"* (artigo 16.°, n.° 1, do TUE) não permitiria deduzir que aquele mantém intactas as suas competências de execução. Ou, então, se a circunstância de o tratado fazer expressa referência à divisão das reuniões do Conselho em duas partes, uma destinada à adopção de *"actos legislativos"* e outra destinada à adopção de *"actos não legislativos"* (artigo 16.°, n.° 8, *in fine*, do TUE), também não contribui para mitigar a ideia de que a Comissão se apresenta como órgão titular da *"função administrativa"*.

O primeiro dos referidos argumentos cai pela base, na medida em que, pela sua própria natureza, as competências de *"definição das políticas e de coordenação"* correspondem a competências típicas da *"função política"* e já não − pelo menos, directamente − da *"função administrativa"*. Como é evidente, não posso deixar de reconhecer que o Conselho mantém poderes de fixar as orientações políticas gerais a prosseguir pela Comissão[80], no exercício da *"função administrativa"*. Contudo, tal não permite qualificá-lo como órgão titular desta última função. Já o segundo dos argumentos apenas demonstra que, mesmo dentro da categoria de *"actos não legislativos"*, há uma necessidade de distinguir entre *"actos de natureza administrativa"* e *"actos de natureza política"*. Ora, com efeito, o Tratado de Lisboa vem clarificar − se dúvidas restassem[81] − que os actos jurídicos adoptados no âmbito da PESC não constituem *"actos legislativos"*, mas antes *"actos políticos «stricto sensu»"* (artigos 24.°, n.° 1, 2.° §, e 31.°, n.° 1, ambos do TUE)[82]. Daqui decorre que a referência à inclusão na ordem do dia das reu-

---

[80] Reportando-se, precisamente, ao poder de fixar as linhas directoras do exercício da função administrativa europeia, quando esteja em causa a adopção de *"medidas administrativas de peso político importante"*, ver EBERHARD SCHMIDT-ASSMANN, *"Le modele de l'«administration composée» et le rôle du droit administratif européen"*, cit., 1249.

[81] Conforme já defendi, noutras oportunidades, tal entendimento já podia ser extraído, em momento anterior ao Tratado de Lisboa, quer do Tratado de Maastricht quer, em particular, do Tratado que Estabelece uma Constituição para a Europa. Assim, ver MIGUEL PRATA ROQUE, *"O Ministro dos Negócios Estrangeiros da União na Constituição Europeia − A Caminho de uma Política Externa Europeia?"*, cit., 74; *Idem*, *"A derrocada do sistema de três pilares − Breve apontamento sobre a permanência do método intergovernamental na Constituição Europeia"*, cit., 918, 919, 922 e 923.

[82] Sobre este conceito atípico de acto, ver BRUNO DE WITTE, *"Legal Instruments and Law-Making in the Lisbon Treaty"*, in «The Lisbon Treaty − EU Constitutionalism without a Constitutional Treaty?» (org. Stefan Griller/Jacques Ziller), 2008, 100.

Cadernos O Direito 5 (2010), 191-243

A separação de poderes no Tratado de Lisboa   215

niões do Conselho de uma parte destinada à adopção de *"actos não legislativos"* (artigo 16.°, n.° 8, *in fine*, do TUE) não pode deixar de ser interpretada como reportada à adopção de *"actos políticos «stricto sensu»"*, designadamente daqueles adoptados em matéria de PESC, ou, a título absolutamente residual e excepcional, de *"actos de natureza administrativa"* cuja competência seja expressamente reservada ao Conselho[83].

Por último, impõe-se ainda esclarecer que a adopção dos conceitos de *"actos delegados"* (artigo 290.°, do TFUE)[84] e de *"actos de execução"* (artigo 291.°, do TFUE)[85] não altera a conclusão de que o Conselho já não se apresenta como titular da *"função administrativa"*.

Desde logo, o n.° 1 do artigo 290.° do TFUE determina que dos *"actos legislativos"* pode constar uma cláusula expressa de delegação de poderes para a adopção, pela Comissão, de *"actos normativos de alcance geral"*, desde que estes últimos se limi*tem a completar aqueloutros, sem alterar os elementos essenciais dos "actos legislativos"*[86]. Esta expressão reconduz-se, assim, ao conceito jurídico de

---

[83] Mais uma vez, veja-se o elenco reduzido de matérias sujeitas à intervenção do Conselho, em sede de execução administrativa, que consta da nota de rodapé n.° 74.

[84] Desde há alguns anos a esta parte, reina alguma ambiguidade entre estes dois conceitos: *"actos delegados"* e *"actos de execução"*. Com efeito, o conceito de *"actos delegados"* tem sido reconduzido ao fenómeno de concessão de poderes legislativos à própria Comissão, para efeitos de densificação de *"actos legislativos"* da União que se limitam a estabelecer os princípios gerais de determinada regime jurídico. Creio, porém, que o emprego deste conceito pelo Tratado de Lisboa não pode ser reconduzido à noção de *"poder legislativo"*, mas antes ao mero exercício de *"poder administrativo"*, ainda que de natureza normativa. Esta ambiguidade resulta do facto de, a coberto de uma alegada execução de *"actos legislativos"* (em especial, através do procedimento de comitologia), a Comissão acabar por exercer poderes tipicamente legislativos, procedendo a alterações – ainda que não essenciais – dos próprios *"actos legislativos"* anteriormente adoptados. Sintomática desta tendência para assimilar *"poder legislativo"* e *"poder normativo"*, afigura-se a posição defendida por JEAN PAUL JACQUÉ, *"Introduction: Pouvoir Législatif et Pouvoir Exécutif dans l'Union Européen"*, cit., 40 e 41.

[85] A distinção entre execução através de *"actos normativos"* (i.e., de regulamentos administrativos) ou de *"actos administrativos"* encontra-a a sua origem histórica no Acórdão *"Chemiefarma"*, de 15 de Julho de 1970, Proc. n.° C-41769. Apontando esta origem histórica, ver SAVERIO STICCHI DAMIANI, *"Riflessioni sulla Nozione di Atto Amministrativo Comunitario dopo la Tipizzazione degli «Atti di Esecuzione»"*, in «Rivista Italiana di Diritto Pubblico Comunitario», 6, 2007, 1199.

[86] Sob o conceito de *"medidas de execução"* ou de *"medidas regulamentares"*, é usual distinguir-se entre actos que modificam o *"acto legislativo de base"* – execução legislativa – e actos que se limitam a fixar as modalidades da sua aplicação, designadamente, mediante adopção de normas complementares – execução normativa de natureza administrativa. Assim, ver CLAIRE FRANÇOISE DURAND, *"Typologie des Interventions"*, cit., 111 a 114. Sobre a distinção entre *"execução legislativa"* e *"execução normativa de natureza administrativa"*, ver, com maior detalhe, o § 5. do presente estudo.

[87] CLAIRE FRANÇOISE DURAND, *"Typologie des Interventions"*, cit., 111.

Cadernos O Direito 5 (2010), 191-243

216   Miguel Prata Roque

"regulamento administrativo", na medida em que envolve a adopção de comandos jurídicos dotados de generalidade e de abstracção[87], ainda que não ínsitos em *"actos de natureza legislativa"*. Esta categoria de *"actos delegados"* corresponde, de modo evidente, ao conceito que, nos diversos Direitos Administrativos nacionais, dá pelo nome de *"regulamentos administrativos complementares ou de execução"*[88]. Ora, a circunstância de o Tratado de Lisboa determinar que esta tipologia de *"regulamentos administrativos"* deve resultar da expressa previsão em *"acto legislativo"* prévio não serve de argumento favorável a qualificar o Conselho como órgão titular da *"função administrativa"*. Como decerto se afigura evidente, tal corresponderia a afirmar – transpondo tais raciocínios para o Direito português – que a Assembleia da República estaria a assumir o exercício da *"função administrativa"* pelo facto de o artigo 112.º, n.º 6, da Constituição da República Portuguesa, determinar que os *"regulamentos administrativos complementares ou de execução"* dependem da expressa previsão pelo *"acto legislativo"* que visam desenvolver[89]. Tal constituiria um flagrante absurdo.

E nem sequer julgo que vingue a hipotética tese segundo a qual a determinação de que *"um acto legislativo pode delegar na Comissão"* (artigo 290.º, n.º 1, do TFUE) pressupõe que os titulares da *"função legislativa"* são simultâneos detentores da *"função administrativa"*, já que para que haja delegação de poderes será sempre necessário que o órgão que delega seja titular originário do poder delegado[90]. Creio, convicto, que o termo *"delegar"* se encontra utilizado em sentido impróprio e não rigoroso, de um ponto de vista jurídico-administrativo[91]. Desde logo, porque, a haver delegação de poderes, em sentido

---

[88] Em sentido idêntico, ver PAOLO PONZANO, *"«Executive» and «Delegated» acts: the situation after the Lisbon Treaty"*, in «The Lisbon Treaty – EU Constitutionalism without a Constitutional Treaty?» (org. Stefan Griller/Jacques Ziller), 2008, 135. Sobre o conceito de *"regulamento complementar ou de execução"*, ver DIOGO FREITAS DO AMARAL, *"Curso de Direito Administrativo"*, cit., 159 e 160.

[89] Com efeito, o próprio conceito de *"regulamento administrativo"* pressupõe uma necessária habilitação por parte do poder legislativo, na medida em que aquele está sempre subordinado àquela ou, pelo menos, no caso dos regulamentos independentes, há expressa previsão legal da respectiva competência subjectiva e objectiva de aprovação. Assim, ver DIOGO FREITAS DO AMARAL, *"Curso de Direito Administrativo"*, cit., 158 a 161; MARCELO REBELO DE SOUSA/ANDRÉ SALGADO MATOS, *"Direito Administrativo Geral"*, Tomo III, 2007, 239 e 244.

[90] Tecendo uma síntese sobre as diversas teses relativas à natureza jurídica da delegação, enquanto poder originariamente concedido ao delegante (e, de acordo com algumas posições doutrinárias, ao delegado), ver, por todos, MARCELO REBELO DE SOUSA, *"Lições de Direito Administrativo"*, Volume I, 1999, 193, 194 e 204 a 210.

[91] A confirmar esta ideia, Ponzano traça um paralelismo entre a figura dos *"actos delegados"*, tal como prevista no artigo 290.º do TFUE, e a figura da autorização legislativa parlamentar para

jurídico-administrativo, não seria o *"acto legislativo"* a delegar tais poderes[92], mas antes o órgão detentor de tal poder, mediante prática de um acto de delegação. Por outro lado, a utilização, pelo jargão comunitário, do conceito *"acto delegado"* tem ocorrido, de modo recorrente, para designar os actos normativos secundários (*"actos normativos de execução"*) que visam densificar os actos normativos primários (*"actos normativos de base"*), mediante expressa previsão destes últimos[93]. Como tal, entendo que aquela expressão visa, tão-só, estabelecer um nexo de vinculação entre o *"acto normativo de execução"* e o *"acto normativo de base"*, que deve sempre ser respeitado, no momento da respectiva execução.

Creio, portanto, não subsistirem dúvidas quanto à natureza inconclusiva do artigo 290.º do TCE, para efeitos de repartição da *"função administrativa"* pelos diversos órgãos da União Europeia.

Por último, a expressa consagração da tipologia *"actos de execução"*, pelo Tratado de Lisboa, também não contribui para a defesa da titularidade da *"função administrativa"* por parte do Conselho. Estes actos constituem, na verdade, *"actos não normativos de execução"* (ou, simplificando, verdadeiros *"actos administrativos"*) que, em regra, são adoptados pelas próprias administrações nacionais (artigo 291.º, n.º 1, do TFUE), enquanto *"administrações comuns da União Europeia"*[94]. Ora, a possibilidade de adopção de *"actos legislativos"* que confiram à Comissão o poder de adoptar *"actos administrativos"*, sempre que seja necessário fixar condições uniformes para a execução dos primeiros (artigo 291.º, n.º 2, do TFUE)[95], também não é apta a sustentar a tese de que a Comissão não detém, a título originário, o exercício da *"função administrativa"*. Ainda que sejam o Conselho e o Parlamento a fixar expressamente tais competências –

---

que os Governos nacionais aprovem *"decretos-lei"*, sobre matérias originariamente reservadas aos parlamentos. Assim, ver PAOLO PONZANO, *"«Executive» and «Delegated» acts: the situation after the Lisbon Treaty"*, cit., 136.

[92] A não ser que se estivesse perante uma manifestação de *"transferências legal de competências"* ou de *"desconcentração originária de competências"*, que não deve ser configurável com a figura jurídico-administrativa da *"delegação"*. Ora, se assim fosse, a transferência de competências seria definitiva, não podendo o Conselho, posteriormente, pretender exercer as competências entretanto transferidas. Assim, ver MARCELO REBELO DE SOUSA, *"Lições de Direito Administrativo"*, cit., 194.

[93] Sobre o conceito de actos delegados, ver PAOLO PONZANO, *"«Executive» and «Delegated» acts: the situation after the Lisbon Treaty"*, cit., 135 a 139.

[94] Para maior desenvolvimento, ver MIGUEL PRATA ROQUE, *"O Espaço Europeu de Justiça Administrativa"*, cit., 108 a 121.

[95] Sobre os poderes do Conselho (e do Parlamento Europeu) em matéria de delimitação dos poderes de execução da Comissão, ver JEAN PAUL JACQUÉ, *"Introduction: Pouvoir Législatif et Pouvoir Exécutif dans l'Union Européen"*, cit., 41 e 42.

218   Miguel Prata Roque

podendo mesmo atribuí-las ao Conselho, quanto às matérias da PESC – não há como negar que o exercício predominante da *"função administrativa"* cabe à Comissão, que se afigura – agora ainda mais, com o Tratado de Lisboa – como o *"órgão executivo"* da União Europeia. Aliás, a circunstância de o n.º 2 do artigo 291.º, n.º 2, do TFUE, apenas permitir a prática de *"actos administrativos"* pelo Conselho, em matérias abrangidas pela PESC[96], reforça, exponencialmente, tal conclusão.

Tudo visto, torna-se forçoso concluir que o Tratado de Lisboa contribuiu, decisivamente, para o esclarecimento sobre a titularidade orgânica da *"função administrativa"* da União Europeia que, hoje em dia, se encontra entregue à Comissão Europeia.

4. Separação de poderes no sistema de governo da União Europeia (III) – A perspectiva instrumental

Porventura, um dos maiores retrocessos preconizados pelo Tratado de Lisboa reside no abandono de um modelo assente em cláusulas expressas de separação entre *"actos jurídicos de natureza legislativa"* e *"actos jurídicos de natureza administrativa"*[97]. Com efeito, o texto do (ora defunto) Tratado que Estabelece uma Constituição para a Europa (de ora em diante, apenas TECE) preconizava uma expressa distinção entre *"actos jurídicos de natureza legislativa"* (artigo I-34.º do TECE), entre os quais se incluíam as *"leis europeias"* e as *"leis-quadro europeias"*, e *"actos jurídicos de natureza não legislativa"* (artigo I-35.º do TECE), entre os quais podíamos destrinçar os *"regulamentos europeus"* (artigo I-36.º do TECE), as *"decisões europeias"*, as *"recomendações"* e os *"pareceres"*.

Ora, esta distinção correspondia, precisamente, à resposta a uma das perguntas sacramentais formuladas pela própria Declaração de Laeken[98], a propósito da

---

[96] Acrescente-se, conforme já *supra* enumeradas na nota de rodapé n.º 74, as situações excepcionais expressamente consagradas pelo Tratado de Lisboa.

[97] Realçando o abandono da terminologia *"legislação europeia"*, pelo Tratado de Lisboa, ver HERVÉ BRIBOSIA, *"Institutional Inovations inthe Lisbon Treaty"*, in «The Lisbon Treaty – EU Constitutionalism without a Constitutional Treaty?» (org. Stefan Griller/Jacques Ziller), 2008, 68. Criticando o retrocesso em termos de clareza e transparência das soluções adoptadas, ver SERGIO DELAVALLE, *"Constitutionalism Beyond the Constitution – The Treaty of Lisbon in the Light of Post-National Public Law"*, cit., 16 e 17.

[98] A referida declaração corresponde àquela proferida no final do Conselho Europeu de Laeken (Bélgica), ocorrido em 15 de Dezembro de 2001, cujo texto pode ser consultado in ANA MARIA

A separação de poderes no Tratado de Lisboa   219

necessidade de simplificação dos instrumentos da União Europeia: *"(...) deverá ser estabelecida uma distinção entre medidas legislativas e medidas de execução?"*[99].

Com vista a responder a esta interrogação, a própria Convenção sobre o Futuro da Europa[100] preconizou a redução substancial das modalidades de actos jurídicos[101], em termos tais que as noções de *"regulamento"* e de *"directiva"* dariam lugar, respectivamente às *"leis da União Europeia"* e às *"leis-quadro da União Europeia"*[102]. Cientes de que a definição (então preconizada) de *"lei da União Europeia"* impossibilitava a inclusão do conceito tradicional de *"regulamento administrativo"*, os membros da Convenção mais defenderam a manutenção do conceito de *"regulamento"* para efeitos de designação dos actos da União Europeia que, revestindo-se de natureza normativa, apenas visavam a execução de preceitos contidos em actos legislativos[103]. Mais se propôs a expressa consagração de uma cláusula de fixação da hierarquia de normas de Direito da União Europeia, com expressa consagração de actos de natureza meramente delegada[104]. De acordo com este modelo convencional[105], proceder-se-ia a uma distinção entre: *i)* actos legislativos – que conteriam os elementos normativos essenciais aplicáveis a situações jurídicas genéricas e abs-

---

GUERRA MARTINS/MIGUEL PRATA ROQUE, *"O Tratado que Estabelece uma Constituição para a Europa"*, 2.ª edição, 2005, 23 a 33.

[99] Cf. ANA MARIA GUERRA MARTINS/MIGUEL PRATA ROQUE, *"O Tratado que Estabelece uma Constituição para a Europa"*, cit., 28.

[100] Quiçá de modo algo precipitado, JEAN PAUL JACQUÉ desconsidera a importância da discussão ocorrida no seio da Convenção Europeia, afirmando que aquela não pôde discutir, com profundidade, tal questão. Conforme demonstrarei de ora em diante, não posso estar mais em desacordo com tal observação. Cf. JEAN PAUL JACQUÉ, *"Introduction: Pouvoir Législatif et Pouvoir Exécutif dans l'Union Européen"*, cit., 26. Em sentido contrário, realçando a importância das soluções propostas pelo Grupo de Trabalho sobre Simplificação, presidido pelo Vice-Presidente da Convenção Europeia, Giuliano Amato, ver BRUNO DE WITTE, *"Legal Instruments and Law-Making in the Lisbon Treaty"*, cit., 85 e 86.

[101] Denunciando a excessiva proliferação de tipologias distintas de *"actos jurídicos"*, ver BRUNO DE WITTE, *"Legal Instruments and Law-Making in the Lisbon Treaty"*, cit., 83; OLIVIER DUBOS/ /MARIE GAUTIER, *"Les Actes Communautaires d'Exécution"*, cit., 127 e 128.

[102] Assim, ver o Relatório Final do Grupo de Trabalho sobre Simplificação (CONV 424/2002), de 29 de Novembro, disponível in http://register.consilium.europa.eu/pdf/pt/02/cv00/cv00424.pt02.pdf.

[103] Neste sentido, ver JONAS BERING LIISBERG, *"The EU Constitutional Treaty and its distinction between legislative et non-legislative acts – Oranges into apples"*, Jean Monnet Working Paper 01/06, NYU School of Law, New York, 12.

[104] Cf. Relatório Final do Grupo de Trabalho sobre Simplificação (CONV 424/2002), 8.

[105] Cf. Relatório Final do Grupo de Trabalho sobre Simplificação (CONV 424/2002), 9.

220 Miguel Prata Roque

tractas; *ii*) actos delegados – que desenvolveriam e densificariam os elementos normativos essenciais, mediante expressa habilitação pelo acto legislativo; *iii*) actos de execução – que tratariam da implementação dos actos legislativos e dos actos delegados[106]. Quer os actos delegados, quer os actos de execução, quando praticados por órgãos da União, assumiriam a natureza de *"regulamentos europeus"* (cf. artigos I-36.°, n.° 1 e I-37.°, n.° 4, ambos do TECE).

Tudo isto com vista a reforçar a separação entre a função legislativa e a função administrativa.

Ora, a meu ver, a utilização do conceito *"lei europeia"* contribuía, decisivamente, para aumentar a transparência do actual sistema de governo europeu, ao permitir a expressa distinção entre a actuação de cada órgão da União enquanto titular da função legislativa ou, de outra banda, enquanto titular da função administrativa. É que, em boa verdade, a previsão simultânea, pelo (agora revogado) artigo 249.° do TCE[107], de actos de natureza completamente díspar – uns de natureza legislativa e outros de natureza administrativa – introduziu uma desnecessária ambiguidade terminológica[108] e mesmo alguma difi-

---

[106] Preconizando uma outra solução, a Resolução do Parlamento Europeu sobre a tipologia dos actos e a hierarquia das normas na União Europeia [2140/2002 (INI)] – igualmente conhecida por Relatório *"Bourlanges"*, por ter sido elaborado e subscrito pelo Deputado-Relator do mesmo nome –, de 17 de Dezembro de 2002, propunha uma distinção entre três blocos de jurisdicidade: *i*) bloco constitucional – composto por um acto jurídico de natureza constitucional, aprovado sob a forma de convenção internacional; *ii*) bloco legislativo – composto por todos os actos de Direito derivado da União Europeia, aprovados segundo o procedimento de co-decisão e subdivididos em *"leis"*, *"leis-quadro"* (actos jurídicos necessários ao funcionamento das instituições, mas cuja necessidade de aprovação se afigura incompatível com o procedimento de revisão do tratado constituinte – *v.g.*, decisões sobre recursos próprios, procedimento eleitoral para o Parlamento Europeu, acordos interinstitucionais, etc.) e *"leis de finanças"* (orçamento da União e programação financeira plurianual); *iii*) bloco regulamentar – composto por regulamentos administrativos destinados a executar as normas provenientes dos outros dois blocos de jurisdicidade, a adoptar pela Comissão Europeia e pelos Estados-Membros, no âmbito das suas competências territoriais específicas. Para um maior desenvolvimento, ver Resolução n.° 2140/2002 (INI), do Parlamento Europeu, disponível in http://www.europarl.europa.eu/sides/getDoc.do?pubRef=-//EP//TEXT+REPORT+A5-2002-0425+0+DOC+XML+V0//PT#title3.

[107] Lamentavelmente, o Tratado de Lisboa retoma, de modo acrítico, aquela denominação de *"actos jurídicos típicos"*, desta feita, através do artigo 288.° do TFUE. Essa opção representa um dos principais retrocessos (ou antes uma manifestações de falta de ímpeto reformador) que podem apontar-se ao Tratado de Lisboa.

[108] Denunciando a ambivalência dos conceitos típicos de *"actos jurídicos"* da União Europeia, tais como consagrados no (agora revogado) artigo 249.° do TCE, ver RICARDO ALONSO GARCÍA, *"El Acto Administrativo Comunitario: Imprecisión normativa, y luces y sombras al respecto en la doctrina del Tribunal de Justicia"*, in «Colóquio Luso-Espanhol – O Acto no Contencioso Administrativo:

A separação de poderes no Tratado de Lisboa 221

culdade de destrinça entre as categorias de *"lei"*, *"regulamento administrativo"* e *"acto administrativo"*[109]. Sem que se imponha um mero decalque destes conceitos típicos dos Estados modernos, não há como esconder que tal opção introduz um risco de prejuízo da segurança jurídica e da previsibilidade da actuação da União Europeia por parte dos cidadãos[110]. Veja-se, por exemplo que

Tradição e Reforma» (org. Colaço Antunes/Sáinz Moreno), 2005, 44 a 47. Ainda que de modo menos acentuado, ver Luís Filipe Colaço Antunes, *"Um tratado francês lido em alemão? O acto administrativo no Direito Comunitário e na sua jurisprudência"*, in «Colóquio Luso-Espanhol – O Acto no Contencioso Administrativo: Tradição e Reforma» (org. Colaço Antunes/Sáinz Moreno), 2005, 65.

[109] Conforme demonstram alguns autores, nem sequer é possível extrair, seja dos tratados, seja da jurisprudência ou mesmo da doutrina uma definição clara e inequívoca de *"acto administrativo"* da União Europeia. Assim, ver Fausto de Quadros, *"O Acto Administrativo Comunitário"*, in «Colóquio Luso-Espanhol – O Acto no Contencioso Administrativo: Tradição e Reforma» (org. Colaço Antunes/Sáinz Moreno), 2005, 65 e 66; Luís Filipe Colaço Antunes, *"Um tratado francês lido em alemão? O acto administrativo no Direito Comunitário e na sua jurisprudência"*, cit., 90.

[110] Note-se que, mesmo no campo das garantias de controlo jurisdicional das demais funções da União Europeia – "legislativa" e "administrativa" – , esta ambivalência conduz a um sistema jurisdicional em que tanto a fiscalização da constitucionalidade (ou seja, da conformidade dos *"actos legislativos"* com os tratados europeus) como a fiscalização da legalidade (ou seja, da conformidade dos *"regulamentos"* e *"actos administrativos"* com os *"actos legislativos"*) se encontram sujeitas ao mesmo procedimento, ou seja ao tradicional – e já ultrapassado – recurso para a anulação de acto, actualmente previsto no artigo 263.º do TFUE. Acresce ainda que, de modo incontroverso, o regime de fiscalização constante do referido artigo 263.º do TFUE assenta numa concepção de vícios especificamente pensado para a impugnação de *"actos administrativos"* e já não de *"actos legislativos"*, o que prejudica e menoriza o controlo da constitucionalidade destes últimos. Destacando a proximidade deste meio processual como a acção de impugnação da validade de actos administrativos, ver Fausto de Quadros/Ana Guerra Martins, *"Contencioso da União Europeia"*, 2.ª edição, 2007, 135, 137 e 176; Luís Filipe Colaço Antunes, *"Um tratado francês lido em alemão? O acto administrativo no Direito Comunitário e na sua jurisprudência"*, cit., 78.

Note-se contudo que, mesmo durante a vigência do artigo 232.º do (agora revogado) TCE – que corresponde ao actual artigo 265.º do TFUE –, podia entender-se que a acção por omissão de acto apenas abrangia os *"actos administrativos"*, na medida em se entendia que o controlo do exercício do poder normativo não era juridicamente devido aos cidadãos europeus. Daqui decorre que os próprios tratados europeus já reconheciam a necessidade de destrinça entre *"actos de natureza legislativa"* e *"actos de natureza administrativa"* (com exclusão dos actos de âmbito normativo). Em apoio desta tese, ver Ricardo Alonso García, *"El Acto Administrativo Comunitario: Imprecisión normativa, y luces y sombras al respecto en la doctrina del Tribunal de Justicia"*, cit., 45 e 46. Apesar de afirmarem que a acção por omissão podia ser instaurada para obter a condenação à adopção de qualquer acto ilegalmente omitido, Fausto de Quadros e Ana Guerra Martins (in *"Contencioso da União Europeia"*, cit., 198 e 202 a 204) não deixam de reconhecer a exigência de demonstração, pelos recorrentes não privilegiados (i.e., os particulares) de um interesse

222   *Miguel Prata Roque*

uma *"decisão"* tanto poder ser qualificada como *"acto de natureza legislativa"* (quando não se dirija um destinatário directo e vise expressar uma opção política fundamental), como *"acto normativo de natureza administrativa"* (quando não se dirija a um destinatário directo mas vise apenas densificar uma opção normativa já patente em *"acto de natureza legislativa"*) ou ainda como *"acto administrativo"* (quando, aplicando conceitos gerais e abstractos, produza efeitos jurídicos na esfera individual e concreta de um determinado destinatário[111]). A perplexidade resulta, assim, evidente. Para que esta fosse dissipada, teria sido oportuno proceder a uma distinção terminológica dos *"actos jurídicos"* da União, de modo a reforçar o princípio da separação de poderes e a incrementar a segurança jurídica e a cognoscibilidade do Direito da União Europeia pelos cidadãos europeus.

E nem se invoque a circunstância de os tratados originários[112] nunca terem mencionado expressamente o conceito de *"lei europeia"*[113], como se tal argumento histórico obstasse à constatação da evolução jurídico-constitucional entretanto ocorrida. É que a referida omissão decorreu da circunstância de a Assembleia Inter-Parlamentar originariamente prevista nos tratados nem ser detentora de legitimidade democrática directa, nem tão pouco dispor de poder

---

directo e pessoal na adopção do acto. Deste modo, parece ser de concluir que os *"actos de natureza normativa"*, por conterem preceitos dotados de generalidade e abstracção, não seriam passíveis de impugnação. No fundo o que os autores afirmam é que, independentemente da sua forma ou da sua classificação pelo órgão que os adopte, os actos só são passíveis de impugnação quando afectarem a esfera jurídica individual e concreta de um particular, ou seja, quando constituam *"actos materialmente administrativos"*, independentemente da forma de que se revistam.

[111] Abraçando esta definição conceptual, para efeitos de identificação do acto administrativo comunitário, ver FAUSTO DE QUADROS, *"O Acto Administrativo Comunitário"*, cit., 66 e 67.

[112] Curiosamente, há quem relembre que, na respectiva fase de negociação, o Tratado CECA chegou a prever a inclusão de uma referência a *"lei europeia"*, quer viria a ser abandonada de modo a permitir a sua ratificação por todos os Estados-fundadores. Neste sentido, ver J.D.B. MITCHELL, *"Legal Problems of an Enlarged European Community"*, 1972, British Institute Studies on International and Comparative Law n. 6, London, 89, *apud* Relatório da Comissão Especial da Câmara dos Lordes sobre a União Europeia (CONV 625/03), de 11 de Março de 2003, disponível in http://register.consilium.europa.eu/pdf/en/03/cv00/cv00625.en03.pdf.

[113] Conforme notado por Liisberg, apesar de os tratados originários nunca terem feito referência às expressões *"lei"*, *"legislação"* ou *"poder legislativo"*, desde cedo, através do Acórdão *"Fédération Charbonnière de Belgique"* (de 25 de Junho de 1955, Proc. n.º 8/55), o TJUE utilizou – ainda que apenas empiricamente e sem particular reflexão dogmática sobre as consequências de tal opção – a expressão *"medidas quase-legislativas (...) com efeito legislativo «erga omnes»"* para qualificar as decisões genéricas. Assim, ver JONAS BERING LIISBERG, *"The EU Constitutional Treaty and its distinction between legislative et non-legislative acts – Oranges into apples"*, cit., 6.

A separação de poderes no Tratado de Lisboa   223

de intervenção no procedimento de adopção de actos jurídicos da (então) Comunidade Económica Europeia[114]. Evidentemente, a partir do momento em que o Parlamento, seu natural substituto institucional, foi colocado – pelos próprios Estados-Membros – numa posição de tendencial paridade com o Conselho, em sede de procedimento legislativo, mal se compreenderia a subsistência de uma qualificação dos actos jurídicos da União Europeia assente num modelo completamente ultrapassado de separação de poderes.

Evidentemente, o emprego da expressão *"lei europeia"* pelos membros da Convenção Europeia suscitou inúmeras reacções epidérmicas aos adversários da aceleração do processo de constitucionalização[115] do Direito da União Europeia. O recurso ao mais iconoclasta[116] dos conceitos jurídicos tipicamente atribuídos aos Estado-Nação[117] fez soar os alarmes dos que temem uma deriva federalista do modelo de construção europeia. Assim, o texto actual do Tratado de Lisboa veio a sacrificar aquele termo, mantendo uma preocupante amálgama conceptual entre actos típicos da função legislativa e actos típicos da função administrativa (cf. actual artigo 288.° do TFUE).

Mas, para além da manutenção da nomenclatura de actos, tal como vigente até à sua aprovação, o Tratado de Lisboa abandona um critério material de distinção entre *"actos legislativos"* e *"actos não legislativos"*, abraçando antes um cri-

---

[114] Neste sentido, ver JEAN PAUL JACQUÉ, *"Introduction: Pouvoir Législatif et Pouvoir Exécutif dans l'Union Européen"*, cit., 25.

[115] Na realidade, a necessidade de separação entre a função legislativa e a função administrativa tem constituído uma tónica recorrente de todos as iniciativas tendentes à constitucionalização da União Europeia, a começar pelo Projecto de Tratado Spinelli, de 1984. Assim, ver JONAS BERING LIISBERG, *"The EU Constitutional Treaty and its distinction between legislative et non-legislative acts – Oranges into apples"*, cit., 10.

[116] Com efeito, De Burca demonstra que a referência às *"leis europeias"* foi um dos alvos da purga desconstitucionalizadora levada acabo pelo Tratado de Lisboa, que procurou erradicar todas as expressões que pudessem ser confundidas com conceitos ligados ao exercício do poder constituinte no seio dos Estados-Nação. Assim, ver GRÁINNE DE BURCA, *"The EU on the Road from the Constitutional Treaty to the Lisbon Treaty"*, Jean Monnet Working Paper, n. 3/08, 10, disponível in www.jeanmonnetprogram.org.

[117] Em boa verdade, o emprego de expressões historicamente concebidas para as relações entre o indivíduo e o Estado-Nação acaba por obscurecer a natureza jurídico-constitucional específica de pessoas colectivas públicas internacionais, tais como a União Europeia. Conforme nota WEILER, *"a própria linguagem da moderna democracia, a sua gramática, a sua sintaxe e o seu vocabulário, gravitam à volta do Estado, da Nação e do Povo... A União, tal como geralmente aceite, não é um Estado. O resultado é uma descrição de laranjas através do vocabulário botânico desenvolvido para as maçãs"* (tradução de minha autoria). Cf. JOSEP H. H. WEILER, *"«Democracy Deficit Literature» and the problem of translation"*, in «The Constitution of Europe», 2009, CUP, 261.

Cadernos O Direito 5 (2010), 191-243

224 *Miguel Prata Roque*

tério meramente procedimental[118]. Em suma, a opção normativa adoptada passou, de modo absolutamente tautológico, a qualificar como *"actos legislativos"* os *"actos jurídicos adoptados por processo legislativo"* (artigo 289.°, n.° 3, do TFUE). Significa isto que aquele texto constituinte europeu abdicou de uma efectiva distinção, entre actos típicos da função legislativa e actos típicos da função administrativa, assente na natureza de cada uma daquelas funções[119]. Pode mesmo dizer-se que, materialmente, aquela opção normativa pode conduzir, no limite, a deduzir-se que, a partir do Tratado de Lisboa, nem sequer resulta dos tratados uma distinção material[120] entre *"actos jurídicos de natureza legislativa"* e *"actos jurídicos de natureza administrativa"*. Bastaria, assim, que o tratado europeu fixasse como aplicáveis as regras do procedimento legislativo – ordinário ou especial – para que determinado acto, ainda que materialmente administrativo[121], fosse qualificado como *"acto legislativo"*[122].

---

[118] Assim, ver HERVÉ BRIBOSIA, *"Institutional Inovations in the Lisbon Treaty"*, cit., 68 e 69; BRUNO DE WITTE, *"Legal Instruments and Law-Making in the Lisbon Treaty"*, cit., 92. Ora, em boa verdade, esta opção vai de encontro à solução proposta por KOEN LENAERTS durante a audição de peritos pelo Grupo de Trabalho sobre a Simplificação (n.° IX), segundo a qual a distinção entre *"actos legislativos"* e *"actos de natureza administrativa"* não devia assentar na identidade do órgão autor do acto, mas apenas no respectivo procedimento de aprovação, precisamente por não tal distinção não ser directamente imposta pelo princípio da separação de poderes que, segundo aquele autor, não vincula a União Europeia, tal como os Estados-Membros que a compõem. Para um maior desenvolvimento, ver a Síntese da Reunião de 17 de Outubro de 2002 (CONV 363/2002), 3 e 4, disponível in http://register.consilium.europa.eu/pdf/pt/02/cv00/cv00363.pt02.pdf.

[119] Ora, nas palavras de De Witte, os actos jurídicos da União Europeia tendem a formar *"cascatas de regulamentação"*, através de sucessivas vagas de *"actos legislativos"* que, por sua vez, são complementados por *"actos normativos de execução"* adoptados pelo Conselho e, de seguida, por *"actos normativos de execução"* adoptados pela própria Comissão. Como bem alerta o autor: *"Esta situação ilustra bem quão pouco a denominação de um acto nos diz sobre a natureza legislativa ou administrativa do acto"*. Assim, ver BRUNO DE WITTE, *"Legal Instruments and Law-Making in the Lisbon Treaty"*, cit., 92.

[120] Contudo, conforme bem demonstra Ponzano, uma das principais inovações do Tratado de Lisboa assenta precisamente nessa distinção material, pela primeira vez, entre *"execução legislativa delegada"* e *"execução administrativa delegada"*. Assim, ver PAOLO PONZANO, *"«Executive» and «Delegated» acts: the situation after the Lisbon Treaty"*, cit., 135.

[121] DE WITTE dá-nos conta de um exemplo inquietante que ilustra bem este risco. De acordo com o artigo 82.°, n.° 1, do TFUE, as medidas de apoio à formação de magistrados e funcionários judiciais devem ser adoptadas segundo o procedimento legislativo ordinário, pelo que os programas de formação naquelas áreas, apesar de serem materialmente qualificados como acções típicas da função administrativa, são qualificados, pelo Tratado de Lisboa, como *"actos legislativos"* (!). Fica, assim, demonstrado o absurdo desta solução. Cf. BRUNO DE WITTE, *"Legal Instruments and Law-Making in the Lisbon Treaty"*, cit., 92.

[122] Porém, o princípio da primazia da materialidade subjacente ao acto continua a manifestar-se no Tratado de Lisboa. Com efeito, o § 4.° do n.° 1 do artigo 288.° do TFUE introduziu uma

A separação de poderes no Tratado de Lisboa   225

Conforme se compreenderá, esta (aparente) identidade material entre acto típico da função legislativa e acto típico da função administrativa – que resulta da solução normativa literal adoptada pela redacção do Tratado de Lisboa – corre o risco de acentuar, ainda mais, o risco de desrespeito pelo princípio da separação de poderes, ao qual a União Europeia, enquanto pessoa colectiva pública internacional vinculada aos princípios gerais comuns aos respectivos Estados-Membros, não pode deixar de estar sujeita.

Claro está que este recuo evidente, a cargo do Tratado de Lisboa, acaba por ser compensado por outras fontes do Direito da União Europeia, como a jurisprudência consolidada do TJUE, que tem, inabalavelmente, acentuado a distinção material entre *"acto jurídico de natureza legislativa"* e *"acto jurídico de natureza não legislativa"*. Com efeito, apesar da aparente amálgama entre os dois conceitos – que decorria do (agora revogado) artigo 249.° do TCE e que, malogradamente, foi alvo de mera reprodução no actual artigo 288.° do TFUE, segundo o Tratado de Lisboa –, o Tribunal do Luxemburgo sempre assumiu, para além do elemento literal, a vigência de um conceito amplo de *"legislação europeia"*. Torna-se mesmo possível extrair da jurisprudência do TJUE[123] as

---

significativa alteração ao correspondente artigo 230.° do TCE, nos termos da qual foi expurgada a referência à possibilidade de impugnação de actos administrativos, *"embora tomad[o]s sob a forma de regulamento ou de decisão dirigida a outra pessoa"*. Porém, a nova redacção conferida pelo Tratado de Lisboa passa a distinguir expressamente a impugnação de *"actos legislativos"* da impugnação de outros actos – e, portanto, de *"actos de natureza administrativa"*, sejam eles *"regulamentos"* ou *"actos administrativos"* (cf. § 1.° do artigo 288.° do TFUE) –, o que teve como consequência o expurgo do § 4.° daquele mesmo preceito. De qualquer modo, a redacção deste último parágrafo (a saber: *"actos de que seja destinatária ou que lhe digam directa e individualmente respeito"*) assume uma concepção material de *"acto administrativo"*, que não assenta na tipologia formal do acto a impugnar. Assim, apesar de não se referir expressamente à possibilidade de impugnação de *"actos legislativos"*, entendo que a adopção de um critério material por parte daquele preceito implica que, desde que seja possível identificar a prática de um *"acto materialmente administrativo"* através da aprovação de um acto formalmente qualificado como "legislativo", por força da sua submissão ao procedimento legislativo, será sempre possível eleger tal acto como objecto de uma acção para impugnação da validade, nos termos do referido § 4.° do artigo 288.° do TFUE). Sobre a primazia da materialidade subjacentes aos *"actos administrativos"*, ainda durante a vigência do TCE, ver Fausto de Quadros, *"O Acto Administrativo Comunitário"*, cit., 68; Luís Filipe Colaço Antunes, *"Um tratado francês lido em alemão? O acto administrativo no Direito Comunitário e na sua jurisprudência"*, cit., 92 a 98.

[123] Veja-se, por exemplo, o Acórdão *"Dinamarca c/ Comissão"*, de 15 de Dezembro de 1987, Proc. n.° 348/85 (disponível in www.eur-lex.europa.eu, através do qual o TJUE afirma expressamente que *"legislação comunitária deve ser certa e a sua aplicação previsível para os destinatários"* (cf. § 19).

226   Miguel Prata Roque

principais características dos actos legislativos[124], a saber: *i*) correspondem a uma fonte formal e derivada de Direito da União Europeia; *ii*) juridicamente vinculativos; *iii*) de aplicação geral e abstracta; *iv*) com base em normas constantes dos tratados.

Apesar de o (agora revogado) artigo 249.° do TCE nunca ter procedido a uma distinção clara entre actos normativos e actos administrativos[125] – e, muito menos, entre leis, regulamentos administrativos e actos administrativos[126] –, tal não impediu a doutrina[127] e a jurisprudência[128] de fixarem um tipologia assente em dois grandes grupos de actos: os actos de base e os actos de execução. Os actos de base constituíam o quadro normativo geral de qualquer regime jurídico específico – noção de *"acto jurídico de natureza legislativa"* –, sendo exclusivamente aprovados pelo Conselho, por si só ou em conjunto com o Parlamento Europeu. Por sua vez, os actos de execução correspondiam ao desenvolvimento das bases normativas previamente fixadas pelas instituições comunitárias com poderes legislativos – noção de *"acto jurídico de natureza administrativa"*[129] –, podendo ser aprovados quer pelo Conselho quer, isoladamente, pela própria Comissão.

---

[124] Neste sentido, ver JONAS BERING LIISBERG, *"The EU Constitutional Treaty and its distinction between legislative et non-legislative acts – Oranges into apples"*, cit., 7.

[125] RICARDO ALONSO GARCÍA, *"El acto administrativo comunitario: imprecisión normativa, y luces y sombras al respecto en la doctrina del Tribunal de Justicia"*, in «O Acto no Contencioso Administrativo – Tradição e Reforma (Colóquio Luso-Espanhol)» (organizado por Colaço Antunes/Sáinz Moreno), 2006, 43 e 44; FAUSTO DE QUADROS, *"O acto administrativo comunitário"*, in «O Acto no Contencioso Administrativo – Tradição e Reforma (Colóquio Luso-Espanhol)» (organizado por Colaço Antunes/Sáinz Moreno), 65 e 67; *Idem, "Responsabilidade dos poderes públicos no Direito Comunitário"*, in «La Responsabilidad Patrimonial de los Poderes Públicos» (separata), 1997, 140 e 141; ANA MARIA GUERRA MARTINS, *"Curso de Direito Constitucional da União Europeia"*, cit., 351; TOMÁS DE LA QUADRA-SALCEDO, *"Acto Administrativo Comunitario"*, cit., 193; XABIER ARZOZ SANTISTEBAN, *"Concepto y régimen jurídico del acto administrativo comunitario"*, 1998, IVAP, 67 e 68; SABINO CASSESE, *"Il sistema amministrativo europeo e la sua evoluzione"*, cit., 770.

[126] Conforme bem notado por ANA MARIA GUERRA MARTINS, *"Curso de Direito Constitucional da União Europeia"*, cit., 351; *Idem, "O Projecto de Constituição Europeia – Contributo para o Debate sobre o Futuro da União"*, 2004, 77.

[127] ROBERTO CARANTA, *"Giustizia Amministrativa e Diritto Comunitario"*, cit., 61; MARIA LUÍSA DUARTE, *"Direito da União Europeia e das Comunidades Europeias"*, cit., 230, 231 e 250; FAUSTO DE QUADROS, *"Responsabilidade dos poderes públicos no Direito Comunitário"*, cit., 140 e 141; XABIER ARZOZ SANTISTEBAN, *"Concepto y régimen jurídico del acto administrativo comunitario"*, cit., 68.

[128] Para uma análise sobre a jurisprudência do TJUE sobre os conceitos de "acto de base" e "acto de execução", ver ALEXANDER TÜRK, *"The Role of the Court of Justice"*, in «Delegated Legislation and the Role of Committees in the EC» (organizado por Mads Andenas/Alexander Türk), 2000, 217 a 247.

[129] Sobre a ambiguidade deste conceito, ver, em maior detalhe, o § 5. do presente estudo.

A *separação de poderes no Tratado de Lisboa*   227

Ainda assim, nem todos os actos de base típicos podiam ser reconduzidos à noção de *"acto legislativo"*, ou seja, a um conjunto de preceitos constituídos por previsão e estatuição, dotados de generalidade, abstracção e vinculatividade. Desde logo, as decisões comunitárias[130] não são abstractas, quando são expressamente dirigidas a destinatários concretos e determinados (cf. actual artigo 288.º, § 4.º, do TFUE). Esta sua vertente conduziu, aliás, Arzoz Santisteban a qualificá-las como a categoria mais próxima do conceito típico de acto administrativo, ainda que sem grande rigor terminológico e com intuitos meramente didácticos[131]. Segue-se que as recomendações e os pareceres, para além de poderem ter como destinatários sujeitos concretos e determinados, também nunca possuíram carácter vinculativo, pelo que não constituíam verdadeiros actos administrativos[132]. Ou seja, a própria densificação normativa operada pelo artigo 249.º do TCE só acabou por contribuir para a contaminação entre actos normativos *"stricto sensu"* e actos administrativos.

Por outro lado, desde o Acórdão *"Köster"*[133], o TJUE tem vindo a sublinhar que a qualificação de um regulamento como regulamento de base – isto é, como *"acto jurídico de natureza legislativa"* – depende do seu próprio conteúdo. Ou seja, depende da susceptibilidade de extrair da sua previsão e estatuição os elementos essenciais da matéria a regular. Obviamente, não é exigível que aquele regule toda a matéria objecto de intervenção legislativa[134], mas

---

[130] À semelhança do que sucede nos ordenamentos jurídicos nacionais, a mera qualificação jurídico-administrativa de um acto como *"regulamento"* (para os efeitos do artigo 288.º do TFUE) não afasta a sua qualificação como *"decisão"*, se os requisitos materiais daquela puderem ser dados por verificados – *"falsos regulamentos"*. Assim, ver FAUSTO DE QUADROS, *"O acto administrativo comunitário"*, cit., 68.

[131] XABIER ARZOZ SANTISTEBAN, *"Concepto y régimen jurídico del acto administrativo comunitario"*, cit., 49. Em sentido idêntico, Fausto de Quadros também qualificava as decisões previstas no (agora revogado) artigo 249.º do TCE como *"o acto administrativo por excelência"*. Assim, ver FAUSTO DE QUADROS, *"O acto administrativo comunitário"*, cit., 67.

[132] Assim, TOMÁS DE LA QUADRA-SALCEDO, *"Acto Administrativo Comunitário"*, cit., 207. Em sentido contrário, ver MARIO P. CHITI, *"Derecho Administrativo Europeo"*, cit., 264 a 267; ROBERTO CARANTA, *"Giustizia Amministrativa e Diritto Comunitario"*, cit., 65. Em sentido contrário, considerando que as recomendações têm vindo a assumir *"um efeito persuasivo, que não está longe do efeito vinculativo"* e que alguns pareceres assumem natureza vinculativa, ver FAUSTO DE QUADROS, *"O acto administrativo comunitário"*, cit., 67 e 68.

[133] Cf. Acórdão *"Köster"*, de 17 de Dezembro de 1970, Proc. n.º 25/70, disponível in www.eur-lex.europa.eu.

[134] Neste sentido, ver JEAN PAUL JACQUÉ, *"Introduction: Pouvoir Législatif et Pouvoir Exécutif dans l'Union Européen"*, cit., 29; JONAS BERING LIISBERG, *"The EU Constitutional Treaty and its distinction between legislative et non-legislative acts – Oranges into apples"*, cit., 8 e 9.

228　　*Miguel Prata Roque*

impõe-se que os elementos decisivos da opção política estejam nele vertidos – *"teoria da essencialidade"*. Ora, daqui decorre a adesão do TJUE a um critério material[135] de distinção entre *"acto jurídico de natureza legislativa"* e *"acto jurídico de natureza administrativa"*, assente numa contraposição entre essencialidade (típica dos actos legislativos) e pormenorização (típica dos regulamentos administrativos)[136].

Desde modo, a regra doravante consagrada pelo Tratado de Lisboa (artigo 289.º, n.º 3 do TFUE), no sentido da adopção de um *"critério procedimental"* de distinção entre aqueloutros actos, briga, frontalmente, com a jurisprudência consolidada e reiterada pelo Tribunal do Luxemburgo, pois deixa de pressupor a existência de uma destrinça material entre actos de natureza legislativa e actos de natureza administrativa[137]. Aguarda-se, assim, com expectativa a aplicação daquele novo critério por parte do julgador da União Europeia. Bem vistas as coisas, em limite, qualquer acto materialmente administrativo, desde que incorporado em acto sujeito a um procedimento legislativo previsto pelo Tratado de Lisboa, passaria a ser qualificado como acto legislativo.

Ora, sucede que a qualificação de um acto como *"legislativo"* ou *"não legislativo"* não pode deixar de assumir significativas consequências[138]. As mais visí-

---

[135] Em sentido contrário, Liisberg entende que a jurisprudência do TJUE não pretendeu esgotar uma definição conceptual de *"acto legislativo"*, limitando-se, em sede de apreciação de casos de delegação de poderes de execução, em favor da Comissão, a fixar limites àquela possibilidade de delegação. Assim, ver JONAS BERING LIISBERG, *"The EU Constitutional Treaty and its distinction between legislative et non-legislative acts – Oranges into apples"*, cit., 9. Porém, não posso concordar com este entendimento, na medida em que o TJUE poderia ter limitado a delegação de poderes de execução à Comissão com base em outros critérios que não passassem pela fixação de um conceito material de *"acto legislativo"*, mas antes, por exemplo, na existência de expressa habilitação jurídica pelos tratados ou por actos de Direito da União Europeia derivados. Optando por fixar uma verdadeira *"reserva de acto legislativo"*, em função do objecto das matérias a regular, não pode deixar de reconhecer-se que aquela jurisprudência abraçou um conceito material de distinção entre *"acto jurídico de natureza legislativa"* e *"acto jurídico de natureza administrativa"*.

[136] Este entendimento corresponde ao adoptado pela escola clássica francesa, a propósito da distinção entre *"regulamento"* e *"lei"*, mas peca pela falta de normatividade, na medida em que não oferece um critério objectivo para distinção entre *"elementos essenciais"* e *"pormenores"*. Assim, ver DIOGO FREITAS DO AMARAL, *"Curso de Direito Administrativo"*, cit., 167.

[137] Em boa verdade, o TJUE tem vindo a adoptar uma perspectiva substantiva da distinção entre *"actos de natureza legislativa"* e *"actos de natureza administrativa"*, recusando-se a qualificá-los apenas em função da denominação que lhe é conferida pelos tratados (ou pelo próprio acto adoptado), mas antes tendo em atenção a sua específica natureza. Assim, ver OLIVIER DUBOS/MARIE GAUTIER, *"Les Actes Communautaires d'Exécution"*, cit., 128.

[138] Procedendo a um levantamento dos problemas suscitados pela adopção do critério procedimental, para efeitos de distinção entre *"acto típico da função legislativa"* e *"acto típico da função admi-*

A separação de poderes no Tratado de Lisboa   229

veis dizem respeito ao: *i)* controlo, pelos parlamentos nacionais, do respeito do princípio da subsidiariedade [cf. alíneas *a)* e *b)* do artigo 12.° do TUE]; *ii)* dever de publicidade das reuniões do Conselho (artigo 16.°, n.° 8, do TUE)[139]; *iii)* âmbito e limites da fiscalização jurisdicional dos actos pelo TJUE.

Desde logo, a circunstância de a alínea *a)* do artigo 12.° do TUE[140] fazer referência ao dever de notificação, aos parlamentos nacionais, *"dos projectos de actos legislativos da União"* não pode significar que aqueles devam ser notificados de todos os actos qualificados como legislativos por força da aplicação do *"critério procedimental"*. Pelo contrário, entendo que aquela expressa referência aos *"projectos de actos legislativos"* deve ser interpretada de modo a que não sejam abrangidos os projectos de actos que, embora formalmente qualificados como *"legislativos"*, correspondam apenas a *"actos materialmente administrativos"* (sejam eles *"regulamentos administrativos"* ou *"actos administrativos"*, em sentido próprio). Deve, assim, imperar uma noção material de *"acto legislativo"*, sob pena de os parlamentos nacionais serem alvo de uma verdadeira avalanche de projectos de *"actos de natureza administrativa"*, cuja apreciação pelos parlamentos nacionais subverteria a lógica de controlo da actividade administrativa levada a cabo pela administração da União Europeia. Por outro lado, a imperar uma noção meramente procedimental de *"acto legislativo"* tal constituiria um verdadeiro revés na celeridade da execução do Direito da União Europeia[141], já que os *"actos de natureza administrativa"* que fossem formalmente qualificados como *"actos legislativos"* apenas poderiam ser alvo de adopção passadas, pelo menos, oito semanas do respectivo envio aos parlamentos nacionais[142].

---

nistrativa", ver MICHAEL DOUGAN, *"The Treaty of Lisbon 2007 – Winning Minds not Hearts"*, in «Common Market Law Review», 45, 2008, 638 e 675; SERGIO DELAVALLE, *"Constitutionalism Beyond the Constitution – The Treaty of Lisbon in the Light of Post-National Public Law"*, cit., 17.

[139] HERVÉ BRIBOSIA, *"Institutional Inovations in the Lisbon Treaty"*, cit. 69.

[140] Para além do artigo 2.°, § 1.° do Protocolo relativo ao Papel dos Parlamentos Nacionais na União Europeia, e artigo 4.°, § 1.° do Protocolo relativo à Aplicação dos Princípios da Subsidiariedade e da Proporcionalidade, anexos ao Tratado de Lisboa.

[141] Já para não falar num aumento desmesurado da carga burocrática inerente a um procedimento que implica a multiplicação de operações logísticas de envio da documentação e de tradução para cada uma das línguas oficiais da União Europeia, com a eventual discrepância linguística envolvida. Com efeito, o artigo 4.° do Protocolo relativo ao Papel dos Parlamentos Nacionais na União Europeia, anexo ao Tratado de Lisboa, determina o envio a todos os parlamentos nacionais do projecto de *"acto legislativo"*, traduzido em cada uma das línguas oficiais.

[142] Com efeito, uma das principais consequências da ausência de uma distinção, expressamente consagrada no Tratado de Lisboa, entre o procedimento de aprovação de *"actos legislativos"* e de *"actos não legislativos"*, redunda na diferente premência temporal da adopção de uns e outros. Não

230 Miguel Prata Roque

Mais uma vez, defendo a adopção de um conceito material de *"acto legislativo"* para efeitos de abertura das reuniões do Conselho ao público. Sempre que determinado *"acto de natureza administrativa"* esteja contido num projecto de *"acto legislativo"* deve acautelar-se o sigilo na discussão do mesmo, na medida em que aquele não contenha verdadeiros preceitos dotados de generalidade e abstracção, sob pena de, em alguns casos, poder afectar-se direitos de personalidade (*v.g.*, a reserva da intimidade privada) dos destinatários individuais e concretos do acto em causa.

Por último, conforme já *supra* demonstrado[143], a qualificação de determinado acto como *"acto legislativo"* também poderia ser decisiva para efeitos de impugnação da respectiva legalidade, já que o § 1.° do artigo 263.° do TFUE passou a distinguir entre a impugnação de *"actos legislativos"* e a impugnação dos demais actos, incluindo os *"actos de natureza administrativa"*. Ora, na medida em que o § 4.° daquele preceito apenas permite a impugnação, pelos particulares, de *"actos de que seja[m] destinatári[os] ou que lhe[s] digam directa e individualmente respeito"*, poderia concluir-se que tal norma via excluir a impugnação de todos os actos que sejam qualificados como *"actos legislativos"*, por força do *"critério procedimental"* resultante do n.° 3 do artigo 289.° do TFUE. Em homenagem ao princípio da materialidade subjacente[144], entendo, porém, ser possível a impugnação de *"actos legislativos"*, desde que neles seja possível identificar um *"acto materialmente administrativo"*. Caso contrário, a adopção do referido *"critério procedimental"*, para efeitos de distinção entre *"acto legislativo"* e *"acto não legislativa"* acabaria por prejudicar, de modo gravoso, as garantias dos cidadãos europeus e, em particular, o direito de impugnação jurisdicional de actos lesivos. Em suma, a mera forma do acto não poderá constituir obstáculo à impugnação jurisdicional do mesmo.

---

raras vezes, os actos de execução podem ficar comprometidos por uma demora excessiva na respectiva adopção, colocando em risco o próprio princípio da aplicação efectiva do Direito da União Europeia. Sucede que o artigo 4.° do Protocolo relativo ao Papel dos Parlamentos Nacionais na União Europeia, anexo ao Tratado de Lisboa, determina que nenhum projecto de acto legislativo possa ser aprovado no prazo de oito semanas contadas da transmissão do projecto aos parlamentos nacionais, o que, manifestamente, comprometeria uma execução célere e eficiente do Direito da União Europeia. Sobre o exercício da *"função administrativa"* como garantia privilegiada da aplicação efectiva do Direito da União Europeia, ver MIGUEL PRATA ROQUE, *"O Espaço Europeu de Justiça Administrativa"*, cit., 92 a 108.

[143] A este propósito, cf. a nota de rodapé n.° 122, no presente estudo.

[144] Em defesa da prevalência da natureza substantiva do *"acto administrativo"* da União Europeia sobre a forma através do qual o mesmo se reveste, ver FAUSTO DE QUADROS, *"O Acto Administrativo Comunitário"*, cit., 68; LUÍS FILIPE COLAÇO ANTUNES, *"Um tratado francês lido em alemão? O acto administrativo no Direito Comunitário e na sua jurisprudência"*, cit., 92 a 98.

A separação de poderes no Tratado de Lisboa 231

5. Separação de poderes no sistema de governo da União Europeia (IV) – A perspectiva hierárquica

Desde que o ordenamento jurídico da União Europeia passou a exibir indisfarçáveis marcas de constitucionalização[145], em especial durante o processo de negociação do tratado de Maastricht[146], passou a discutir-se, agora sem subterfúgios, a possibilidade de consagração expressa de uma cláusula sobre hierarquia de normas[147].

Há que afirmá-lo com clareza.

A ausência de uma cláusula expressamente decorrente dos tratados europeus não inviabiliza – como nunca antes inviabilizou[148] – a fixação, por via jurisprudencial e doutrinária, de um modelo consolidado de hierarquia de normas[149]. Deste ponto de vista, a opção do Tratado de Lisboa, no sentido de

---

[145] Na linha do defendido por PERNICE, a Constituição Europeia deve ser mais encarada enquanto processo em curso e menos como o suporte físico ou formal no qual aquela se encontra vertida. Cf. INGOLF PERNICE, *"Multilevel Constitutionalism and the Treaty of Amesterdam: European Constitution-making Revisited"*, in «Common Market Law Review», 1999, 703 a 750.

[146] Terá sido a delegação italiana, no decurso dos trabalhos da CIG de então, que terá, pela primeira vez, defendido a consagração expressa de uma norma sobre hierarquia de normas. Assim, ver ANTONIO TIZANNO, *"La hiérarchie des normes communautaires"*, in «Revue du Marché Unique Européen», 1995, 219; JEAN PAUL JACQUÉ, *"Introduction: Pouvoir Législatif et Pouvoir Exécutif dans l'Union Européen"*, cit., 28.

[147] Para maiores desenvolvimentos, à luz do regime vigente antes da entrada em vigor do Tratado de Lisboa e dos trabalhos da Convenção Europeia que preparou o Tratado que Estabelece uma Constituição para a Europa, ver KOEN LENAERTS/MARLIES DESOMER, *"Towards a Hierarchy of Legal Acts in the European Union? Simplification of Legal Instruments and Procedures"*, in «European Law Review», vol. 11, n.° 6, Novembro, 2005, 744 a 765.

[148] Refira-se que o modelo de controlo jurisdicional da legalidade dos *"actos jurídicos"* adoptados pelos órgãos da União assemelha-se, em muito, ao modelo de impugnação contenciosa administrativa de tipo francês, onde impera a ideia de que o controlo jurisdicional visa precisamente acautelar o respeito do bloco de legalidade superiormente fixado pelos actos administrativos. Para além disso, as próprias normas provenientes de fontes de Direito Administrativo situadas num patamar hierárquico inferior (v.g., os regulamentos administrativos) também são objecto de declarações de invalidade, seja no modelo nacional, pelos tribunais administrativos, seja no modelo da União, pelo TJUE. Sobre o funcionamento desta garantia jurisdicional da hierarquia normativa, ver AFONSO RODRIGUES QUEIRÓ, *"A Hierarquia das Normas de Direito Administrativo Português"*, in «Estudos em Homenagem aos Profs. Doutores M. Paulo Mêrea e G. Braga da Cruz», BFDC, vol. LVIII, 1982, II, 775.

[149] KOEN LENAERTS/MARLIES DESOMER, *"Towards a Hierarchy of Legal Acts in the European Union? Simplification of Legal Instruments and Procedures"*, cit., 745 a 747.

232   Miguel Prata Roque

não adoptar uma cláusula expressa sobre hierarquia de normas[150], não afecta –
pelo menos, significativamente – a aplicação adequada do Direito da União
Europeia, designadamente em sede de resolução de situações de colisão de
normas.

Sucede, porém, que a simples consagração de uma norma – como aquela
proposta pela Resolução *"Bourlanges"*[151] – teria a incontestável vantagem de
cavar ainda mais o fosso entre a função legislativa e a função administrativa, em
especial, se procedesse a uma distinção entre actos outrora confundíveis – e
confundidos – na mesma categoria terminológica. Creio que a principal razão
para esta omissão resulta dos receios de que não fosse possível aplicar um *"critério orgânico"*, para efeitos de estabelecimento dessa mesma hierarquia normativa[152]. Por força da confluência nos mesmos órgãos[153] de ambas as funções
(legislativa e administrativa), tornar-se-ia ocioso proceder a uma hierarquiza-

---

[150] Ainda assim, pode extrair-se do elenco de actos jurídicos tipificados nos tratados uma evidente vontade de hierarquização das normas daqueles decorrentes. Neste sentido, ver JOSÉ
MARIA BENEYTO, *"From Nice to the Constitutional Treaty: Eight Theses on the (Future) Constitutionalisation of Europe"*, cit., 6; KOEN LENAERTS/MARLIES DESOMER, *"Towards a Hierarchy of Legal
Acts in the European Union? Simplification of Legal Instruments and Procedures"*, cit., 747 e 748.

[151] Com efeito, a Resolução do Parlamento Europeu sobre a Tipologia dos Actos e a Hierarquia
das Normas na União Europeia [2002/2140(INI)], aprovada em 17 de Dezembro de 2002, reco-
mendava expressamente à Convenção Europeia a adopção de um cláusula de fixação de hierarquia de normas, assente em três patamares hierárquicos: constitucional, legislativo e regulamentar. Curiosamente, o Tratado que Estabelece uma Constituição para a Europa não viria incluir tal
cláusula, ainda que alguns autores retirem da sistematização ínsita no artigo I-33.º da Constituição Europeia um evidente propósito de hierarquização das normas de Direito da União Europeia. Neste sentido, ver KOEN LENAERTS/MARLIES DESOMER, *"Towards a Hierarchy of Legal Acts
in the European Union? Simplification of Legal Instruments and Procedures"*, cit., 751 e 752; ROBERT
SCHÜTZE, *"Sharpening the Separation of Powers through a Hierarchy of Norms? Reflections on the Draft
Constitutional Treaty's regime for legislative and executive law-making"*, Working Paper 2005/W/01,
2005, European Institute of Public Law, disponível in http://www.eipa.eu/files/repository/pro-
duct/20070815142533_FC0501e.pdf, 9.

[152] Numa outra perspectiva, há quem afirme que essa omissão resultou do receio dos Estados-
Membros que tal hierarquização expressa de normas reforçasse os poderes do Parlamento Europeu e da Comissão, acentuando o predomínio desta em sede de exercício da função administrativa. Assim, ver JEAN PAUL JACQUÉ, *"Introduction: Pouvoir Législatif et Pouvoir Exécutif dans l'Union
Européen"*, cit., 28.

[153] Veja-se que a Comissão, apesar de ser a principal detentora do poder administrativo, exerce
poderes tipicamente qualificados como legislativos (*in casu*, o poder de iniciativa legislativa),
enquanto o próprio Conselho também exerce uns e outros, ainda que residualmente, no caso do
poder administrativo. Assim, ver JEAN PAUL JACQUÉ, *"Introduction: Pouvoir Législatif et Pouvoir Exécutif dans l'Union Européen"*, cit., 29.

A *separação de poderes no Tratado de Lisboa*   233

ção fundada na identidade do órgão do qual provêm as normas em conflito. Isto porque, não raras vezes, tais normas podiam provir do mesmo órgão e, mesmo assim, assumir uma relação de precedência/observância entre si.

De modo rudimentar, pode-se recorrer a, pelo menos, três critérios para estabelecer uma hierarquia entre normas, incluindo aquelas que decorrem de fontes de Direito da União Europeia:

1.°) *"Critério orgânico"* – em caso de colisão de normas, é conferida precedência às normas que são adoptadas, sucessivamente, pelo órgão que exerce primazia legislativa, pelos demais órgãos que partilham a função legislativa e, a final, pelos órgãos que exercem função normativa de natureza meramente administrativa[154];

2.°) *"Critério procedimental"* – desta feita, concede-se precedência a determinadas em função da natureza agravada do respectivo procedimento de aprovação[155]. À medida que o procedimento de aprovação exige uma menor participação de vários órgãos da União Europeia ou que as maiorias necessárias à sua aprovação vão sendo reduzidas, as normas assim adoptadas devem ceder face às demais. Segundo este método, a hierarquização teria por base as normas dos tratados constitutivos (e demais tratados de natureza para-constitucional), por exigirem a unanimidade dos Estados-Membros e a vinculação de acordo com as regras típicas de Direito Internacional e, sucessivamente, os

---

[154] Conforme demonstram alguns autores, a proliferação de novas estruturas administrativas na União Europeia faz aumentar, exponencialmente, o número de possíveis titulares da função administrativa. Assim, ver OLIVIER DUBOS/MARIE GAUTIER, *"Les Actes Communautaires d'Exécution"*, cit., 127. Sobre a noção de "administração indirecta da União Europeia" e, em especial, sobre os poderes conferidos às agências, ver MIGUEL PRATA ROQUE, *"O Espaço Europeu de Justiça Administrativa"*, cit., 139 a 146.

[155] Neste sentido, têm-se pronunciado alguns autores, chegando mesmo a alegar que a ausência de uma regra clara de hierarquização de normas de Direito da União Europeia deriva, em grande parte, da ausência de consequências quanto à aplicação de um ou outro procedimento de aprovação. Por exemplo, estes autores revelam alguma perplexidade com a circunstância de os actos adoptados ao abrigo do procedimento de cooperação serem colocados ao mesmo nível hierárquico de actos adoptados ao abrigo do procedimento de co-decisão. Sufragando tais posições, ver ROLAND BIEBER/ISABELLE SALOMÉ, *"Hierarchy of Norms in the European Law"*, in «Common Market Law Review», volume 33, 1996, n.° , 915; ROBERT SCHÜTZE, *"Sharpening the Separation of Powers through a Hierarchy of Norms? Reflections on the Draft Constitutional Treaty's regime for legislative and executive law-making"*, cit., 8.
Combinando o *"critério procedimental"* com um *"critério material"*, ver KOEN LENAERTS/MARLIES DESOMER, *"Simplification of the Union's Instruments"*, in «Ten Reflections on the Constitutional Treaty for Europe» (org. Bruno de Witte), 2003, European University Institute, 110 e 111.

Cadernos O Direito 5 (2010), 191-243

234 Miguel Prata Roque

actos adoptados com vista a complementar e fixar o estatuto e o regime de funcionamento de órgãos (ex: acordos interinstitucionais, regras sobre programação financeira plurianual, etc.), os actos adoptados segundo procedimentos legislativos especiais (em que os titulares da iniciativa ou as maiorias de aprovação seriam mais garantísticos dos interesses nacionais dos Estados-Membros do que os previstos para o procedimento legislativo ordinário), os actos adoptados segundo o procedimento legislativo ordinário (artigos 289.º e 294.º do TFUE)[156], os actos legislativos de mera execução normativa[157], os regulamentos administrativos.

3.º) *"Critério material"* – por último, a colisão de normas seria resolvida mediante o estabelecimento de uma distinção material entre cada um dos tipos de actos jurídicos adoptados pelos diversos órgãos da União Europeia, em função do objecto (ou matéria) sobre a qual aqueles versavam[158]. A adopção de um critério material de graduação hierárquica de normas exigiria – claro está – a assunção de uma distinção entre um patamar constitucional[159] (fixação das regras básicas de organização e funcionamento da União), de um patamar paraconstitucional (fixação das regras secundárias de organização e funcionamento da União), um patamar normativo ordinário e um patamar normativo administrativo.

---

[156] Procedendo a uma distinção entre *"verdadeiros actos legislativos"*, *"actos delegados"* e *"actos de execução"*, ver BRUNO DE WITTE, *"Legal Instruments and Law-Making in the Lisbon Treaty"*, cit., 92.
[157] Conforme ensina JEAN PAUL JACQUÉ, há que distinguir entre mera delegação de poderes legislativos e adopção de medidas de execução. Assim, ver JEAN PAUL JACQUÉ, *"Introduction: Pouvoir Législatif et Pouvoir Exécutif dans l'Union Européen"*, cit., 40 e 41
[158] Este tem sido, aliás, o entendimento do TJUE, para efeitos de apreciação do regime a que estão sujeitos determinados actos jurídicos atípicos, tais como as resoluções, as deliberações, as conclusões, as declarações e as comunicações públicas dos órgãos da União e, em especial, da Comissão Europeia. Assim, apesar de se apresentarem como meros *"actos jurídicos de natureza política"*, aqueles actos podem conter, em si ínsitas, normas destinadas a produzir efeitos jurídicos na esfera de um particular concreto ou da generalidade dos cidadãos europeus. Como tal, o TJUE tem aceite reconhecer a natureza normativa de determinadas disposições constantes daqueles *"actos jurídicos de natureza política"*, ainda que aqueles não constem expressamente de *"actos legislativos"* ou de *"regulamentos administrativos"*. Tal afigura-se decisivo para efeitos de admissibilidade de impugnação jurisdicional da legalidade de tais actos (ou melhor, das normas neles ínsitas). Neste sentido, ver OLIVIER DUBOS/MARIE GAUTIER, *"Les Actes Communautaires d'Exécution"*, cit., 128.
[159] Qualificando o Tratado de Lisboa como um instrumento de Direito Internacional consagrador de uma verdadeira Constituição, em sentido material, ver STEFAN GRILLER, *"Is This a Constitution? Remarks on a Contested Concept"*, cit., 27 a 33.

A separação de poderes no Tratado de Lisboa   235

Dos três critérios identificados, creio ser de afastar – desde logo – o *"critério orgânico"*[160], atenta a particular configuração institucional da União Europeia. Conforme já *supra* demonstrado (cf. §§ 2. e 3. do presente estudo), o modelo nela vigente não permite uma separação estanque dos poderes exercido pelos diferentes órgãos da União[161], pelo que não se torna possível cindir completamente o exercício da *"função legislativa"* e da *"função administrativa"*. Quanto ao *"critério procedimental"*, julgo já ter demonstrado (cf. § 4. do presente estudo) que aquele peca por um acentuado formalismo. Caso fosse adoptado, privilegiar-se-ia uma previsão arbitrária dos tratados que, assentando na negociação do respectivo texto pelos Estados-Membros, tenderia a desconsiderar as diferenças substantivas entre cada um dos *"actos jurídicos"* adoptados por órgãos da União Europeia[162]. Desse modo, bastaria que os tratados qualificassem determinado acto como *"acto legislativo"* – ainda que este não partilhasse nenhuma das características essenciais dessa tipologia de acto – para que as normas dele extraídas prevalecessem sobre as normas constantes de outros *"actos jurídicos de natureza administrativa"*. Se acrescentarmos a este quadro a possibilidade de estes últimos actos poderem conter, em si próprios, normas materialmente legislativas[163], fica traçado um quadro de evidente esquizofrenia.

Mas, assim sendo, torna-se imprescindível abraçar um *"critério material"* de hierarquização de normas de Direito da União Europeia que não prescinda da aferição da natureza intrínseca de cada preceito normativo, em função da essencialidade das matérias a regular por cada um daqueles[164] – noção de *"esco-*

---

[160] Em sentido idêntico, afastando o critério orgânico para efeitos de distinção entre *"actos de execução de natureza legislativa"* e *"actos de execução de natureza administrativa"*, ver SAVERIO STICCHI DAMIANI, *"Riflessioni sulla Nozione di Atto Amministrativo Comunitario dopo la Tipizzazione degli «Atti di Esecuzione»"*, cit., 1203.

[161] SAVERIO STICCHI DAMIANI, *"Riflessioni sulla Nozione di Atto Amministrativo Comunitario dopo la Tipizzazione degli «Atti di Esecuzione»"*, cit., 1204.

[162] Ainda que, conforme *supra* notado, possa defender-se a combinação deste critério com o *"critério material"*, conforme preconizam alguns autores. Assim, ver KOEN LENAERTS/MARLIES DESOMER, *"Simplification of the Union's Instruments"*, cit., 110 e 111; ROBERT SCHÜTZE, *"Sharpening the Separation of Powers through a Hierarchy of Norms? Reflections on the Draft Constitutional Treaty's regime for legislative and executive law-making"*, cit., 11.

[163] Conforme, precisamente, confirmado pelo alerta de OLIVIER DUBOS/MARIE GAUTIER, *"Les Actes Communautaires d'Exécution"*, cit., 128.

[164] Partilhando as mesmas preocupações, ver SAVERIO STICCHI DAMIANI, *"Riflessioni sulla Nozione di Atto Amministrativo Comunitario dopo la Tipizzazione degli «Atti di Esecuzione»"*, cit., 1208 e 1209.

236 Miguel Prata Roque

lha política básica"[165]. Creio que a solução hierárquica de situações de colisão normativa deve ser solucionada a partir da ideia de uma *"estrutura normativa concêntrica"* cujos patamares de irradiação paramétrica se vão intensificando à medida que nos aproximamos do cerne da ideia fundamental de Direito que preside à União.

Em traços largos, proponho a seguinte hierarquia de normas:

1.°) Normas de natureza constitucional;
2.°) Normas de natureza para-constitucional;
3.°) Normas de natureza legislativa reforçada[166];
4.°) Normas de natureza legislativa ordinária;
5.°) Normas de natureza legislativa subordinada[167];
6.°) Normas regulamentares.

Como parâmetro máximo de aferição da validade das demais normas[168], há que destacar as *"normas de natureza constitucional"* que, independentemente da fonte de Direito de que provenham ou da terminologia empregue pelos tratados, assumem a natureza de comandos destinados a fixar a Ideia Fundamental de Direito que preside à União e a estabelecer um sistema de organização política com vista à prossecução de tal objectivo. Tais *"normas de natureza constitucional"* tanto podem resultar directamente dos tratados adoptados em Lis-

---

[165] Em defesa da distinção entre *"acto legislativo"* e *"acto não legislativo"*, alguns autores invocam que aquele deve proceder a uma *"escolha política básica"*, ao invés de se limitar a densificar uma dessas escolhas, previamente fixadas pelo legislador. Neste sentido, ver KOEN LENAERTS/MARLIES DESOMER, *"Simplification of the Union's Instruments"*, cit., 110 e 111.

[166] Em regra, os autores não identificam esta categoria de normas de Direito da União Europeia, limitando-se a traçar uma distinção entre *"verdadeiros actos legislativos"*, *"actos legislativos delegados"* e *"actos de execução"*. Assim, ver BRUNO DE WITTE, *"Legal Instruments and Law-Making in the Lisbon Treaty"*, cit., 92.

[167] Qualificando expressamente os *"actos delegados"* como actos de natureza legislativa, na medida em que, ainda que respeitando o conteúdo essencial dos *"actos legislativos"* que constituem o respectivo parâmetro de validade, procedem a uma modificação de opções políticas de índole legislativa, ver BRUNO DE WITTE, *"Legal Instruments and Law-Making in the Lisbon Treaty"*, cit., 92 e 93.

[168] Atento o tema em apreço, não curarei das polémicas suscitadas a propósito da eventual colisão entre *"normas constitucionais europeias"* e *"normas constitucionais nacionais"*. Ainda assim, desde já fica apontada a *"competição jurisdicional"* entre o TJUE e os diversos tribunais nacionais acerca da primazia paramétrica das normas constitucionais incluídas nos textos fundamentais nacionais e nos tratados europeus. A este respeito, ver GIUSEPPE MARTINICO, *"A Matter of Coherence in the Multilevel Legal System: Arte The «Lions» Stil «Under The Trone»?"*, Jean Monnet Working Paper n. 16, 2008, 8.

A *separação de poderes no Tratado de Lisboa*   237

boa, como de outras fontes de Direito da União Europeia, como os princípios gerais de Direito e a jurisprudência do TJUE[169]. Com efeito, o Tratado de Lisboa – ainda que expurgado da terminologia constitucional[170] – não deixa de consagrar uma evidente vontade constituinte, no sentido mais puro e substancial da palavra, na medida em que traça os objectivos de uma comunidade jurídica, estabelecida num determinado território historicamente reconhecido, mediante o exercício de um amplo leque de poderes distribuídos por órgãos directa ou indirectamente escolhidos por aquela mesma comunidade.

De seguida, num patamar intermédio entre a constituição material e o bloco de legalidade em sentido estrito, situam-se as *"normas de natureza para-constitucional"*. Tais normas reconduzem-se à categoria de *"leis orgânicas"* preconizada pela Resolução *"Bourlanges"*, do Parlamento Europeu[171], segundo a qual alguns *"actos legislativos"* que visam regular o bom funcionamento dos órgãos da União, apesar de assumirem uma natureza constitucional, não se compadecem com a rigidez do processo de revisão dos tratados. Entre tais actos podem destacar-se: *i)* acordos interinstitucionais; *ii)* decisões sobre recursos próprios, *iii)* disposições relativas ao processo eleitoral para o Parlamento Europeu; *iv)* Estatutos do Tribunal de Justiça; *v)* Estatutos do Tribunal de Contas; *vi)* Estatutos do BCE; *vii)* actos adoptados ao abrigo da cláusula de poderes necessários (artigo 352.º do TFUE). Em todos estes casos, as normas constantes das *"leis orgânicas"* cumpririam o desígnio constituinte de fixar o próprio sistema de governo da

---

[169] Em especial sobre a importância do diálogo judiciário e do papel dos tribunais (nacionais e comunitários) na revelação dos princípios constitucionais comuns aos Estados-Membros dos quais são extraídas normas europeias de natureza jus-constitucional – noção de constitucionalismo plural ou contra-pontual –, ver MIGUEL POIARES MADURO, *"Contrapontual Law: Europe's Constitutionalism Pluralism in Action"*, in «Sovereignty in Transition» (org. N. Walker), 2003, Hart Publishing, 514; GIUSEPPE MARTINICO, *"A Matter of Coherence in the Multilevel Legal System: Arte The «Lions» Stil «Under The Trone»?"*, cit., 6 e 7.

[170] Com efeito, após o fracasso dos referendos em França e Holanda, os vários Governos nacionais procuraram "camuflar" a terminologia constitucional preconizada pelo Tratado que Estabelece uma Constituição para a Europa, substituindo-a por uma nomenclatura mais próxima do Direito Internacional. Contudo, o Tratado de Lisboa preserva, na sua essência, a maioria das soluções herdadas daqueloutro tratado, pelo que pode afirmar-se que se abdicou de uma constitucionalização formal, em benefício do reforço do processo de constitucionalização material do Direito da União Europeia. Em defesa desta tese, vejam-se JOSÉ MARIA BENEYTO, *"From Nice to the Constitutional Treaty: Eight Theses on the (Future) Constitutionalisation of Europe"*, cit., 4; STEFAN GRILLER, *"Is This a Constitution? Remarks on a Contested Concept"*, cit., 35; GRÁINNE DE BURCA, *"The EU on the Road from the Constitutional Treaty to the Lisbon Treaty"*, cit., 6, 7 e 10.

[171] Cf. o § 6. da Resolução do Parlamento Europeu sobre a Tipologia dos Actos e a Hierarquia das Normas na União Europeia [2002/2140(INI)], aprovada em 17 de Dezembro de 2002.

238 Miguel Prata Roque

União, sem que, contudo, fossem adoptadas pelo processo de revisão dos tratados. Como tal, em homenagem à sua natureza materialmente constitucional, deveriam prevalecer sobre as demais normas.

Em terceiro lugar, na escala hierárquica, situar-se-iam, então, as *"normas legislativas de natureza reforçada"*. Entre estas, podem destacar-se as *"leis financeiras"*[172] e as *"leis de delegação de poder legislativo"*. Em especial, quanto a estas últimas, há que reiterar que a execução normativa de *"actos legislativos"* tanto pode ocorrer por via de *"execução legislativa"*[173] como por via de *"execução regulamentar"*. Ora, apesar de o Tratado de Lisboa (artigo 290.°, n.° 1.°, do TFUE) apenas admitir expressamente a possibilidade de delegação na Comissão do poder de adoptar *"actos não legislativos de alcance geral que complementem ou alterem certos elementos não essenciais do acto legislativo"*, nada obsta a que os mesmos órgãos legislativos que podem delegar tal poder – ou seja, Conselho e Parlamento Europeu – possam eles próprios exercer tal poder legislativo, complementando ou mesmo alterando elementos não essenciais do acto legislativo. Tal sucederá, em especial, quando haja um *"acto legislativo"* que se limite a fixar as bases gerais de um determinado regime jurídico que venha a ser, posteriormente, complementado por um *"acto legislativo subordinado"*[174]. Essa necessidade de complementação posterior pode até ser alvo de expressa previsão no

---

[172] Refiro-me à *"Lei das Perspectivas Financeiras"*, que estabelece a programação financeira plurianual da União Europeia, fixando o limite máximo global da despesa anual autorizada e a *"Lei do Orçamento da União"*, de aprovação anual. Como é evidente, estas *"leis financeiras"* constituem parâmetro de validade das demais normas, na medida em que os restantes *"actos legislativos"* (ou normativos) não podem corporizar opções políticas que impliquem uma ultrapassagem do montante de despesas autorizadas por aqueles instrumentos de políticas financeira. Como tal, qualquer norma, sem natureza constitucional ou para-constitucional, que atente contra normas constantes das *"leis financeiras"* padece de ilegalidade, em sentido próprio.

[173] Em regra, a execução por via legislativa ocorrerá quando haja necessidade de exercer a já *supra* referida *"opção política básica"*, ou seja, quando a execução envolva a criação de um novo critério normativo ou a modificação parcial da opção normativa expressa pelo *"acto legislativo"* ordinário. Neste sentido, ver EBERHARD SCHMIDT-ASSMANN, *"Le modele de l'«administration composée» et le rôle du droit administratif européen"*, cit., 1252; BRUNO DE WITTE, *"Legal Instruments and Law-Making in the Lisbon Treaty"*, cit., 92 e 93; PAOLO PONZANO, *"«Executive» and «Delegated» acts: the situation after the Lisbon Treaty"*, cit., 136.

[174] Esta categoria de normas assume, aliás, um particular relevo no Direito da União Europeia, pois são elas que, admitindo a posterior intervenção de *"normas legislativas subordinadas"*, permitem a adaptação da legislação da União a novos progressos tecnológicos e a mudanças de natureza técnica e científica. Assim, ver CLAIRE FRANÇOISE DURAND, *"Typologie des Interventions"*, cit., 112; PAOLO PONZANO, *"«Executive» and «Delegated» acts: the situation after the Lisbon Treaty"*, cit., 138.

"acto legislativo de natureza reforçada", devendo então o *"acto legislativo delegado"* obedecer ao sentido e aos limites fixados pelo primeiro. Em suma, as *"normas legislativas reforçadas"* – que constam de tais actos onde se fixam as bases gerais de determinado regime jurídico – constituem um inultrapassável parâmetro de validade das *"normas legislativas delegadas"*. Em caso de colisão entre umas e outras, estas últimas devem ceder, por força deste critério hierárquico.

Quanto às *"normas legislativas ordinárias"*, estas correspondem àquelas consagradas em actos legislativos típicos, sujeitos quer ao procedimento legislativo ordinário, quer ao procedimento legislativo especial, mas que nem sejam parâmetro específico de outras normas de fonte legislativa, nem a estas últimas estejam adstritas.

Suscitando inúmeras perplexidades, impõe-se destrinçar entre as *"normas legislativas de natureza subordinada"* – habitualmente apelidadas de *"actos de execução normativa"* – e as *"normas regulamentares"*. Ora, em prol da clarificação, impõe-se precisar que, a coberto da expressão *"execução normativa"*, têm-se empregue – de modo indistinto – dois conceitos antagónicos[175], ou seja, *"execução legislativa"* (no sentido de densificação de princípios gerais de um regime, por meio de novo *"acto legislativo)* e *"execução regulamentar"* (no sentido da definição, através de *"regulamento administrativo"*, dos critérios gerais e abstractos necessários à implementação de um regime jurídico previamente definido pelos órgãos legislativos competentes).

Salvo melhor entendimento, o Tratado de Lisboa veio contribuir, decisivamente, para a distinção entre umas e outras, através da expressa consagração da tipologia de *"actos delegados"*[176]. Conforme já procurei demonstrar *supra*, estes actos revestem-se de natureza meramente administrativa, sendo expressamente qualificados como *"actos não legislativos"*. A partir do Tratado de Lisboa[177], fica

---

[175] Conforme bem notado por alguns autores, esta confusão terminológica não tem sido particularmente denunciada, em grande medida porque o sistema de impugnação jurisdicional de uns (*"actos legislativos de execução normativa"*) e outros (*"regulamentos administrativos"*) apresenta-se absolutamente idêntico, sem que haja qualquer particularidade entre a fiscalização da constitucionalidade europeia de *"actos legislativos"* e a fiscalização da legalidade de *"regulamentos administrativos"*. Neste sentido ver, JEAN PAUL JACQUÉ, *"Introduction: Pouvoir Législatif et Pouvoir Exécutif dans l'Union Européen"*, cit., 45; CLAIRE FRANÇOISE DURAND, *"Typologie des Interventions"*, cit., 111.

[176] PAOLO PONZANO, *"«Executive» and «Delegated» acts: the situation after the Lisbon Treaty"*, cit., 135.

[177] Aida assim, note-se que já antes do Tratado de Lisboa, era possível qualificar alguns actos praticados pela Comissão – tradicionalmente apelidados de *"actos de execução"* – como actos de natureza legislativa, na medida em que procediam a uma efectiva modificação dos critérios de decisão decorrentes do *"acto legislativo"* a executar. Apelidando este tipo de actos, adoptados pela

240 Miguel Prata Roque

então bem vincado que a densificação de actos legislativos tanto pode ocorrer mediante a adopção de novos *"actos legislativos"*[178] como através de *"regulamentos administrativos complementares ou de execução"*[179].

Traçando um paralelismo com os sistemas de governo dos Estados-Membros, Paolo Ponzano[180] demonstra que a própria execução de regimes jurídicos fixados por *"actos legislativos"* nacionais tanto pode ser feita pelo Governos nacionais, no exercício de uma competência legislativa, geralmente delegada pelos parlamentos (*"decretos-lei"*)[181], como por esses mesmos Governos nacionais, agora no exercício de uma competência puramente administrativa (*"decretos ministeriais"*). Ora, o progresso evidenciado pelo Tratado de Lisboa quanto à separação entre *"função legislativa"* e *"função administrativa"* conduziu, por isso mesmo, à distinção entre *"execução normativa de natureza legislativa"* e *"execução normativa de natureza administrativa"*. Deste modo, a Comissão tanto pode adoptar actos de execução de natureza legislativa (*"actos legislativos delegados"*), mediante delegação do Conselho e do Parlamento Europeu, como actos de execução de natureza administrativa (*"regulamentos administrativos"*)[182]. Estas duas realidades, outrora, subsumidas e confundidas no conceito amplo de *"actos jurídicos de execução"*, encontraram hoje, com o Tratado de Lisboa, uma autonomia conceptual e normativa. Tal novidade implica, consequentemente, uma necessidade de profunda reformulação dos procedimentos de comitologia[183],

---

Comissão, como *"quase-legislativos"*, ver BRUNO DE WITTE, *"Legal Instruments and Law-Making in the Lisbon Treaty"*, cit., 93.

[178] Ainda que a título residual, ou seja, apenas quando a execução de um determinado *"acto legislativo"* exija o exercício de uma larga margem de liberdade conformadora, que envolva a modificação ou, pelo menos, a adopção de critérios normativos inovadores face ao *"acto legislativo"* alvo de densificação. Em sentido idêntico, ver EBERHARD SCHMIDT-ASSMANN, *"Le modele de l'«administration composée» et le rôle du droit administratif européen"*, cit., 1252.

[179] Neste sentido, ver PAOLO PONZANO, *"«Executive» and «Delegated» acts: the situation after the Lisbon Treaty"*, cit., 135.

[180] PAOLO PONZANO, *"«Executive» and «Delegated» acts: the situation after the Lisbon Treaty"*, cit., 136.

[181] Ainda que não seja essa a regra vigente no sistema legislativo português, que restringe este conflito aos "decretos-lei autorizados".

[182] Criticando a adopção deste sistema, ainda que reportando-se ao modelo herdado do Tratado que Estabelece uma Constituição para a Europa, ver CARL FREDRIK BERGSTRÖM, *"Comitology – Delegation of Powers in the European Europe and the committee system"*, 2005, 321 a 326.

[183] Expressando o receio de que o afastamento dos comités do procedimento de adopção de *"actos delegados"* diminua a qualidade técnica dos actos adoptados pela Comissão, por ficar privada das opiniões dos peritos nacionais, ver PAUL CRAIG, *"The Role of the European Parliament under the Lisbon Treaty"*, cit., 126. Menorizando este receio, por entender que as administrações

A separação de poderes no Tratado de Lisboa   241

em especial, porque o Parlamento passa a poder exercer um controlo directo sobre o exercício da função administrativa pela Comissão, quando se trate da prática de *"actos delegados"*[184].

Em suma, procedendo a uma destrinça, entendo que as *"normas legislativas de natureza subordinada"* não se limitam a densificar ou a fixar os padrões de implementação efectiva de *"actos legislativos"* adoptados pelos órgãos competentes da União[185], antes procedendo a verdadeiras opções políticas essenciais[186], ainda que em estrito respeito dos regimes gerais fixados por actos legislativos anteriores. Pelo contrário, as *"normas regulamentares"* devem conter-se dentro dos limites fixados pelas demais normas de valor hierárquico superior, não podendo alterar nem o conteúdo essencial, nem tão pouco o conteúdo acessório daquelas. As *"normas regulamentares"* resumem-se a uma manifestação do poder de auto-vinculação administrativa da Comissão Europeia que, para efeitos de adopção futura de *"actos administrativos"*, determina quais os critérios gerais e abstractos aplicáveis, com vista à protecção da confiança dos administrados. Qualquer modificação do sentido normativo expresso por um *"acto legislativo"* deve ser alvo da necessária alteração por acto de natureza idêntica e não por via de *"acto de natureza administrativa"*.

Claro está que, na prática, esta distinção não se afigura tão fácil quanto poderia aparentar. Contribuindo para a confusão terminológica, a Comissão Europeia tende a proceder a efectivas modificações de *"actos legislativos"* da

---

nacionais permanecem vinculadas ao dever de colaboração com a Comissão, ver PAOLO PONZANO, *"«Executive» and «Delegated» acts: the situation after the Lisbon Treaty"*, cit., 136 e 137.

[184] Em sentido idêntico, ver BRUNO DE WITTE, "Legal Instruments and Law-Makig in the Lisbon Freaty" cit., 99; PAOLO PONZANO, *"«Executive» and «Delegated» acts: the situation after the Lisbon Treaty"*, cit., 136.

[185] E correspondem, assim, a uma subespécie da tipologia que é habitualmente designada por *"actos de execução"*, ou seja, aos actos de execução normativa que visam a modificação de *"actos legislativos"* anteriormente aprovados pelos órgãos com competência legislativa. Cf. CLAIRE FRANÇOISE DURAND, *"Typologie des Interventions"*, cit., 112.

[186] Com efeito, o principal domínio de aplicação destas *"normas legislativas de natureza subordinada"* consiste na necessidade de adaptar os *"actos legislativos"* vigentes no ordenamento da União Europeia ao progresso tecnológico e científico, adaptando e modificando-os em função da necessidade de adopção de novas normas técnicas. Assim, ver CLAIRE FRANÇOISE DURAND, *"Typologie des Interventions"*, cit., 112; PAOLO PONZANO, *"«Executive» and «Delegated» acts: the situation after the Lisbon Treaty"*, cit., 138. Tal mecanismo é deveras similar ao adoptado relativamente às normas penais em branco, mediante a adopção de um tipo de crime que remete a respectiva concretização para *"actos de natureza não legislativa"*. Sobre as normas penais em branco, ver RUI PATRÍCIO, *"Norma Penal em Branco"*, in «Casos e Materiais de Direito Penal», 2.ª edição, 2002, 325 a 344.

242 Miguel Prata Roque

União Europeia, a coberto de alegados actos de mera execução administrativa[187]. Por outro lado, o próprio Tratado de Lisboa não afasta – pelo menos expressamente – a possibilidade de, seguindo uma prática usual na União, o próprio Conselho (ou Parlamento Europeu) delegar na Comissão a prática de actos de execução normativa de natureza legislativa[188], o que reforça o risco de contaminação recíproca entre uns e outros actos.

Por último, importa ainda notar que, mesmo no seio das *"normas regulamentares"*, é possível estabelecer critérios de precedência hierárquica em função do respectivo âmbito de aplicação. Por força do Tratado de Lisboa, cabe, primordialmente, à Comissão Europeia adoptar *"regulamentos administrativos de âmbito geral"*[189], na medida em que é o único órgão da União Europeia que se encontra expressamente habilitado para tal. Ora, a adopção de *"regulamentos administrativos de âmbito geral"* revela-se absolutamente decisiva para garantir a aplicação uniforme do Direito da União Europeia em todo o território abrangido pela União. Isto não invalida – bem entendido – que outros órgãos e pessoas colectivas públicas de génese transnacional – por exemplo, as agências da União Europeia – possam adoptar igualmente actos normativos de natureza administrativa, sempre que outros *"actos legislativos"* (ou os respectivos estatutos) lhes concedam tais poderes. Neste caso, tratar-se-á da adopção de *"regula-*

---

[187] Aliás, com vista ao controlo destes desvios, o próprio Conselho adoptou a Decisão n.º 2006/512/CE, de 17 de Julho de 2006, que modificou os artigos 2.º 3 5.º da Decisão de Comitologia (II), de modo a que aquele e o Parlamento Europeu possam opor-se à adopção de *"actos de execução"* que visem modificar aspectos não essenciais de normas constantes de *"actos legislativos"*. Como facilmente se depreende, é a própria Decisão de Comitologia (II) que reforça a ambiguidade do conceito de *"medidas de execução normativa"*, admitindo que tal execução possa passar pela adopção de *"actos materialmente legislativos"*, ainda que a coberto do conceito de *"actos de execução"*. Assim, ver CLAIRE FRANÇOISE DURAND, *"Typologie des Interventions"*, cit., 112.

[188] Demonstrando a subsistência de tal prática, mediante a habilitação expressa da Comissão para modificação de determinados preceitos de *"acto legislativo"* ou, pelo menos, para adopção de anexos que complementam ou modificam o sentido normativo originariamente constante do referido *"acto legislativo"*, ver CLAIRE FRANÇOISE DURAND, *"Typologie des Interventions"*, cit., 111.

[189] Em defesa da preferência dos *"regulamentos administrativos"* adoptados pela Comissão, em detrimentos das demais *"medidas de execução"*, ver ROBERT SCHÜTZE, *"Sharpening the Separation of Powers through a Hierarchy of Norms? Reflections on the Draft Constitutional Treaty's regime for legislative and executive law-making"*, cit., 15 e 16.

Ainda que a propósito do Direito Administrativo de génese nacional, Afonso Queiró aplica este mesmo raciocínio para estabelecer critérios de prevalência entre regulamento administrativos gerais, aprovados pelo Governo, e regulamentos administrativos especiais. Assim, ver AFONSO RODRIGUES QUEIRÓ, *"A Hierarquia das Normas de Direito Administrativo Português"*, cit., 784 e 785.

mentos administrativos de âmbito restrito", que tanto podem ver delimitado o seu âmbito de aplicação a determinadas matérias para as quais aqueloutros órgãos ou pessoas colectivas públicas transnacionais detenham poderes de execução, como a determinadas parcelas do território abrangido pela União.

Sempre que um *"regulamento administrativo de âmbito restrito"* colidir com normas constantes de um *"regulamento administrativo de âmbito geral"*, estas últimas devem impor-se por constituírem padrão de validade das normas daqueloutro[190], com vista à garantia da aplicação uniforme do Direito da União Europeia.

★   ★   ★

Trilhado este caminho, importa reconhecer que o Tratado de Lisboa transportou consigo a semente germinada pelo Tratado que Estabelece uma Constituição para a Europa. Qual paciente e sábio jardineiro, o Tratado de Lisboa percebeu bem que a jovem árvore carece de assentar raízes em solo agreste e fustigado por ventos vários, para mais tarde robustecer e – só então – florir.

Se os ramos da árvore ainda são tenros e quebradiços, resta ser paciente.

Ainda assim, não restam dúvidas de que uma significativa parcela das dúvidas que se adensavam – fosse a propósito da determinação do órgão competente para prosseguir a função administrativa, da nomenclatura de actos a adoptar ou da hierarquia das normas – foi, ampla e satisfatoriamente, dissipada. Plantada a ideia da separação de poderes, só falta aguardar que os ramos da *"função legislativa"* e da *"função administrativa"*, que nasceram bem perto um do outro, no tronco comum de tal árvore, possam crescer em direcções opostas, dotando a União Europeia de uma rica e frondosa folhagem que proteja os cidadãos que da sua sombra beneficiam.

Doravante, a ser verdade que *"a sociedade em que não esteja assegurada a garantia dos direitos nem estabelecida a separação dos poderes não tem Constituição"* – como, em tempos, afirmaram os revolucionários franceses[191] – pode então afirmar-se, sem receios, que os cidadãos europeus já dispõem de uma sólida Constituição.

---

[190] Ainda que reportando-se ao ordenamento jurídico-administrativo português, creio que tal conclusão pode extrair-se, por analogia, do pensamento expresso por AFONSO RODRIGUES QUEIRÓ, *"A Hierarquia das Normas de Direito Administrativo Português"*, cit., 784.

[191] Cf. artigo 16.º da Declaração de Direito do Homem e do Cidadão, proferida em 26 de Agosto de 1789.

O Tratado de Lisboa e o espaço de liberdade, segurança e justiça

PROF. DOUTOR NUNO PIÇARRA[*]

SUMÁRIO: *I – Introdução. II – O espaço de liberdade, segurança e justiça até à entrada em vigor do Tratado de Lisboa. III – O sentido das inovações do Tratado de Lisboa. IV – Conclusão.*

I – Introdução

1. De todas as "políticas e acções" da União Europeia (UE), o espaço de liberdade, segurança e justiça (ELSJ) foi seguramente aquele sobre que mais intensamente se fez sentir o alcance reformador do Tratado de Lisboa, assinado em 13 de Dezembro de 2007 e entrado em vigor em 1 de Dezembro de 2009, depois de um longo e conturbado processo de ratificação[1].

Mas clarifique-se desde já que, também neste domínio, o Tratado de Lisboa retomou, no essencial, as novidades contidas no malogrado Tratado que estabelecia uma Constituição para a Europa (TECE), assinado em Roma em 29 de Outubro de 2004 e cuja entrada em vigor se tornou inviável na sequên-

---

[*] Professor Associado da Faculdade de Direito da Universidade Nova de Lisboa.

[1] Para uma apreciação geral, ver por exemplo CARLA AMADO GOMES, "O Tratado de Lisboa. Ser ou não ser … reformador (eis a questão)", in *Revista do Ministério Público*, n.º 114, 2008, 7 ss.; JOÃO DE MENEZES-FERREIRA, "Do Tratado de Lisboa. O inexorável e o ilegível", in *Relações Internacionais*, n.º 17, 2008, 11 ss.; JACQUES ZILLER, *Les nouveaux traités européens: Lisbonne et après*, Paris, 2008; MICHAEL DOUGAN, "The Treaty of Lisbon 2007: Winning Minds, not Hearts", in *Common Market Law Review*, n.º 45, 2008, 617 ss.

246 *Nuno Piçarra*

cia dos referendos negativos de que foi objecto em França e na Holanda na Primavera de 2005. Mais concretamente, o Tratado de Lisboa acabou por introduzir o essencial do Capítulo IV do Título III da Parte III ("Espaço de liberdade, segurança e justiça" – artigos III-257.° a III-277.°) do TECE no novo Título V da Parte III (artigos 67.° a 89.) do Tratado de Roma, agora denominado Tratado sobre o funcionamento da União Europeia (TFUE)[2].

Além disso, o Tratado de Lisboa também introduziu no outro Tratado em que a UE continua a fundar-se – o Tratado de Maastricht – o essencial das disposições do TECE que, mesmo quando não se referem expressamente ao ELSJ, são de importância estruturante para ele.

A tal respeito, o mandato aprovado pelo Conselho Europeu de 21/22 de Junho de 2007[3] "como a única base e o enquadramento exclusivo para os trabalhos" da Conferência Intergovernamental (CIG) convocada para a elaboração daquele que veio a ser o Tratado de Lisboa é, aliás, meridianamente claro: "elaborar um Tratado (adiante designado "*Tratado Reformador*") que ... virá introduzir nos actuais Tratados – que continuarão em vigor – as inovações resultantes da CIG de 2004 [de onde resultou o TECE], como adiante se indica em pormenor" (n.° 1).

Apesar de o mandato, logo no seu n.° 4, reiterar que "as inovações resultantes da CIG de 2004 serão integradas no *TUE* e no *Tratado sobre o Funcionamento da União*", ficava-se a saber que algumas dessas "inovações" deveriam ser objecto de "modificações claramente assinaladas", resultantes das consultas previamente realizadas com os Estados-Membros[4].

---

[2] Na redacção que o Tratado de Lisboa deu ao terceiro parágrafo do artigo 1.° do Tratado de Maastricht (TUE), "a União funda-se no presente Tratado e no Tratado sobre o Funcionamento da União Europeia (a seguir designados "os Tratados"). Estes dois Tratados têm o mesmo valor jurídico. A União substitui-se e sucede à Comunidade Europeia". Ao fazê-lo, porém, a União absorveu generalizadamente o "método comunitário", ou seja, aquilo que identificava a própria Comunidade Europeia, sugestivamente designada como o seu "núcleo" (cf. o n.° 1.4.1. da Declaração Solene sobre a União Europeia, aprovada pelo Conselho Europeu reunido em Estugarda entre 17 e 19 de Junho de 1983, nos termos da qual "as Comunidades (…) são o núcleo da União Europeia". Prosseguindo na metáfora biológica, com o Tratado de Lisboa, o "núcleo comunitário da União" propagou-se a toda a célula, excepto a uma "zona periférica" constituída pela política externa e de segurança comum (artigos 23.° a 46.° do TUE) – que permanece sujeita ao método intergovernamental, por se ter considerado que o método comunitário teria consequências demasiado gravosas para a soberania dos Estados-Membros.

[3] O mandato consta do Anexo I das conclusões da presidência do Conselho Europeu de Bruxelas de 21 e 22 de Junho de 2007, documento n.° 11177/07 CONCL 2.

[4] Ver Jacques Ziller, *Les nouveaux traités européens: Lisbonne et après*, cit., 17 ss. e Maria José Rangel de Mesquita, "Sobre o mandato da conferência intergovernamental definido pelo

2. O presente artigo propõe-se analisar criticamente as modificações que o Tratado de Lisboa acabou por introduzir na configuração que o TECE dava ao ELSJ[5] e demonstrar que, afinal, o mandato do Conselho Europeu não assinala de modo tão claro como afirma as modificações que se revelam mais controversas do ponto de vista da manutenção e do desenvolvimento do ELSJ, contribuindo de modo decisivo para marcar a diferença em relação ao TECE.

Tais modificações encontram-se, por um lado, na nova redacção dada pelo Tratado de Lisboa a três protocolos que o Tratado de Amesterdão tinha anexado ao TUE e ao TFUE, a fim de estabelecer o "estatuto especial" de que dispõem no ELSJ sobretudo o Reino Unido, mas também a Irlanda e a Dinamarca. E encontram-se, por outro lado, no Protocolo relativo às disposições transitórias, que o próprio Tratado de Lisboa anexou ao TUE e ao TFUE.

Não encontrando paralelo no "acervo do TECE", tais modificações não só agravam a diferenciação daqueles três Estados-Membros como adiam injustificadamente a aplicação do método comunitário a componentes importantes do ELSJ.

Para se poder compreender devidamente tanto as "inovações" como as "modificações" de que fala o mandato do Conselho Europeu, convém começar por recordar sucintamente como se configurava o ELSJ anteriormente à vigência do Tratado de Lisboa.

II – O espaço de liberdade, segurança e justiça até à entrada em vigor do Tratado de Lisboa

3. Foi o Tratado de Amesterdão que incluiu entre os objectivos da UE a sua manutenção e desenvolvimento "enquanto espaço de liberdade, de segurança e de justiça, em que seja assegurada a livre circulação de pessoas, em conjugação com medidas adequadas em matéria de controlos na fronteira externa, asilo e imigração, bem como de prevenção e combate à criminalidade" (artigo 2.º, terceiro travessão, da anterior redacção do TUE).

Conselho Europeu de Bruxelas: é o *Tratado de Lisboa* um *novo tratado?*, in *Estudos em Honra do Professor Doutor José de Oliveira Ascensão*, vol. I, 2008, 551 ss.

[5] Sobre o tema remete-se para NUNO PIÇARRA, "O espaço de liberdade, segurança e justiça no Tratado que estabelece uma Constituição para a Europa: unificação e aprofundamento", in *O Direito*, vol. IV-V, 2005, 967 ss., e bibliografia aí citada.

248 *Nuno Piçarra*

A livre circulação de pessoas aqui referida, implicando a ausência de controlos na passagem das fronteiras comuns/internas dos Estados-Membros, com vista a que se circule nesse conjunto territorial como se circula no interior de um único Estado, redunda na "colocação em comum" dos territórios daqueles e, portanto, também da respectiva segurança interna. É, de resto, essa característica estruturante que confere razão de ser, coerência e unidade de sentido às diversas políticas e acções aparentemente muito heteróclitas em que se decompõe o ELSJ, algumas das quais enunciadas no próprio preceito citado. São elas:

(1) uma política de fronteiras tendente ao reforço e à uniformização dos controlos de pessoas nas fronteiras externas da UE, efectuados pelos órgãos competentes dos Estados-Membros com a assistência pontual de uma Agência Europeia de Gestão da Cooperação Operacional nessas fronteiras;

(2) uma política comum de vistos fortemente harmonizada, assente no chamado visto uniforme de curta duração concedido pelos postos diplomáticos e consulares dos Estados-Membros em estreita cooperação;

(3) a disciplina comum de uma série de aspectos (substantivos e adjectivos) relacionados com o tratamento dos pedidos de asilo dirigidos aos Estados-Membros por nacionais de Estados terceiros;

(4) o estabelecimento progressivo de uma política comum de imigração englobando não só o combate à imigração clandestina e à residência ilegal, mas também a disciplina de diversos aspectos da imigração legal (condições de entrada e de residência, reagrupamento familiar e estatuto dos nacionais de países terceiros legalmente residentes num Estado-Membro);

(5) o reforço da cooperação policial e aduaneira entre as autoridades competentes dos Estados-Membros, tanto directamente como através do Serviço Europeu de Polícia (Europol), já dotado de uma embrionária competência operacional;

(6) o reforço da cooperação judiciária em matéria penal entre as autoridades competentes dos Estados-Membros, directamente ou por intermédio da Unidade Europeia de Cooperação Judiciária (Eurojust), igualmente dotada de uma incipiente capacidade operacional;

(7) a aproximação/harmonização de certos domínios do direito penal e processual penal dos Estados-Membros;

(8) a criação de sistemas de troca de informações relativas às diversas componentes do ELSJ, o mais transversal dos quais é o Sistema de Informação Schengen (SIS).

Cadernos O Direito 5 (2010), 245-269

O Tratado de Lisboa e o espaço de liberdade, segurança e justiça 249

O simples enunciado das políticas e acções em que se decompõe o ELSJ – a que acresce ainda, embora relevando de uma lógica algo diversa, a cooperação judiciária em matéria civil – basta para evidenciar a proximidade delas em relação ao núcleo duro da soberania estadual e, por conseguinte, o impacto que a atribuição de competências à UE em tais matérias provoca na identidade desta e, reflexamente, na dos Estados-Membros.

A este propósito, é sobretudo de recordar que o Estado enquanto organização formalmente diferenciada da sociedade possui, entre outras características, a de reivindicar a competência exclusiva para controlar a circulação de pessoas e bens através das suas fronteiras. Ora, o ELSJ implica a renúncia a essa reivindicação nas fronteiras comuns dos Estados-Membros e a atribuição à UE de competência para uniformizar os controlos fronteiriços deslocados para as fronteiras externas, dotando-a de uma fronteira externa colectiva, a defender e eventualmente a fortalecer. A própria UE vê-se, por conseguinte, directamente envolvida nas questões de identidade, controlo e segurança imbricadas no conceito de fronteira[6].

4. Não se andará longe da verdade se se disser que foram essencialmente razões de ordem pragmática a levar um número significativo de Estados-Membros a querer fazer da UE, para além de uma união aduaneira e de uma união económica e monetária, um espaço de fronteiras internas abertas. Por um lado, o mercado comum não poderia funcionar efectivamente sem a desactivação das fronteiras entre os Estados-Membros. Por outro lado, entendia-se que dar aos cidadãos a possibilidade de circular no conjunto dos territórios dos Estados-Membros da União como se circula num único Estado contribuiria significativamente para os aproximar dela, criando-se até um desejável sentimento de pertença.

Mas não causará surpresa que nem todos os Estados-Membros estivessem disponíveis para sujeitar ao método comunitário os passos necessários para fazer da UE um espaço de fronteiras internas abertas, com todas as limitações de soberania e partilha de poder com órgãos independentes (Comissão Europeia, Parlamento Europeu e Tribunal de Justiça) e a sujeição a um "direito forte", que a aplicação de tal método implicaria. Em matérias tão umbilicalmente ligadas ao núcleo duro da soberania estadual como os controlos nas

---

[6] Assim, MALCOLM ANDERSON e DIDIER BIGO, "What are EU Frontiers for and what do they mean?" in Kees Groenendijk, Elspeth Guild e Paul Minderhoud (ed.), *In Search of Europe's Borders*, 2003, 7 ss.

250 *Nuno Piçarra*

fronteiras, o direito dos estrangeiros, a cooperação entre polícias, ministérios públicos e tribunais e a aproximação das legislações penais e processuais penais, um número significativo de Estados-Membros preferia inequivocamente o método da cooperação intergovernamental e o direito internacional público, que lhes permitiria manter sob controlo o processo conducente à criação de um espaço de fronteiras internas abertas.

Além disso, dois Estados-Membros – o Reino Unido e, por arrastamento, a Irlanda – rejeitavam liminarmente a ideia de suprimir os controlos de pessoas nas suas fronteiras com os restantes Estados-Membros e, portanto, o projecto de fazer da UE um espaço de fronteiras internas abertas. E isto, não obstante o Acto Único Europeu ter introduzido no Tratado de Roma uma disposição definindo o mercado interno como um "espaço sem fronteiras internas", no qual é assegurada a livre circulação das mercadorias, das pessoas, dos serviços e dos capitais.

Até à entrada em vigor do Tratado de Lisboa, pode dizer-se que a história da transformação progressiva da UE num espaço de fronteiras internas abertas, ou seja, num ELSJ, é sobretudo a história da resistência e da rendição progressiva mas inacabada ao método comunitário, tal como ele foi evoluindo no âmbito do Tratado de Roma. Mas é também a história da coexistência e da acomodação no seu seio de dois Estados-Membros – o Reino Unido e a Irlanda – que sempre manifestaram a sua oposição de princípio a tal transformação.

É de salientar a este propósito que, dos restantes traços mais federais que a União apresenta – a união aduaneira, a união económica e monetária e a cidadania europeia –, nenhum tem tido uma relação tão controversa com o método comunitário e, portanto, com o núcleo supranacional da UE como o ELSJ – o que é, por si só, revelador do quanto ele contende com a soberania dos Estados-Membros.

5. A história da resistência/rendição progressiva ao método comunitário para a criação e o desenvolvimento do ELSJ divide-se em várias épocas, algumas delas desenrolando-se paralelamente dentro e fora da UE.

Fora da UE, há a assinalar a celebração, em Junho de 1985, entre cinco dos seis Estados-Membros fundadores, do Acordo de Schengen com vista à supressão gradual dos controlos de pessoas nas fronteiras comuns desses Estados, completada por uma convenção de aplicação, de Junho de 1990, que viria a ser posta em vigor entre esses cinco Estados-Membros e os dois Estados-Membros ibéricos em 26 de Março de 1995, dando origem ao chamado Espaço Schengen, ulteriormente alargado de forma progressiva.

Cadernos O Direito 5 (2010), 245-269

O Tratado de Lisboa e o espaço de liberdade, segurança e justiça   251

Dentro da UE, por seu lado, há a assinalar, em primeiro lugar, a já referida inscrição no Tratado de Roma, pelo Acto Único Europeu de 1986, de uma disposição definindo o mercado interno como "um espaço sem fronteiras internas" – que todavia acabou por nunca servir de base, nem para a supressão dos controlos de pessoas nas fronteiras internas da UE, nem para a aprovação de nenhuma medida compensatória do défice de segurança decorrente de tal supressão, a começar por uma disciplina comum em matéria de fronteiras externas. Serviu, quando muito, para dinamizar a cooperação intergovernamental, à margem da UE, entre os Estados-Membros no tocante a algumas dessas medidas compensatórias.

Em segundo lugar, deve assinalar-se a criação, com o Tratado de Maastricht (assinado em 7 de Fevereiro de 1992), do III Pilar da UE, ou seja, de um quadro de cooperação intergovernamental entre os Estados-Membros nos domínios da justiça e dos assuntos internos – onde o Parlamento Europeu, a Comissão Europeia e o Tribunal de Justiça desempenhavam um papel muito secundário e o direito nele adoptado se distinguia radicalmente do direito comunitário. O chamado III Pilar da UE abrangia matérias que iam dos controlos nas fronteiras externas, asilo e imigração à cooperação policial e judiciária em matéria penal. Se, no seu âmbito, os progressos foram diminutos no que toca às primeiras matérias, não deixaram, em contrapartida, de ser consideráveis nos domínios da cooperação policial e judiciária em matéria penal.

Em terceiro lugar, o Tratado de Amesterdão inscreveu pela primeira vez entre os objectivos da UE a sua "manutenção e desenvolvimento" enquanto ELSJ, incluindo também no Tratado de Roma uma disposição que atribuía à Comunidade Europeia competência expressa para "assegurar a ausência de controlos de pessoas, quer se trate de cidadãos da União, quer se trate de nacionais de países terceiros, na passagem das fronteiras internas".

Por outro lado, o Tratado de Amesterdão submeteu ao método comunitário, embora num primeiro momento com consideráveis derrogações, uma parte das matérias sujeitas pelo Tratado de Maastricht à cooperação intergovernamental, a saber, as políticas de fronteiras, de vistos, asilo e imigração, bem como a cooperação judiciária em matéria civil, mantendo porém sob a égide do método intergovernamental a cooperação policial, a cooperação judiciária em matéria penal e a aproximação das legislações penais e processuais penais. Com isto, criou um quadro dual para o ELSJ, tanto a nível decisório como a nível normativo. Por outras palavras, submeteu simultaneamente o ELSJ ao método comunitário e ao método intergovernamental, sem conseguir antecipar integralmente os disfuncionamentos que tal poderia provocar.

252   *Nuno Piçarra*

Para além disto, o Tratado de Amesterdão determinou a integração do acervo de Schengen na UE, com o fundamento de que ele se destinava a reforçar a integração europeia e, em especial, a possibilitar que a UE se transformasse mais rapidamente num ELSJ. Fê-lo através da anexação ao TUE e ao TCE de um protocolo específico.

Por último, mas não menos importante, o Tratado de Amesterdão consagrou o direito de o Reino Unido e a Irlanda não participarem naquilo que o ELSJ tem de mais nuclear – a desactivação das fronteiras internas – e simultaneamente o direito de aderirem selectivamente aos instrumentos jurídicos aprovados de acordo com o método comunitário e também a partes do acervo de Schengen. Por outro lado, caucionou através de uma bizarra solução a resistência específica da Dinamarca ao método comunitário, ficcionando que para este Estado-Membro tudo continuaria a passar-se sob a égide do método intergovernamental e do direito internacional público.

Esta operação de acomodação valeu a anexação aos Tratados da União de três protocolos, dois relativos ao Reino Unido e à Irlanda e um relativo à Dinamarca, para além de disposições específicas para estes três Estados-Membros no protocolo através do qual que integrou o acervo de Schengen na UE[7].

6. Resulta do que precede que, durante uma década, o ELSJ regeu-se por dois tratados e por dois métodos – o comunitário e o intergovernamental –, com as suas lógicas institucionais, decisórias e normativas divergentes. Esta fragmentação por dois tratados de matérias contíguas e profundamente imbricadas como as que integram o ELSJ deu lugar a questões de grande complexidade, assim como a controvérsias, assimetrias e disfuncionamentos, alguns a roçar o caricato, de que porventura nem poderiam ter estado plenamente conscientes os autores dos tratados de Maastricht e de Amesterdão quando decidiram estruturar a União em pilares.

Para dar apenas um exemplo, percebe-se que neste enquadramento *sui generis* tivesse sido asperamente discutida a questão de saber se a protecção do ambiente através do direito penal deveria revestir a forma de uma directiva comunitária, baseada portanto no Tratado de Roma, ou a forma de uma decisão-quadro do III Pilar (anterior Título VI do Tratado de Maastricht). Com efeito, a escolha da base jurídica num ou noutro tratado revestia-se da maior

---

[7] Para maiores desenvolvimentos ver por último NUNO PIÇARRA, "A política de fronteiras da União Europeia – do arranque adiado à centralidade progressiva", in *Estudos em Honra do Professor Doutor Paulo de Pitta e Cunha*, 2010, 1025 ss., e bibliografia aí citada.

O Tratado de Lisboa e o espaço de liberdade, segurança e justiça   253

relevância prática, por se repercutir fortemente no conteúdo e na eficácia do acto a adoptar. Sendo escolhida uma base jurídica no TCE, o acto seria normalmente adoptado por maioria qualificada no Conselho, com maior participação da Comissão e do Parlamento Europeu, assumindo a forma de um regulamento ou de uma directiva, com a eficácia jurídica que os caracteriza. Sendo, ao invés, escolhido como base jurídica um preceito do anterior Título VI do TUE, o acto deveria ser adoptado por unanimidade no Conselho, não sendo em caso nenhum susceptível de produzir efeito directo.

É certo que, apesar da adversidade do enquadramento de base para o ELSJ vigente até à entrada em vigor do Tratado de Lisboa, houve progressos muito consideráveis no desenvolvimento desse espaço, impulsionados por factores de índole muito diversa, que vão da necessidade de prevenção e reacção comum perante os ataques terroristas que marcaram a primeira década do século XXI, até aos impulsos unificadores dados ao nível da própria União pelo Conselho Europeu através dos programas de Tampere e da Haia e por alguma jurisprudência do TJ[8]. Não obstante, o direito do III Pilar, aplicável a componentes importantes do ELSJ, ficaria definitivamente marcado por um sério défice de controlo parlamentar e de controlo jurisdicional a nível da UE[9].

7. Não será difícil perceber que, perante as deficiências e os disfuncionamentos provocados pela configuração dual que o Tratado de Amesterdão deu ao ELSJ e também perante a importância progressiva que foram assumindo as matérias nele integradas, o sentido da reforma do TECE, antecedida por uma madura reflexão no âmbito do procedimento que lhe deu origem[10], possa ser descrito em duas palavras: unificação e aprofundamento.

Sem que caibam aqui maiores desenvolvimentos, a unificação foi no preciso sentido de pôr fim à dualidade que caracterizava o ELSJ, sujeitando-o glo-

---

[8] Para maiores desenvolvimentos ver NUNO PIÇARRA, "A União Europeia como espaço de liberdade, segurança e justiça: uma caracterização geral", in *Estudos Comemorativos dos 25 anos do ISCPSI em Homenagem ao Superintendente-Chefe Afonso de Almeida*, 2009, 391 ss., e bibliografia aí citada.

[9] Cf. ANA MARIA GUERRA MARTINS, "A protecção jurisdicional dos direitos fundamentais no espaço de liberdade, segurança e justiça", in *Estudos em Honra do Professor Doutor José de Oliveira Ascensão*, cit., 533 ss.; ALICIA HINAREJOS, "The Lisbon Treaty Versus Standing Still: A View from the Third Pillar", in *European Constitutional Law Review*, n.º 5, 2009, 99 ss.

[10] Para maiores desenvolvimentos, ver NUNO PIÇARRA, "O espaço de liberdade, segurança e justiça no Tratado que estabelece uma Constituição para a Europa: unificação e aprofundamento", cit., 982 ss.

balmente ao método comunitário, inclusive nas matérias que ainda se mantinham sob o método intergovernamental (cooperação policial, judiciária em matéria penal e aproximação das legislações penais e processuais penais). E o aprofundamento, por seu lado, foi no sentido de permitir à UE a definição das diversas políticas em que ele se decompõe em termos mais abrangentes e adequados, através da inscrição no TECE de novas normas de competência.

Os factos falavam por si quanto à adequação do método comunitário para o desenvolvimento e a eficácia das políticas implicadas no ELSJ, sem prejuízo de alguma modulação de sentido intergovernamental que a ligação de tais políticas ao núcleo duro da soberania justifica, como, por exemplo, a quebra do monopólio da iniciativa legislativa da Comissão Europeia, conferindo também tal poder a um quarto dos Estados-Membros, ou o sistema de "avaliação pelos pares" das políticas integradas no ELSJ, "especialmente para incentivar a aplicação plena do princípio do reconhecimento mútuo".

O que os autores do TECE não conseguiram foi eliminar os "estatutos especiais" dos Estados-Membros já enumerados. Não surpreenderá sequer que, prendendo-se em grande parte com a resistência ao método comunitário, esses estatutos especiais se tenham agravado na proporção em que tal método se ampliou ao ELSJ.

8. Tendo em conta o que precede, dificilmente os autores do Tratado de Lisboa poderiam não retomar, no essencial, as soluções vertidas no TECE.

Desde logo, porque de 2004 para cá o papel de motor da UE desempenhado pelo ELSJ continuou a acentuar-se, tornando-se cada vez mais evidente a inadequação do seu enquadramento a nível dos Tratados e cada vez mais premente a necessidade de uma reforma como a avançada pelo TECE.

Por outro lado, convém não esquecer que várias soluções consagradas pelo TECE limitaram-se a "pôr a verdade formal de acordo com a verdade material", para citar uma expressão bem conhecida. Para além do já mencionado sistema de avaliação mútua ou interpares, instaurado no âmbito de Schengen, pense-se na disposição do TECE integralmente retomada pelo artigo 68.º do TFUE, nos termos do qual cabe ao Conselho Europeu definir "as orientações estratégicas da programação legislativa e operacional" para o ELSJ. Com efeito, o Conselho Europeu já vinha desempenhado esse papel desde a inclusão nos tratados do objectivo de transformação da UE num ELSJ.

Além disso, tendo em conta o lugar da cooperação operacional em matéria de segurança interna entre os diversos corpos do Estado actuantes no ELSJ, dificilmente o TFUE (artigo 71.º) poderia deixar de retomar a solução do TECE no sentido da criação de um Comité Permanente "a fim de assegurar

O Tratado de Lisboa e o espaço de liberdade, segurança e justiça   255

na União a promoção e o reforço dessa cooperação", fomentando a coordenação da acção das autoridades competentes dos Estados-Membros[11].

Registe-se finalmente que por exemplo o artigo 72.° do TFUE limita-se a retomar uma disposição por si mesma evidente, que até já se encontrava inscrita no TUE, nos termos da qual o regime aplicável ao ELSJ "não prejudica o exercício das responsabilidades que incumbem aos Estados-Membros em matéria de manutenção da ordem pública e de garantia da segurança interna". O mesmo vale para o artigo 73.°, relativo às necessidades específicas de cooperação administrativa neste âmbito.

Sem prejuízo disto, o Tratado de Lisboa acabou por introduzir no ELSJ modificações que, se nalguns casos representam um progresso em relação ao TECE, noutros representam um retrocesso, havendo ainda que falar em "modificações neutras". É o que se verá a seguir.

III – O sentido das inovações do Tratado de Lisboa

9. As modificações trazidas pelo Tratado de Lisboa à configuração do ELSJ pretendida pelo TECE que representam um progresso ou que devem considerar-se neutras encontram-se todas claramente assinaladas pelo mandato do Conselho Europeu de Junho de 2007. E tanto constam de disposições dispersas pelo TUE e pelo TFUE – que, não contemplando expressamente o ELSJ, não deixam de se repercutir sobre ele –, como de disposições que o contemplam especificamente, quer estejam ou não incluídas no Título V ("O espaço de liberdade, segurança e justiça") da Parte III do TFUE (artigos 67.° a 89.°).

Começando pelo primeiro grupo de disposições, há a mencionar como progresso em relação ao TECE a consagração do papel dos parlamentos nacionais "num novo artigo de carácter geral" (n.° 11 do mandato), ou seja, no artigo 12.° do TUE. Aí se retoma expressamente, como contributo activo para o bom funcionamento da União no âmbito do ELSJ, a participação de tais parlamentos nos mecanismos de avaliação da execução das correspondentes políticas e a sua associação ao controlo político da Europol e à avaliação das actividades da Eurojust.

Igual juízo merece o reforço do papel dos parlamentos nacionais no controlo do princípio da subsidiariedade, com todas as repercussões que terá no

---

[11] Esse comité foi criado pela Decisão do Conselho de 25 de Fevereiro de 2010 (2010/131/UE), *JO* L 52 de 3.3.2010, 50.

Cadernos O Direito 5 (2010), 245-269

256   *Nuno Piçarra*

ELSJ, domínio de competência partilhada entre a UE e os Estados-Membros [artigo 4.°, n.° 1, alínea j), do TFUE]. Esse reforço traduz-se em duas modificações nos protocolos na matéria anexos ao TECE, a saber: (1) um alargamento de seis para oito semanas do prazo para os parlamentos nacionais analisarem, face ao princípio em causa, os projectos de actos legislativos; (2) uma maior capacidade de bloqueio do procedimento legislativo ordinário que tenha por objecto uma proposta de acto da Comissão considerada desconforme com o mesmo princípio (respectivamente, o artigo 4.° do Protocolo relativo ao papel dos parlamentos nacionais na União Europeia e os artigos 6.°, primeiro parágrafo, e 7.°, n.° 3, do Protocolo relativo à aplicação dos princípios da subsidiariedade e da proporcionalidade, ambos anexados ao TUE e ao TFUE)[12].

Não deve no entanto perder-se de vista que estas últimas modificações também indiciam alguma desconfiança em relação ao Parlamento Europeu: o controlo reforçado por parte dos parlamentos nacionais aplica-se unicamente ao processo legislativo ordinário, em que o PE é co-legislador e o Conselho decide por maioria qualificada – e não, portanto, quando o Conselho decide por unanimidade, ou o PE só dispõe de competência consultiva[13].

Por outro lado, na perspectiva daquele que é o sentido da cooperação reforçada – "favorecer a realização dos objectivos da União, preservar os seus interesses e reforçar o seu processo de integração" –, também se afigura *a priori* merecedora de apreciação positiva a modificação em relação ao TECE que consiste em especificar que as decisões do Conselho que autorizem uma cooperação reforçada podem ser adoptadas a pedido de nove Estados-Membros e não de um terço deles[14]. Se é certo que numa União a vinte e sete os números coincidem, já assim não será numa União alargada.

Não deixará contudo de notar-se desde já que, num espaço de fronteiras internas abertas como o ELSJ, reveste-se de particular delicadeza a adopção, a

---

[12] Por exigências de exactidão, há a mencionar que tanto na "versão TECE", como na "versão Lisboa", o Protocolo relativo à aplicação dos princípios da subsidiariedade e da proporcionalidade refere-se expressamente ao ELSJ, ao impor a reanálise, pelo seu autor, de um projecto de acto legislativo em matéria de cooperação policial, judiciária penal ou de aproximação das legislações penais e processuais penais dos Estados-Membros, que tenha sido objecto de parecer no sentido da desconformidade com o princípio da subsidiariedade, quando tal parecer represente um quarto do total dos votos atribuídos para o efeito aos parlamentos nacionais. Trata-se de um limiar menos exigente do que o limiar-regra para obrigar à reanálise, que é de "um terço do total dos votos atribuídos aos parlamentos nacionais", dispondo cada um destes de dois votos repartidos em função do sistema parlamentar nacional.

[13] Assim ZILLER, op. cit., 76; ver também a apreciação de MICHAEL DOUGAN, op. cit., 657-661.

[14] Cf. o artigo 20.°, n.° 2, do TUE e o artigo I-44.°, n.° 2, do TECE.

título de cooperação reforçada, de actos jurídicos não extensivos à "União no seu conjunto", mas apenas a um grupo de Estados-Membros, em toda a medida em que possa ser susceptível de contribuir para a criação de "bolsas de impunidade" no seio da própria UE. A este respeito, é particularmente eluci-dativo recordar o caso do mandado de detenção europeu e a recusa, por parte de uma maioria de Estados-Membros mais do que suficiente para desencadear uma cooperação reforçada, de aprovar a este título o diploma legislativo em causa sem a participação de um deles – o qual poderia transformar-se por isso mesmo num refúgio de criminosos.

A diferenciação no ELSJ suscita portanto problemas muito próprios em comparação com outros domínios da construção europeia. Não é por acaso que, nos protocolos relativos ao ELSJ de que adiante se falará, se configura expressamente a hipótese de a não participação de um Estado-Membro abran-gido por um estatuto especial "na versão alterada de uma medida existente tor-nar a aplicação dessa medida inoperante para outros Estados-Membros ou para a União"[15].

10. Passando agora ao grupo das disposições que se reportam expressa-mente ao ELSJ sem no entanto constarem do Título V da Parte III do TFUE, há a assinalar como progresso em relação ao TECE o artigo 3.º, n.º 2, do TUE, nos termos do qual "a União proporciona aos seus cidadãos um espaço de liberdade, segurança e justiça sem fronteiras internas, em que seja assegurada a livre circulação de pessoas, em conjugação com medidas adequadas em matéria de controlos nas fronteiras externas, de asilo e imigração, bem como de preven-ção da criminalidade e combate a este fenómeno". Face ao artigo I-3.º, n.º 2, do TECE – nos termos do qual "a União proporciona aos seus cidadãos um espaço de liberdade, segurança e justiça sem fronteiras internas e um mercado interno em que a concorrência é livre e não falseada" – percebe-se bem que a plena autonomização do ELSJ em relação ao mercado interno (o qual passa significativamente para o preceito seguinte, ou seja, o n.º 3 do artigo 3.º do TFUE) constitui um modo bem mais adequado de clarificar que o ELSJ deixa definitivamente de poder ser simplesmente encarado como "uma decorrência do mercado interno", para passar a prioritário em relação a este último[16].

---

[15] Trata-se do artigo 4.º-A, n.º 2, do Protocolo relativo à posição do Reino Unido e da Irlanda em relação ao espaço de liberdade, segurança e justiça e do artigo 5.º do anexo ao Protocolo relativo à posição da Dinamarca; ver infra n.º 15.

[16] Cf. ALBERTO COSTA, "O espaço de liberdade, segurança e justiça no projecto constitucional europeu", in *Europa: Novas Fronteiras*, n.º 13/14, 2003, 129.

258 *Nuno Piçarra*

Por outro lado, o aditamento ao texto do artigo 3.º, n.º 2, do TUE da referência às "medidas adequadas", parece elevá-las também à categoria de objectivos e não apenas de meios de consecução do ELSJ[17]. Também neste ponto a diferença do Tratado de Lisboa em relação ao TECE não é de mera redacção, mas carregada de significado.

11. No que toca às modificações introduzidas pelo Tratado de Lisboa no articulado do TECE especificamente dedicado ao ELSJ (artigos III-257.º a III-277.º) que o TFUE retomou globalmente nos artigos 67.º a 89.º, há a salientar que elas se repartem entre as "neutras" e as que, com uma excepção, podem considerar-se um progresso em relação às soluções do TECE.

Entre as primeiras, conta-se o artigo 73.º, um dos responsáveis pelo facto de o Título V da Parte III do TFUE incluir mais dois artigos do que o Capítulo IV do Título III da Parte III do TECE. Nos termos do artigo mencionado, "os Estados-membros são livres de organizar entre si e sob a sua responsabilidade formas de cooperação e de coordenação, conforme considerem adequado, entre os serviços competentes das respectivas administrações responsáveis pela garantia da segurança nacional".

A neutralidade, na acepção aqui tomada, advém da circunstância de, mesmo na ausência de tal disposição, ser indiscutivelmente legítimo aos Estados-Membros porem em prática, no âmbito da UE, o que o preceito em análise expressamente prevê. E não deixará de notar-se que a necessidade sentida de incluir um tal preceito no articulado do TFUE põe de algum modo em causa o preceito pouco feliz, adiante analisado, de acordo com o qual "a segurança nacional continua a ser da exclusiva responsabilidade de cada Estado-Membro"[18].

O outro preceito "neutro" é o constante do artigo 77.º, n.º 3, que retoma parcialmente o disposto nos n.ºs 2 e 3 do artigo III-125.º do TECE, incluído num título dedicado à "não discriminação e cidadania". Tal preceito vem atribuir competência à UE para adoptar disposições relativas aos passaportes, bilhetes de identidade, títulos de residência ou qualquer outro documento equiparado. E isto desde que uma acção da União se revele necessária para faci-

---

[17] Em sentido diferente, ver Ziller, op. cit., 71. Para além do seu valor simbólico, o autor considera o artigo 3.º no seu conjunto como directamente ligado à "cláusula de flexibilidade" (artigo 352.º do TFUE), que permite às instituições da União colmatarem eventuais lacunas dos tratados quando se revele que estes não permitem adoptar determinadas medidas (72).
[18] Ver infra, n.º 13.

litar o exercício do direito de circular e permanecer livremente no território dos Estados-Membros, "sem que os Tratados tenham previsto poderes de acção".

Tratando-se aparentemente de uma disposição cujo âmbito subjectivo de aplicação apenas incidirá sobre nacionais de Estados terceiros na medida em que sejam familiares de cidadãos da União – só nessa qualidade lhes será em princípio reflexamente extensivo o direito de circulação e permanência em causa –, não é líquido o acerto da transferência dessa disposição para um Título do TFUE cujo âmbito subjectivo incide sobre os nacionais de Estados terceiros que não tenham nenhum vínculo familiar com cidadãos da União.

12. Em contrapartida, já não pode considerar-se neutra mas sim positiva a transferência para o Título V da Parte III do TFUE do outro artigo responsável pela ampliação do articulado deste último especificamente dedicado ao ELSJ. Trata-se do artigo 75.º, que retoma no essencial o artigo III-160.º – criticavelmente mantido pelo TECE num capítulo dedicado aos capitais e pagamentos, apesar de constituir uma versão substancialmente revista do controverso artigo 60.º do TCE, constante de idêntico capítulo[19].

Redigido de forma a pôr fim a anteriores controvérsias, o artigo 75.º atribui à UE uma nova competência para definir, na medida do necessário "à prevenção do terrorismo e das actividades com ele relacionadas, bem como à luta contra esses fenómenos", "um quadro de medidas administrativas relativas aos movimentos de capitais e aos pagamentos, como o congelamento de fundos, activos financeiros ou ganhos económicos que pertençam a pessoas singulares ou colectivas, a grupos ou entidades não estatais, ou de que estes sejam proprietários ou detentores".

Também se afiguram de valorar positivamente, embora com a ressalva anteriormente assinalada a propósito do artigo 20.º, n.º 2, do TUE, os preceitos relativos às autorizações específicas de cooperação reforçada que o Tratado de Lisboa, diferentemente do TECE, vem prever para (1) a instituição de uma Procuradoria Europeia a partir da Eurojust, destinada a combater num primeiro momento as infracções lesivas dos interesses financeiros da União; (2) a adopção de medidas em matéria de cooperação operacional entre autoridades policiais, aduaneiras e outras, "especializadas nos domínios da prevenção ou

---

[19] Ver por exemplo o acórdão do TJ de Setembro de 2008, Yassin Abdullah Kadi e Al Barakaat International Foundation contra Conselho da União Europeia e Comissão das Comunidades Europeias, processos apensos C-402/05 e C-415/05, n.os 291 ss.

260 Nuno Piçarra

detecção de infracções penais e das investigações nessa matéria". Na ausência de unanimidade no Conselho para a aprovação dos correspondentes actos legislativos, um número mínimo de nove Estados-Membros fica autorizado, mediante notificação da sua pretensão ao Parlamento Europeu, ao Conselho e à Comissão, a adoptar e a vincular-se a tais actos legislativos baseados nos projectos que não concitaram unanimidade[20].

Com a mesma ressalva, são igualmente de considerar positivas as alterações introduzidas pelo Tratado de Lisboa nas disposições, constantes do TECE prevendo a possibilidade de, a título de cooperação reforçada, pelo menos nove Estados-Membros adoptarem e se vincularem, com exclusão dos restantes, a directivas contendo:

(1) "regras mínimas" necessárias "para facilitar o reconhecimento mútuo das sentenças e decisões judiciais e a cooperação policial e judiciária nas matérias penais com dimensão transfronteiriça", versando nomeadamente sobre (i) a admissibilidade mútua dos meios de prova entre os Estados-Membros; (ii) os direitos individuais em processo penal; (iii) os direitos das vítimas da criminalidade;

(2) "regras mínimas relativas à definição das infracções penais e das sanções em domínios de criminalidade particularmente grave com dimensão transfronteiriça que resulte da natureza ou das incidências dessas infracções ou ainda da especial necessidade de as combater", nos seguintes domínios de criminalidade, susceptíveis de ulterior alargamento: (i) terrorismo; (ii) tráfico de seres humanos e exploração sexual de mulheres e crianças; (iii) tráfico de droga e de armas; (iv) branqueamento de capitais; (v) corrupção; (vi) contrafacção de meios de pagamento; (vii) criminalidade informática; (viii) criminalidade organizada;

(3) "regras mínimas relativas à definição das infracções penais e das sanções" quando tal "se afigure indispensável para assegurar a execução eficaz de uma política da União num domínio que tenha sido objecto de medidas de harmonização".

---

[20] Cf. os artigos 86.º, n.º 1, primeiro e segundo parágrafos, e 87.º, n.º 3, segundo a quarto parágrafo, do TFUE e os artigos III-274.º, n.º 1, e III-275.º, n.º 3, do TECE. Note-se que o quarto parágrafo do artigo 87.º, n.º 3, exclui do âmbito da autorização de cooperação reforçada prevista pelos parágrafos anteriores os "actos que constituam um desenvolvimento do acervo de Schengen". Ou seja, as medidas de cooperação operacional que constituam um desenvolvimento deste acervo só poderão ser aprovadas por unanimidade dos Estados-Membros integralmente vinculados ao mesmo acervo: actualmente todos menos a Irlanda e o Reino Unido, por um lado, e Chipre, a Bulgária e a Roménia, por outro; ver infra.

A diferença do procedimento de cooperação reforçada previsto pelo Tratado de Lisboa em relação ao previsto pelo TECE é considerável. Nos termos dos artigos 82.º, n.º 3, e 83.º, n.º 3, do TFUE, a partir do momento em que, na sequência da remissão ao Conselho Europeu de um projecto de acto legislativo nos domínios enumerados, com o fundamento de que ele prejudica aspectos fundamentais do sistema de justiça penal de um Estado-Membro, não se logre consenso no seio daquele órgão no prazo de quatro meses, um conjunto de pelo menos nove Estados-Membros fica imediatamente habilitado, mediante a devida notificação às instituições da UE, a instituir uma cooperação reforçada com base no projecto de acto em causa.

Em contrapartida, nos termos dos artigos III-270.º, n.º 3, e III-271.º, n.º 3, do TECE, a ausência de consenso no Conselho Europeu implicava a impossibilidade de adopção do acto legislativo em causa e a apresentação de um novo projecto. Só em caso de não pronúncia do Conselho Europeu no prazo de quatro meses ou de não aprovação do novo projecto decorridos doze meses após a sua apresentação é que pelo menos nove Estados-Membros ficariam habilitados a instaurar uma cooperação reforçada com base em tal projecto.

13. A única modificação introduzida pelo Tratado de Lisboa no acervo do TECE contido no capítulo especificamente dedicado ao ELSJ a não merecer uma apreciação positiva é a que consta do último parágrafo do artigo 81.º n.º 3, do TFUE. E isto porque vem permitir a um único parlamento nacional vetar a extensão do processo legislativo ordinário, mais ágil, à aprovação de quaisquer medidas em matéria de direito da família com incidência transfronteiriça, subtraindo-as à regra da unanimidade no Conselho, a que actualmente se encontram sujeitas.

É portanto fora do articulado especificamente dedicado ao ELSJ que se encontram as inovações trazidas pelo Tratado de Lisboa e sem paralelo no TECE que constituem retrocessos sob o prisma da manutenção e do desenvolvimento de tal espaço. Como já se disse, nem todas se encontram devidamente assinaladas pelo mandato do Conselho Europeu de Junho de 2007.

Começando pelas "disposições gerais" com repercussões no ELSJ sem no entanto o mencionarem expressamente, é de considerar um retrocesso em relação ao TECE, de mais a mais a relevar do erróneo, o segmento acrescentado, artigo 4.º, n.º 2, do TUE – onde se estabelece o princípio do respeito, pela União, das "funções essenciais do Estado, nomeadamente as que se destinam a garantir a integridade territorial, a manter a ordem pública e a segurar a segurança nacional". De acordo com o aditamento, "em especial, a segurança nacional continua a ser da exclusiva responsabilidade de cada Estado-Membro".

262 *Nuno Piçarra*

Ora, mesmo abstraindo das dificuldades em conceber hipóteses de efectivo desrespeito de tais funções do Estado por parte de uma entidade desprovida de quaisquer forças coactivas próprias como a União, o facto é que, no espaço de fronteiras internas abertas em que ela se tornou, só numa perspectiva excessivamente formalista e portanto afastada da realidade das coisas é que se pode insistir em que a segurança nacional continua a ser da exclusiva responsabilidade de cada Estado-Membro. E isto para já não falar no efeito perverso que se traduz em remeter cada um deles para um exclusivismo cada vez mais inadequado neste contexto. Aqui as obsessões soberanistas dos Estados-Membros responsáveis por esta modificação em relação ao TECE atingiram o paroxismo, sem prejuízo do disposto no já mencionado artigo 73.º do TFUE.

É de considerar igualmente como retrocesso a solução do Tratado de Lisboa relativa à Carta dos Direitos Fundamentais, que consiste em não a incorporar no articulado nem do TUE, nem do TFUE, limitando-se a alterar o artigo 6.º, n.º 1, do TUE no sentido de ser reconhecido à Carta "o mesmo valor jurídico que os Tratados". Além disso, o aditamento nos termos do qual "de forma alguma o disposto na Carta pode alargar as competências da União, tal como definidas nos Tratados" é mais uma vez revelador de uma estranha desconfiança em relação à UE. Para um domínio particularmente sensível em termos de direitos fundamentais como o ELSJ seria seguramente preferível que o catálogo de direitos fundamentais da UE constasse dos próprios tratados em que esta se funda[21].

Afigura-se ainda um retrocesso o diferimento para 1 de Novembro de 2014 da aplicação da regra de votação por maioria qualificada no Conselho, retomada no artigo 16.º, n.º 4, e correspondente a "pelo menos, 55% dos membros do Conselho, num mínimo de quinze, devendo estes representar Estados-Membros que reúnam, no mínimo, 65% da população da União". Esta regra, com todo o seu efeito agilizador da tomada de decisão no Conselho, poderá ainda não ser aplicada durante um período transitório até 31 de Março de 2017, sempre que um membro solicite que a decisão seja tomada de acordo com a maioria qualificada definida no n.º 2 do artigo 205.º da anterior versão do Tratado de Roma[22].

---

[21] Sobre o tema ver por último Maria Luísa Duarte, "A União Europeia e o sistema europeu de protecção dos direitos fundamentais – a chancela do Tratado de Lisboa", publicado neste mesmo volume de *Cadernos O Direito*.

[22] Ver o n.º 13 do mandato e o artigo 3.º do Protocolo relativo às disposições transitórias, anexado pelo Tratado de Lisboa ao TUE e ao TFUE, e também a Decisão do Conselho de 13 de

O *Tratado de Lisboa e o espaço de liberdade, segurança e justiça*   263

14. A propósito das disposições que, não estando incluídas no Título V da Parte III do TFUE, se referem expressamente ao ELSJ, apenas se afigura digno de reparo o facto de o artigo I-42.º do TECE, que servia de introdução às disposições relativas ao ELSJ, não ter sido integralmente retomado *qua tale* pelo Tratado de Lisboa. É certo que o conteúdo deste artigo acaba por ser dispersamente retomado por aquele Título do TFUE e também pelo artigo 12.º, alínea *c*), do TUE, embora com a importante excepção do preceito que impõe a "promoção da confiança mútua entre as autoridades competentes dos Estados-Membros" [n.º 1, alínea *b*), primeira parte]. Na omissão de qualquer referência a este valor crucial por parte do Tratado de Lisboa reside a principal crítica a dirigir à solução que prevaleceu.

A não retomada do artigo I-42.º do TECE ter-se-á devido ao facto de os juristas do Conselho que prepararam o mandato e o projecto de tratado reformador terem julgado suficiente retomar o conteúdo do artigo III-257.º, que era a consequência do primeiro[23].

15. Tratando-se finalmente das modificações que o Tratado de Lisboa deveria introduzir nos protocolos anexos ao TECE relativos ao ELSJ, o mandato é francamente mais lacónico e, como já se afirmou, não dá cumprimento ao objectivo de as assinalar em pormenor. Na realidade, apenas em dois pontos do texto do mandato são expressamente referidas modificações a introduzir em protocolos e declarações (os primeiros com o mesmo valor jurídico dos tratados e as segundas desprovidas de força obrigatória). Ao contrário do que se verifica a respeito das modificações relativas ao TUE e ao TFUE, o mandato não dedica nenhum anexo específico às modificações relativas aos protocolos[24].

A primeira referência que o mandato faz a modificações a introduzir nos protocolos relativos ao ELSJ anexos ao TECE encontra-se no texto pouco

---

Dezembro de 2007, relativa à aplicação do n.º 4 do artigo 16.º do Tratado da União Europeia e do n.º 2 do artigo 205.º do Tratado sobre o Funcionamento da União Europeia entre 1 de Novembro de 2014 e 31 de Março de 2017, por um lado, e a partir de 1 de Abril de 2017, por outro (2009/857/CE), *JO* L 314 de 1.12.2009, 73.

[23] Neste sentido, ZILLER, op. cit., 54, considerando-o como o único caso de não previsão explícita pelo mandato da CIG de uma diferença entre o conteúdo do TECE e o do Tratado de Lisboa. Uma vez que a desaparição do artigo I-42.º parece ser a consequência da transferência para o TFUE das disposições do TUE relativas ao ELSJ, o autor apelida-o de um caso de "*lost in translation*" (81).

[24] Ver os anexos 1 e 2 ao texto do mandato.

264　*Nuno Piçarra*

claro, para não dizer incompreensível pelo menos na versão portuguesa, do seu n.º 19, alínea *l*), nos termos do qual "o âmbito do Protocolo sobre a posição do Reino Unido e da Irlanda (1997) será alargado, por forma a incluir, em relação ao Reino Unido e nos mesmos termos, os capítulos sobre a cooperação judiciária em matéria penal e sobre a cooperação policial. Poderá também incluir a aplicação do Protocolo em relação às medidas com base em Schengen e às alterações a medidas vigentes. Este alargamento terá em conta a posição do Reino Unido ao abrigo do acervo da União anteriormente existente nestes domínios. A Irlanda determinará na devida altura a sua posição a respeito deste alargamento" (*sic*).

A outra referência consta da alínea *f*) do mesmo número, onde se lê que a CIG "acordará ainda, se necessário, em introduzir nos Protocolos pertinentes, relativos à posição de Estados-Membros individuais, pontos específicos que clarifiquem a (…) aplicabilidade neste contexto" de uma declaração sobre a protecção de dados pessoais no domínio da cooperação policial e judiciária em matéria penal.

É sabido que os quatro protocolos relativos ao ELSJ que o Tratado de Amesterdão anexou aos Tratados da UE[25] agravaram a tendência que se iniciou com Maastricht para os protocolos deixarem de ser utilizados para a sua finalidade habitual de fixação dos pormenores necessários ao bom funcionamento das instituições ou de certas disposições transitórias necessárias à execução de uma determinada política, para passarem a consagrar regimes derrogatórios potencialmente permanentes para determinados Estados-Membros. Com o Tratado de Lisboa, a "protocologia"[26] relativa ao ELSJ foi ampliada, passando a incluir também o já citado Protocolo relativo às disposições transitórias, sem qualquer equivalente no TECE. Para além disso, o Tratado de Lisboa introduziu sensíveis modificações na versão dada pelo TECE a três dos protocolos relativos ao ELSJ anexados pelo Tratado de Amesterdão[27].

---

[25] Cf. supra, n.º 5, *in fine*.

[26] O sugestivo neologismo "*Protocology*" é utilizado nos "Editorial Comments" da *Common Market Law Review*, vol. 46, 2009, 1785, onde se salienta que, com o Tratado de Lisboa, os protocolos relativos ao ELSJ vêm legitimar a não participação e portanto a diferenciação dos Estados--Membros deles beneficiários em domínios onde até agora a sua participação era plena (1786). E ver-se-á a seguir que muito para além do que permitiria a entrada em vigor do TECE.

[27] Sobre as alterações que o TECE introduziu em tais protocolos, ver NUNO PIÇARRA, "O espaço de liberdade, segurança e justiça no Tratado que estabelece uma Constituição para a Europa", cit., 1006-1008.

O *Tratado de Lisboa e o espaço de liberdade, segurança e justiça*   265

Estas modificações, por sua vez, replicaram-se nas declarações da CIG no mesmo domínio. Enquanto no acervo do TECE havia a registar apenas a declaração n.º 39 sobre o Protocolo relativo à posição da Dinamarca[28], da CIG que aprovou o Tratado de Lisboa resultam muito mais declarações relativas ao ELSJ.

Por multiplicarem as derrogações para certos Estados-Membros e em especial para o Reino Unido, fazendo do ELSJ o domínio em que "se verificam mais expressões de diferenciação e de flexibilidade[29], as modificações em causa não podem ser objecto de um juízo positivo. E não deixa de ser elucidativo referir que no contexto da GIG que elaborou aquele tratado, o PE foi a única instituição a emitir reservas a este propósito[30].

16. O protocolo mais controverso do ponto de vista da manutenção e do desenvolvimento do ELSJ é seguramente o relativo às disposições transitórias. Pode até suscitar-se a questão de saber se, ao não se ficar pela previsão do artigo 9.º – nos termos do qual se mantêm em vigor os actos adoptados ao abrigo dos anteriores Títulos V e VI do TUE enquanto não forem revogados ou substituídos –, o protocolo não terá ultrapassado o objectivo proclamado no preâmbulo de organizar a transição entre as disposições institucionais dos Tratados aplicáveis antes da entrada em vigor do Tratado de Lisboa e as disposições institucionais previstas neste Tratado. Seja como for, são duas as soluções a considerar neste contexto.

A primeira, constante do artigo 10.º, n.ºs 1 a 3, determina, em substância, que a aplicação do método comunitário ao acervo intergovernamental do anterior III Pilar (em matéria de cooperação policial, cooperação judiciária penal e aproximação das legislações penais e processuais penais) pode ficar adiada até 1 de Dezembro de 2014. Isto significa, por um lado, que a Comissão não poderá fiscalizar, no quadro do processo por incumprimento, a boa transposição e aplicação pelos Estados-Membros dos actos adoptados naquelas matérias – a menos que entretanto eles sejam revistos e transformados em actos tipificados pelo artigo 288.º do TFUE, a saber, regulamentos, directivas ou decisões.

---

[28] Entre as 50 declarações da CIG que aprovou o TECE, apenas três se reportam directamente ao ELSJ (n.ºs 14, 23 e 25).

[29] Assim, MARIA FLETCHER, "Schengen, the European Court of Justice and Flexibility Under the Lisbon Treaty: Balancing the United Kingdom's 'Ins' and 'Outs'", *European Constitutional Law Review*, n.º 5, 2009, 90.

[30] Cf. ZILLER, op. cit., 18.

266   *Nuno Piçarra*

Perguntar-se-á que sentido faz prolongar uma situação responsável pela reduzida eficácia do direito do anterior III Pilar da UE. A pergunta adquire porventura mais premência a propósito da disposição do protocolo em análise que veda o controlo desses actos pelo TJ de acordo com os artigos 251.° e seguintes do TFUE – onde se estabelece um "sistema completo de vias de recurso" destinado a assegurar o princípio da tutela jurisdicional efectiva –, mantendo em vigor o criticável artigo 35.° da anterior versão do TUE[31]. Para quê prolongar por mais cinco anos uma situação de défice de controlo jurisdicional desses actos, altamente insatisfatória à luz dos princípios do Estado de Direito e da Convenção Europeia dos Direitos do Homem, a que a UE se declara vinculada logo no artigo 6.° do TUE, tanto mais que os actos abrangidos por esta criticável disposição são particularmente sensíveis em termos de direitos fundamentais?

A segunda solução controversa, apenas aplicável ao Reino Unido, consta dos n.ºs 4 e 5 do artigo 10.° do protocolo em análise. Aí se prevê que, o mais tardar seis meses antes do termo do prazo de transição de cinco anos, o Reino Unido pode notificar ao Conselho que não aceita, relativamente aos actos em causa, as competências-padrão da Comissão e do TJ. Se o fizer, todos esses actos que entretanto se tenham mantido inalterados deixarão de lhe ser aplicáveis a partir de 1 de Dezembro de 2014. Mas o Reino Unido mantém o direito de, em qualquer data ulterior, notificar ao Conselho a sua intenção de participar em actos que tenham deixado de lhe ser aplicáveis, nos termos anteriormente enunciados.

Como já se observou, "é a primeira vez que uma reforma dos Tratados da UE ofereceu a um certo Estado-Membro não apenas o direito de não participar na adopção de futuras medidas num determinado domínio, mas também o direito de se desvincular das suas obrigações decorrentes de um corpo integral de medidas pré-existentes". Mas pode ser que as disposições analisadas tenham sido principalmente encaradas pelo Reino Unido como um meio útil de diferenciar o malogrado TECE do Tratado de Lisboa e como um expediente do governo para evitar ser forçado a promover um referendo, sem a intenção de exercer ulteriormente as faculdades de desvinculação que tais disposições efectivamente lhe oferecem[32].

---

[31] Para o ponto da situação das declarações relativas à aceitação da competência do TJ para decidir, a título prejudicial sobre a validade e a interpretação dos actos a que se refere o artigo 35.° do TUE na sua anterior redacção, ver *JO* L 56 de 6.3.2010, 14.

[32] Assim, DOUGAN, op. cit., 683-684.

O artigo 10.º, n.º 4, do protocolo em análise teria algum sentido útil se pudesse ser entendido como um incentivo suplementar para que todos os actos adoptados ao abrigo do anterior III Pilar sejam revistos até seis meses antes de terminado o período transitório de cinco anos, de modo a manterem-se vinculativos para o Reino Unido. Mas a verdade é que, do protocolo relativo à posição do Reino Unido e da Irlanda em relação ao ELSJ, resulta inequivocamente que o Reino Unido está à partida desvinculado de qualquer medida "proposta e adoptada" ao abrigo do Título V da Parte III do TFUE "que altere uma medida existente à qual esteja vinculado" (artigo 4.º-A).

17. No sentido do agravamento da diferenciação no ELSJ do Reino Unido e também da Irlanda vão igualmente as modificações introduzidas pelo Tratado de Lisboa no Protocolo relativo ao acervo de Schengen integrado no âmbito da UE, na redacção que lhe foi dada pelo TECE. Com efeito, uma nova disposição constante do artigo 5.º, n.º 2, vem clarificar que ambos os Estados-Membros dispõem da faculdade de não se vincularem a uma medida que constitua um desenvolvimento de uma parte do acervo de Schengen a que se tenham previamente vinculado nos termos do artigo 4.º.

O exercício de uma tal faculdade por parte do Reino Unido e/ou da Irlanda pode ter por consequência a desvinculação, total ou parcial, relativamente às partes do acervo de Schengen a que tais Estados-Membros se tenham vinculado nos termos do artigo 4.º, com o que se agravará duplamente a diferenciação dos Estados-Membros em causa[33].

No mesmo sentido vão ainda as alterações que o Tratado de Lisboa introduziu na "versão TECE" do já mencionado Protocolo sobre a posição do Reino Unido e da Irlanda em relação ao espaço de liberdade, segurança e justiça. Com efeito, nos termos do artigo 1.º desta última versão, o Reino Unido e a Irlanda continuavam obrigados a participar globalmente nos domínios da cooperação policial e judiciária em matéria penal[34], apesar da sujeição de tais domínios ao método comunitário. Ao invés, nos termos do artigo 1.º modificado pelo Tratado de Lisboa em conjugação com o artigo 4.º-A, ambos os

---

[33] Para maiores desenvolvimentos ver DOUGAN, op. cit., 684-685 e FLETCHER, op. cit., 91 ss. Sobre a controvérsia em torno das relações entre os artigos 4.º e 5.º do Protocolo Schengen na sua anterior redacção e a sua solução jurisprudencial ver NUNO PIÇARRA, "A União Europeia como espaço de liberdade, segurança e justiça: uma caracterização geral", cit., 410.

[34] Apenas ficavam dispensados de se vincularem às medidas em matéria de recolha, armazenamento, tratamento, análise e intercâmbio de informações pertinentes ao domínio da cooperação policial, previstas pelo artigo III-275.º, n.º 2, alínea *a*), do TECE.

268   *Nuno Piçarra*

Estados-Membros vêem legitimada a sua resistência de princípio ao método comunitário, ficando globalmente dispensados de participar nas "medidas propostas em aplicação do Título V da Parte III do Tratado sobre o Funcionamento da União Europeia", mesmo que elas apenas se destinem a modificar actos vinculativos para ambos. Nesta última hipótese, a opção pela não vinculação pode implicar a desvinculação da medida de base, nos termos do referido artigo 4.°-A.

Finalmente, ao abrigo do Protocolo relativo à posição da Dinamarca, este Estado-Membro também vê legitimada a sua resistência de princípio à extensão do método comunitário aos domínios da cooperação policial e judiciária penal, bem como ao da harmonização das legislações penais e processuais penais dos Estados-Membros, podendo ficar sujeita a um regime idêntico ao aplicável ao Reino Unido e à Irlanda (artigo 8.° do protocolo em conjugação com o seu anexo)[35].

A marcar a singularidade do Reino Unido neste contexto registe-se que, ao contrário do que se verifica em relação tanto à Irlanda como à Dinamarca, nenhuma disposição dos protocolos analisados prevê sequer a possibilidade de aquele Estado-Membro renunciar ao estatuto muito especial que tais protocolos lhe atribuem.

IV – **Conclusão**

18. A afirmação segundo a qual o Tratado de Lisboa, bem vistas as coisas, "não constitui uma reedição do Tratado constitucional"[36], podendo prestar-se a controvérsia em termos gerais, é seguramente de subscrever para o domínio específico do ELSJ. E como procurou demonstrar-se, do ponto de vista da manutenção e do desenvolvimento deste, o balanço em relação ao TECE acaba por ser negativo, sobretudo tendo em conta o grau de diferenciação sem precedentes entre os Estados-Membros que o Tratado de Lisboa vem permitir e que atinge o paroxismo em relação ao Reino Unido.

Ora, convém recordar a este propósito que todas as sondagens demonstram que os cidadãos europeus esperam da UE uma protecção nos domínios que têm maior impacto na sua vida quotidiana, quando a actuação isolada dos governos nacionais manifestamente não seja suficiente, como por exemplo no

---

[35] Assim, DOUGAN, op. cit., 687.
[36] Neste sentido, CARLA AMADO GOMES, op. cit., 9.

O Tratado de Lisboa e o espaço de liberdade, segurança e justiça 269

domínio da criminalidade transfronteiriça. Assim como esperam que a UE ultrapasse as muitas situações absurdas decorrentes da diversidade das regras jurídicas aplicáveis nos diferentes Estados-Membros[37].

É indubitável que, na parte em que retoma o acervo do TECE, o Tratado de Lisboa reforça substancialmente a competência da União para actuar no ELSJ em comparação com o que se verificava anteriormente a 1 de Dezembro de 2009. O tempo dirá se isto basta para considerar a UE dotada dos meios necessários para alcançar o crucial objectivo, que é simultaneamente uma obrigação de resultado, de proporcionar aos seus cidadão um ELSJ – obrigação essa que não se compadece com obsessões soberanistas dos Estados-Membros e cujo cumprimento nem sequer admite semi-sucessos, legitimando toda a severidade com que os mesmos cidadãos seguramente julgarão os eventuais fracassos ou semi-fracassos[38].

Também será o tempo a dizer se as novas possibilidades de acção da União terão que ser ou não provisoriamente exploradas por grupos "vanguardistas" de Estados-Membros no quadro de cooperações reforçadas agora mais fáceis do que nunca de instaurar, acentuando também por esta via a diferenciação pelo menos num primeiro momento.

Finalmente, quanto ao abstruso isolamento a que o Reino Unido se votou no ELSJ, com a sua bem conhecida técnica de negociar em posição de força à última hora, uma coisa é certa: tal isolamento não o imunizará perante os fenómenos cuja capacidade de combate determinará a medida do sucesso do ELSJ: a criminalidade transfronteiriça, o terrorismo global e a imigração clandestina. Impõe-se por isso um particular bom-senso na aplicação das derrogações e dispensas efectivamente conseguidas por este "parceiro difícil"[39].

[37] Assim, ZILLER, op. cit., 27.
[38] Cf. DENIS DUEZ, "La 'crise' de l'Union et les apories de la sécurité intérieure européenne, in Paul Magnette e Anne Weyembergh (edit.), L'Union européenne: la fin d'une crise?, 2008, 69 ss.
[39] Cf. MARIA FLETCHER, op. cit., 71.

As inovações do Tratado de Lisboa

PROF. DOUTOR PAULO DE PITTA E CUNHA*

1. No Tratado de Lisboa é sensível a acentuação dos aspectos supranacionais ou federais da integração. Em primeiro lugar, refira-se o reforço do papel do Parlamento Europeu, o qual surge como a primeira figura mencionada no elenco institucional. O Parlamento, a que é conferida uma intervenção decisiva na aprovação da activação da cláusula de flexibilidade do artigo 352.º do Tratado sobre o Funcionamento da União Europeia, assume-se como co-legislador na quase totalidade das matérias, exercendo plenamente a função legislativa e a função orçamental.

Em segundo lugar, foi muito alargado o número dos casos em que o Conselho delibera por maioria qualificada, na maior parte das vezes através do processo legislativo ordinário (continuador da co-decisão), em cujo desenrolar o Parlamento Europeu ganha relevo, passando-lhe a caber o lugar inicial na adopção da posição em primeira leitura (artigo 294.º do TFUE), ao passo que no anterior regime o Conselho se singularizava no estabelecimento de uma "posição comum".

Em terceiro lugar, produz-se o que se tem apresentado como a fusão dos três pilares numa única visão da União Europeia, embora com a conspícua ressalva da manutenção dos aspectos característicos do segundo pilar, relativo à PESC.

Depois, é criado o Alto Representante (que fora denominado na Constituição Europeia Ministro dos Negócios Estrangeiros) para os Negócios Estrangeiros e para a Segurança, e institui-se um serviço de acção externa, que naturalmente será coordenado por aquele Alto Representante, Presidente per-

---

* Professor Catedrático da Faculdade de Direito da Universidade de Lisboa.

272   *Paulo de Pitta e Cunha*

manente do Conselho de Ministros dos Negócios Estrangeiros e Vice-Presidente da Comissão.

É instituído um Presidente estável, desempenhando em "full time" as suas funções, eleito por maioria qualificada pelo Conselho Europeu, sendo o seu mandato de dois anos e meio, susceptível de uma renovação.

2. Em outros aspectos, porém, a União Europeia, mesmo depois do Tratado de Lisboa, está bem longe das características de uma federação.

Veja-se o princípio da atribuição, consagrado no artigo 5.º do Tratado da União Europeia, n.os 1 e 2; a inovação que representa o direito de saída negociável pelo Estado-membro que deseje afastar-se da União; o papel acrescido dos Parlamentos nacionais, com referência à fiscalização da subsidiariedade; a já referida manutenção, embora não abertamente reconhecida, do segundo pilar, relativo à política externa e de segurança comum, envolvendo designadamente a exigência de unanimidade na tomada de decisões; a permanência daquilo que os britânicos chamaram as "red lines", desde a fiscalidade à segurança social, em que não foi ultrapassada a exigência da unanimidade; o processo ordinário de revisão dos Tratados, em que continua a vigorar a unanimidade dos Estados-membros; a supressão das referências com que se tinha tentado substituir o regulamento e a directiva por tipos normativos aparentados aos da ordem interna dos Estados; e as excepções conferidas a países como o Reino Unido, a Irlanda, a Polónia em numerosas matérias, algumas das quais de importância vital para o processo de integração.

Por outro lado, em diversas declarações, que estão apensas ao Tratado, não tendo, embora, o mesmo sentido vinculativo das normas do diploma e os respectivos protocolos, sublinhou-se a autonomia dos Estados em diversas matérias cruciais. Cite-se a Declaração em que se assegura a competência dos Estados-membros para a formulação e condução das suas políticas de Negócios Estrangeiros, ou uma outra Declaração, a propósito da acção externa em geral, em que se esclarece que as regras da PESC não afectam as competências actuais dos Estados-membros quanto à formulação e actuação da sua política externa e aos seus serviços diplomáticos.

3. Há pontos que merecem desde já uma observação. A declaração, logo no artigo 1.º, de que a União se substitui, e sucede à Comunidade, não parece atender a que já havia aspectos na União Europeia que transcendiam a área comunitária.

Por outro lado, refere-se que a União estabelece uma união económica e monetária cuja moeda é o euro, parecendo esquecer-se que grande número de

As inovações do Tratado de Lisboa   273

países da própria União não são, ou ainda não são, ou não querem vir a ser membros da zona do euro.

4. Em comparação com a Constituição europeia, ou com o Tratado Constitucional, são visíveis as atenuações do federalismo:

– A supressão da expressão "Constituição" e a substituição do "conceito constitucional" pela fórmula clássica da revisão dos Tratados tradicionais;
– A supressão dos artigos relativos a símbolos, ao primado do Direito da União, à nova nomenclatura dos dispositivos legislativos, à designação de *Ministro* dos Negócios Estrangeiros da União.

Para além destes aspectos terminológicos e simbólicos, o Tratado de Lisboa constitui praticamente a repetição das soluções legislativas consagradas no Tratado Constitucional.

Curiosamente, aquelas alterações dos aspectos simbólicos, que tornavam, de algum modo, a União aparentada com a figura do Estado, pareciam dirigir-se mais aos eleitores, antecipando a realização de referendos, do que propriamente aos parlamentares.

Todas elas, ou pelo menos algumas, terão sido supérfluas, atento o propósito, que foi realizado, de se evitar tanto quanto possível o recurso à fórmula referendária – que só não pôde ser evitada no caso da Irlanda, por razões institucionais próprias deste país. O esforço não obstou a que o Tratado tivesse sido rejeitado, num primeiro referendo, muito possivelmente por se ter criado nos eleitores irlandeses a convicção, aliás inexacta, de que a supranacionalidade incidia nas esferas da fiscalidade e das relações familiares, e por inconformação dos votantes quanto'à perda do Comissário permanente.

As abundantes garantias entretanto oferecidas pelo Conselho Europeu mostraram-se eficazes no segundo referendo, em que o *sim* triunfou por larga margem, tornando-se claro que os 26 estariam dispostos a ir até onde fosse possível para fazer passar o Tratado.

5. Embora atenuada, como já foi dito, a tendência federalizante continua a manifestar-se. Talvez o mais interessante neste ponto seja a criação das duas novas figuras, o Presidente do Conselho Europeu e o Alto Representante para os Negócios Estrangeiros e a Segurança, e a instituição do serviço europeu para a acção externa, a pressagiar, justamente quando se confere a presidência permanente do Conselho dos Negócios Estrangeiros a um Vice-Presidente da Comissão, a centralização das diplomacias europeias.

Cadernos O Direito 5 (2010), 271-282

274 *Paulo de Pitta e Cunha*

Não é de surpreender que, dada a preocupação de "salvar" os conteúdos da Constituição em aspectos basilares, o documento de Lisboa se aparente e praticamente se identifique com aquela.

Em ambos são inexistentes inovações ou revisões no domínio da união económica e monetária, e em geral na regulação das políticas comuns. O reconhecimento do Eurogrupo e da respectiva presidência, e a norma sobre os serviços de interesse geral não são novidades de peso, que afastem esta impressão.

A própria PESC continua a constituir um pilar separado, por muito que se pretenda o contrário, com as mesmas características intergovernamentais que já possuía, e o Presidente do Conselho Europeu não se vê atribuído qualquer poder substancial.

E, de uma forma geral, falta a consagração da solidariedade entre os participantes da União – que é típica das fórmulas federais.

Certas novas políticas são consagradas, como as que se referem ao espaço, ao desporto e ao turismo, mas ainda com poucos desenvolvimentos.

6. Por outro lado, para além do afirmado respeito pela igualdade dos Estados-membros perante os Tratados, ressalta a diferença entre os grandes e populosos e os demais. Esta está bem expressa em novas regras relativas à votação por maioria qualificada no Conselho, cuja introdução foi adiada (para satisfação de posições da Polónia) para 2014 e 2017.

A diferença no poder de voto individual dos Estados torna-se gritante quando é certo que as antigas grelhas, a que presidia uma preocupação de sobrerepresentação dos médios e dos pequenos, cedem perante a consagração absoluta do princípio demográfico. O alargamento da esfera dos actos passíveis de votação por maioria qualificada torna ainda mais saliente este aspecto. Os países não grandes tornam-se, assim, comparsas dos mais poderosos, cujo domínio é tanto mais óbvio quanto é certo que se trata de potências que possuem direito de veto no Conselho de Segurança das Nações Unidas (Reino Unido e França), ou daquela que ocupa o primeiro lugar na população e no potencial económico (Alemanha).

Portugal, que não é um país grande, nem central, nem mesmo fundador do movimento iniciado em Roma nos anos 50 depara-se, assim, com uma posição bem mais débil do que daquela que lhe foi proporcionada quando aderiu, quase um quarto de século atrás, e mesmo do que a que desfrutou desde o Tratado de Nice.

7. É claro que, com o Tratado de Lisboa, se visou introduzir um elemento de maior eficácia no processo decisional da União, com o aumento dos poderes do órgão supranacional que é o Parlamento Europeu, algum declínio de influência do Conselho Europeu (que, apesar de passar a ter um Presidente estável, vê expressamente negado o papel legislativo, e que apenas surge no segundo lugar no elenco das instituições), e certa estabilização dos poderes da Comissão Europeia e do Conselho, apenas com a introdução da figura híbrida que é o Alto Representante, única entidade que está ao mesmo tempo com um pé em cada um destes órgãos, reunindo os poderes que as duas figuras a que sucede detinham no anterior regime.

8. Estranhamente, na União com características proto-federais insere-se, não confessadamente, um esboço de um directório das maiores potências, uma espécie de intergovermentabilidade operando na camada preenchida pelos grandes Estados-membros.

Embora não seja de antecipar que venha a ser objecto de revisão nos anos mais próximos, a via de intensificação da integração permanece aberta.

A este propósito, em matéria de disposições específicas relativas à PESC, está previsto que o Conselho Europeu possa adoptar por unanimidade uma decisão que determine que o Conselho delibere para diante por maioria qualificada.

A consagração da possibilidade de se enveredar por esta "passerelle" parece convidar à utilização da mesma...

A propósito das disposições finais, e com a mesma exclusão do caso anterior nos domínios militar e da defesa, estabelece-se igual possibilidade de autorização do Conselho para decidir por maioria qualificada quando a deliberação em causa opera segundo a regra da unanimidade.

Cabe ainda referir os processos de revisão simplificados a propósito dos projectos relativos às políticas e acção interna da União. E ainda o obscuro preceito segundo o qual, faltando uma quinta parte dos Estados-membros para ratificar as revisões dos Tratados, o Conselho Europeu "analisa a questão".

9. Continuam por regular, para além dos agora aprovados princípios, estruturas institucionais e respectivo funcionamento, as novas políticas concretas através das quais se processe o fenómeno da integração. A união económica e monetária permanece incompleta, o pacto de estabilidade e crescimento em nada foi substancialmente tocado – e bem necessário era que o fosse.

Às velhas razões que impeliam à unificação europeia sobrepõe-se agora o aspecto das forças de globalização e do poder em expansão dos grandes Estados emergentes de dimensão continental. O termo BRIC vem de imediato à lembrança. E se há muito se antecipava que o confronto se suscitaria, o que não se previa é que a ascensão daqueles Estados se revelasse por forma tão célere,

276 Paulo de Pitta e Cunha

numa evolução que se tornou ainda mais saliente pelo contraste entre os países ocidentais industrializados mergulhados (ou quase) na recessão e a forma positiva como as novas potências emergentes conseguiram reagir à crise.

A integração europeia entra, assim, em novo clima de instabilidade. O sentido e o destino do movimento continuam indecisos, e no interior da União, praticamente pela primeira vez, os Estados médios e pequenos da Europa vêm-se envolvidos no confronto com os grandes.

A influência da União Europeia no mundo tende, porém, a perder alguma originalidade. A Europa mantinha o monopólio do "soft power", mas as concepções envolventes do mesmo são agora apropriadas pelos Estados Unidos, na Administração Obama, retirando ao Velho Continente a posição singular que detinha. Nas questões climáticas, talvez em outras, a presença do G2 (Estados Unidos/China ou, como por vezes de diz, Chimérica) torna-se cada vez mais lembrada.

Põe-se a questão: terá a União Europeia disposição, vontade política e capacidade para entrar no jogo das superpotências?

10. É de salientar a total indiferença com que a opinião pública acolheu o Tratado de Lisboa, mesmo depois da relativa excitação temporariamente causada pelo caso irlandês. Talvez nunca tenha sido tão baixo o conceito da Europa junto da opinião pública. Quanto mais a União Europeia vai avançando e burilando os seus cada vez mais inextricáveis Tratados, parece que mais se vai alargando o fosso que a separa dos cidadãos. A chama da integração europeia continua por reacender após o Tratado de Lisboa.

11. A revisão dos Tratados operada pelo Tratado de Lisboa (que, inicialmente, foi designado por Tratado Reformador) é a mais extensa até hoje praticada. Afastada a solução radical de extinguir os Tratados de Roma e de Maastricht, para se manter a linha tradicional de introduzir emendas a estes diplomas, consagra-se a mudança da denominação do primeiro para Tratado sobre o Funcionamento da União e, não obstante a sua equiparação formal ao Tratado da União Europeia, tornou-se evidente a subalternização daquele a este. Desaparecida a Comunidade por fusão na entidade única União Europeia, desapareceram também (quanto a nós, infelizmente) as referências a "comunitário" que se continham no Tratado de Roma.

Cerca de trezentas emendas foram introduzidas no Tratado sobre o Funcionamento da União e mais de seis dezenas no Tratado da União Europeia. Foram acrescentados dois novos Protocolos e 65 Declarações. Se, como ficou referido, a presente revisão é a mais *extensa* até hoje praticada, não será fácil adi-

As inovações do Tratado de Lisboa   277

cionar a esta característica a da revisão mais *profunda*, pois, apesar das inovações introduzidas, nenhuma destas se afigura ter expressão comparável à que se traduziu na concepção da moeda única no Tratado de Masstricht.

12. Entre aquelas inovações, sobressai a criação das novas figuras, já referidas, de Presidente estável do Conselho Europeu e de Alto Representante para os Negócios Estrangeiros e a Segurança; a natureza vinculativa conferida à Carta dos Direitos Fundamentais, não obstante a sua não inserção nos Tratados em si mesmos (e com a assinalável isenção do Reino Unido e da Polónia); a generalização da co-decisão como processo legislativo ordinário; o reforço do papel do Parlamento Europeu, não só como co-legislador, mas também assumindo novos poderes na eleição do Presidente da Comissão Europeia, na apreciação das propostas de activação da cláusula de flexibilidade e da cooperação reforçada, e na possibilidade de assumir iniciativa no plano da revisão dos Tratados; o papel conferido aos Parlamentos nacionais na apreciação da subsidiariedade; o alargamento das situações que requerem decisão por maioria qualificada no Conselho e as novas regras de votação deste orgão em base demográfica; o reconhecimento de regras explícitas sobre a divisão entre competências exclusivas, partilhadas, e complementares; a supressão do que restava do terceiro pilar da União Europeia, passando a haver um só capítulo reunindo as matérias relativas ao regime da liberdade, segurança e justiça; no plano da PESC, a criação da Agência Europeia de Defesa e a instituição da cooperação estruturada (mas, de um modo geral, como foi dito, a PESC é uma área que não perde o carácter intergovernamental que tradicionalmente tem mantido); a explicitação do direito de saída voluntário da União; o reconhecimento oficial do Eurogrupo e do respectivo Presidente; os desenvolvimentos sobre energia, espaço, turismo, desporto, etc.

13. A despeito das novas figuras dirigentes, é de assinalar certa imprecisão na definição das suas funções.

O Presidente estável do Conselho continua a enquadrar-se na figura de um simples "chairman", que é a mesma que cabia ao tradicional Presidente semestral em sistema rotativo. Adquire, é certo, por não ser já o Primeiro Ministro dos Estados-membros, mas uma personalidade escolhida para especificamente se dedicar ao desempenho da sua missão, uma visibilidade própria. Mas permanece confinado no papel de dinamizador das reuniões do órgão a que preside, a par de funções não substanciais de representação exterior.

Sabe-se como foi longa e delicada a discussão em torno do perfil da personalidade que o Conselho Europeu escolheria para inaugurar as novas fun-

278 *Paulo de Pitta e Cunha*

ções. Afastada a hipótese de uma personalidade de reputação mundial, como era o caso de Tony Blair (contra o qual militava a ausência do Reino Unido de alguns dos dispositivos centrais da integração e a sombra da guerra do Iraque), acabou por optar-se por um político praticamente desconhecido (pelo menos fora da Bélgica), o Sr Hubert de Rampuy – o que parece indicar que os velhos Estados-membros preferiram ater-se a um vulto de "low profile" para preencherem as novas funções. O mesmo pode dizer-se do Alto Representante para os Negócios Estrangeiros e a Segurança, lugar para que foi designada uma ex-Comissária sem experiência diplomática, a Sra. Catherine Ashton. E a função que por ela será desempenhada é particularmente confusa. Herdando as tarefas da PESC junto do Conselho e as da política comercial exercidas no plano da Comissão, caber-lhe-á, sem dúvida, um lugar não isento de ambiguidade, que só a experiência futura dirá em que se sentido se poderá ou não consolidar.

Por que há-de um membro da Comissão presidir ao Conselho de Ministros dos Negócios Estrangeiros? Caminhando para o absurdo, não poderia um cargo dirigente no Parlamento Europeu cumular esta qualidade com a posição de Vice-Presidente da Comissão? Felizmente, os redactores da revisão dos Tratados não se lembraram de absurdas situações simbióticas deste tipo...

Por outro lado, se há muito se diz sentir-se a falta de uma individualidade que responda do lado da Europa, designadamente em face do Governo dos Estados Unidos, para que se decidiu multiplicar-se o número de figuras que podem arrogar-se esta pretensão?

E parece não ter sido ponderado o risco de se despertarem rivalidades entre o Presidente da Comissão e as novas personalidades com expressão internacional. Cabe perguntar em que terá melhorado o bloco institucional europeu com a introdução das novas, confusas e controversas figuras políticas.

Para mais, as antigas figuras não parecem querer abandonar a ribalta. No primeiro semestre de 2010, instituída já a nova modalidade em que a presidência semestral de funções no Conselho, confinadas àquelas que não são as dos Ministros dos Negócios Estrangeiros, cabe à Espanha, parece ter-se verificado uma certa insistência na tomada de relevo do chefe do Governo desse país, suscitando-se dúvidas sobre quem ocuparia o lugar cimeiro...

Para além de afectar a separação de poderes na União, atenta a natureza bífida do novo Alto Representante, a confusão de funções torna cada vez mais intrincado o bloco dos responsáveis pela projecção internacional da União.

14. Repudiada em três referendos – o que constitui um dado histórico incontornável – dois dos quais em relação às vestes do Tratado Constitucional, realizados em países fundadores da Comunidade Económica Europeia, o terceiro já relativo ao Tratado de Lisboa –, a revisão do Direito primário da União Europeia acabou por triunfar, tal foi o empenho posto pelos Governos dos países mais influentes (leia-se: Alemanha e França) na consagração das mudanças tranquilamente aprovadas por via parlamentar por vinte e seis Estados-membros, e no esforço de facilitação do referendo corrector, no âmbito do vigésimo sétimo (Irlanda). Trata-se de uma vitória arrastada, sem brilho, que se processou por forma a tomar ainda mais problemático o apreço dos cidadãos pelas instituições da União.

15. No que nos diz respeito, é pena que os países médios se tenham caracterizado pela passividade ao longo de todo o processo, só a Polónia (que, aliás, é mais do que médio) assumindo posições claras de contestação, que lhe valeram, designadamente, o adiamento da introdução do método da votação que favorece os Estados de grande potencial demográfico. É nítido que Portugal perdeu posição relativa nas regras de voto, tal como aconteceu com a Bélgica, a Grécia, a República Checa, a Hungria.

Se não se desse o caso de ser português o Presidente da Comissão Europeia, com mandato agora renovado, o que temporariamente ofusca a visão da perda de presença dos países médios, seria já hoje bem evidente a diminuição da influência portuguesa no plano da integração europeia.

Os países médios poderiam, na verdade, sobretudo se se tivessem coligado nas negociações, ter procurado obter uma posição mais forte no sistema de votação. E não se diga que, para além do requisito demográfico, se nos depara a exigência da reunião de determinado número de Estados para a tomada de decisões (a segunda maioria), pois se isto permite atribuir certa relevância à pulverização dos médios e dos pequenos, não altera a medida do desnível do voto individual de cada Estado. Não cremos que as modificações introduzidas pelo Tratado de Lisboa possam fazer variar significativamente a natureza das instituições europeias ou o grau da sua influência no mundo. Merkel, Brown (amanhã talvez Cameron), Sarkozy têm muito maior peso no plano internacional do que as personalidades relativamente baças que foram escolhidas por aqueles, com a aquiescência dos demais, para desempenhar as novas e porventura tímidas funções de actores no processo de integração.

16. Sem embargo das centenas de alterações dos artigos dos Tratados, a União Europeia continuará a ser uma fórmula híbrida de Estados-membros e de instituições supranacionais, com uma solução intergovernamental nos planos da política externa e da revisão dos Tratados e aspectos de federalismo em outros domínios.

280   Paulo de Pitta e Cunha

Talvez nunca tenha sido tão baixa a expectativa criada por um novo Tratado Europeu. O que não exclui, note-se, que esta realidade insípida em que se transformou a Europa volte a ganhar alento – o que não seria a primeira vez que isto sucederia.

17. O Tratado de Lisboa não opera uma autêntica reforma institucional, sem embargo de conferir importantes poderes em aspectos pontuais ao Parlamento Europeu.

Limita-se praticamente a introduzir duas novas figuras, que de certo modo são enxertadas na estrutura orgânica da União.

À primeira – ao presidente estável do Conselho Europeu – não são conferidos poderes de decisão, limitando-se a retomar as funções dos presidentes semestrais do Conselho Europeu, os Primeiros Ministros dos Estados-membros (e o Presidente da República Francesa), que não excedem a convocação de reuniões, fixações de agendas, representação externa, dinamização dos respectivos trabalhos. Talvez por isso mesmo, mas também em razão de os Governos dos grandes países não quererem perder prerrogativas ou a influência de que desfrutam, inclusivamente no plano mundial, a primeira figura escolhida foi uma personalidade cinzenta, praticamente desconhecida fora da Bélgica, e que inicia apagadamente o seu desempenho.

Já à outra figura agora criada – o Alto Representante para os Negócios Estrangeiros e a Segurança – não se pode apontar idêntica inexistência de conteúdo nas respectivas funções. Pelo contrário, ela agrega a representação do Conselho na condução da política externa, ainda por cima com a chefia do Conselho dos Negócios Estrangeiros e o lançamento do serviço de acção externa, com as funções que cabiam anteriormente na Comissão ao encarregado das relações económicas com o exterior.

Mas esta aglutinação supõe, pela primeira vez, a existência de alguém que depende do Conselho e se integra na Comissão – uma estranha e confusa imbricação de dois órgãos tradicionalmente independentes um do outro, um deles de essência intergovernamental, o outro de índole supranacional. Talvez pela mesma razão que levou à escolha da primeira figura, também a pessoa que foi designada para inaugurar o cargo de Alto Representante tem a mesma conotação pardacenta.

Quando se poderia ter apreciado e negociado uma revisão institucional mais profunda – desenvolvendo, por exemplo, a possibilidade de criação de um Senado com representação dos Estados, que poderia ser uma segunda câmara parlamentar –, a reestruturação ficou-se pela criação das duas figuras aqui referidas, nenhuma das quais parece ser susceptível de galvanizar a União e de lhe conferir coesão e irradiação no plano mundial.

18. Deparando com a mais chocante indiferença da opinião pública dos diferentes países europeus (comparem-se os vivos debates em torno da essência da Constituição Europeia com a total apatia com que se assistiu em França à ratificação parlamentar do seu "Ersatz", ou a animação nos países em que existiram compromissos políticos de referendar com a ataraxia perante a renúncia dos respectivos Governos a essa forma de aprovação), o Tratado de Lisboa, tal como os anteriormente vigentes (Nice; Amesterdão) serviu fundamentalmente de veículo para a introdução de elementos novos (desta vez, o dispositivo da Constituição Europeia) nos Tratados de Maastricht e de Roma. O conjunto ficou ainda mais incompreensível para o leitor comum do que já o era. Passaram-se de lado as grandes questões reais e chamativas da integração europeia, para se atender apenas a uma revisão institucional parcelar e de duvidosa eficiência, em que se baralham confusamente cartas novas com cartas antigas, não sendo difícil de antever uma acrescida confusão de funções. Os Tratados europeus tornam-se ainda mais densos, mais intrincados e mais empolados.

O Parlamento Europeu ganha, pela enésima vez, um acrescido poder, solução acolhida como um triunfo da supranacionalidade, mas que traz o risco de alongar e tornar ainda mais indecisos os processos de tomada de decisões.

19. Uma vez mais se nos afigura que o impasse gerado pelo aluimento do Tratado Constitucional nos referendos francês e holandês deveria ter sido ultrapassado, imaginativamente, pela aprovação de um Tratado de *natureza diferente*, que frontalmente enveredasse pela via instrumental da integração, e consagrasse, ainda que em certos casos tivesse de fazer concessões à dominante intergovernamental, as novas políticas da integração – aquelas que vêm ao encontro da preocupações actuais dos cidadãos europeus.

Por outro lado, a ênfase posta nas relações externas na forma como se apresentam as novas figuras do Presidente estável e do Alto Representante não parece suficiente para conferir à União Europeia a presença influente que legitimamente aspira alcançar no mundo. Numa altura em que o G8 cedeu o seu lugar ao G20, e em que cada vez mais se fala de um G2, a Europa está cada vez mais ausente das grandes participações internacionais, ao mesmo tempo que a Alemanha, o Reino Unido e a França se esforçam por individualmente manter uma parcela tão significativa quanto possível do poder que detiveram no passado e, não obstante os "progressos" registados pelo Tratado de Lisboa, a questão do destino federal da União Europeia permanece em aberto, não se tendo registado o menor avanço numa trilha supranacionalista da PESC. Incapaz de ter tido acção visível na Conferência climática de Copenhaga, em

282 *Paulo de Pitta e Cunha*

Dezembro de 2009, não é de surpreender que se ponha aos europeus a questão de saber para que serve, afinal, a União.

20. Curiosamente, enquanto se dão passos mais marcadamente supranacionais no novo Tratado (o serviço de acção externa, o "quase" "Ministro dos Negócios Estrangeiros" da União, e a projecção internacional conferida às novas figuras – o Alto Representante envolvido, por definição, na condução da política externa; o Presidente do Conselho Europeu com uma função definida em relação também à projecção externa), mantém-se a estrutura da PESC, com o relevo da unanimidade na tomada de deliberações, e sublinha-se nas Declarações apensas ao Tratado de Lisboa o papel e a autonomia dos Estados-membros. Há aqui uma aparente contradição, que desperta a curiosidade de saber como as coisas vão evoluir. Os laivos de supranacionalidade agora introduzidos irão cristalizar nos recortes extrínsecos das figuras criadas, ou irá avançar-se no sentido da absorção do segundo pilar da União, o que, em si, representaria a assunção porventura decisiva de traços federais?

21. Na base da decisão do Tribunal Constitucional de Karlsruhe, de 30 de Junho de 2009, o Parlamento Europeu completou o processo de ratificação pela Alemanha do Tratado de Lisboa.

O Tribunal Constitucional deu a entender que com as novas disposições se atingiu o máximo possível de cedência de competências consentido pela Constituição alemã, explicitando as matérias que deverão permanecer para sempre sob o domínio dos Estados-membros, desde as acções de força pela polícia na ordem interna e externamente pelas forças armadas, até às decisões fundamentais sobre receitas e despesas públicas.

O Tribunal reafirmou o princípio da atribuição ("conferral"), que torna inaplicável qualquer decisão que exceda a transferência de soberania autorizada pelo acto de ratificação.

Fica-nos a impressão de que, ao aprovar a compatibilidade do Tratado de Lisboa com a Lei Fundamental, o Tribunal deixou transparecer certo cepticismo quanto ao processo de progressão dos poderes das instituições da União Europeia e procurou definir limites institucionais, não ultrapassáveis, a novos passos na integração. A isto já certos críticos chamaram a "petrificação" na delimitação de poderes entre os Estados-membros e a União.

Fevereiro de 2010.

O Tratado de Lisboa e o princípio da cooperação leal

DR. RUI TAVARES LANCEIRO[*]

SUMÁRIO: *I – O Tratado de Lisboa: apresentação sumária. II – O princípio da cooperação leal. III – O artigo 4.º do Tratado da União Europeia e a consagração geral do princípio da cooperação leal: a. O princípio da cooperação leal como dever de respeito e assistência mútua entre Estados Membros e União; b. O princípio da cooperação leal como obrigação dos Estados Membros: em especial a execução do Direito da União. IV – A aplicação do princípio da cooperação leal à política externa e de segurança comum e à cooperação policial e judicial em matéria penal: a. O princípio da cooperação leal e a política externa e de segurança comum; b. O princípio da cooperação leal e a cooperação policial e judicial em matéria penal. V – O princípio da cooperação leal entre as instituições e órgãos comunitários. VI – Conclusões.*

I – O Tratado de Lisboa: apresentação sumária

1. O Tratado de Lisboa, que altera o Tratado da União Europeia (TUE) e o Tratado que institui a Comunidade Europeia (TCE), foi assinado em Lisboa, a 13 de Dezembro de 2007, pelos representantes dos 27 Estados Membros da União Europeia. O Tratado veio a entrar em vigor, nos termos do seu artigo 6.º, no dia 1 de Dezembro de 2009[1].

---

[*] Assistente convidado e doutorando da Faculdade de Direito da Universidade de Lisboa.

[1] O artigo 6.º do Tratado de Lisboa previa, em alternativa, a sua entrada em vigor no dia 1 de Janeiro de 2009, se tiverem sido depositados todos os instrumentos de ratificação antes dessa data ou, se tal não tivesse acontecido, no primeiro dia do mês seguinte ao do depósito do último instrumento de ratificação – como foi o caso.

284 *Rui Tavares Lanceiro*

2. O Tratado de Lisboa é o culminar do processo de reflexão que se iniciou com as recusas referendárias de ratificação do Tratado que estabelecia uma Constituição para a Europa, por parte da França e dos Países Baixos, em 2005. No Conselho Europeu de 21 de Junho de 2007, depois dos esforços da presidência alemã, foi possível acordar num mandato para a conferência intergovernamental de negociação de um tratado reformador. Foi do trabalho desta conferência intergovernamental que surgiu a redacção do Tratado de Lisboa, alvo de consenso no Conselho Europeu de 18 e 19 de Outubro de 2007.

3. O Tratado de Lisboa vem rever e reformar as regras de Direito originário existentes, procedendo a alterações profundas em diversas áreas. A principal alteração está relacionada com a substituição do modelo vigente desde a criação da União Europeia, pelo Tratado de Maastricht, de "pilares". Ou seja, o modelo segundo o qual a União Europeia se fundava nas Comunidades Europeias, na política externa e de segurança comum e na cooperação policial e judicial em matéria penal, foi extinto pelo Tratado de Lisboa. Assim, o Tratado de Lisboa integra estas áreas na União que vem, nestes termos, substituir e suceder à Comunidade Europeia. Nessa medida, o TCE passou a designar-se Tratado sobre o Funcionamento da União Europeia (TFUE).

Em concreto, as alterações introduzidas podem ser agrupadas em torno de quatro grupos: *i)* alterações institucionais, *ii)* alterações de funcionamento, *iii)* alterações materiais e *iv)* alterações relativas aos direitos fundamentais.

Entre as alterações do primeiro tipo podemos elencar, a título exemplificativo, o reconhecimento da personalidade jurídica da União (cf. artigo 47.º TUE); a criação dos cargos de Presidente do Conselho Europeu (cf. artigo 15.º, n.º 5, TUE) e de Alto Representante da União para os Negócios Estrangeiros e a Política de Segurança (cf. artigo 18.º TUE); a criação de um serviço europeu de acção externa (cf. artigo 27.º, n.º 3, TUE); ou a regulação do processo de retirada por parte de um Estado Membro da União (cf. artigo 50.º TUE).

No que diz respeito às *ii)* alterações de funcionamento, podemos referir, entre outras, como inovações, a introdução de um novo sistema de votação no Conselho (cf. artigo 16.º, n.º 4, TUE)[2]; a transformação do procedimento de

---

[2] De acordo com o novo modelo, a regra da dupla maioria ou da maioria qualificada para a aprovação de actos pelo Conselho passa a exigir a votação favorável de 55% dos seus membros, num mínimo de quinze, devendo estes representar Estados-Membros que reúnam, no mínimo, 65% da população da União. No entanto, este novo sistema apenas produzirá efeitos a partir de 1 de Novembro de 2014, existindo um período de transição até 31 de Março de 2017.

O *Tratado de Lisboa e o princípio da cooperação leal* 285

co-decisão em procedimento legislativo ordinário (cf. artigo 294.º TFUE); o reconhecimento de um novo papel aos parlamentos nacionais, nomeadamente ao nível do controlo da aplicação do princípio da subsidiariedade (artigo 12.º TUE); a criação de um direito de iniciativa popular no processo de tomada de decisão da União (cf. artigo 11.º, n.º 4, TUE); bem como, o reforço dos poderes do Parlamento Europeu, no que se refere ao processo de tomada de decisão, ao processo legislativo orçamental, bem como ao processo de aprovação dos acordos internacionais.

Quanto às *iii*) alterações materiais, ainda a título exemplificativo, a principal alteração será a introdução de uma clara divisão entre matérias da competência exclusiva da União, matérias em que a União tem uma competência de apoio e matérias de competência partilhada entre a União e os Estados Membros (cf. artigos 3.º, 4.º e 6.º TFUE); existe também, parece-me, a consagração do embrião de uma cláusula de competências exclusivas dos Estados Membros (cf. artigo 4.º, n.º 2, TUE); e são introduzidas clarificações relativas às competências das instituições. É também neste âmbito que se introduziram as alterações que conduziram à abolição do sistema de "pilares", como veremos *infra*.

Por fim, quanto às *iv*) alterações relativa a direitos fundamentais, podemos referir a consagração da Carta dos Carta dos Direitos Fundamentais da União Europeia como tendo o mesmo valor do que os Tratados (cf. artigo 6.º, n.º 1, TUE); e a futura adesão à Convenção Europeia para a Protecção dos Direitos do Homem e das Liberdades Fundamentais (cf. artigo 6.º, n.º 2, TUE).

4. Debruçar-nos-emos, no presente estudo, sobre as consequências das alterações introduzidas pelo Tratado de Lisboa sobre o princípio da cooperação leal ao nível da União Europeia. Começaremos por fazer uma breve apresentação do princípio e da sua importância. De seguida, estudaremos as alterações decorrentes da introdução do artigo 4.º, n.º 3, TUE e da abolição do sistema de "pilares". Por fim, analisaremos as inovações relativas à cooperação leal entre instituições da União.

II – O princípio da cooperação leal

5. O princípio da cooperação leal é um princípio geral de Direito Comunitário – hoje em dia, de Direito da União Europeia[3].

---

[3] Sobre o princípio da cooperação leal, cf. Fausto de Quadros, *Direito da União Europeia*, 2004, 92 ss.; M. Luísa Duarte, *Direito da União e das Comunidades Europeias*, vol. I, t. I, 2001, 215; Idem,

286　Rui Tavares Lanceiro

Este princípio tem como conteúdo geral um dever básico de articulação e não contradição entre as entidades abrangidas por um determinado sistema jurídico, conhecendo diversas concretizações possíveis[4]. No âmbito específico do Direito da União Europeia, o princípio obriga os diversos intervenientes – os Estados Membros, a União e as suas instituições – à adopção dos comportamentos, não só que sejam compatíveis com as obrigações decorrentes dos Tratados, mas que sejam os que melhor asseguram o cumprimento dessas obrigações. O princípio de cooperação leal configura, assim, um dever geral que vincula a actuação dos diversos intervenientes entre si com o propósito de assegurar o cumprimento dos objectivos da União e da sua ordem jurídica.

6. Este princípio recebeu vários nomes pela doutrina: de lealdade, fidelidade ou boa-fé comunitária[5], de cooperação mútua[6]. Optamos por adoptar a designação de princípio de cooperação leal na medida em que foi essa a designação utilizada pelo Tratado de Lisboa na sua redacção portuguesa actual[7].

7. O princípio da cooperação leal no âmbito do Direito da União Europeia é uma decorrência do princípio da boa fé na esfera internacional, bem como do princípio do *pacta sunt servanda*[8].

De facto, os Estados Membros, na medida em que assumem os compromissos decorrentes da sua integração na União e dos Tratados, devem respeitar

---

"O artigo 10.º do Tratado da Comunidade Europeia – expressão de uma obrigação de cooperção entre os poderes públicos nacionais e as instituições comunitárias", in *Estudos de Direito da União e das Comunidades Europeias*, 2000, 81 ss. Cf. também J. T. LANG, "The Core of the Constitutional Law of the Community – Article 5 EC", in *Current and Future Perspectives on EC Competition Law*, 1997, 41-72; K. MORTELMANS, "The Principle of Loyalty to the Community (Article 5EC) and the Obligations of the Community Institutions", *Maastricht Journal of European and Comparative Law*, 5, 1998, 67-88; A. HATJE, *Loyalität als Rechtsprinzip in der Europäischen Union*, 2001; A. VON BOGDANDY, "Constitucional principles", in *Principles of European Constitutional Law*, 2007, 49 ss.

[4] Cf. M. LUÍSA DUARTE, *Direito da União e das Comunidades Europeias*, vol. I, t. I, 215.

[5] Cf. M. LUÍSA DUARTE, *Direito da União e das Comunidades Europeias*, vol. I, t. I, 2001, 215.

[6] Cf. FAUSTO DE QUADROS, *Direito da União Europeia*, 92; BRUNO DE WITTE, "Interpreting the EC Treaty like a constitution: the role of the European Court of Justice in comparative perspective", in *Judicial control: comparative essays on judicial review, Ius Commune*, vol. 16, 1995, 139 ss..

[7] As restantes versões linguísticas adoptam designações equivalentes, como é o caso de «principe de coopération loyale» (francês), «principio de cooperación leal» (espanhol), «principio di leale cooperazione» (italiano), «Grundsatz der loyalen Zusammenarbeit» (alemão) ou «principle of sincere cooperation» (inglês).

[8] Cf. M. LUÍSA DUARTE, "O artigo 10.º do Tratado da Comunidade Europeia", 83.

e honrar esses compromissos. No entanto, na medida em que os objectivos da União são extremamente abrangentes, a garantia da sua prossecução não é alcançada pelo mero cumprimento pelos Estados das vinculações especificamente estabelecidas nos Tratados. É necessário, nesse sentido, assegurar que os Estados respeitam o espírito dos Tratados na condução geral da sua política[9].

No entanto, o princípio em causa tem características diferenciadoras do conteúdo clássico dos princípios da boa fé e da *pacta sunt servanda*. Desde logo porque, como referimos, este princípio, na esfera do Direito da União, abrange não só os Estados Membros, mas também a própria União e as suas instituições, tornando-se, assim, um princípio relativo à própria organização interna, estrutura e funcionamento da União.

8. No caso da União Europeia, o desenvolvimento e a concretização deste princípio foram marcados pelo facto de a ordem jurídica da União possuir um sistema judicial de garantia do cumprimento das obrigações derivadas dos Tratados.

De facto, o princípio da cooperação leal veio a ser reconhecido no âmbito do Direito da União pela jurisprudência do Tribunal de Justiça como um princípio geral com diversos afloramentos ao longo do Tratado. No entanto, o principal afloramento deste princípio sempre foi considerado ser o artigo 5.º do Tratado que institui a Comunidade Económica Europeia (TCEE), na sua versão originária, renumerado como artigo 10.º do Tratado que institui a Comunidade Europeia (TCE) pelo Tratado de Amesterdão[10-11].

O princípio encontra-se, assim, de acordo com o Tribunal, inscrito na matriz do Direito Comunitário desde a primeira hora.

9. A redacção do artigo 10.º TCE anterior às alterações do Tratado de Lisboa era a seguinte:

> Os Estados-Membros tomam todas as medidas gerais ou especiais capazes de assegurar o cumprimento das obrigações decorrentes do presente Tratado ou resultantes de actos das

---

[9] Cf. BRUNO DE WITTE, "Interpreting the EC Treaty like a constitution", 140; J. P. MÜLLER, "Article 2 (2)", in *The Charter of the United Nations: A Commentary*, B. Simma (ed.), 1995, 94; M. LUÍSA DUARTE, "O artigo 10.º do Tratado da Comunidade Europeia", 84.

[10] Cf. Proc. n.º 14/83, *von Colson*, [1984] Col. 1891; Proc. n.º 80/86, *Kolpinghuis Nijmegen*, [1987] Col. 3969.

Nota: Por inexistir um método assente de citação de decisões jurisprudenciais comunitárias entre nós, seguir-se-ão os critérios anglo-saxónicos.

[11] Cf. BRUNO DE WITTE, "Interpreting the EC Treaty like a constitution", 142 ss..

288 Rui Tavares Lanceiro

instituições da Comunidade. Os Estados-Membros facilitam à Comunidade o cumprimento da sua missão.

Os Estados-Membros abstêm-se de tomar quaisquer medidas susceptíveis de pôr em perigo a realização dos objectivos do presente Tratado.

Como se poderá constatar, a letra do artigo 10.º TCE, inalterado desde a redacção original, tem uma *ratio* semelhante a preceitos equivalentes de outros textos de Direito Internacional, onde se encontra consagrado o princípio de boa fé ou o princípio *pacta sunt servanda*, como por exemplo o artigo 2.º, n.º 2, da Carta das Nações Unidas[12-13], ou o artigo 26.º da Convenção de Viena sobre o Direito dos Tratados, assinada em 23 de Maio de 1969[14]. Nessa medida, pode-se considerar ter sido essa a inspiração originária do preceito[15].

10. No entanto, o conteúdo normativo do artigo 10.º TCE veio a divergir do das normas que lhe forneceram essa inspiração. O principal responsável foi, como já referimos, o Tribunal de Justiça.

Podemos começar por concluir que do princípio de cooperação leal resulta um dever geral de cooperação leal por parte das diversas entidades. O dever geral de cooperação leal tem um conteúdo indeterminado, no sentido de que as obrigações que dele derivam dependem, em cada caso concreto das disposições dos Tratados ou das regras que resultam do sistema geral do Direito da União[16].

Nesse sentido, a jurisprudência do Tribunal de Justiça veio desenvolvendo os diversos deveres de actuação e de abstenção concretos decorrentes desse

---

[12] O preceito refere que *«A Organização e os seus membros, para a realização dos objectivos mencionados no artigo 1, agirão de acordo com os seguintes princípios: [...] Os membros da Organização, a fim de assegurarem a todos em geral os direitos e vantagens resultantes da sua qualidade de membros, deverão cumprir de boa fé as obrigações por eles assumidas em conformidade com a presente carta»* (na versão portuguesa constante do Aviso n.º 66/91, de 22 de Maio).

[13] Cf. M. Luísa Duarte, "O artigo 10.º do Tratado da Comunidade Europeia", 83-84.

[14] O preceito refere *«Todo o tratado em vigor vincula as Partes e deve ser por elas cumprido de boa fé»* (na versão portuguesa constante da Resolução da Assembleia da República n.º 67/2003, de 7 de Agosto).

[15] Cf. Bruno de Witte, "Interpreting the EC Treaty like a constitution", 140 ss.; "The Role of Institutional Principles in the Judicial Development of the European Union Legal Order", in *The Europeanisation of Law – The Legal Effects of European Integration*, F. Snyder (ed.), Oxford, Hart, 2000, 87. M. Luísa Duarte, *Direito da União e das Comunidades Europeias*, vol. I, t. I, 215.

[16] Cf. Proc. n.º 78/70, *Deutsche Grammophon*, [1971] Col. 487, considerando 5. Cf. também M. Luísa Duarte, *Direito da União e das Comunidades Europeias*, vol. I, t. I, 216; Idem, "O artigo 10.º do Tratado da Comunidade Europeia", 84-85.

O Tratado de Lisboa e o princípio da cooperação leal 289

dever mais genérico de cooperação leal. Este desenvolvimento ocorreu, por vezes, para além ou independentemente de deveres concretos de actuação previstos nos Tratados.

Neste âmbito, ocorreu igualmente um desenvolvimento do âmbito subjectivo de aplicação do princípio de cooperação leal, com o seu alargamento à vinculação da própria União (e das Comunidades), bem como das suas instituições.

11. Quanto ao âmbito subjectivo do princípio da cooperação leal, comecemos por estudar os Estados Membros.

O dever de cooperação leal incide sobre os Estados Membros como um todo, abrangendo os seus diversos poderes – ou seja, vinculando a actuação dos tribunais[17], da administração pública[18] e das instituições políticas. A sua aplicação também é compreensiva no sentido de se estender a todas as entidades públicas dos Estados Membros, incluindo administração central, autarquias locais e regiões autónomas.

A este nível, não podemos esquecer que a administração, execução e salvaguarda do Direito da União depende, em larga medida, das administrações públicas e dos tribunais dos Estados Membros. De facto, os poderes dos Estados Membros, embora limitados pelos Tratados, no âmbito da implementação e execução de políticas e objectivos estratégicos, são superiores aos da União. Isto significa que a União depende da actuação das administrações públicas nacionais, no âmbito do Direito da União, para a implementação das suas próprias políticas. Mas não só. É também indispensável o papel dos tribunais nacionais enquanto tribunais comuns da ordem jurídica da União[19]. São eles que controlam precisamente o respeito pelo Direito da União por parte dos restantes intervenientes nacionais, tendo, por isso, um papel central como instrumentos de garantia e efectividade do Direito da União. É talvez por isso que se tem assistido a uma evolução jurisprudencial no sentido de uma maior responsabilização dos tribunais pelo desempenho destas suas atribuições[20], culmi-

---

[17] Cf. por exemplo, Proc. n.º 106/77 *Simmenthal* [1978] Col. 629; Proc. n.º C-213/89, *Factortame*, [1990] Col I-2433.

[18] Cf. por exemplo, Proc. n.º 103/88 *Fratelli Costanzo* [1989] Col. 1839; Proc. n.º C-201/02, *Delena Wells* [2004] Col. I-723, considerando 64.

[19] Cf. FAUSTO DE QUADROS/A. M. GUERRA MARTINS, *Contencioso da União Europeia*, 2.ª ed., 2007, 22-23. Cf. também J. L. CARAMELO GOMES, *O Juiz Nacional e o Direito Comunitário*, 2006, em especial, 23 ss.

[20] Cf. Proc. n.º C-224/01, *Köbler*, [2003] Col. I-10239; Proc. n.º C-173/03, *Traghetti del Mediterrâneo*, [2006] Col. I-5177. Cf., *e. g.*, A. ALBORS-LLORENS, "The principle of state liability in EC

290 Rui Tavares Lanceiro

nando com a recente primeira condenação de um Estado Membro por incumprimento devido a uma decisão judicial[21].

A importância do princípio de cooperação leal, neste âmbito, é clara. Na ausência de um dever geral de cooperação, os Estados Membros poderiam, mesmo inadvertidamente, bloquear a actuação da União num número significativo de áreas. O dever geral de cooperação leal garante a natureza simbiótica da relação entre administrações dos Estados Membros e administração da União – e, de uma forma genérica, entre os Estados Membros e a União.

12. Por outro lado, o dever geral de cooperação leal é importante porque os Tratados continuam a ser, em grande medida, omissos no que diz respeito à regulação das relações entre o Direito da União e os Direitos dos Estados Membros. De facto, na medida em que não existe nenhuma regulação expressa dessas regras, situação mantida pelo Tratado de Lisboa[22], estas regem-se, em

---

law and the supreme courts of the member states", in Cambridge Law Journal, 66, 2007, 270-273; C. AMADO GOMES, "O Livro da Ilusões: A responsabilidade do Estado por violação do Direito Comunitário apesar da Lei 67/2007, de 31 de Dezembro", in *Revista do Centro de Estudos Judiciários,* 1.º Semestre 2009 – N.º 11, 295 ss.; M. JOSÉ RANGEL DE MESQUITA, *O Regime da Responsabilidade Civil Extracontratual do Estado e demais Entidades Públicas e o Direito da União Europeia,* 2009, 33 ss.; FAUSTO DE QUADROS, *Responsabilidade dos poderes públicos no direito comunitário: responsabilidade extracontratual da comunidade europeia e responsabilidade dos Estados por incumprimento do Direito Comunitário,* s/l., s.n., s.d., Sep. de 3.º Colóquio hispano-luso de derecho administrativo,Valladolid, 16-18 octubre de 1997, disponível em URL: http://icjp.pt/system/files/files/textos_alunos/JURISPRUD%C3%8ANCIA%20COMUNIT%C3%81RIA%20E%20REGIME%20JUR%C3%8DDICO%20DA%20RESPONSABILIDADE%20EXTRACONTRATUAL%20DO%20ESTADO%20E%20DEMAIS%20ENTIDADES%20P%C3%9ABLICAS%20-%20Revista%20O%20Direito.pdf.

[21] Cf. Proc. n.º C-154/08, *IVA (Comissão v. Espanha),* [2009] Col. I.

[22] De facto, a este respeito, é de referir apenas a Declaração n.º 17 anexa à Acta final da Conferencia Intergovernamental que aprovou o Tratado de Lisboa, onde se refere que «*A Conferência lembra que, em conformidade com a jurisprudência constante do Tribunal de Justiça da União Europeia, os Tratados e o direito adoptado pela União com base nos Tratados primam sobre o direito dos Estados-Membros, nas condições estabelecidas pela referida jurisprudência*». Faz igualmente referência ao facto de a Conferência ter decidido anexar à Acta Final o parecer do Serviço Jurídico do Conselho sobre o primado do Direito Comunitário constante do documento 11197/07 (JUR 260), onde se esclarece que «*O facto de o princípio do primado não ser inscrito no futuro Tratado em nada prejudica a existência do princípio nem a actual jurisprudência do Tribunal de Justiça*».
É de referir, quanto a este aspecto, que o artigo I-6.º do Tratado que estabelece uma Constituição para a Europa estabelecia que «*A Constituição e o direito adoptado pelas instituições da União, no exercício das competências que lhe são atribuídas, primam sobre o direito dos Estados-Membros*». Não existe norma equivalente na actual versão dos Tratados.

Cadernos O Direito 5 (2010), 283-317

O *Tratado de Lisboa e o princípio da cooperação leal* 291

grande medida por princípios que decorrem precisamente do dever geral de cooperação leal[23]. Tendo em conta que os Tratados vieram instituir uma nova ordem jurídica, no âmbito de uma "Comunidade de Direito" – hoje uma "União de Direito" – é necessário assegurar a eficácia, uniformidade e independência dessa ordem jurídica e do seu Direito. Os Estados Membros estão vinculados a cooperar tendo em vista estes propósitos.

Aqui se inscrevem princípios como o do primado do Direito da União sobre o Direito dos Estados Membros[24], bem como diversos outros, como a aplicabilidade imediata do Direito da União[25], o efeito directo do Direito da União[26], o dever de interpretação do Direito nacional de forma conforme com o Direito da União[27], o princípio da responsabilidade civil extra-contratual dos Estados Membros por violação do Direito da União[28], o dever de fornecer protecção efectiva aos direitos reconhecidos pelo Direito da União[29], etc.

---

[23] Cf. M. LUÍSA DUARTE, "O artigo 10.º do Tratado da Comunidade Europeia", 85-86; Cf. A. VON BOGDANDY, "Constitucional principles", 50 ss.

[24] Cf. por exemplo, Proc. n.º 26/62, *Van Gend en Loos*, [1963] Col. I; Proc. n.º 6/64, *Costa v. Enel*, [1964] Col. 549; Proc. n.º 11/70, *Internationale Handelsgesellschaft*, [1970] Col. 1127; Proc. n.º 4/73, *Nold*, [1974] Col. 491; Proc. n.º 106/77, *Simmenthal*, [1978] Col. 243; Parecer n.º 1/91, *Espaço Económico Europeu*, [1991], Col. I-6079.

[25] Cf. por exemplo, Proc. n.º 26/62, *Van Gend en Loos*, [1963] Col. I; Proc. n.º 50/76, *Amsterdam Bulb*, [1977] Col. 137; Proc. n.º 43/75, *Defrenne*, [1976] Col. 455; Proc. n.º 106/77, *Simmenthal*, [1978] Col. 243; Parecer n.º 1/91, *Espaço Económico Europeu*, [1991], Col. I-6079.

[26] Cf. por exemplo, Proc. n.º 26/62, *Van Gend en Loos*, [1963] Col. I; Proc. n.º 9/70, *Franz Grad*, [1970] Col. 825; Proc. n.º 41/74, *Van Duyn*, [1974] Col. 1337; Proc. n.º 43/75, *Defrenne*, [1976] Col. 455; Proc. n.º 148/78, *Ratti*, [1979] Col. 1629; Proc. n.º C-8/81, *Úrsula Becker*, [1982] Col. 2301; Proc. n.º 14/83, *von Colson*, [1984] Col. 1891; Proc. n.º 152/84, *Marshall*, [1986] Col. 723; Proc. n.º 12/86, *Demirel*, [1987] Col. 3719; Proc. n.º C-156/91, *Hansa Fleisch*, [1992] Col. I-05567; Proc. n.º C-213/03, *L'étang de Berre*, [2004] Col. I-7357.

[27] Cf. por exemplo, Proc. n.º 148/78, *Ratti*, [1979] Col. 1629; Proc. n.º 14/83, *von Colson*, [1984] Col. 1891; Proc. n.º 157/86, *Murphy*, [1988] Col. 673; Proc. n.º C-109/89, *Marleasing*, [1990] Col. I-4135; Proc. n.º C-91/92, *Faccini Dori*, [1994] Col. I-3325; Proc. n.º C-262/97, *Engelbrecht*, [2000] Col. I-7321; Proc. n.º C-240/98, *Oceano Grupo*, [2000] Col. I-4941; Proc. n.º C-462/99, *Connect Áustria*, [2003] Col. I-5197, considerando 38; Proc. n.º C-160/01, *Mau*, [2003] Col. I-4791, considerandos 35-36; Proc. n.º C-397/01, *Pfeiffer*, [2004] Col. I-8835, considerando 113.

[28] Cf. por exemplo, Proc. n.º C-6/90 e 9/90, *Francovich*, [1991] Col. I-5357; Proc. n.º C-91/92, *Faccini Dori*, [1994] Col. I-3325; Proc. n.º C-178/94, C-179/94, C-188/94 e C-190/94, *Dillenkofer*, [1996] Col. I; Proc. n.º C-5/94, *Hedley Lomas*, [1996] Col. I-2604; Proc. n.º C-424/97, *Haim v. Nordheim*, [2000] Col. I-5123; Proc. n.º C-224/01, *Köbler*, [2003] Col. I-10,239; Proc. n.º C-173/03, *Traghetti dei Mediterraneo*, [2006] Col. I-5177.

[29] Cf. por exemplo, Proc. n.º C-213/89, *Factortame*, [1990] Col I-2433; Proc. n.º C-262/97, *Engelbrecht*, [2000] Col. I-7321; Proc. n.º C-201/02, *Delena Wells*, [2004] Col. I-723; Proc. n.º

292 Rui Tavares Lanceiro

A importância fulcral do princípio da cooperação leal advém precisamente do facto de ser a base de aplicação de todos estes outros princípios gerais de Direito da União. Apesar de não existir consagração formal destes princípios *constitucionais* de Direito da União, estes estão de tal forma sedimentados na ordem jurídica que essa questão não tem vindo a ser utilizada para afastar a sua vigência.

13. Como já referimos, o dever de cooperação leal abrange não só os Estados Membros, mas também a própria União e as suas instituições.

De facto, a jurisprudência do Tribunal de Justiça já há muito reconhece que o princípio da cooperação leal também vincula a actuação da União nas suas relações com os Estados Membros[30] e a actuação das suas instituições entre si.

O Tribunal de Justiça reconheceu a existência de um dever de cooperação leal mútua entre a União e os Estado Membros, no âmbito da "Comunidade de Direito", com base no artigo 10.º TCE (então o artigo 5.º TCEE)[31]. O dever de cooperação leal é considerado especialmente importante no caso da colaboração com os tribunais dos Estados Membros encarregues de aplicar o Direito da União[32]. Nesse sentido, a Comissão e o Tribunal de Justiça, nomeadamente, devem prestar todo o auxílio possível aos tribunais nacionais no desempenho das suas tarefas de garantia do Direito da União.

Desta forma, o princípio da cooperação leal tem um âmbito de aplicação bastante abrangente, não regendo apenas a actuação dos Estados Membros, mas regulando também a organização interna da União[33].

C-78/98, *Preston v. Wolverhampton Healthcare*, [2000] Col I-3201; Proc. n.º C-30/02, *Recheio-Cash & Carry*, [2004] Col. I-6051; Proc. n.º C-315/05, *Lidl Italia*, [2006] Col. I-11181, considerando 58.

[30] O primeiro caso em que este dever foi aceite foi o Acórdão *Luxemburgo v. Parlamento Europeu*, em *obter dicta* (Proc. n.º 230/81, *Luxemburgo v. Parlamento Europeu*, considerando 37). Cf. também, em especial, o Proc. n.º C-2/88, *Zwartveld*, [1990], Col. I-03365, considerandos 17, 23 e 24; Proc. n.º 44/84 *Hurd*, [1986], Col. 29, considerandos 37-38, 45, 49; Proc. n.º C-234/89 *Delimitis*, [1991], Col. I-00935, considerando 53.

[31] Cf. Proc. n.º C-2/88, *Zwartveld*, [1990], Col. I-03365, parág. 17.

[32] Cf. Proc. n.º C-2/88, *Zwartveld*, [1990], Col. I-03365, parág. 18; Proc. n.º C-234/89 *Delimitis*, [1991], Col. I-00935, parág. 53.

[33] Nesse sentido, é possível mesmo defender a sua aplicação mesmo nas relações entre as instituições e privados. M. LUÍSA DUARTE, *Direito da União e das Comunidades Europeias*, vol. I, t. I, 216. Cf. também Proc. n.º T-331/94, *IPK-München* [2006] Col. II-1665, e Proc. n.º C-433/97 P, *IPK--München*, [1999] I-06795.

14. O princípio da cooperação leal pode ser visto como sendo o contraponto, em certa medida, ao princípio da autonomia dos Estados Membros (e de uma forma geral, dos diversos intervenientes). No entanto, por outro lado, a tensão entre a autonomia e a necessidade de unidade da ordem jurídica é resolvida através deste princípio – que permite, no respeito pela autonomia, resolver essa tensão através de mecanismos. O princípio da cooperação leal contribui para a existência de uma ordem jurídica europeia una.

De facto, o reconhecimento da autonomia das diversas entidades abrangidas – Estados Membros, União, instituições – advém a necessidade do respeito mútuo dos seus objectivos, bem como das suas atribuições e competências. Esse respeito mútuo deve estar presente a um nível institucional, de forma a salvaguardar a prossecução das atribuições das diversas entidades, e a um nível material, de forma a garantir a eficácia do Direito da União face à actuação unilateral dos Estados Membros, bem como a autonomia dos respectivos Direitos nacionais.

Assim, é também através do princípio da cooperação leal que a autonomia das entidades em causa é salvaguardada, na medida em que obriga as restantes entidades ao respeito das suas atribuições e competências.

A relação entre o princípio da cooperação leal e o princípio da autonomia é, assim, paradoxal. O segundo é simultaneamente limitado e garantido pelo primeiro.

15. O princípio da cooperação leal é, por vezes, visto pela doutrina como análogo ao princípio da lealdade ou fidelidade federal, existente nos estados federais[34]. Trata-se, desde logo, de um princípio não escrito de Direito Constitucional alemão – o princípio de *Bundestreue* – utilizado pela jurisprudência do Tribunal Constitucional alemão no sentido de impor ao Estado federal (*Bund*) e aos diversos *Länder* um dever recíproco de articulação e de trabalho em conjunto, independentemente dos deveres concretos de cooperação constantes da *Grundgesetz*. Trata-se de um princípio estrutural do sistema federal alemão.

---

[34] Cf. BRUNO DE WITTE, «Interpreting the EC Treaty like a constitution», 143; A. BLECKMANN, *Europarecht*, 7.ª ed., 1997, 169 ss.; O. DUE, «Article 5 du Traité CEE: Une Disposition de Caractère Fédéral?», *Collected Courses of the Academy of European Law*, vol. II-1, Kluwer, 1991, 23-35; IDEM «The Role of Institutional Principles in the Judicial Development of the European Union Legal Order», in *The Europeanisation of Law – The Legal Effects of European Integration*, 2000, 86; H. G. SCHERMERS, D. F. WAELBROECK, *Judicial protection in the European Union*, 6.ª ed. Kluwer Law International, 2001, § 205 ss., 112 ss. Cf. também M. LUÍSA DUARTE, *Direito da União e das Comunidades Europeias*, vol. I, t. I, 217.

294   *Rui Tavares Lanceiro*

A eventual inspiração no sistema federal alemão não torna automaticamente este princípio num traço federalizante da União. Em bom rigor, na medida em que a União é uma estrutura complexa que envolve processos de tomada de decisão descentralizada e a vários níveis, este princípio é essencial para a garantia do seu funcionamento[35]. Especialmente porque não existe uma relação de hierarquia entre União e Estados Membros, nem ente o Direito da União e os Direitos nacionais[36]. De facto, o princípio da cooperação leal tem como um dos seus objectivos regular de forma flexível os diversos conflitos que podem surgir num sistema político com múltiplos níveis, como é o caso da União, gerando soluções[37].

16. Assim, na medida em que o princípio da cooperação leal – e o decorrente dever geral de cooperação leal – não tem um conteúdo definido à partida, no que diz respeito às actuações das entidades vinculadas, os deveres concretos que dele derivam dependem das situações concretas. Nessa medida, o conteúdo do princípio está constantemente em evolução.

III – O artigo 4.º do Tratado da União Europeia e a consagração geral do princípio da cooperação leal

17. Começaremos por analisar o preceito que contém a consagração do afloramento principal do princípio da cooperação leal.

De facto, como referimos, o princípio da cooperação leal conhece diversos afloramentos ao longo do texto dos tratados da União. No entanto, o seu afloramento principal no texto actual dos Tratados, no sentido da sua consagração geral e abrangente, ocorre no artigo 4.º, n.º 3, TUE. Este preceito estabelece que:

> *Em virtude do princípio da cooperação leal, a União e os Estados-Membros respeitam--se e assistem-se mutuamente no cumprimento das missões decorrentes dos Tratados.*
>
> *Os Estados-Membros tomam todas as medidas gerais ou específicas adequadas para garantir a execução das obrigações decorrentes dos Tratados ou resultantes dos actos das instituições da União.*

---

[35] Cf. M. Luísa Duarte, Direito da União e das Comunidades Europeias, vol. I, t. I, 217.

[36] Cf. A. von Bogdandy, "Constitucional principles", 49 ss.

[37] Cf. Bruno de Witte, «Interpreting the EC Treaty like a constitution», 142; A. von Bogdandy, "Constitucional principles", 51.

Os Estados-Membros facilitam à União o cumprimento da sua missão e abstêm-se de qualquer medida susceptível de pôr em perigo a realização dos objectivos da União.

18. O artigo 4.º, n.º 3, TUE deve ser enquadrado sistematicamente nas restantes normas constantes do artigo 4.º TUE. Aí se estabelecem uma série de princípios gerais relativos às relações entre os Estados Membros e a União.

Em particular, o artigo 4.º estabelece no seu n.º 1, o princípio de que cabem aos Estados Membros as competências que não sejam atribuídas à União e no seu n.º 2, o princípio da igualdade dos Estados Membros e do respeito pelas suas identidades nacionais. É neste contexto que se encontra consagrado, no artigo 4.º, n.º 3, o princípio da cooperação leal.

Repare-se, portanto, que a inserção sistemática confirma a relação estabelecida anteriormente entre o princípio da cooperação leal e o princípio da autonomia institucional dos Estados Membros.

19. A redacção do artigo 4.º, n.º 3, TUE é largamente inspirada na redacção do artigo 10.º TCE. De facto, a redacção deste último corresponde, com algumas flutuações terminológicas, à dos dois últimos parágrafos da redacção actual do artigo 4.º, n.º 3, TUE[38].

O artigo 4.º, n.º 3 também reproduz o artigo I-5.º, n.º 2, do Tratado que estabelece uma Constituição para a Europa, que tinha precisamente por epígrafe *«Relações entre a União e os Estados Membros»*[39].

---

[38] Como exemplo das alterações introduzida na versão portuguesa, podemos referir que enquanto o artigo 10.º TCE se referia a *«medidas gerais ou especiais capazes de assegurar o cumprimento das obrigações decorrentes do presente Tratado»*, a actual redacção do artigo 4.º, n.º 3, 2.º parágrafo, refere-se a *«medidas gerais ou específicas adequadas para garantir a execução das obrigações decorrentes dos Tratados»*. Para além disso, a segunda frase do 1.º parágrafo do artigo 10.º TCE passou a constituir a primeira oração do artigo 4.º, n.º 3, 3.º parágrafo. Desta breve análise poder-se-á constatar a proximidade entre a redacção dos preceitos em apreço.

[39] O preceito em causa tinha como redacção:
Em virtude do princípio da cooperação leal, a União e os Estados-Membros respeitam-se e assistem-se mutuamente no cumprimento das missões decorrentes da Constituição.
Os Estados-Membros tomam todas as medidas gerais ou específicas adequadas para garantir a execução das obrigações decorrentes da Constituição ou resultantes dos actos das instituições da União.
Os Estados-Membros facilitam à União o cumprimento da sua missão e abstêm-se de qualquer medida susceptível de pôr em perigo a realização dos objectivos da União.
Como se pode facilmente constatar, a redacção é, em tudo, semelhante à que veio a ser adoptada pelo Tratado de Lisboa, com a única especificidade de num dos preceitos se fazer referência a «Constituição» e no outro a «Tratados».

296   *Rui Tavares Lanceiro*

20. O artigo 4.°, n.° 3, é composto por três parágrafos[40].

No primeiro parágrafo estabelece-se o dever de respeito e de assistência mútua entre os Estados Membros e a União no «*cumprimento das missões decorrentes dos Tratados*».

No segundo parágrafo e também na primeira parte do terceiro parágrafo são consagradas obrigações positivas dos Estados Membros em relação à União. A primeira pode ser considerada uma obrigação de resultado – no sentido de os Estados Membros se encontrarem obrigados a tomar medidas capazes de assegurar o cumprimento das obrigações decorrentes do Direito da União – e a segunda uma obrigação de meios – no sentido de os Estados Membros se encontrarem obrigados a disponibilizar todos os meios necessários para «*facilitar à União o cumprimento da sua missão*».

Na parte final do terceiro parágrafo podemos identificar uma obrigação negativa, no sentido de proibir aos Estados Membros a adopção de «*qualquer medida susceptível de pôr em perigo a realização dos objectivos da União*»[41].

21. Analisaremos, em maior pormenor, nos pontos seguintes, o conteúdo normativo do artigo 4.°, n.° 3, TUE.

a. *O princípio da cooperação leal como dever de respeito e assistência mútua entre Estados Membros e União*

22. O 1.° parágrafo do artigo 4.°, n.° 3, é uma das principais inovações relativas ao princípio da cooperação leal introduzidas pelo Tratado de Lisboa em relação à anterior consagração do princípio no artigo 10.° do TCE.

23. Desde logo porque se introduz na letra dos Tratados, pela primeira vez, uma referência expressa ao princípio da cooperação leal[42]. Este princípio deixa

---

[40] Sobre a previsão das obrigações positiva e negativa equivalentes presentes no artigo 10.° do TCE, cf. Fausto de Quadros, *Direito da União Europeia*, 93; M. Luísa Duarte, "O artigo 10.° do Tratado da Comunidade Europeia", 84-85.

[41] Os Estados Membros estão impedidos de adoptar medidas proibidas pelos Tratados mesmo na sua área de competência reservada – cf. M. Luísa Duarte, "O artigo 10.° do Tratado da Comunidade Europeia", 87, e Proc. n.° 6/69 e 11/69, *Comissão v. França*, [1969] Col. 523.

[42] A inovação diz respeito ao reconhecimento da existência deste dever na letra do Tratado. No entanto, existiam antecedentes, uma vez que a Declaração n.° 3 adoptada pela Conferência Intergovernamental aquando da aprovação do Tratado de Nice referia-se já à existência de um dever de cooperação leal.

de ser, assim, um princípio "não escrito" de Direito da União, passando a ter consagração formal. Há que reconhecer, no entanto, que este facto, só por si, não implica uma alteração do seu regime material.

24. Uma outra inovação é a consagração expressa, no âmbito deste princípio, de um dever genérico de respeito e de assistência mútua entre União e Estados Membros, nos termos dos Tratados. Esta introdução tem implicações a vários níveis.

Desde logo, porque se consagra formalmente, também aqui pela primeira vez, que este dever não vincula tão-só os Estados Membros em relação à União – o que já resultava da redacção anterior do artigo 10.º TCE –, mas também a União face aos Estados Membros. No entanto, esta também não é uma inovação material significativa, uma vez que, como já referimos, a jurisprudência do Tribunal de Justiça já tinha reconhecido a existência de um dever mútuo de cooperação leal entre União e Estados Membros[43].

25. O preceito também pode ser interpretado no sentido de consagrar um dever de cooperação entre Estados Membros. De facto, a formulação aqui presente diz respeito não só à cooperação entre União, de um lado, e os Estados Membros, do outro, mas também de estes entre si. Mais uma vez, a aplicação do dever de cooperação leal às relações entre autoridades dos diversos Estados Membros já tinha sido afirmada pela jurisprudência do Tribunal de Justiça[44].

26. Assim, ao nível do âmbito subjectivo de aplicação deste dever, não existem propriamente inovações de fundo face àquele que era já o entendimento da jurisprudência. Aliás, podia mesmo dizer-se que o legislador da União se limitou a inserir no Tratado o que já resultava dessa jurisprudência. O objectivo da alteração, por este prisma, existiria ao nível de clarificação e transparência, no sentido de dar expressão escrita formal nos Tratados a esta realidade, o que não é de somenos importância.

27. Para além do âmbito subjectivo do preceito, é também de referir que se consagra, assim, um dever geral no âmbito das relações entre os interve-

---

[43] Cf. Proc. n.º 230/81, *Luxemburgo v. Parlamento Europeu*, considerando 37; Proc. n.º C-2/88, *Zwartveld*, [1990], Col. I-03365, parág. 17, 23 e 24; Proc. n.º C-234/89 *Delimitis*, [1991], Col. I-00935, parág. 53.
[44] Cf. Proc. n.º C-165/91, *van Munster* [1994] Col. I-4661, parág. 32; Proc. n.º C-202/97, *FTS* [2000] Col. I-883 parags. 51 e 56; Proc. n.º C-326/00, *IKA v. Ioannides* [2003] Col. I-1703.

298 Rui Tavares Lanceiro

nientes que tem dois níveis. É um dever geral *i*) de respeito e *ii*) de assistência mútua.

28. Encontra-se, assim, consagrado um dever geral de respeito mútuo da União e dos Estados Membros no âmbito do desempenho das respectivas atribuições e competências.

Este dever implica, à partida, um dever negativo de não interferência no desempenho das atribuições da União e dos Estados Membros, de abstenção de actuar para além das suas próprias atribuições em detrimento das atribuições de outros (de actuar *ultra vires*), bem como um dever geral de não ingerência na forma como as entidades em causa actuam. Existem, assim, obrigações de carácter negativo: de não tomar medidas que impossibilitem ou obstaculizem o cumprimento das respectivas atribuições. A obrigação de os Estados Membros se absterem de actuar em sentido contrário ao Direito da União, quer através do poder legislativo, quer através do poder executivo, quer através do poder judicial, pode ser aqui enquadrada.

Da mesma forma, a União fica agora mais claramente vinculada a um dever de respeito pela autonomia de actuação dos Estados Membros, de actuação e de organização interna – um dever que é, assim, complementar do estabelecido no artigo 4.º, n.º 2, TUE quanto a essa autonomia.

Aqui, o conteúdo principal corresponderá a este dever negativo de abstenção de actuação. Mas o dever de respeito também implica obrigações de carácter positivo – no sentido de actuações para salvaguardar os respectivos âmbitos de atribuições e competências. De facto, por exemplo, os Estados Membros devem actuar de forma a impedir violações do Direito da União. Um outro exemplo, mas no âmbito das relações entre Estados Membros, será o dos casos de procedimentos de reconhecimento mútuo[45].

Por outro lado, a União deve salvaguardar a autonomia organizacional e processual dos Estados Membros, suprimindo excessos regulamentadores por parte dos seus órgãos, protegendo a diversidade[46] e actuando de acordo com o princípio da subsidiariedade.

29. Consagra-se, igualmente, um dever geral de assistência mútua entre União e dos Estados Membros.

---

[45] Cf. Proc. n.º C-340/89, *Vlassopoulou* [1991] Col. I-02357.
[46] Cf. A. VON BOGDANDY, "Constitucional principles", 50 ss.

Ao inverso do que vimos que acontecia com o dever de respeito mútuo, aqui o conteúdo principal corresponderá a obrigações de carácter positivo de a União e os Estados Membros tomarem todas as medidas que facilitem ou auxiliem o cumprimento das respectivas atribuições. Estão aqui presentes deveres fortes de cooperação no sentido de actuação conjunta e concertada ou de disponibilização de meios e de informação, de colaboração, de participação, etc.

O dever de assistência mútua, neste contexto, deve ser relacionado com o princípio da solidariedade. A este propósito deve ser referido que uma outra inovação do Tratado de Lisboa foi a introdução de uma cláusula de solidariedade, constante do artigo 222.º TFUE. Essa cláusula prevê a actuação conjunta, *«num espírito de solidariedade»*, da União e dos Estados Membros em caso de ataque terrorista a um deles ou em caso de catástrofe natural ou de origem humana. Essa actuação conjunta implica a tomada de acções preventivas face a essas ameaças, bem como acções de assistência após a sua ocorrência.

No entanto, o dever de assistência mútua compreenderá também obrigações de carácter negativo para a União e para os Estados Membros, no sentido de um dever de abstenção de actuações desleais para com essas entidades ou que levem ao agravamento de situações em que é necessária a assistência.

30. Uma inovação introduzida pelo Tratado de Lisboa é a clarificação da aplicação do princípio da cooperação leal à União no que diz respeito às suas relações com os Estados Membros e o dever decorrente de respeito e assistência mútuos. Já demos exemplos de como esses deveres se aplicavam à União.

Vimos, por exemplo que daqui decorrem deveres (positivos e negativos) não só de assistência e de auxilio material, bem como de colaboração com as entidades nacionais na execução do Direito da União, mas também de salvaguarda, por parte da União da autonomia e diversidade organizacional e processual dos Estados Membros[47], bem como de respeito pela sua competência reservada (cf. artigo 4.º, n.º 2, TUE). Outros exemplos passariam pela necessidade de respeitar os seus princípios constitucionais ou as suas vinculações internacionais[48].

No entanto, não parece possível retirar destes deveres a proibição da União infringir as normas constitucionais dos Estados Membros. De facto, a não ser assim, tendo em conta a multiplicidade das Constituições dos 27 Estados Membros, a actuação da União estaria sempre rodeada de inúmeros e impon-

---

[47] Cf. A. VON BOGDANDY, "Constitucional principles", 50 ss.

[48] Cf. J. KÜHLING, "Fundamental rights", in *Principles of European Constitutional Law*, 2007, 517-518.

300 Rui Tavares Lanceiro

deráveis condicionalismos – correndo o risco de esta ser condenada à inactividade. No entanto, já ocorreria violação do princípio da cooperação leal em caso de violação séria e concreta de princípios constitucionais fundamentais da ordem constitucional de determinado Estado Membro ou conjunto de Estados Membros – ou das suas vinculações internacionais[49].

31. Cremos ser também neste âmbito de dever mútuo de cooperação leal entre União e Estados Membros que deve ser enquadrada a cooperação interparlamentar entre parlamentos nacionais e o Parlamento Europeu, nos termos do Protocolo relativo ao papel dos Parlamentos nacionais na União Europeia [cf. artigo 12.º, alínea *f*), TUE e Protocolo]. Na verdade, este Protocolo contém deveres de cooperação não só do Parlamento Europeu, mas também das restantes instituições da União e os diversos parlamentos nacionais dos Estados Membros – de envio de informação, de consulta, de ponderação dos contributos. O Protocolo também prevê a cooperação entre os diversos parlamentos nacionais.

32. Em boa verdade, a consagração destes deveres gerais de respeito e assistência mútuos no âmbito das relações entre Estados Membros e União (bem como nas relações entre Estados Membros entre si) já se podiam retirar da anterior redacção do artigo 10.º TCE e, em grande medida, dos restantes parágrafos do artigo 4.º, n.º 3, TUE. Nesse sentido, podemos ver este primeiro parágrafo como uma enunciação geral de deveres que depois são concretizados nos parágrafos seguintes.

No entanto, parece-nos que o âmbito destes deveres não corresponde exactamente com o dos restantes parágrafos do artigo 4.º, n.º 3, TUE – existem obrigações que, apesar de poderem decorrer do princípio geral de cooperação leal, podiam não resultar em sentido próprio da letra dos referidos parágrafos, especialmente ao nível do dever de assistência mútua. Mesmo que assim seja, sempre a autonomia do primeiro parágrafo em relação aos restantes seria algo discutível.

Independentemente dessa questão, a inovação e utilidade deste preceito está, mais uma vez, relacionada com a clareza da consagração formal destes deveres e também com o facto de serem enquadrados numa cláusula geral, aplicável também às relações entre a União e os Estados Membros.

---

[49] Cf. A. VON BOGDANDY, "Constitucional principles", 50-51.

O *Tratado de Lisboa e o princípio da cooperação leal*   301

33. Existe, de facto, também uma dimensão de clarificação da existência de deveres recíprocos da União para com os Estados Membros, quer de respeito, quer de assistência.

É neste âmbito que se poderão inscrever, por exemplo, os mecanismos de controlo do princípio da subsidiariedade ou os reforçados poderes de intervenção dos parlamentos nacionais dos Estados Membros.

b. *O princípio da cooperação leal como obrigação dos Estados Membros: em especial a execução do Direito da União*

34. Como já referimos, os deveres de cooperação leal que impendem sobre os Estados Membros face à União são enunciados, de uma forma geral, nos dois últimos parágrafos do artigo 4.º, n.º 3, TUE. Aí se prevêem os deveres genéricos relativos a obrigações positivas e negativas dos Estados Membros. Assim, os Estados Membros devem tomar todas as medidas necessárias para garantir que o Direito da União é efectivamente aplicado.

Nessa medida, podem ser desenvolvidos esforços de compilação dos diversos deveres que daí emergem. Por exemplo, os Estados Membros devem auxiliar a Comissão no desenvolvimento das suas missões, nomeadamente de supervisão, fornecendo-lhe toda a informação necessária[50]. Devem também estabelecer as sanções adequadas ao incumprimento do Direito da União quando este é omisso[51]. Devem aplicar o Direito da União de forma diligente, garantindo a sua efectividade[52]. Devem revogar os preceitos de Direito nacional incompatíveis com o Direito da União[53] e abster-se de aprovar tais preceitos[54]. Aqui também se inclui o dever de acatar as consequências do incumprimento[55].

---

[50] Cf. Proc. n.º 96/81, *Águas balneares (Comissão v. Países Baixos)*, [1982] Col. 1791.

[51] Cf. Proc. n.º 68/88, *Milho (Comissão v. Grécia)*, [1989] Col. 2965; Proc. n.º C-213/99, *de Andrade*, [2000] Col. I-11083. Cf. também M. J. RANGEL DE MESQUITA, *O Poder Sancionatório da União e das Comunidades Europeias sobre os Estados Membros*, 2006, 143-144, 391-394; P. CRAIG, *EU Administrative Law*, 2006, 793.

[52] Cf. Proc. n.º 34/89, *Recuperação dos auxílios indevidamente pagos (Itália v. Comissão)*, [1990] Col. I-03603. Cf. também P. CRAIG, *EU Administrative Law*, 703.

[53] Cf. Proc. n.º 74/86, *Mercado vitivinícola (Comissão v. R.F.A.)*, [1988] Col. 2139; Case C-198/01 *Fiammiferi* [2003] ECR I-8055. Cf. também P. CRAIG, *EU Administrative Law*, 278.

[54] Cf. Proc. n.º 229/83, *Leclerc*, [1985] Col. 1.

[55] M. J. RANGEL DE MESQUITA, *O Poder Sancionatório da União*, 620-621.

302   *Rui Tavares Lanceiro*

É também neste âmbito que radicam, como já referimos os princípios do primado do Direito da União, da aplicabilidade imediata, do efeito directo, da interpretação conforme, etc., que vinculam o legislador, o julgador e o administrador dos Estados Membros. Existe, assim, uma "pluri-funcionalidade" do preceito em causa, como já existia do artigo 10.º TCE, no sentido de originar diversos deveres em concreto. Como já referimos, o importante será aqui, em vez de uma enumeração exaustiva de deveres, não perder de vista o seu papel como preceito aglutinador, de síntese dos princípios que devem nortear a relação entre Estados Membros e União[56].

De uma forma geral, podemos considerar que decorre do princípio de cooperação leal o dever geral de prosseguir e tutelar os interesses da União – e dos cidadãos europeus[57] – pelo menos do mesmo modo, ou de modo análogo, à forma como se prosseguem e tutelam os próprios interesses dos Estados Membros[58].

35. O princípio da cooperação leal como dever dos Estados Membros é especialmente importante, já o referimos, devido ao papel central destes ao nível da implementação das políticas da União e da execução do Direito da União.

A esse nível, diversas inovações foram introduzidas pelo Tratado de Lisboa, que podem ser vistas como concretizações do dever de cooperação leal.

Um primeiro exemplo que pode ser apontado é o da previsão expressa de regras para regular a execução dos actos da União. É neste âmbito que, no artigo 291.º, n.º 1, TFUE se estabelece que «*os Estados-Membros tomam todas as medidas de direito interno necessárias à execução dos actos juridicamente vinculativos da União*». Só se forem «*necessárias condições uniformes de execução dos actos juridicamente vinculativos da União*» (cf. artigo 291.º, n.º 2, TFUE) é que é admissível a atribuição de competências de execução à Comissão (ou ao Conselho, em casos específicos devidamente justificados e nos casos previstos nos artigos 24.º e 26.º TUE).

Assim, apesar de, inovatoriamente, o Tratado de Lisboa inserir uma referência à administração europeia, no artigo 298.º, n.º 1, TFUE[59], a verdade é que a União continuará a depender em grande medida dos Estados Membros para a tarefa de execução do seu Direito.

---

[56] M. Luísa Duarte, "O artigo 10.º do Tratado da Comunidade Europeia", 85-86.

[57] Cf. A. von Bogdandy, "Constitucional principles", 50 ss.

[58] M. J. Rangel de Mesquita, *O Poder Sancionatório da União*, 148-149.

[59] De acordo com este preceito a administração europeia deve ser «*aberta, eficaz e independente*» e tem o objectivo de apoiar as instituições, órgãos e organismos da União no desempenho das suas atribuições.

Neste âmbito, o dever estabelecido no artigo 291.º, n.º 1, TFUE é uma decorrência do princípio de cooperação leal e, nessa medida, concretiza-o e complementa-o. Trata-se de um comando, dirigido às administrações públicas dos Estados Membros, mas também ao juiz e ao legislador, no sentido de obrigar à tomada de *«todas as medidas de direito interno necessárias à execução dos actos juridicamente vinculativos da União»*. Aqui estão, portanto, abrangidas todas as vinculações decorrentes do artigo 4.º, n.º 3, TUE – obrigações de carácter positivo e negativo, de fins e de meios, de execução do Direito da União.

36. Para além disso, o artigo 197.º, n.º 1, TFUE vem considerar a matéria da execução do Direito da União, como matéria de interesse comum. O preceito estabelece que *«A execução efectiva do direito da União pelos Estados-Membros, essencial para o bom funcionamento da União, é considerada matéria de interesse comum»*. Esta norma vem, assim, esclarecer que a União tem competência para actuar no âmbito da execução do Direito da União – ou seja, do Direito Administrativo dos Estados Membros que regula a actuação das administrações nacionais na execução do Direito da União, na medida do interesse comum nessa matéria.

De facto, como consequência de ser considerada matéria de interesse comum, estabelece-se no n.º 2 do mesmo preceito a possibilidade de apoio da União aos *«esforços dos Estados-Membros para melhorar a sua capacidade administrativa de dar execução ao direito da União»*, nomeadamente facilitando *«o intercâmbio de informações e de funcionários»*, bem como apoiando *«programas de formação»*. Assim, prevê-se a possibilidade de regulação comunitária, por exemplo, de regras de circulação de informações entre as administrações dos Estados Membros – para a *«facilitar»*. Prevê-se, no entanto, que os apoios a programas de formação das administrações serão exclusivamente voluntários por parte dos Estados Membros. É também atribuída competência ao Parlamento Europeu e ao Conselho para, por meio de regulamentos adoptados de acordo com o processo legislativo ordinário, estabelecerem as medidas necessárias para este efeito. No entanto, é proibida, à partida, a harmonização das disposições legislativas e regulamentares dos Estados Membros neste âmbito.

Este poder de a União apoiar a capacidade dos Estados Membros de execução do Direito da União *«não prejudica a obrigação dos Estados-Membros de darem execução ao direito da União, nem as prerrogativas e deveres da Comissão»* (cf. artigo 197.º, n.º 3, TFUE). Assim, não poderá ser invocada a falta de apoio como causa de desculpa pela não execução do Direito da União.

37. Por fim, é também de referir que, como consequência destes desenvolvimentos, o Tratado de Lisboa elencou a *«cooperação administrativa»*, no artigo

304   *Rui Tavares Lanceiro*

6.º TFUE (trata-se da alínea *h*)), entre as matérias em que a União tem «*competência para desenvolver acções destinadas a apoiar, coordenar ou completar a acção dos Estados-Membros*».

IV – A aplicação do princípio da cooperação leal à política externa e de segurança comum e à cooperação policial e judicial em matéria penal

38. Deve também ser analisada a questão de o princípio da cooperação leal passar a constar do TUE, como princípio geral do Direito da União. De facto, como referimos, antes do Tratado de Lisboa considerava-se que o principal afloramento do princípio da cooperação leal constava do artigo 10.º TCE – distinto, por isso, do TUE. Com as alterações introduzidas pelo Tratado de Lisboa, o princípio passa a estar consagrado no artigo 4.º, n.º 3, TUE, sendo por isso, "deslocado" de um dos antigos pilares da União para as suas disposições gerais, passando a ter um âmbito de aplicação geral, a todo o Direito da União, pelo menos numa perspectiva formal.

Assim sendo, todo os deveres decorrentes do princípio da cooperação leal, habitualmente relacionados com o artigo 10.º TCE – passariam a ter uma aplicação imediata e absoluta nas áreas anteriormente identificadas com os pilares relativos à política externa e de segurança comum e à cooperação policial e judicial em matéria penal. Esta questão estará também relacionada com o facto de o Tratado de Lisboa abolir a estrutura da União baseada em pilares, procedendo à fusão da União e da Comunidade Europeia numa única entidade.

É esta a questão que vamos abordar nos próximos pontos.

a. *O princípio da cooperação leal e a política externa e de segurança comum*

39. O Tratado de Lisboa aboliu o estatuto de "pilar", o que se aplica, naturalmente, à regulação da política externa e de segurança comum. No entanto, esta matéria continua a ter um regime com características especiais que o afastam do regime de actuação ordinário da União.

Este carácter especial começa desde logo por esta ser uma das matérias que se manteve extensamente regulada no TUE (cf. artigos 21.º a 46.º TUE), não tendo o seu regime sido deslocado para o TFUE, como aconteceu com a matéria relativa ao outro "pilar". Por outro lado, mantêm-se determinados aspectos especiais de regime relativos, nomeadamente e em especial, ao papel dos Estados Membros na política externa e de segurança comum. De facto, o próprio Tratado afirma existirem regras especiais neste domínio (cf. artigo 24.º, n.º 1, 2.º parág., TUE).

São marcas desse pendor favorável a uma maior predominância dos Estados Membros nesta área, por exemplo, o facto de a iniciativa não estar reservada à Comissão, mas pertencer igualmente aos Estados Membros (cf. artigo 30.º, n.º 1, TUE); a regra da tomada de decisão por unanimidade (cf. artigo 31.º, n.º 1, 1.º parág., TUE); a possibilidade de um Estado Membro não ficar vinculado a uma decisão tomada neste âmbito (cf. artigo 31.º, n.º 1, 2.º parág., TUE); mesmo nas matérias sujeitas à votação por maioria qualificada, determinado Estado Membro pode invocar «*razões vitais e expressas de política nacional*», opondo-se à adopção do acto em causa (cf. artigo 31.º, n.º 2, 2.º parág., TUE); e, principalmente, a não competência do Tribunal de Justiça da União Europeia no âmbito das disposições dos Tratados sobre esta área nem sobre os actos adoptados com base nessas disposições (cf. artigo 24.º, n.º 1, 2.º parág., TUE e artigo 275.º, 1.º parág., TFUE).

Estes aspectos têm como consequência um maior pendor inter-governamental desta área.

40. Nas disposições relativas à política externa e de segurança comum existe a consagração expressa do princípio da cooperação leal num preceito específico: o artigo 24.º, n.º 3, TUE. Este preceito dispõe que:

> *Os Estados-Membros apoiarão activamente e sem reservas a política externa e de segurança da União, num espírito de lealdade e de solidariedade mútua, e respeitam a acção da União neste domínio.*
>
> *Os Estados-Membros actuarão de forma concertada a fim de reforçar e desenvolver a solidariedade política mútua. Os Estados-Membros abster-se-ão de empreender acções contrárias aos interesses da União ou susceptíveis de prejudicar a sua eficácia como força coerente nas relações internacionais.*
>
> *O Conselho e o Alto Representante asseguram a observância destes princípios.*

41. Em boa verdade, se analisarmos a versão do TUE anterior à redacção introduzida pelo Tratado de Lisboa, constatamos que já constava do seu artigo 11.º, n.º 2, a consagração do princípio da cooperação leal no âmbito da política externa e de segurança comum em termos muito semelhantes aos do actual artigo 24.º, n.º 4, TUE[60]. Constata-se facilmente a proximidade entre a

---

[60] O preceito em causa dispunha que:

306   *Rui Tavares Lanceiro*

redacção do preceito antes e depois das alterações introduzidas pelo Tratado de Lisboa. A alteração mais significativa, a este nível, foi a introdução da necessidade de que os Estados Membros respeitarem «*a acção da União neste domínio*», no final do primeiro parágrafo. No entanto, esta alteração parece estar relacionada com os restantes deveres dos Estados Membros, no contexto do princípio da cooperação leal, sem aditar novos deveres, mas dando ênfase à sua importância.

Assim, a aplicação do princípio geral de cooperação leal à área da política externa e de segurança comum não só resulta expressamente de um preceito específico, como já ocorria antes das alterações introduzidas pelo Tratado de Lisboa.

42. Já constatámos que o princípio da cooperação leal se aplica à área da política externa e de segurança comum não só por via do artigo 4.°, n.° 3, TUE, mas também por via de um preceito especial[61].

Note-se, aliás, a proximidade da redacção do artigo 24.°, n.° 3, TUE com a redacção do artigo 4.°, n.° 3, TUE – aliás, já presente entre a redacção do artigo 11.°, n.° 2, TUE e do artigo 10.° TCE antes das alterações do Tratado de Lisboa. De facto, em ambos os preceitos podemos identificar uma obrigação negativa e obrigações positivas dos Estados Membros em relação à União. No artigo 24.°, n.° 3, TUE, a obrigação negativa está relacionada com a proibição de os Estados Membros «*de empreender acções contrárias aos interesses da União ou susceptíveis de prejudicar a sua eficácia como força coerente nas relações internacionais*». Também à semelhança do artigo 4.°, n.° 3, TUE, estão presentes uma obrigação positiva de resultado – no sentido de os Estados Membros se encontrarem obrigados a actuar «*de forma concertada a fim de reforçar e desenvolver a solidariedade política mútua*» – e de meios – no sentido de os Estados Membros se encontrarem obrigados a apoiar «*activamente e sem reservas a política externa e de segurança da União*».

Os Estados-Membros apoiam activamente e sem reservas a política externa e de segurança da União, num espírito de lealdade e de solidariedade mútua.
Os Estados-Membros actuam de forma concertada a fim de reforçar e desenvolver a solidariedade política mútua. Os Estados-Membros abstêm-se de empreender acções contrárias aos interesses da União ou susceptíveis de prejudicar a sua eficácia como força coerente nas relações internacionais.
O Conselho assegura a observância destes princípios
[61] W. WESSELS/F. BOPP, "The Institutional Architecture of CFSP after the Lisbon Treaty – Constitutional breakthrough or challenges ahead?" (2008) Research Paper n.° 10 *Challenge – The Changing Landscape of European Liberty and Security*, disponível em URL: http://www.ceps.eu, 12.

Assim, o dever de cooperação leal assim expresso implica a obrigação dos Estados Membros de respeitar as regras dos Tratados relativas à política externa e de segurança comum, bem como o "adquirido comunitário" neste âmbito, e de se abster de tomar medidas unilaterais que possam pôr em causa os interesses da União. As alterações introduzidas vieram colocar um maior ênfase na necessidade de os Estados Membros tomarem em linha de conta a política externa e de segurança comum – e, em especial, o Direito secundário da União emitido com base nestas disposições – antes de actuarem no âmbito dos negócios estrangeiros. Quando a União tiver emitido uma orientação geral ou uma decisão, bem como quando tiver celebrado um acordo, os Estados Membros não só devem abster-se de actuar de forma a frustrar os objectivos desses actos, como devem suportá-los activamente[62]. O mesmo se diga quando a União está em processo negocial relativo a um acordo.

Em boa verdade, após uma breve comparação, o artigo 24.º, n.º 3, TUE, chega a ser mais concretizador das obrigações dos Estados Membros do que o artigo 4.º, n.º 3, TUE. Repare-se, por exemplo, que o apoio dos Estados à política da união deve ser *activo* e *sem reservas*.

43. Nesta medida, estando o princípio da cooperação leal previsto em termos semelhantes – no que diz respeito ao aspecto formal e literal dos preceitos – no âmbito da política externa e de segurança comum, e em relação às restantes áreas do Direito da União, a sua aplicação também deveria ser semelhante. No entanto, não é. Esse facto decorre de uma diferença fundamental de regime: o âmbito da competência do Tribunal de Justiça da União Europeia.

De facto, a competência do Tribunal de Justiça da União Europeia foi arredada no que diz respeito às disposições dos Tratados sobre esta área e sobre os actos adoptados com base nessas disposições (cf. artigo 24.º, n.º 1, 2.º parág., TUE e artigo 275.º, 1.º parág., TFUE), como já constava da redacção anterior dos Tratados. Assim, o papel de desenvolvimento e de concretização dos deveres de cooperação leal que coube ao Tribunal de Justiça, quanto ao artigo 10.º TCE, não ocorreu no âmbito da política externa e de segurança comum – nem vai ocorrer. Esta ideia é confirmada quanto ao artigo 24.º, n.º 3, TUE, na medida em que o seu 3.º parágrafo encarrega o Conselho e o Alto Representante da União para os Negócios Estrangeiros e a Política de Segurança de assegurar «*a observância destes princípios*». Caberá então a estas entidades – e só a

---

[62] A. DASHWOOD, "The Relationship between the Member States and the European Union/ /European Community", in *Common Market Law Review*, 41, 2004, 373 ss.

308 Rui Tavares Lanceiro

estas – o papel de controlar a actuação dos Estados Membros no âmbito da política externa e de segurança comum e o respeito pelo princípio da cooperação leal nesse aspecto. Na medida em que se tratam de entidades políticas e não judiciais, não é de crer que seja desenvolvido um controlo equivalente ao do Tribunal de Justiça.

Assim, apesar de a redacção do artigo 24.º, n.º 3, TUE até poder ser considerada mais forte em relação à vinculação dos Estados Membros ao princípio da cooperação leal, este sofre, na área da política externa e de segurança comum, da falta de uma instância judicial efectiva de controlo. Enquanto este cenário – mais próximo de uma realidade inter-governamental do que supranacional – se mantiver, dificilmente existirão evoluções na aplicação do princípio da cooperação leal no âmbito da política externa e de segurança comum.

b. O princípio da cooperação leal e a cooperação policial e judicial em matéria penal

44. O Tratado de Lisboa trouxe alterações significativas à área da cooperação policial e judicial em matéria penal, que anteriormente constituía um pilar da União Europeia. Neste domínio, o Tratado de Lisboa procedeu a uma integração destas matérias no antigo "pilar" comunitário mais completa do que a que ocorreu no âmbito da política externa e de segurança comum. De facto, as matérias anteriormente englobadas no pilar relativo à cooperação policial e judicial em matéria penal encontram-se agora reguladas no âmbito do título V do TFUE, que trata do espaço de liberdade, segurança e justiça, mais especificamente nos seus capítulos 4 e 5.

No entanto, apesar de menos significativas, neste domínio também ainda restam algumas "marcas de inter-governamentalidade" – relativas a um maior protagonismo dos Estados Membros –, como, por exemplo, o facto de a iniciativa não estar reservada à Comissão, mas pertencer igualmente a um quarto dos Estados Membros (cf. artigo 76.º TFUE); a previsão em alguns casos da tomada de decisão por unanimidade (cf. artigo 82.º, n.º 2, alínea d), artigo 83.º, n.º 1, 3.º parág., artigo 86.º, n.ºs 1 e 4, artigo 87.º, n.º 3, 1.º parág., e artigo 89.º TFUE); a possibilidade de os Estados Membros invocarem que determinado projecto *«prejudica aspectos fundamentais do seu sistema de justiça penal»*, suspendendo o processo legislativo e levando a questão a ser discutida pelo Conselho Europeu (cf. artigo 82.º, n.º 3, 1.º parág., artigo 83.º, n.º 3, 1.º parág., TFUE). Também aqui existem restrições ao âmbito de controlo do Tribunal de Justiça que, nos termos do artigo 276.º TFUE, *«não é competente para fiscalizar a*

O Tratado de Lisboa e o princípio da cooperação leal   309

validade ou a proporcionalidade de operações efectuadas pelos serviços de polícia ou outros serviços responsáveis pela aplicação da lei num Estado-Membro, nem para decidir sobre o exercício das responsabilidades que incumbem aos Estados-Membros em matéria de manutenção da ordem pública e de garantia da segurança interna». A restrição da competência do Tribunal decorria já do artigo 35.°, n.° 5, TUE, na redacção anterior ao Tratado de Lisboa.

45. No domínio da cooperação policial e judicial em matéria penal antes das alterações introduzidas pelo Tratado de Lisboa não existia um preceito relativo à aplicação do princípio da cooperação leal. Assim, nesta área existiu, de facto, uma expansão – pelo menos em termos formais – da aplicação do princípio.

De facto, estando este domínio regulado pelos Tratados sem a consagração de regras especiais relativas à aplicação do princípio, como já vimos acontecer com a política externa e de segurança comum, e estando esta matéria regulada sem especificidades no âmbito do TFUE, aplica-se-lhe plenamente o artigo 4.°, n.° 3, TUE. Teremos, pois, que concluir que essa aplicação abrange todos os deveres de cooperação que a jurisprudência do Tribunal de Justiça desenvolveu ao longo do tempo – o "adquirido" nesta matéria. Esta aplicação é tão mais relevante quanto, neste domínio, o Tribunal de Justiça poderá controlar o respeito pelo princípio, com as excepções previstas no artigo 276.° TFUE.

46. Mas poderemos dizer candidamente que foi através do Tratado de Lisboa que se veio a aplicar o princípio da cooperação leal a uma esfera de actuação dos Estados Membros totalmente nova?

Na verdade, não. O Tribunal de Justiça, logo em 2005, decidiu que o princípio da cooperação leal também era aplicável no âmbito do terceiro pilar, no Acórdão *Pupino*[63]. Aí, o Tribunal considerou que *«seria difícil para a União cumprir eficazmente a sua missão se o princípio da cooperação leal, que implica nomeadamente que os Estados-Membros adoptem todas as medidas gerais ou especiais, adequadas a assegurar a execução das suas obrigações derivadas do direito comunitário, não se impusesse igualmente no âmbito da cooperação policial e judiciária em matéria penal, integralmente fundada na cooperação entre os Estados-Membros e as instituições»*[64]. Uma decisão com este alcance tomada com uma fundamentação tão escassa levantou críticas na doutrina[65].

---

[63] Cf. Proc. n.° C-105/03, *Pupino*, [2005], Col. I-05285.

[64] Cf. Proc. n.° C-105/03, *Pupino*, [2005], Col. I-05285, cons. 42.

[65] Cf., por exemplo, M. FLETCHER, "Extending «Indirect Effect» to the Third Pillar: the Significance of Pupino", in *European Law Review*, 30, 2005, 870 ss.

310 *Rui Tavares Lanceiro*

No entanto, o Tribunal fundamenta igualmente a sua decisão nas Conclusões da Advogada-Geral Juliane Kokott no âmbito do processo em causa que, apesar de reconhecer que não existia no Tratado da União uma disposição correspondente ao artigo 10.° TCE, conclui que «*no direito comunitário, os Estados-Membros e as instituições estão vinculados à lealdade recíproca no quadro do Tratado da União*» uma vez que apenas assim se poderia alcançar o objectivo» previsto no artigo 1.° TUE de uma «*união cada vez estreita dos povos da Europa, com base no qual as relações entre os Estados-Membros e entre os respectivos povos são organizadas de forma coerente e solidária*»[66]. A Advogada-Geral argumentou igualmente com a própria designação do pilar, ou seja, «*a cooperação leal dos Estados-Membros e das instituições constitui também um ponto essencial do título VI do Tratado da União Europeia, como se constata no título – Disposições relativas à* cooperação *policial e judiciária em matéria penal*»[67].

À luz deste raciocínio, o Tribunal de Justiça concluiu que existia uma obrigação de interpretação conforme do Direito nacional dos Estados Membros face às decisões-quadro que eram tomadas no âmbito do título VI do TUE, nos mesmos termos do dever de interpretação conforme existente no âmbito do Direito Comunitário. Assim, as regras do então artigo 10.° TCE aplicar-se-iam igualmente neste âmbito integralmente[68].

No entanto, o Tribunal de Justiça não chegou a desenvolver este raciocínio parecendo dar um passo atrás no Acórdão *Dell'Orto*[69], onde parece ter rejeitado uma maior aproximação entre o terceiro pilar e o pilar comunitário, afirmando a sua autonomia[70].

47. Chegamos, assim, ao Tratado de Lisboa.

Apesar de o Tribunal de Justiça ter dado passos no sentido de estender a aplicação do princípio da cooperação leal e dos deveres que dele decorrem à cooperação policial e judicial em matéria penal, a verdade é que deixou muitas perguntas por responder, acabando por não o fazer totalmente. Assim, o Tra-

---

[66] Conclusões da Advogada-Geral Kokott apresentadas em 11 de Novembro de 2004, Proc. n.° C-105/03, *Pupino*, [2005], Col. I-05285, cons. 25-26.

[67] Conclusões da Advogada-Geral Kokott apresentadas em 11 de Novembro de 2004, Proc. n.° C-105/03, *Pupino*, [2005], Col. I-05285, cons. 26.

[68] Cf. também Proc. n.° T-228/02, *Organisation des Modjahedines du peuple d'Iran v Conselho*, [2006] Col. II-04665, cons. 122-123.

[69] Cf. Proc. n.° C-467/05 *Giovanni Dell'Orto*, [2007] Col. I-05557.

[70] Cf., por exemplo, E. HERLIN-KARNELL, "In the Wake of Pupino: Advocaten voor der Wereld and Dell'Orto", in *German Law Journal* n.° 12, 2007, 1157 ss.

Cadernos O Direito 5 (2010), 283-317

O *Tratado de Lisboa e o princípio da cooperação leal*   311

tado de Lisboa continua a constituir uma inovação nesse sentido. De facto, as dúvidas manifestadas sobre, por exemplo, a aplicação do princípio do primado do Direito da União, do efeito directo, etc., devem ser afastadas a partir da entrada em vigor do Tratado de Lisboa.

Encontramos, assim, uma das grandes inovações neste âmbito, a aplicação do princípio da cooperação leal, com todas as suas implicações e deveres dele decorrentes, à área da cooperação policial e judicial em matéria penal.

48. É, por fim, de referir, que existe uma disposição expressa que permite a emissão de medidas no que diz respeito à cooperação administrativa entre os serviços competentes dos Estados-Membros, bem como entre esses serviços e a Comissão, nesta matéria – o artigo 74.º TFUE (que deve ser complementado pelo artigo 76.º TFUE). Apesar de esta possibilidade já existir antes do Tratado de Lisboa (cf. artigo 66.º TCE), existe, no entanto, a inovação decorrente da possibilidade da sua aplicação à área da cooperação policial e judicial em matéria penal, decorrente da assimilação desta no título relativo ao espaço de liberdade, segurança e justiça.

V – O princípio da cooperação leal entre as instituições e órgãos comunitários

49. Uma outra área em que o princípio da cooperação leal encontra aplicação é a das relações entre as instituições da União.

50. Como já referimos, no entanto, este dever já tinha sido reconhecido pela jurisprudência do Tribunal de Justiça. De facto, logo no Acórdão *Ajuda especial à Turquia*, o Tribunal afirmou que «*Com efeito, o funcionamento do processo orçamental, tal como foi concebido pelas disposições financeiras do Tratado, funda-se essencialmente no diálogo interinstitucional. No âmbito desse diálogo, prevalecem os mesmos deveres recíprocos de cooperação leal que, como reconheceu o Tribunal, presidem às relações entre os Estados-membros e as instituições comunitárias*»[71]. A aplicação do princípio da cooperação leal no âmbito das relações inter-institucionais veio a ser posteriormente reconhecido também fora do processo orçamental, com a reafirmação genérica de que «*prevalecem deveres recíprocos de cooperação leal iguais*

---

[71] Proc. n.º 204/86, *Ajuda especial à Turquia (Grécia v. Conselho)*, [1988] Col. 5323, considerando 16.

312   Rui Tavares Lanceiro

aos que regem as relações entre os Estados-Membros e as instituições comunitárias»[72] entre as instituições comunitárias.

51. Para além disso, uma das declarações adoptadas pela Conferência Intergovernamental aquando da aprovação do Tratado de Nice, mais especificamente, a n.º 3, referia-se já a um dever de cooperação leal que se aplicaria às *«relações entre as próprias Instituições comunitárias».*

Foi através desta Declaração que também se corporizou a possibilidade de celebração de acordos interinstitucionais *«quando, no âmbito deste dever de cooperação leal, seja necessário facilitar a aplicação do disposto no Tratado que institui a Comunidade Europeia».* Estes acordos não podiam *«alterar nem completar as disposições do Tratado»* e apenas podiam ser celebrados *«com o assentimento»* do Parlamento Europeu, do Conselho e da Comissão.

52. Assim, neste âmbito, uma inovação do Tratado de Lisboa foi a introdução expressa da consagração de um dever de cooperação leal entre as instituições da União, que já decorria da jurisprudência do Tribunal de Justiça. Nesse âmbito, o artigo 13.º, n.º 2, TUE, após referir o princípio da legalidade da actuação das instituições[73], estabelece que *«as instituições mantêm entre si uma cooperação leal».*

Ainda neste âmbito, o Tratado de Lisboa veio introduzir o artigo 295.º TFUE, que estabelece que *«O Parlamento Europeu, o Conselho e a Comissão procedem a consultas recíprocas e organizam de comum acordo as formas da sua cooperação. Para o efeito, podem, respeitando os Tratados, celebrar acordos interinstitucionais que podem revestir-se de carácter vinculativo».*

53. Começaremos por analisar o âmbito de aplicação subjectivo deste dever de cooperação leal. O artigo 13.º, n.º 2, TUE estabelece que são as *«instituições»*, o que parece apontar para a aplicação a todas as instituições da União, que são as referidas no artigo 13.º, n.º 1, TUE.

Mas então como interpretar o artigo 295.º TFUE, que apenas se refere ao Parlamento Europeu, ao Conselho e à Comissão? Será que se deve fazer uma

---

[72] Proc. n.º C-65/93, *Parlamento Europeu v. Conselho*, [1995] Col. I-00643, considerando 23. Cf. também Proc. n.º C-70/88, *Chernobyl (Parlamento Europeu v. Conselho)*, [1991] Col. I-04529, considerando 7

[73] O preceito estabelece que «Cada instituição actua dentro dos limites das atribuições que lhe são conferidas pelos Tratados, de acordo com os procedimentos, condições e finalidades que estes estabelecem».

interpretação restritiva do artigo 13.°, n.° 2, TUE aplicando-o só àquelas entidades? É de crer que não. De facto, devemos entender que existe um dever geral de cooperação interinstitucional, constituindo o artigo 295.° TFUE uma norma especial que regula as relações especificamente entre estas três instituições.

Por outro lado, se este dever se aplica apenas às instituições, devemos considerar que os restantes órgãos não se encontram abrangidos pelo seu âmbito[74]? Mais uma vez, cremos que não. O dever de cooperação leal tem uma aplicação transversal a todas as entidades abrangidas pela União, sejam instituições, órgãos ou organismos da União. Na verdade, pela sua própria razão de ser, o dever de cooperação aplicar-se-á também a estas outras entidades.

54. A existência de um princípio de cooperação leal ao nível interinstitucional é de extrema importância para o regular funcionamento da União. De facto, na ausência da consagração expressa, no âmbito dos Tratados, do princípio de separação e interdependência de poderes, como acontece na Constituição portuguesa, a sua função de regulação do funcionamento das instituições políticas acaba por ser preenchida pelo artigo 13.°, n.° 2, TUE, ao estabelecer, por um lado, o princípio da legalidade ou da competência das instituições – as instituições apenas podem actuar «*dentro dos limites das atribuições que lhe são conferidas pelos Tratados, de acordo com os procedimentos, condições e finalidades que estes estabelecem*»[75] –, e, por outro lado, o princípio da cooperação leal[76]. Este facto é tão mais importante quanto as diversas instituições da União possuem fontes de legitimidade distintas[77].

Existe, assim, uma relevância interna do princípio da cooperação leal[78], no sentido de vincular não só a União nas suas relações com outras entidades (os

---

[74] Cf. sobre a distinção, M. LUÍSA DUARTE, *Direito da União e das Comunidades Europeias*, vol. I, t. I, 89-90. Cf., em sentido discordante da distinção, FAUSTO DE QUADROS, *Direito da União Europeia*, 217 ss.

[75] Sobre este aspecto cf. M. LUÍSA DUARTE, *A teoria dos poderes implícitos e a delimitação de competências entre a União Europeia e os Estados-membros*, 1997, 306 ss.

[76] Cf., sobre o princípio da cooperação leal como garante do equilíbrio institucional, P. CRAIG, *EU Administrative Law*, 273 ss.

[77] Cf. M. LUÍSA DUARTE, *Direito da União e das Comunidades Europeias*, vol. I, t. I, 90; FAUSTO DE QUADROS, *Direito da União Europeia*, 22 ss.; BRUNO DE WITTE, "Interpreting the EC Treaty like a constitution", 143 ss..

[78] Há quem se refira, quanto a este aspecto, a uma relevância "horizontal" do princípio – cf. BRUNO DE WITTE, "Interpreting the EC Treaty like a constitution", 143.

314 Rui Tavares Lanceiro

Estados Membros), mas também as próprias instituições da União nas suas relações entre si.

55. Mas qual será o conteúdo deste dever de manutenção de uma cooperação leal entre instituições?

Existem, à partida, procedimentos em que existem previsões exaustivas de mecanismos de cooperação entre as instituições, como o procedimento legislativo ordinário (cf. artigo 294.º TFUE) ou o processo legislativo orçamental (cf. artigo 314.º TFUE).

Independentemente destas áreas e, em especial, fora delas, será de considerar, neste âmbito, que se verificam os deveres de respeito e de assistência mútuos que enunciamos a propósito das relações entre a União e os Estados Membros, com as devidas adaptações. Portanto, as instituições devem abster-se de actuações que redundem numa interferência nas atribuições das outras instituições. Por outro lado, as instituições devem prestar auxílio mútuo no desempenho dessas mesmas atribuições, partilhando recursos e informações. O dever de cooperação leal obriga as instituições a um comportamento mútuo que facilite a tomada de decisões e a eficácia e garantia do Direito da União[79].

56. O artigo 295.º TFUE vem regular, de forma especial, como vimos, as relações de cooperação entre Parlamento Europeu, Conselho e Comissão.

Nessa medida, começa por estabelecer deveres gerais de consulta mútua, no desempenho das respectivas atribuições. Assim, cada uma destas instituições deve proceder à consulta das restantes sempre que considerar que esta tem um interesse legítimo em se pronunciar sobre determinada matéria. Caso o não faça, a instituição que não viu o seu direito de pronúncia respeitado pode recorrer ao Tribunal de Justiça, nomeadamente nos termos do artigo 265.º TFUE.

O preceito estabelece depois que as instituições em causa devem organizar «*de comum acordo as formas da sua cooperação*». Existe, portanto, aqui uma remissão genérica para a auto-regulação das instituições, no sentido de estabelecerem através de que mecanismos em concreto se deve concretizar o dever de cooperação mútua. É neste contexto que deve ser entendida a referência aos acordos interinstitucionais[80]: como forma de regulação do cumprimento desse

---

[79] Cf. M. LUÍSA DUARTE, *Direito da União e das Comunidades Europeias*, vol. I, t. I, 217.
[80] FAUSTO DE QUADROS, na senda da doutrina alemã, sugere a designação acordos inter-orgânicos. FAUSTO DE QUADROS, *Direito da União Europeia*, 389.

O *Tratado de Lisboa e o princípio da cooperação leal*   315

dever. Os acordos terão, assim, como propósito, organizar as formas em que as instituições cooperam no exercício das suas atribuições.

Note-se, no entanto, que, mais uma vez, não estamos perante uma inovação do Tratado de Lisboa: a jurisprudência do Tribunal de Justiça já tinha reconhecido a existência destes acordos[81].

O artigo 295.º TFUE vem estabelecer a possibilidade de estes acordos serem vinculativos, o que vem esclarecer dúvidas que se levantavam na doutrina sobre esse facto[82]. Assim, não só as instituições em causa (Parlamento Europeu, Conselho e Comissão) podem auto-regular os procedimentos de cooperação entre si, como podem fazê-lo de forma vinculativa. Estando esta vinculatividade formulada como uma possibilidade, parece não se poder fechar a porta à possibilidade de serem celebrados acordos não vinculativos. Uma dúvida que se poderá, no entanto, ainda colocar, é o nível de vinculatividade dos acordos – ou seja, se apenas gozam de vinculatividade interna, entre as instituições, ou se gozam de vinculatividade externa, relativamente aos restantes intervenientes.

Na medida em que se trata de actos de auto-regulação de processos de cooperação entre instituições aprovados sobre a forma de acordo, parece-nos que apenas gozarão de vinculatividade interna – sobre os seus intervenientes.

57. A este nível, parece-nos que, pelo menos o dever de consulta mútua, no desempenho das respectivas atribuições, das diversas instituições não será aplicável unicamente no âmbito das relações entre Parlamento Europeu, Conselho e Comissão, podendo a sua aplicação ser "estendida" às restantes instituições, como decorrendo do dever de cooperação leal. Nessa medida, por exemplo, se o Conselho e o Parlamento Europeu estiverem a preparar um acto que possa ter consequências no âmbito de actuação do Banco Central Europeu, devem consultá-lo.

Já quanto à possibilidade de celebração de acordos interinstitucionais, a ausência de base jurídica expressa poderia ser usada para negá-la. No entanto, os primeiros acordos interinstitucionais entre Parlamento Europeu, Conselho e Comissão também não possuíam base jurídica nos Tratados[83]. Não nos parece

---

[81] Cf. Proc. n.º 244/81, *Klöckner-Werke*, [1983] Col. 1451; Proc. n.º 34/86, *Conselho v. Parlamento*, [1986] Col. 2155; Proc. n.º C-25/94, *Comissão v. Conselho*, [1996] Col. I-1469.
[82] Cf. Fausto de Quadros, *Direito da União Europeia*, 390-391; M. Luísa Duarte, *Direito da União e das Comunidades Europeias*, vol. I, t. I, 218.
[83] Cf. M. Luísa Duarte, *Direito da União e das Comunidades Europeias*, vol. I, t. I, 218.

316 Rui Tavares Lanceiro

que se possa agora fazer uma interpretação *a contrario* excludente dessa possibilidade apenas porque existe uma previsão expressa de acordos somente entre aquelas instituições[84]. Assim, poderão ser celebrados acordos interinstitucionais entre quaisquer órgãos da União, no âmbito da garantia de uma cooperação leal entre si. Onde se poderá, no entanto, colocar dúvidas, é no carácter vinculativo dos acordos assim celebrados.

58. Estamos, assim, em mais uma matéria em que a consagração expressa do dever de cooperação leal acaba por consagrar o que já era uma decorrência da jurisprudência do Tribunal de Justiça.

Quanto à questão, por exemplo, dos acordos interinstitucionais, apesar de o seu valor jurídico ter sido questionado – sobre se seriam meros acordos políticos ou acordos que vinculam juridicamente as instituições –, a verdade é que já existiam declarações e acordos comuns do Parlamento Europeu, do Conselho e da Comissão[85].

Existe, no entanto, a vantagem da clarificação. Uma outra vantagem é o estabelecimento, sem margem para dúvidas, de uma base normativa para a celebração de acordos entre Parlamento Europeu, Conselho e Comissão.

VI – **Conclusões**

59. Chegados ao fim do nosso curto excurso sobre as inovações introduzidas pelo Tratado de Lisboa quanto ao princípio da cooperação leal, temos que concluir que, de uma forma geral, não existiu uma alteração revolucionária neste contexto.

De facto, grande parte das alterações introduzidas – por exemplo, a vinculação da União e das suas instituições ao princípio da cooperação leal – reflecte soluções que já resultavam da jurisprudência do Tribunal de Justiça. Da mesma forma, a extensão da aplicação do princípio à área da cooperação policial e judicial em matéria penal também já tinha ocorrido, pelo menos em parte, pela via jurisprudencial.

Por outro lado, áreas como a política externa e de segurança comum não conheceram evoluções significativas neste aspecto.

---

[84] Cf., no sentido do texto, de que os acordos interinstitucionais podem ser celebrados por quaisquer órgãos da União, embora antes do Tratado de Lisboa, FAUSTO DE QUADROS, *Direito da União Europeia*, 390-391.

[85] Cf. elenco constante de M. LUÍSA DUARTE, *Direito da União e das Comunidades Europeias*, vol. I, t. I, 218.

60. No entanto, de uma forma geral, existem vantagens decorrentes da consagração expressa dessas soluções, ainda que já decorressem da jurisprudência. De facto, existem ganhos ao nível da transparência e da clareza do Direito da União – de forma a garantir o acesso ao Direito.

Para além disso, o esforço jurisprudencial, sendo casuístico, deixa lacunas por preencher, cria dúvidas sobre a diferenciação entre casos e das soluções em causa. Nessa medida, a consagração expressa nos Tratados das soluções concretas tem vantagens indubitáveis – veja-se o caso do carácter vinculativo dos acordos interinstitucionais, ou as dúvidas suscitadas sobre a extensão da aplicação do princípio na área cooperação policial e judicial em matéria penal.

61. De qualquer forma, consideramos que existiram inovações, pelo menos no que diz respeito ao artigo 4.º, n.º 3, 1.º parágrafo, com a consagração expressa do princípio da cooperação leal e dos deveres mútuos de respeito e de assistência, e quanto à aplicação efectiva da totalidade dos deveres de cooperação na área cooperação policial e judicial em matéria penal.

As consequências dessas inovações, no entanto, dependerão essencialmente da aplicação e execução dos Tratados pelos Estados Membros – suas instituições políticas, administrações e tribunais – e pelas instituições da União, onde assume especial importância o Tribunal de Justiça da União Europeia.

O Tratado de Lisboa e a renovação das instituições da União Europeia

PROF.ª DOUTORA SOFIA OLIVEIRA PAIS[*]

SUMÁRIO: *1. Introdução. 2. Parlamento Europeu: 2.1. Enquadramento legislativo; 2.2. A contribuição dos Parlamentos Nacionais para o bom funcionamento da União Europeia. 3. Conselho Europeu: 3.1. Enquadramento legislativo; 3.2. Os novos cargos criados pelo Tratado de Lisboa: Presidente do Conselho Europeu e Alto Representante da União para os Negócios Estrangeiros e a Política de Segurança. 4. O Conselho (da União Europeia): 4.1. Enquadramento legislativo; 4.2. A progressiva transformação do Conselho numa «segunda câmara legislativa». 5. Comissão Europeia: 5.1. Enquadramento legislativo; 5.2. O papel da Comissão numa União Europeia alargada. 6. Tribunal de Justiça da União Europeia: 6.1. Enquadramento legislativo; 6.2. A questão do «activismo judicial». 7. Banco Central Europeu e Tribunal de Contas. 8. Conclusão.*

1. Introdução

O Tratado de Lisboa, em vigor desde 1 de Dezembro de 2009, tem por objectivo aumentar a eficiência e a legitimidade democrática da União Europeia (actualmente com 27 Estados) e reforçar a sua eficácia e coerência no plano das relações externas[1]. Para o efeito introduz alterações ao Tratado da

---

[*] Professora Auxiliar da Universidade Católica Portuguesa.

[1] Segundo HANS JURGEN PAPIER (cf. "Europe's new realism: the Treaty of Lisbon", in *European Constitutional Law Review*, 2008, vol. 4, issue 3, 421), as finalidades mencionadas foram herdadas do «Tratado Constitucional», tendo, todavia, ficado pelo caminho o objectivo da transparência e simplificação legislativa. Para uma visão geral do «Tratado Constitucional» cf. MARIA LUÍSA

320 *Sofia Oliveira Pais*

União Europeia e ao Tratado da Comunidade Europeia (redenominado Tratado sobre o Funcionamento da União Europeia)[2], destacando-se as seguintes: é dissolvida a estrutura tripartida da União (a qual substitui e sucede à Comunidade Europeia); a União passa a dispor de personalidade jurídica, podendo aderir à Convenção Europeia dos Direitos do Homem; é atribuído à Carta dos Direitos Fundamentais da União Europeia o mesmo valor jurídico dos Tratados[3]; é concedida aos Estados-membros a possibilidade de se retirarem da União; e opera-se a renovação das instituições europeias[4], sendo expandida e consolidada a sua capacidade de actuação. O que nos propomos fazer é uma breve reflexão crítica sobre as alterações mais significativas introduzidas pelo Tratado de Lisboa a nível de funcionamento e competências das instituições que, sem revolucionarem o quadro institucional existente, contribuem, em todo o caso, para uma maior transparência da sua actuação e uma melhor compreensão do balanço político de competências a realizar entre as várias instituições.

DUARTE, "Constituição Europeia", in *Estudos de Direito da União e das Comunidades Europeias –* II, 2006, 393 ss., ANA MARIA GUERRA MARTINS, *Curso de Direito Constitucional da União Europeia*, 2004, 142 ss., e FAUSTO DE QUADROS, *Direito da União Europeia*, 2004, 48-49.

[2] Note-se que o Tratado de Lisboa apenas possui sete artigos: o primeiro e segundo introduzem alterações aos Tratados existentes (logo, não visam revogá-los, mas apenas alterá-los), e os restantes visam a fixação da duração do Tratado, o processo de ratificação e a renumeração dos artigos dos Tratados anteriores. Significa isto que, ao contrário da «Constituição Europeia», que favorecia a fusão dos Tratados num único documento, o Tratado de Lisboa mantém a autonomia formal dos dois Tratados: TUE e TFUE. Para uma visão geral do Tratado de Lisboa, cf. MIGUEL GORJÃO HENRIQUES, *Direito Comunitário*, 5.ª ed., 2008, 105 ss., PAULO DE PITTA E CUNHA, *Da crise internacional às questões europeias, Estudos diversos*, 2009, 90-115.

[3] Cf. RUI MOURA RAMOS, *Tratado da União Europeia e Tratado sobre o Funcionamento da União Europeia, De acordo com o Tratado de Lisboa*, 2009, Prefácio à 4.ª edição.

[4] A generalidade da doutrina – cf., por todos, P.S.R.F. MATHIJSEN, *A Guide to European Law*, 2004, 51 – distingue *instituição comunitária* de *órgão comunitário* pelo facto de a primeira poder adoptar actos vinculativos e os seus membros serem eleitos no contexto nacional, como sucede no caso do Parlamento Europeu, ou serem designados pelos governos dos Estados membros ou pelo Conselho.

O Tratado de Lisboa e a renovação das instituições da União Europeia   321

2. Parlamento Europeu

2.1. *Enquadramento legislativo*

O Parlamento Europeu[5] é a primeira instituição referida no artigo 13.º do Tratado da União Europeia, sendo composto por representantes dos cidadãos da União[6] eleitos, por um mandato de cinco anos[7], por sufrágio universal directo, desde 1979[8]. O número de deputados ao Parlamento Europeu não pode ser superior a setecentos e cinquenta e um (incluindo o presidente) e varia entre seis e noventa e seis membros por Estado, sendo a sua composição fixada, por unanimidade, de forma degressivamente proporcional pelo Conselho Europeu[9]. Os deputados reúnem-se em grupos políticos constituídos em formato de partidos políticos europeus, segundo a respectiva afinidade ideológica (e independentemente da nacionalidade), sendo o voto exercido individualmente e a título pessoal, não estando os deputados sujeitos a quaisquer ordens ou instruções[10].

---

[5] A designação de Parlamento Europeu, em substituição da denominação Assembleia, só foi introduzida nos Tratados Comunitários com o Acto Único Europeu, ainda que já existisse uma Resolução anterior, de 1962, nesse sentido.

[6] Note-se que o Tratado de Lisboa refere o Parlamento Europeu como o representante dos cidadãos da União, afastando a terminologia do Tratado da União Europeia do Parlamento Europeu como o representante dos povos dos Estados-membros. Com esta alteração o legislador da União procuraria aproximar as instituições dos cidadãos europeus com o objectivo de atenuar o dito défice democrático da União (na hipótese de aceitarmos a sua existência). Sobre esta questão, cf. MIGUEL POIARES MADURO, *A Constituição Plural Constitucionalismo e União Europeia*, 2006 15 ss.

[7] Artigo 14.º do TFUE.

[8] Decisão do Conselho de 20 de Setembro de 1976, JO L 279/1. Até às primeiras eleições em 1979 os membros do Parlamento Europeu eram designados pelos Parlamentos Nacionais.

[9] Sobre a composição do Parlamento Europeu para a legislatura 2009-2014, cf. o Projecto de Decisão do Conselho Europeu sobre a composição do Parlamento Europeu e a Resolução do Parlamento Europeu, de 11 de Outubro de 2007, também sobre a composição do Parlamento Europeu (2007/2169(INI)).

[10] Artigo 3.º da Decisão do Parlamento Europeu de 28 de Setembro de 2005, que aprova o estatuto dos deputados ao Parlamento europeu (2005/684/CE, Euratom), JO n.º L 262/1 de 7.10.2005. Como menciona ANTÓNIO GOUCHA SOARES, «a disciplina de voto dos deputados europeus dependerá mais das indicações recebidas dos partidos políticos nacionais, do que da solidariedade com as orientações de voto do respectivo grupo europeu», basta pensar que a eleição dos deputados europeus depende apenas da vontade dos partidos nacionais, cf. *A União Europeia*, 2006, 188. Refira-se ainda que o Parlamento Europeu, cujos principais locais de trabalho se repartem entre Estrasburgo (apontada tradicionalmente como a sua sede, cf. Protocolo relativo à localização das sedes das instituições, órgãos e de certos organismos e serviços da União Europeia,

322 *Sofia Oliveira Pais*

Com a entrada em vigor do Tratado de Lisboa, o Parlamento Europeu, considerado um dos grandes vencedores do projecto reformador da União[11], exerce, juntamente com o Conselho, a função legislativa e a função orçamental, sendo agora as duas instituições colocadas no mesmo plano.

A nível orçamental o Parlamento dispunha, desde o Tratado de Bruxelas de 1975, de competências, sobretudo quanto às despesas não obrigatórias, na discussão, aprovação e fiscalização do orçamento. Já quanto às despesas obrigatórias a última palavra cabia ao Conselho. Com a entrada em vigor do Tratado de Lisboa o processo de aprovação do orçamento foi simplificado, nos termos dos artigos 312.º a 314.º do TFUE: o orçamento anual da União tem de respeitar o quadro financeiro plurianual estabelecido por um período de pelo menos cinco anos; desapareceu a distinção entre despesas obrigatórias e não obrigatórias, sendo desse modo ampliadas as competências do Parlamento Europeu, chamado agora a pronunciar-se sobre todo o tipo de despesas; Conselho e Parlamento Europeu passam a fazer uma única leitura da proposta do orçamento apresentada pela Comissão, seguida da intervenção do Comité de Conciliação no caso de aquelas duas instituições não chegarem a consenso, e obrigando a Comissão a apresentar nova proposta na hipótese de o dito Comité também não chegar a acordo sobre um projecto comum.

No plano legislativo o Parlamento Europeu vê reforçado o seu poder normativo, adquirido apenas com a criação do processo de co-decisão pelo Tratado da União Europeia (antes da entrada em vigor deste último Tratado, o Parlamento Europeu quase só era chamado a controlar a Comissão e a dar o seu parecer sobre determinadas actos comunitários). O Conselho vai, deste modo, perdendo o domínio do processo legislativo (note-se que o Conselho, ao contrário do Parlamento Europeu, detinha competências legislativas exclusivas, cujo exercício correspondia a mais de metade da legislação comunitária adoptada) uma vez que, doravante, a generalidade dos actos apenas serão adoptados com a concordância das duas instituições. De facto, o processo de co-decisão, redenominado processo legislativo ordinário[12], passará a ser a regra, tendo sido estendido a um vasto conjunto de matérias (tais como a agricultura, os serviços, o asilo ou os fundos de coesão[13]), solução que permite sedimentar o carácter democrático da legislação europeia.

anexo aos Tratados), Bruxelas e Luxemburgo, tem um Presidente e vários vice-presidentes, sendo as respectivas competências, bem como a das comissões parlamentares criadas, referidas no seu regimento, cf. Regimento, 7.ª Legislatura, Julho 2009, disponível em www.europarl.europa.eu.
[11] Cf. por todos HANS JÜRGEN PAPIER, ob. cit., 423.
[12] Artigo 294.º do TFUE.
[13] Artigos 43.º, 56.º, 78.º e 177.º do TFUE.

O Parlamento Europeu exerce ainda um controlo político sobre a Comissão (isto é, coloca-lhe questões, fiscaliza a sua actividade executiva e pode mesmo demiti-la, votando uma moção de censura – artigos 230.º e 234.º do TFUE)[14], desenvolve funções consultivas, nomeadamente no âmbito da política externa e segurança comum quanto aos seus principais aspectos e opções fundamentais (artigo 36.º do TUE) e pode ser necessária a sua aprovação quanto à celebração de certos acordos internacionais (artigo 218.º, n.º 6, alínea *a*) do TFUE), bem como no processo de adesão de novos Estados (artigo 49.º do TUE).

Finalmente, o Parlamento Europeu pode adoptar o seu regimento (artigo 232.º do TFUE), constituir comissões de inquérito temporárias para analisar «alegações de infracção ou de má administração na aplicação do direito da União» (artigo 226.º do TFUE), receber petições «sobre qualquer questão que se integre nos domínios de actividade da União e lhe diga directamente respeito» (artigo 227.º do TFUE), eleger o Provedor de Justiça (órgão competente para receber as queixas designadamente dos cidadãos europeus sobre casos de «má administração na actuação das instituições, órgãos ou organismos da União», nos termos do artigo 228.º do TFUE), interpor recursos de anulação e intentar acções de omissão para garantir o cumprimento do direito da União Europeia (artigos 263.º e 265.º do TFUE), e, desde 1 de Dezembro de 2009, submeter ao Conselho projectos de revisão dos Tratados (artigo 48.º do TUE) e «vetar» actos delegados ou mesmo revogar a delegação (artigo 290.º do TFUE).

Em suma, baseando-se o funcionamento da União na democracia representativa, nos termos do artigo 10.º do TUE, o Parlamento Europeu assegura que «os cidadãos europeus estão directamente representados ao nível da União» (tal como os Estados estão representados no Conselho Europeu e no Conselho), promovendo os valores e prosseguindo os objectivos da União e sendo auxiliado «activamente» nas suas tarefas, entre outros, pelos Parlamentos nacionais.

2.2. *A contribuição dos Parlamentos Nacionais para o bom funcionamento da União Europeia*

Os Parlamentos nacionais seriam, juntamente com o Parlamento Europeu, os grandes vencedores do Tratado Reformador[15], que rectificaria a situação

---

[14] Cf. artigos 230.º e 234.º do TFUE

[15] JEAN VICTOR LOUIS, "National Parliaments and the principle of subsidiarity – Legal options and practical limits", in *European Constitutional Law Review*, 2008, vol. 4, issue 3, 429.

324 Sofia Oliveira Pais

desvantajosa em que foram colocados com o desenrolar do processo de inte-gração europeia. Por outras palavras, o incremento de poder do Parlamento Europeu, e a obrigação de implementação da legislação europeia por todas as autoridades nacionais, teriam criado um «sentimento de frustração»[16] nos Par-lamentos Nacionais, que o Tratado Reformador teria procurado atenuar, ao considerá-los essenciais para o bom funcionamento da União. Aos Parlamen-tos Nacionais é, deste modo, confiado o desempenho de várias tarefas. De facto, a partir de 1 de Dezembro de 2009, os Parlamentos Nacionais partici-pam, nos termos do artigo 12.º do TFUE, no processo de revisão dos Tratados (artigo 48.º do TUE), são informados do pedido de adesão de novos Estados (artigo 49.º do TUE), promovem a cooperação inter-parlamentar (Protocolo relativo ao papel dos Parlamentos nacionais na União Europeia) e podem vetar o uso de cláusulas-passarela da regra de votação da unanimidade para a maio-ria qualificada e do processo legislativo especial para o processo legislativo ordinário (artigos 48.º, n.º 7, do TUE e especificamente 81.º, n.º 3, do TFUE). Mas, a tarefa mais importante será, sem dúvida, a de actuarem como vigilantes *ex ante* do princípio da subsidiariedade, garantindo que as decisões são adopta-das ao nível mais próximo das populações[17]. Note-se que a Comissão envia directamente aos Parlamentos Nacionais não só os seus documentos de con-sulta (livros verdes, livros brancos e comunicações) como ainda os projectos de actos legislativos[18], podendo os Parlamento Nacionais invocar o sistema de alerta precoce *(early-warning mechanism)*, isto é, no prazo de oito semanas a con-tar do envio do projecto de acto legislativo, os Parlamentos Nacionais podem formular um parecer fundamentado sobre a inobservância do princípio da sub-

[16] JEAN VICTOR LOUIS, ob. cit., 434.

[17] Apesar de o princípio da subsidiariedade já estar consagrado no TUE, com a entrada em vigor do Tratado de Lisboa são introduzidos novos elementos no plano processual (nomeadamente a possibilidade de um controlo *a priori* e *a posteriori*) e prestados certos esclarecimentos (designada-mente o facto de, nos termos do artigo 5.º do TUE, na apreciação de tal princípio ser tida em conta não só a actuação do Estado a nível central mas também «a nível local e regional», como ainda o afastamento de tal princípio em relação aos domínios da competência exclusiva da União, hoje claramente mencionados no artigo 3.º do TFUE). Para uma visão geral deste prin-cípio, cf. MARIA LUÍSA DUARTE, "A aplicação jurisdicional do princípio da subsidiariedade no direito comunitário – pressupostos e limites", in *Estudos de Direito da União e das Comunidades Europeias* – II, 2006, 75 ss.

[18] Protocolo relativo ao papel dos Parlamentos Nacionais na União Europeia, a anexar ao TUE e ao TFUE, artigos 1.º, 2.º e 12.º do TFUE.

Cadernos O Direito 5 (2010), 319-350

O *Tratado de Lisboa e a renovação das instituições da União Europeia*   325

sidiariedade[19]. Se o parecer representar pelo menos um terço dos votos atribuídos aos Parlamentos Nacionais (18 numa União com 27 Estados, uma vez que cada Parlamento Nacional dispõe de dois votos nos termos do Protocolo relativo à aplicação dos Princípios da Subsidiariedade e da Proporcionalidade), ou de um quarto (14 votos numa União com 27 Estados), nos domínios de liberdade, segurança e justiça, ou mesmo a maioria simples, no quadro do processo legislativo ordinário (28 votos numa União com 27 Estados), o projecto deve ser reanalisado. Por outras palavras, pela primeira vez foi contemplada no direito primário a possibilidade de os Parlamento Nacionais obrigarem ao reexame de um projecto de acto legislativo, ainda que nos dois primeiros casos seja o autor do projecto a decidir se este deve ser ou não mantido (e daí a designação de *procedimento do cartão amarelo*), ao passo que, na terceira hipótese, se a Comissão decidir manter a proposta, a decisão final é transferida para o legislador da União, que a pode manter ou não (*procedimento do cartão laranja*)[20].

Apesar da bondade do objectivo visado – transformar os Parlamentos Nacionais nos «guardiões» do princípio da subsidiariedade – são vários os obstáculos à sua concretização[21]. De facto, o número exorbitante de actos, nomeadamente regulamentos e directivas, adoptados todos os anos, o prazo curto para os Parlamentos Nacionais formularem o parecer fundamentado, e as dificuldades de coordenação internacional entre os vários Parlamentos Nacionais para se atingir um número de votos significativos com o intuito de obrigar as instituições da União a reanalisarem o projecto, podem dificultar, na prática, o funcionamento célere e eficaz do sistema. É certo que o princípio da subsidiariedade poderá vir a ser fiscalizado *ex post* pelo Tribunal de Justiça, nos termos do artigo 8.º do Protocolo relativo à aplicação dos Princípios da Subsidiariedade e da Proporcionalidade. Trata-se, contudo, de uma solução que acarreta os inconvenientes da actuação *a posteriori*, além de que há o risco de o controlo a efectuar ser sobretudo de ordem formal. Por outro lado, a própria redacção do artigo 8.º referido tem suscitado dúvidas sobre a legitimidade activa para a interposição de um recurso de anulação, nos termos do artigo 263.º do TFUE, com fundamento na violação do princípio da subsidiariedade. Não é neste

---

[19] Protocolo relativo à aplicação dos princípios da subsidiariedade e da proporcionalidade, a anexar ao TUE e TFUE, artigos 6.º e 7.º.

[20] Cf. Relatório do Parlamento Europeu de 13 de Março de 2009 sobre o desenvolvimento das relações entre o Parlamento Europeu e os Parlamentos Nacionais ao abrigo do Tratado de Lisboa (2008/2120(INI)).

[21] Assim, HANS JURGEN PAPIER, ob. cit., 426.

326 *Sofia Oliveira Pais*

momento inteiramente claro, para certa doutrina, se a intervenção do Estado que «transmite» o recurso em nome do seu Parlamento Nacional é meramente formal, ou se pelo contrário tal transmissão, a realizar pelo Estado, «em conformidade com o seu ordenamento jurídico interno», implicará alguma discricionariedade[22]. Não obstante as dificuldades enunciadas, parece-nos que o novo mecanismo de controlo da subsidiariedade será sempre susceptível de exercer um certo efeito dissuasor, garantindo a aplicação desse princípio tal como este se apresenta no contexto da União, isto é, «como um limite à expansão das competências comunitárias e (…) como um factor de descentralização da decisão política no sentido União Europeia/Estados-membros»[23].

3. Conselho Europeu

3.1. *Enquadramento legislativo*

O Conselho Europeu, que tem origem nas cimeiras dos Chefes de Estado ou de Governo europeus realizadas de modo *ad hoc* a partir da década de 60, e nas quais eram discutidas questões fundamentais para o desenvolvimento das próprias Comunidades Europeias, foi pela primeira vez mencionado nos Tratados Comunitários com a entrada em vigor do Acto Único Europeu. A partir de 1993, com o Tratado da União Europeia, o Conselho Europeu passa a ser referido como um órgão da União Europeia e só com a entrada em vigor do Tratado Reformador é que foi claramente assumido o seu estatuto de instituição (artigo 13.º do TUE), com um papel preponderante na definição das principais decisões políticas da União Europeia. De facto, apesar de não exercer a função legislativa (artigo 15.º do TUE), são as conclusões do Conselho Europeu que geralmente definem o quadro no âmbito do qual as outras instituições irão adoptar medidas concretas[24].

---

[22] Para uma visão geral das divergências doutrinais sobre este tema cf. Jean Victor-Louis, ob. cit., 441.

[23] Maria Luísa Duarte, "A aplicação jurisdicional do princípio da subsidiariedade no direito comunitário – pressupostos e limites", in *Estudos…*, cit., 90-91.

[24] Vejam-se por exemplo as Conclusões da Presidência do Conselho Europeu de Lisboa de 23 e 24 de Março de 2000, que procuraram estabelecer um novo objectivo estratégico para a União, tendo em vista reforçar o emprego, a reforma económica e a coesão social no âmbito de uma economia baseada no conhecimento, disponíveis em europa.eu/european-council/index_pt.htm.

O Tratado de Lisboa e a renovação das instituições da União Europeia 327

Com a entrada em vigor do Tratado de Lisboa, o Conselho Europeu reúne-se, nos termos do artigo 15.º do TUE, duas vezes por semestre e é composto pelos Chefes do Estado ou de Governo dos Estados-Membros, bem como pelo seu Presidente e pelo Presidente da Comissão[25], participando ainda nos seus trabalhos o Alto Representante da União para os Negócios Estrangeiros e a Política de Segurança.

O Conselho Europeu tem por missão definir «as orientações e prioridades políticas gerais da União» (artigo 15.º do TUE), as «orientações gerais da política externa e de segurança comum» incluindo matérias «com implicações no domínio da defesa» (artigo 26.º do TUE), bem como as «orientações estratégicas da programação legislativa e operacional no espaço de liberdade, segurança e justiça» (artigo 68.º do TFUE). Observe-se ainda que, no domínio das relações externas, além do Conselho Europeu tem igualmente competências o Alto Representante da União para os Negócios Estrangeiros e a Política de Segurança, o que poderá levantar problemas a nível de coordenação dos respectivos poderes.

Pode ainda ser solicitada a intervenção do Conselho Europeu com vista à obtenção do consenso, designadamente no domínio da segurança social e da cooperação judiciária em matéria penal, sempre que um membro do Conselho considere que o projecto de acto legislativo prejudica aspectos fundamentais do seu ordenamento jurídico (artigos. 48.º, 82.º e 83.º do TFUE)[26].

Além disso, o Conselho Europeu, com base em relatórios do Conselho, adoptará conclusões sobre as orientações gerais das políticas económicas dos Estados-Membros e da União (artigo 121.º do TFUE), bem como sobre a situação do emprego na União (artigo 148.º do TFUE), avaliando ainda periodicamente as ameaças (como ataques terroristas ou catástrofes naturais ou humanas) com que a União se depara (artigo 222.º do TFUE), além de participar nos processos de revisão dos Tratados (artigo 48.º do TUE) e de adesão de novos Estados (artigo 49.º do TUE). Finalmente, compete ao Conselho Europeu estabelecer a lista de formações do Conselho (artigo 236.º do TFUE), fixar o sistema de rotação para escolha dos membros da Comissão (artigo 244.º do TFUE), nomear a Comissão Europeia (artigo 17.º do TUE) e a Comissão Executiva do Banco Central Europeu (artigo 283.º do TFUE), bem como per-

---

[25] Os dois presidentes não votam no Conselho Europeu. Cf. artigo 235.º, n.º 1, do TFUE.
[26] Note-se que a aplicação de um mecanismo semelhante, designado por «travão de emergência», estava previsto no ex-artigo 23.º do TUE.

328   *Sofia Oliveira Pais*

mitir que a regra de votação do Conselho por unanimidade, em certos casos, passe a maioria qualificada (artigo 312.º do TFUE).

Em síntese, o Conselho Europeu continua a definir a «agenda» da União Europeia, e eventuais conflitos inter-institucionais, devido à existência de uma «autoridade dividida», deverão ser evitados, uma vez que todos os intervenientes têm incentivos para prevenir a emergência desse tipo de conflitos[27].

3.2. *Os novos cargos criados pelo Tratado Lisboa: Presidente do Conselho Europeu e Alto Representante da União para os Negócios Estrangeiros e a Política da Segurança*

Até à entrada em vigor do Tratado de Lisboa a Presidência do Conselho Europeu foi exercida de forma rotativa entre os vários Estados-Membros, por períodos de seis meses. Com os sucessivos alargamentos e a necessidade de ser garantida continuidade à estratégia europeia, os grandes Estados-Membros defenderam a eleição de um Presidente do Conselho Europeu, com poderes acrescidos, que representasse externamente a União no âmbito da Política Externa e da Segurança Comum. Apesar da oposição dos pequenos Estados, foi esta a solução seguida no Tratado de Lisboa. Assim, o Presidente do Conselho Europeu, eleito por maioria qualificada, por um mandato de dois anos e meio, renovável uma vez, garante, nos termos do novo Tratado, a continuidade da actividade do Conselho Europeu, mantém a cooperação com as outras instituições, informando-as devidamente dos assuntos debatidos nas reuniões, e assegura a representação externa da União no domínio da Política Externa e de Segurança Comum (artigo 15.º do TUE). Com estas soluções o legislador procurou assegurar quer uma maior coordenação inter-institucional (exigência cada vez mais premente com a crescente complexidade, nomeadamente, do quadro decisório europeu), quer uma verdadeira liderança por parte do Conselho Europeu no processo de integração europeia, quer ainda uma certa personalização da instituição, vista como mais uma tentativa de aproximar dos cidadãos a União, considerada frequentemente um «produto de tecnocratas sem rosto»[28].

---

[27] PAUL CRAIG, "The Treaty of Lisbon, process, architecture and substance", in *European Law Review*, 2008, 33, 153.
[28] J. H. PAPIER, ob. cit., 422.

O *Tratado de Lisboa e a renovação das instituições da União Europeia* 329

Simultaneamente foi criada a figura do Alto Representante da União para os Negócios Estrangeiros e a Política de Segurança, que tem por principal missão representar a União no plano internacional. O Alto Representante, que passou a reunir as competências do Alto Representante para a Política Externa e de Segurança Comum da União, e do Comissário Europeu para as relações externas, é nomeado pelo Conselho Europeu, por maioria qualificada, com o acordo do Presidente da Comissão, nos termos do artigo 18.° do TUE, sendo apoiado no desempenho das suas funções por um Serviço Europeu para a Acção Externa (artigo 27.° do TFUE). O Alto Representante tem como missão conduzir a Política Externa e de Segurança Comum da União, assegurando a coerência da acção externa da União (artigo 18.° do TUE). O Alto Representante dá, deste modo, voz à União no contexto internacional, e nesse domínio emite pareceres (artigo 329.° do TFUE) apresenta propostas (artigos 215.°, 218.° e 222.° do TFUE) e recomendações (artigo 218.° do TFUE), e assegura ligações com outras organizações internacionais (artigo 220.° do TFUE). Além disso, é mandatário do Conselho no que se refere à Política Comum de Segurança e Defesa (PCSD)[29], preside ao Conselho dos Negócios Estrangeiros e é

---

[29] Note-se que a Política Externa e de Segurança Comum (PESC) abrange a Política Comum de Segurança e Defesa (PCSD), nos termos do artigo 42.° do TUE. Esta última garante à União, como referem os n.ºs 1 e 2 dessa mesma disposição, «uma capacidade operacional apoiada em meios civis e militares», podendo a União «empregá-los em missões no exterior a fim de assegurar a manutenção da paz, a prevenção de conflitos e o reforço da segurança internacional, de acordo com os princípios da Carta das Nações Unidas»; além disso, a disposição citada estabelece que «a execução destas tarefas assenta nas capacidades fornecidas pelos Estados-Membros» e que a «política comum de segurança e defesa inclui a definição gradual de uma política de defesa comum da União». O desenvolvimento da PCSD foi, deste modo, a solução encontrada pela União Europeia quando chegou à conclusão, sobretudo a partir da década de 1990, com a crise da ex-Jugoslávia, que, nas palavras sugestivas de DIETMAR NICKEL e GERRARD QUILLE (cf. "In the Shadow of the Constitution Common Foreign and Security Policy/European Security and Defence Policy adapting to a changing external environment", in Jean Monnet, Working Papers 02/07, 3-5) "speaking softly and carrying a big wallet" não era suficiente e que a Europa tinha necessariamente de intervir mais assertivamente. Acresce, como referem STEVEN BLOCKMANS e RAMSES A. WESSEL, "The European Union and crisis management: Will the Lisbon Treaty make the EU more effective?", in CLEER Working Papers 2009/1, 27-28, que a distinção tradicional entre a PESC, dirigida à segurança externa da União, e a PCSD, focada na segurança interna, se tem esbatido, uma vez que «aspectos externos e internos estão indissoluvelmente ligados»; todavia, à nova realidade não tem correspondido o aparecimento no plano internacional de uma União forte no domínio da segurança, como muitos considerariam desejável, dadas as limitações, desde logo, resultantes da inexistência de um verdadeiro exército europeu, ou seja, os *inputs* necessários continuam sob o controlo dos Estados-membros (cf., sobre esta questão, NICKEL e QUILLE, ob. cit., 20 ss.).

330 *Sofia Oliveira Pais*

um dos vice-presidentes da Comissão, incumbindo-lhe assegurar a unidade e coerência da acção externa da União. Em suma, se é certo que o reforço dos poderes do Alto Representante, no texto final do TFUE, representa mais um passo no sentido de se garantir a eficácia e coerência da actuação externa da União, sendo assegurada a ponte entre a Política Externa e de Segurança Comum (PESC) e a Política Comum de Segurança e Defesa (PCSD), também é verdade que o Tratado Reformador ao conferir relevo no domínio das relações externas a várias entidades pode dificultar a definição de um interlocutor nas relações com países terceiros, bem como o exercício de uma verdadeira liderança neste domínio.

4. O Conselho (da União Europeia)

4.1. *Enquadramento legislativo*

O Conselho (instituição que continua a representar os interesses dos Estados-Membros na União Europeia, a par do Conselho Europeu) é composto, nos termos do artigo 16.º do TUE, «por um representante de cada Estado-Membro ao nível ministerial, com poderes para vincular o Governo do respectivo Estado-Membro e exercer o direito de voto» e «reúne-se por convocação do seu Presidente, por iniciativa deste, de um dos seus membros ou da Comissão» (artigo 237.º do TFUE)[30], sendo as reuniões públicas quando versem sobre um projecto de acto legislativo.

Ao contrário do Conselho Europeu que apresenta uma composição fixa, a composição do Conselho varia em função dos assuntos a tratar, podendo, deste modo, apresentar várias formações. O Tratado da União Europeia impõe actualmente, no seu artigo 16.º, n.º 6, a existência de duas formações – o Conselho de Assuntos Gerais (o qual garante a coerência dos trabalhos das diferentes formações) e o Conselho dos Negócios Estrangeiros (que elabora a acção externa da União e assegura a sua actuação coerente) –, sendo a lista de outras formações adoptada pelo Conselho Europeu segundo o artigo 236.º do TFUE.

---

[30] A Presidência das formações do Conselho é assegurada pelos representantes dos Estados-Membros no Conselho, com base num sistema de rotação igualitária (artigos 16.º, n.º 9, do TUE e 236.º do TFUE), com excepção do Conselho dos Negócios Estrangeiros cuja Presidência é assegurada pelo Alto Representante (artigo 18.º, n.º 3, do TUE).

O *Tratado de Lisboa e a renovação das instituições da União Europeia*   331

Auxiliam o Conselho no desempenho das suas tarefas o COREPER (nos termos do artigo 240.º, n.º 1, do TFUE, «cabe a um comité, composto pelos representantes permanentes dos Governos dos Estados-Membros, a responsabilidade pela preparação dos trabalhos do Conselho e pela execução dos mandatos que este lhe confia») e por um Secretário-Geral (colocado segundo o artigo 240 .º n.º 2 do TFUE «na dependência de um Secretário-Geral nomeado pelo Conselho) com competências para desempenhar tarefas sobretudo de índole administrativa.

O Conselho exerce, juntamente com o Parlamento Europeu, a função legislativa, através do procedimento legislativo ordinário, e a função orçamental (artigo 16.º, n.º 1, do TUE), competindo-lhe igualmente definir e coordenar as políticas nos termos dos Tratados[31].

Além do procedimento legislativo ordinário, previsto no seu artigo 294.º, o Tratado sobre o Funcionamento da União Europeia estabelece o recurso a processos legislativos especiais, isto é, processos conducentes à adopção de um regulamento, directiva ou decisão pelo Parlamento Europeu, com a participação do Conselho, ou por este com a participação do Parlamento Europeu (artigo 289.º, n.º 2 do TFUE). Refira-se, a título de exemplo, o artigo 352.º, que permite ao Conselho, por decisão unânime, e através de um processo legislativo especial, colmatar eventuais lacunas do TFUE[32].

Os actos adoptados por processo legislativo são designados à luz do artigo 289.º, n.º 3, do TFUE, como *actos legislativos* e podem delegar na Comissão o poder de adoptar *actos não legislativos* de alcance geral (artigo 290.º, n.º 1, do

---

[31] Veja-se nomeadamente o artigo 121.º do TFUE, nos termos do qual compete ao Conselho elaborar projectos de orientação das políticas gerais dos Estados-membros, recomendações, e aprovar no final do processo a respectiva recomendação.

[32] Repare-se que a possibilidade, prevista na disposição referida, de o Conselho adoptar as disposições adequadas «para atingir um dos objectivos dos Tratados, sem que estes tenham previsto os poderes de acção necessários para o efeito», tem sido criticada por alguma doutrina, uma vez que poderá servir para a instituição em causa conduzir um processo de revisão informal do Tratado. Sobre esta questão cf. MIGUEL GORJÃO HENRIQUES, ob. cit., 266 ss. Além desta hipótese, são ainda exemplos de processos legislativos especiais o artigo 19.º do TFUE, relativo à aplicação do princípio da não discriminação, no domínio da cidadania europeia, em razão do sexo, raça ou origem étnica, religião ou crença, deficiência, idade ou orientação sexual, o artigo 308.º do TFUE, sobre a alteração do Estatuto do Banco Europeu de Investimento pelo Conselho, o artigo 311.º do TFUE sobre o sistema de recursos próprios da União e o artigo 314.º do TFUE no contexto da elaboração do orçamento da União.

TFUE)[33]. O Tratado de Lisboa introduziu, deste modo, a distinção entre actos legislativos e não legislativos, solução esta criticada por uns, pois seria um ornamento inútil, desnecessário do ponto de vista jurídico, visando apenas a formatação indesejável da União à luz das democracias nacionais, e defendida por outros, como forma de garantir a transparência e clareza, especialmente em domínios como os da «comitologia», bem como a hierarquia das normas[34].

Para o desempenho das suas funções, nomeadamente legislativas, o Conselho delibera geralmente por maioria qualificada[35], e só pontualmente prevêem os Tratados o sistema de votação por maioria simples (por exemplo, para a criação de órgãos consultivos, segundo os artigos 150.º e 160.º ou para deliberar sobre questões processuais nos termos dos artigos 235.º e 240.º do TFUE) ou unanimidade (vejam-se nomeadamente os artigos 19.º, 308 e 311.º do TFUE), sendo esta obtida mesmo com abstenções (artigo 238.º, n.º 4 , do TFUE).

Com a entrada em vigor do Tratado Lisboa, foram introduzidas novas regras quanto ao cálculo da maioria qualificada. De acordo com o artigo 16.º, n.º 4 do TUE, e o artigo 238.º, n.º 2, do TFUE, a maioria qualificada no Conselho Europeu (artigo 235.º do TFUE) e no Conselho passará a ser uma «dupla maioria» (isto é, maioria dos Estados e da população da União), solução que procura responder aos receios dos pequenos Estados e garantir um processo de decisão mais célere. Nos termos das disposições referidas, a maioria qualificada é definida da seguinte forma: (1) A maioria qualificada no(s) Conselho(s) cor-

---

[33] Nos termos desta disposição, um «acto legislativo pode delegar na Comissão o poder de adoptar actos não legislativos de alcance geral que completem ou alterem certos elementos não essenciais do acto legislativo». Além dos actos delegados, o TFUE refere uma nova categoria de actos jurídicos no seu artigo 291.º: os actos de execução.

[34] Sobre esta questão cf. JONAS BERING LIISBERG, "The EU constitutional treaty and its distinction between legislative and non legislative acts – Oranges into apples?", in Jean Monnet Working Papers 01/06, 5 ss, para quem aparentemente a expressão «legislação comunitária» já resolvia o problema, bem como JOÃO MOTA DE CAMPOS e JOÃO LUIZ MOTA DE CAMPOS, *Manual de Direito Comunitário*, 2007, 83-84.

[35] Com a entrada em vigor do Tratado de Lisboa foram expandidas as áreas de votação por maioria qualificada. Vejam-se, a título de exemplo, no contexto do espaço de liberdade, segurança e justiça os artigos 77.º (visto), 79.º (imigração legal), 82.º a 86.º (cooperação judiciária em matéria penal), 85.º (Eurojust), 87.º (cooperação policial não operacional), 88.º (Europol) e 196.º (Protecção civil), todos do TFUE. O Conselho continuará em todo o caso a votar por unanimidade, depois de consultar o Parlamento Europeu, nos termos dos artigos 77.º (passaportes e bilhete de identidade), 81.º (direito da família), 86.º (eventual criação de uma Procuradoria Europeia para proteger os interesses financeiros da União) e 87 (cooperação policial operacional), todos do TFUE.

responde, pelo menos, a 55% dos membros do Conselho (15 Estados num total de 27), num mínimo de quinze, devendo estes representar Estados-Membros que reúnam no mínimo 65% da população da União; a minoria de bloqueio deve ser composta por, pelo menos, quatro Estados que representam mais de 35% da população da União (ou seja, evita-se que os Estados mais populosos bloqueiem a decisão)[36]; (2) Quando o Conselho não delibere sob proposta da Comissão ou do Alto Representante a maioria qualificada deve corresponder, no mínimo a 72% dos membros do Conselho, representando Estados que reúnem, pelo menos, 65% da população da União[37].

A aplicação do regime referido foi, em todo o caso, diferida para 1 de Novembro de 2014, podendo mesmo ser adiada até 31 de Março de 2017, nos termos do 'Protocolo relativo às disposições transitórias', sempre que um dos membros do Conselho peça que a deliberação seja tomada por maioria qualificada definida nos termos do Tratado de Nice (ou seja, ao contrário do novo regime em que cada Estado tem um voto, no sistema anterior atribuía-se a cada Estado um certo número de votos fixos)[38]. Assim, segundo o artigo 3.º do Protocolo referido, até 31 de Outubro de 2014, as deliberações consideram-se aprovadas por maioria qualificada se obtiverem 255 votos (que devem corresponder à maioria dos membros, ou mesmo a dois terços quando a deliberação não foi precedida de proposta da Comissão), podendo ainda qualquer Estado exigir que essa votação represente 62% da população da União[39].

Refira-se, por fim, que se um conjunto de Estados-Membros declarar opor-se a que o Conselho adopte um acto por maioria qualificada, o Conselho deve debater a questão e procurar obter, num prazo razoável, uma solução que responda às preocupações desses Estados. Note-se que esta solução, introduzida a pedido da Polónia nas 'Declarações relativas a disposições dos Trata-

[36] Note-se que nos termos do artigo 238.º, n.º 3, do TFUE nos casos em que, à luz do Tratado, nem todos os membros do Conselho participem na votação, a minoria de bloqueio deve ser composta por «pelo menos, o número mínimo de membros do Conselho que represente mais de 35% da população dos Estados-membros participantes, mais um membro».
[37] Na hipótese de nem todos os membros do Conselho participarem na votação aplica-se o disposto no artigo 238.º n.º 3 do TFUE.
[38] No sistema de Nice a ponderação dos votos tem, geralmente, em conta a população de cada Estado. Malta é o Estados com menos votos (apenas possui três votos), ao passo que os grandes Estados, como a Alemanha, França, Itália ou Reino Unido dispõem de 29 votos, tendo a Polónia e a Espanha 27 votos (encontrando-se Portugal próximo do «meio da tabela» com 12 votos).
[39] Note-se que o critério populacional ficará em princípio preenchido com a regra dos 255 votos. A questão surge quando a proposta legislativa é aceite apenas por três dos seis maiores Estados, bem como pelos restantes vinte e um Estados.

334 *Sofia Oliveira Pais*

dos' e inspirada pelo acordo de Ioanina, terá aparentemente um alcance limitado, pois não prejudica os prazos obrigatórios fixados pelo direito da União[40].

O Conselho tem ainda competências para participar no processo de celebração de acordos internacionais (artigo 218.° do TFUE), autorizar as cooperações reforçadas que os Estados-membros desejem instituir entre si para reforçar o processo de integração (artigo 20.° do TUE e 329.° do TFUE)[41], receber os projectos de revisão dos Tratados, nos termos do artigo 48.°, n.° 2, do TUE, relativo ao processo de revisão ordinário (devendo o seu Presidente, segundo o n.° 4 da mesma disposição, convocar uma conferência dos representantes dos Estados-Membros para definir as alterações a introduzir nos Tratados), bem como os pedidos de adesão dos novos Estados-Membros, devendo neste último caso atender aos critérios de elegibilidade aprovados pelo Conselho Europeu (artigo 49.° do TUE). Além disso, é ao Conselho que cabe verificar o risco de violação dos valores referidos no artigo 2.° do TUE e sancionar os Estados por esse facto (artigo 7.° do TUE), bem como celebrar, a partir da entrada em vigor do Tratado de Lisboa, por maioria qualificada, o acordo de saída de um Estado que pretenda retirar-se da União (artigo 50.° do TUE).

No domínio da PESC, cabe ao Conselho, juntamente com o Conselho Europeu, a sua definição e execução através de regras e procedimentos específicos, nos termos do artigo 24.° do TUE (isto é, a votação será em princípio feita segundo a regra da unanimidade, competindo ao Conselho a adopção de decisões, que vinculam os Estados-membros, nos termos dos artigos 25.° e 28.° do TUE). Note-se que este regime específico pode suscitar algumas dificuldades quando for necessária a adopção de «decisões» no âmbito da União que transcendam o campo da PCSD, ou mesmo da PESC, e incluam outras políticas comunitárias. Ou seja, a necessidade de basear a decisão da União em diferentes fundamentos jurídicos, consoante se trata do domínio da segurança (dadas as regras especiais vigentes no contexto da PESC já referidas, acrescendo o facto de as competências do Tribunal de Justiça serem praticamente inexistentes nesta área[42]) ou outras políticas externas, nomeadamente económicas, da

---

[40] Declaração n.° 7 – Declaração *ad* n.° 4 do artigo 16.° do Tratado da União Europeia e n.° 2 do artigo 238.° do Tratado sobre o Funcionamento da União Europeia

[41] Note-se que o processo de cooperação reforçada deve ser considerado o «último recurso», isto é deve ser utilizado apenas quando «os objectivos da cooperação em causa não podem ser atingidos num prazo razoável pela União no seu conjunto e desde que, pelo menos, noves Estados-Membros participem na cooperação» (artigo 20.°, n.° 2, do TUE).

[42] Ainda assim, cf. o artigo 275.° do TFUE.

O *Tratado de Lisboa e a renovação das instituições da União Europeia*   335

União pode, como já foi sublinhado, dificultar a actuação da União e comprometer a respectiva coerência externa[43]. Ainda assim, a introdução no artigo 42.º, n.º 7, do TUE de uma espécie de «obrigação de defesa colectiva» (uma vez que segundo a disposição referida se «um Estado-Membro vier a ser alvo de agressão armada no seu território, os outros Estados-Membros devem prestar-lhe auxílio e assistência por todos os meios ao seu alcance, em conformidade com o artigo 51.º da Carta das Nações Unidas») bem como o estabelecimento de uma «cláusula de solidariedade» nos termos do artigo 222.º do TFUE (segundo o qual a «União e os seus Estados-membros actuarão em conjunto, num espírito de solidariedade, se um Estado-Membro for alvo de um ataque terrorista ou vítima de uma catástrofe natural ou de origem humana») consagram soluções de certo modo inovadoras[44], permitindo, deste modo, à União dar os primeiros passos na criação da tão almejada defesa comum.

4.2. *A progressiva transformação do Conselho numa «segunda câmara legislativa»*

Com a entrada em vigor do Tratado Reformador foi dado aparentemente mais um passo no sentido da transformação do Conselho numa «segunda câmara legislativa»[45], solução esta distinta, em todo o caso, da que tinha sido defendida por Joschka Fischer , que propunha a criação na União de um Governo Europeu ao lado de um Parlamento Europeu com duas câmaras[46].

---

[43] BLOCKMANS e WESSEL, ob. cit., 34.

[44] Note-se que o Conselho Europeu já tinha adoptado uma 'Declaração de solidariedade contra o terrorismo' em 25 e 26 de Março de 2004 (disponível em http://ec.europa.eu/publications/booklets/others/84/pt.pdf), solução reforçada com a entrada em vigor do Tratado de Lisboa, nomeadamente com a criação, nos termos do artigo 71.º do TFUE, de um Comité Permanente no Conselho (designado pela sigla COSI), com a missão de promover a coordenação da acção operacional dos Estados-Membros no domínio da segurança interna.

[45] No sentido de que a perda de influência do Conselho, que deixa de ser o órgão legislativo por exelência, apenas confirma a transformação do Conselho numa segunda câmara, de que aliás já seriam sinais claros a «progressiva publicização das suas reuniões e a introdução do limiar populacional em Nice», cf. MIGUEL GORJÃO HENRIQUES, ob. cit., 172.

[46] Joschka Fischer defendeu um Parlamento Europeu com duas câmaras semelhante ao «Bundesrat» na Alemanha ou ao «Senate» nos E.U.A, e um governo europeu, desenvolvendo o Conselho Europeu ou partindo da Comissão com a eleição directa do seu presidente. Cf. o discurso proferido na Universidade Humboldt em Berlim em 12 de Maio de 2000, disponível em

336 *Sofia Oliveira Pais*

Como é sabido, no regime anterior existiam vários obstáculos à consideração do Conselho como uma verdadeira «câmara legislativa»: as suas reuniões eram secretas (mesmo para legislar), não era uma instituição eleita directamente, nem estava sujeita ao controlo parlamentar.

Com o Tratado de Lisboa são consagradas algumas soluções que respondem, pelo menos em parte, às preocupações enunciadas. O regime anterior de o Conselho legislar em segredo foi alterado com a possibilidade de as reuniões do Conselho serem tornadas públicas (artigo 16.º, n.º 8, do TUE), permitindo aos eleitores conhecer a posição dos seus representantes, os quais passam a assumir responsabilidade pelas votações efectuadas. Por outras palavras, o princípio da transparência, doravante implementado no seio do Conselho, permitirá aproximar a instituição em causa dos cidadãos europeus, bem como responsabilizar os governos pelas decisões adoptadas no âmbito de um verdadeiro processo legislativo (e não fruto de «negociações diplomáticas»). Por outro lado, a possibilidade de os Parlamentos Nacionais fiscalizarem *a priori* o respeito pelo princípio da subsidiariedade, obrigando as várias instituições, incluindo o Conselho, a comunicar os respectivos projectos legislativos, reforça o controlo parlamentar sobre o processo de legislativo europeu. Estas medidas vão, desta forma, ao encontro das sugestões apresentadas pela Comissão no Livro Branco sobre 'Governança Europeia'[47] assentes nos princípios da «abertura, participação, responsabilização, eficácia e coerência» da actuação das instituições da União.

5. Comissão Europeia

5.1. *Enquadramento legislativo*

A Comissão Europeia foi, e continua a ser, apontada como a instituição que representa os interesses da União. Neste sentido dispõe claramente o artigo 17.º, n.º 1, do TUE: «A Comissão promove o interesse geral da União e toma as iniciativas adequadas para esse efeito». Até 1 de Novembro de 2014, a

---

http://centers.law.nyu.edu/jeanmonnet/papers/00/joschka_fischer_en.rtf.no, no qual defendeu um Parlamento Europeu e um Governo Europeu com poderes legislativos e executivos numa Federação.
[47] COM (2001) 428 final.

Cadernos O Direito 5 (2010), 319-350

O Tratado de Lisboa e a renovação das instituições da União Europeia 337

Comissão será composta por um número de comissários, nacionais dos Estados-Membros, equivalente ao número dos Estados, e escolhidos segundo critérios de competência e independência, por mandatos de cinco anos (mandato este que pode terminar por morte, renúncia, por ordem do Tribunal de Justiça a pedido do Conselho ou da Comissão, a pedido do Presidente da Comissão, ou através de uma moção de censura do Parlamento Europeu)[48]. A partir dessa data o número dos seus membros será reduzido, com base num sistema de rotação igualitária (fixado no artigo 244.° do TFUE), de forma a corresponder a dois terços do número dos Estados da União (a menos que o Conselho Europeu decida, por unanimidade, alterar tal solução)[49].

Quanto à designação da Comissão, o Tratado de Lisboa mantém o duplo grau de legitimidade democrática da instituição em causa, ao envolver simultaneamente nesse processo os Conselhos e o Parlamento Europeu[50]. O processo, estabelecido no artigo 17.°, n.° 7, do TUE, desenrola-se nos seguintes termos: (1) o Conselho Europeu, tendo em conta as eleições para o Parlamento Europeu, e deliberando por maioria qualificada, propõe ao Parlamento Europeu um candidato ao cargo de Presidente da Comissão; (2) o candidato é eleito pelo Parlamento Europeu por maioria dos membros que o compõem; (3) o Conselho e o Presidente eleito adoptam, de comum acordo, a lista dos possíveis comissários, com base nas sugestões dos Estados; (4) o Presidente, o Alto Representante e os restantes membros da Comissão são sujeitos a um voto de aprovação do Parlamento Europeu; (5) a Comissão é nomeada pelo Conselho Europeu deliberando por maioria qualificada. A solução proposta, por certa doutrina, de a escolha do Presidente da Comissão Europeia ser realizada por sufrágio directo e universal, foi, deste modo, afastada, em favor da sua eleição

---

[48] Artigo 17.°, n.° 6, do TFUE e artigos 245.° e 247.° do TFUE. A Comissão pode ainda votar uma moção de censura à Comissão nos termos do artigo 17.°, n.° 8, do TUE e artigo 234.° do TFUE.

[49] Note-se que o Conselho Europeu, na reunião de 11 e 12 de Dezembro de 2008, e na reunião de 19 de Junho de 2009, tendo em conta as preocupações do povo irlandês, acordou em que, «caso o Tratado de Lisboa entre em vigor, será tomada uma decisão, em conformidade com os procedimentos jurídicos necessários, para que a Comissão possa continuar a ser constituída por um nacional de cada Estado-Membro».

[50] Dito de outro modo, o Parlamento Europeu, eleito por sufrágio directo e universal, e os Conselhos, constituídos por membros do governo, e chefes de Estados, ao participarem no processo de designação da Comissão conferir-lhe-iam legitimidade democrática. A solução da eleição directa dos comissários sempre estaria afastada por entrar em conflito com a sua independência em relação aos (interesses) dos Estados-membros.

338 *Sofia Oliveira Pais*

indirecta, via Parlamento Europeu, resultado este sentido por alguns autores como gorando as expectativas quanto ao reforço da legitimidade democrática da União Europeia[51].

A Comissão actua colegialmente, deliberando por maioria[52], sob a orientação do seu Presidente. É ainda o Presidente que representa a Comissão, determina a sua organização interna, convoca reuniões, nomeia vice-presidentes e distribui as responsabilidades da Comissão pelos seus membros (artigos 17.º, n.º 6, do TUE e 248.º do TFUE e artigos 3.º e 5.º do Regulamento interno da Comissão). Desta forma, o Presidente pode atribuir aos membros da Comissão domínios de actividade específicos, em que estes serão especialmente responsáveis pela preparação dos trabalhos da Comissão e pela execução das suas decisões[53]. Para preparar e executar as suas acções, a Comissão dispõe de um conjunto de serviços organizados em direcções-gerais e organismos equiparados.

Quanto às suas competências, a Comissão tem, nos termos do artigo 17.º do TFUE, «funções de coordenação, de execução e de gestão», cabendo-lhe designadamente a execução do orçamento e a gestão dos programas. Acresce, actualmente, a possibilidade prevista no artigo 291.º, n.º 2, do TFUE, de serem conferidas competências de execução à Comissão, sempre que sejam necessárias condições uniformes de execução de actos juridicamente vinculativos da União. Significa isto que em causa estão apenas poderes de execução e que o exercício desses poderes pela Comissão é obrigatório, uma vez verificada a condição enunciada no Tratado: necessidade de condições uniformes de execução desses actos.

Além disso, a Comissão assegura a representação externa da União (artigo 17.º do TFUE), negoceia acordos com países terceiros ou organizações internacionais (artigo 207.º, n.º 3, do TFUE), toma a iniciativa da programação

---

[51] Sobre esta questão cf. PAUL CRAIG, "The treaty of Lisbon, process, architecture, and substance", in European Law Review, 2008, 33, 2, 155 ss. Quanto a nós, cremos (e não estamos sós, veja-se neste sentido igualmente JOHN TEMPLE LANG, "How much do the smaller member states need the European Commission? The role of the European Commission in a changing Europe", in *Common Market Law Review*, 2002, vol. 39, 318) que a legitimidade democrática da Comissão resulta do equilíbrio institucional fixado nos Tratados (não sendo aliás desejável a solução da eleição directa dos comissários, por poder comprometer a sua independência).

[52] Artigo 250.º, n.º 1, do TFUE. O quórum vem fixado no artigo 7.º do Regulamento interno da Comissão, cf. JO L 308 de 8.12.2000, 26, com as últimas alterações introduzidas pela Decisão 2007/65/CE da Comissão de 15 de Dezembro de 2006 L 32 144.

[53] Artigo 3.º do Regulamento interno da Comissão, cit.

Cadernos O Direito 5 (2010), 319-350

O *Tratado de Lisboa e a renovação das instituições da União Europeia* 339

anual e plurianual da Comissão para obter acordos interinstitucionais (artigo 295.° do TFUE), e vela pela aplicação do direito da União. De facto, a Comissão Europeia detém amplos poderes de fiscalização relativamente aos Estados (tem, por exemplo, legitimidade activa para intentar uma acção por incumprimento contra o Estado infractor do direito da União nos termos dos artigos 258.° e 260.° do TFUE, e quando tal acção tiver por fundamento o incumprimento da obrigação de transposição de uma directiva da União, a Comissão pode, desde a entrada em vigor do Tratado de Lisboa, pedir a condenação do Estado infractor no pagamento de uma quantia fixa ou de uma sanção pecuniária compulsória sem necessitar de intentar uma segunda acção por incumprimento contra esse Estado), a outras instituições comunitárias (pode nomeadamente intentar acções de omissão ou recursos de anulação contra actos das instituições que violem o direito da União, nos termos dos artigos 263.° e 265.° do TFUE) e mesmo particulares (nomeadamente recolhendo todas as informações e procedendo às verificações necessárias nos termos do artigo 337.° do TFUE) podendo ainda, em relação a estes últimos, aplicar sanções, especialmente no domínio da concorrência[54].

Finalmente, a Comissão Europeia continua a deter o poder de iniciativa legislativa quanto aos actos legislativos da União, salvo disposição em contrário dos Tratados (artigo 17.°, n.° 1, do TUE), podendo alterar a proposta a todo o tempo, ao contrário do Conselho que, em princípio, só pode fazê-lo por unanimidade (artigo 293.° do TFUE)[55].

A apresentação das propostas pode ser feita por iniciativa da Comissão, a pedido do Parlamento Europeu nos termos do artigo 225.° do TFUE, ou do Conselho à luz do artigo 241.°, do mesmo Tratado, e na hipótese de não apresentar a proposta solicitada, a Comissão é obrigada a informar a instituição requerente dos motivos para tal.

---

[54] Regulamento (CE) N.° 1/2003 do Conselho de 16.12.2002, relativo à execução das regras de concorrência estabelecidas nos artigos 81.° e 82.° do Tratado da Comunidade Europeia (hoje artigos 101.° e 102.° do TFUE), JO L 1/1 de 4.1.2003.

[55] Para JOHN TEMPLE LANG, a vantagem de a Comissão deter praticamente o monopólio da iniciativa legislativa residiria no facto de evitar que o Parlamento Europeu dispendesse muito tempo a discutir medidas preparadas por «lobbysts and pressures groups»; ou seja, com esta solução evitar-se-ia legislação europeia em excesso e garantir-se-ia a consideração dos interesses daqueles que não estão representados em grupos de pressão, cf. "How much do the smaller member states need the European Commission? The role of the European Commission in a changing Europe", in *Common Market Law Review*, 2002, vol. 39, 318.

340 Sofia Oliveira Pais

Observe-se, ainda, que, em certas situações previstas no Tratado, a iniciativa legislativa é atribuída a outras instituições ou órgãos da União: Parlamento Europeu (artigos 223.° n.° 2, 226.° e 228.°, n.° 4, do TFUE), Tribunal de Justiça (artigo 257.° do TFUE), Banco Central Europeu (artigo 129.° do TFUE, por exemplo), ou Banco Europeu de Investimento (refira-se a título ilustrativo o artigo 308.° do TFUE). Além destes, podem pedir à Comissão para apresentar propostas os Estados-Membros e os cidadãos da União. Os Estados-Membros que pretendam instituir entre si uma cooperação reforçada num dos domínios dos Tratados[56] devem, nos termos do artigo 329.° do TFUE, dirigir um pedido nesse sentido à Comissão (ou ao Conselho se essa cooperação for no âmbito da PESC), e podem «propor» actos (desde que a iniciativa corresponda a uma quarto dos Estados-membros) no quadro da cooperação judiciária em matéria penal e da cooperação policial (artigo 76.° do TFUE). A 'iniciativa de cidadania', por seu turno, vem reforçar os elementos de democracia directa nos Tratados e traduz-se, segundo os artigos 11.° do TUE e 24.° do TFUE, na possibilidade de pelo menos «um milhão» de cidadãos da União, «nacionais de um número significativo de Estados-Membros pode[rem] tomar a iniciativa de convidar a Comissão a, no âmbito das suas atribuições, apresentar uma proposta adequada em matérias sobre as quais esses cidadãos considerem necessário um acto jurídico da União para aplicar os Tratados».

Refira-se, por fim, que, com a entrada em vigor do Tratado de Lisboa, se a Comissão considerar que num determinado Estado-Membro existe, ou poderá ocorrer, um défice orçamental excessivo, envia um parecer ao Estado-Membro em causa, e poderá apresentar propostas ao Conselho, o qual adoptará, ou não, sanções nos termos do artigo 126.° do TFUE.

5.2. *O papel da Comissão numa União Europeia alargada*

Com a entrada em vigor do Tratado Reformador é de novo trazida à colação a questão de saber se a eventual redução do número de Estados-membros presentes na Comissão não acabará por comprometer a sua independência e representatividade. Nas palavras de Temple Lang, a Comissão é um *mediador*

---

[56] Note-se que o processo de cooperação reforçada foi pensado para uma Europa de geometria variável, isto é, uma Europa em que certos Estados pretendem avançar mais rapidamente, do que outros, no processo de integração europeia. Para este processo ser aplicado têm de se verificar certas condições fixadas designadamente nos artigos 20.° do TUE e 326.° ss. do TFUE.

Cadernos O Direito 5 (2010), 319-350

imparcial no processo europeu de decisão que, sem decidir, apresenta propostas que procuram conciliar, num determinado assunto, os interesses da maioria com os da minoria (ou seja, o sistema de votação por maioria nas instituições com competências legislativas só funciona porque foi criada a Comissão enquanto contra-poder)[57]. Para este «método comunitário» funcionar, será necessário que o *mediador* além *de imparcial* e *independente, represente todas as partes*, obtendo, deste modo, a sua confiança. Se falhar um destes pressupostos, as propostas apresentadas pelo mediador dificilmente serão consideradas como uma «base aceitável para discussão», e tal prejuízo será sentido sobretudo pelos pequenos Estados, pois cresce o risco de o «método comunitário» de decisão ser substituído pelo «directório» de três ou quatro grandes Estados[58].

É claro que, a favor da redução do número de comissários na instituição em causa, sempre se poderá argumentar com a inexistência de um número suficiente de «pastas» relevantes para atribuir a cada um dos comissários, além das dificuldades de reunião e de discussão eficaz de uma Comissão com várias dezenas de comissários[59].

Ainda assim, outras soluções, que não implicassem a diminuição do número de comissários, poderiam ser ensaiadas, destacando-se a que propõe a redução das funções executivas da Comissão, que seria devolvida ao seu estatuto de *think-tank*[60].

Igualmente criticada tem sido a possibilidade de o Conselho poder alterar, por maioria, a posição da Comissão no Comité de Conciliação, no redenominado processo legislativo ordinário, não sendo estabelecido nenhum mecanismo de salvaguarda dos interesses da minoria presentes na proposta inicial da Comissão[61]. A manutenção desta solução no artigo 294.º do Tratado de Fun-

---

[57] JOHN TEMPLE LANG, ob. cit., 316.

[58] Por outras palavras, o papel central que desde sempre foi atribuído à Comissão no método comunitário de decisão justifica-se, como afirma RUI MOURA RAMOS (cf. *Das Comunidades à União Europeia Estudos de Direito Comunitário*, 1994, 39), pela «preocupação de não permitir que o poder de decisão (...) seja exercido em função de preocupações e interesses nacionais com menosprezo pela componente que o interesse da Comunidade no seu todo representa».

[59] Para uma reflexão geral sobre esta instituição, cf. PAUL CRAIG, GRÁINNE DE BURCA, *EU Law, Text Cases and Materials*, 2008, 38-48.

[60] Assim, TEMPLE LANG (cf. ob. cit., 334) afirma categoricamente: «A Comissão não tem, nem nunca terá, dimensão suficiente para ser o 'executivo' de uma União com 400 ou 500 milhões de pessoas». Mais, segundo o mesmo autor, o problema da Comissão foi ter aceite uma série de funções, nomeadamente executivas, para as quais não tinha sido pensada e para as quais não estava preparada.

[61] TEMPLE LANG, ob. cit., 323.

342   *Sofia Oliveira Pais*

cionamento da União Europeia seria mais um exemplo do declínio da posição da Comissão no sistema original de *checks and balances* criado pelos Tratados Comunitários.

Em síntese, a renovação institucional operada pelo Tratado de Lisboa, com um menor impacto em relação à Comissão Europeia, quando comparada com as outras instituições da União, tem sido certeiramente criticada, no que à instituição em análise diz respeito, por ter deixado passar a oportunidade de reforçar o papel que esta instituição desempenha no processo de integração europeia, ao manter no texto do Tratado soluções que se afiguram polémicas, como a eventual redução do número de comissários a partir de 2014 (hipótese adiada com a promessa à Irlanda de decisão em contrário do Conselho Europeu) ou a possibilidade de o Conselho alterar a proposta da Comissão no quadro do procedimento legislativo ordinário.

6. **Tribunal de Justiça da União Europeia**

6.1. *Enquadramento legislativo*

O Tribunal de Justiça da União Europeia inclui, nos termos do artigo 19.º, n.º 1, do TUE, o Tribunal de Justiça (anteriormente designado por Tribunal de Justiça das Comunidades Europeias), o Tribunal Geral (ex-Tribunal de Primeira Instância) e Tribunais Especializados (referidos no Tratado de Nice por Câmaras Jurisdicionais, destacando-se o Tribunal da Função Pública da União Europeia[62]). O n.º 2 da mesma disposição acrescenta que os Estados-membros devem estabelecer «as vias de recurso necessárias para assegurar uma tutela jurisdicional efectiva nos domínios abrangidos pelo direito da União», reforçando, deste modo, a ideia de que o direito da União Europeia é aplicado fundamentalmente pelos tribunais nacionais.

O Tribunal de Justiça e é composto por um juiz por cada Estado membro[63], assistido por advogados-gerais[64], nomeados de comum acordo pelos

---

[62] Cf. Anexo I do Protocolo relativo ao Estatuto do TJUE.

[63] Note-se que com o Tratado de Lisboa o número de juízes do Tribunal Geral é fixado no Protocolo n.º 3 relativo ao Estatuto do Tribunal de Justiça da União Europeia. O artigo 48.º desse Estatuto dispõe: «O Tribunal Geral é composto por vinte e sete juízes».

[64] Repare-se que os advogados-gerais, em número de oito, segundo o Tratado (ainda que o Conselho possa aumentar o seu número, como tem vindo de facto a fazer), são nomeados de comum acordo pelo governo dos Estados-membros, sendo necessário a partir da entrada em vigor do

governos dos Estados-membros por seis anos, sendo necessária, desde a entrada em vigor do Tratado de Lisboa, a consulta a um comité (composto por antigos membros do Tribunal de Justiça e do Tribunal Geral, dos tribunais supremos nacionais e juristas de reconhecido mérito, sendo um deles propostos pelo Parlamento Europeu), o qual dará um parecer sobre a adequação dos candidatos ao exercício das funções de juiz ou de advogado-geral nos tribunais da União (artigos 253.º e 255.º do TFUE).

O Tribunal de Justiça reúne-se em plenário, secções ou grande secção, tem sede no Luxemburgo, e o seu Estatuto é hoje alterado através do processo legislativo ordinário[65].

Quanto às suas competências, o Tribunal de Justiça, além de decidir os recursos interpostos das decisões do Tribunal Geral (artigo 56.º do Protocolo relativo ao Estatuto do TJUE), dá pareceres sobre a compatibilidade de projectos de convenções internacionais com o direito da União Europeia (artigo 218.º, n.º 11, do TFUE), decide sobre qualquer diferendo entre os Estados-membros, que lhe seja submetido por compromisso (artigo 273.º do TFUE) tem actualmente iniciativa legislativa em certas áreas (artigo 257.º do TFUE), coopera com os tribunais nacionais (artigo 267.º do TFUE) e decide recursos de anulação, acções de omissão e acções por incumprimento (artigos 258.º a 260.º, 263.º e 265.º do TFUE e artigo 51.º do Estatuto do TJUE), tendo o Tratado de Lisboa introduzido nestes domínios alterações significativas.

Por um lado, o Tratado Reformador acelerou, em geral, o processo de imposição de sanções pecuniárias, e na hipótese específica de a acção por incumprimento ter por fundamento a violação da obrigação de transposição de uma directiva da União, a Comissão pode, desde 1 de Dezembro de 2009, obter a condenação do Estado infractor no pagamento de uma quantia fixa ou de uma sanção pecuniária compulsória sem necessitar de intentar uma segunda acção por incumprimento contra esse Estado (artigo 260.º, n.º 3, do TFUE).

Por outro lado, é alargada a legitimidade activa e passiva nos recursos de anulação e acções de omissão intentadas. Nos termos do novo artigo 269.º do TFUE, o Tribunal de Justiça é competente para se pronunciar sobre a legalidade de um acto adoptado pelo Conselho Europeu ou pelo Conselho com fundamento no artigo 7.º do TUE, apenas a pedido do Estado-membro envol-

---

Tratado de Lisboa a consulta de um comité de 'especialistas' (artigos 253 e 255.º do TFUE). Os advogados-gerais estudam os assuntos objecto de litígio no Tribunal de Justiça e apresentam – lhe uma solução para o caso sob a forma de 'Conclusões do Advogado-Geral'.

[65] Protocolo n.º 3, relativo ao Estatuto do Tribunal de Justiça da União Europeia.

vido e somente quanto à observância das disposições processuais previstas no referido artigo; além disso, doravante, o Tribunal de Justiça fiscaliza, além das acções e omissões do Conselho, Comissão e Parlamento Europeu, as omissões e os actos do Banco Central Europeu, que não sejam recomendações ou pareceres, e ainda as omissões e os actos do Conselho Europeu, e dos órgãos ou organismos da União destinados a produzir efeitos jurídicos em relação a terceiros (artigo 263.°, primeiro parágrafo, e artigo 265.°, primeiro parágrafo, do TFUE); acresce que, o Tratado de Lisboa fixa soluções que vão ao encontro das propostas apresentadas pelo advogado-geral Jacobs no acórdão *União de Pequenos Agricultores*[66], ao simplificar, no artigo 263.°, quarto parágrafo, do TFUE, o acesso dos particulares aos tribunais da União, isto é, qualquer pessoa singular ou colectiva pode interpor recurso contra os actos de que seja destinatária ou lhe digam directa e individualmente respeito, bem como contra os actos regulamentares que lhe digam directamente respeito e não necessitem de medidas de execução (significa isto que, neste caso, os particulares já não têm de provar que são individualmente afectados pelo acto impugnado); por fim, nos termos do artigo 8.° do Protocolo (n.° 2) relativo à aplicação dos princípios da subsidiariedade e proporcionalidade o «Tribunal de Justiça da União Europeia é competente para conhecer dos recursos com fundamento em violação do princípio da subsidiariedade por um acto legislativo que sejam interpostos nos termos do artigo 263.° do Tratado sobre o Funcionamento da União Europeia por um Estado-Membro, ou por ele transmitidos, em conformidade com o seu ordenamento jurídico interno, em nome do seu Parlamento Nacional ou de uma câmara desse Parlamento» (aliás, nos termos do mesmo artigo, o Comité das Regiões pode igualmente interpor recursos desta natureza relativamente aos actos legislativos para cuja adopção o Tratado sobre o Funcionamento da União Europeia determine que seja consultado).

No domínio da cooperação com os tribunais nacionais, o Tribunal de Justiça será competente, à luz da nova redacção dada ao artigo 267.° do TFUE, para decidir a título prejudicial sobre a validade e a interpretação dos actos adoptados não só pelas instituições, mas ainda pelos órgãos ou organismos da União, podendo igualmente pronunciar-se, com a maior brevidade possível, sobre uma questão prejudicial suscitada em processo pendente perante um órgão jurisdicional nacional relativamente a uma pessoa que se encontre detida

---

[66] Cf. Conclusões do advogado-geral no acórdão de 25.7. 2002, processo C-50/00 P, disponível em http://curia.europa.eu.

(isto é, o processo de tramitação acelerada no âmbito do reenvio prejudicial, utilizado a partir de 2008 na área de liberdade, segurança e justiça[67], foi incorporado no texto do Tratado).

Acresce que, desaparecendo a estrutura dos três pilares, se expande o campo de actuação do Tribunal de Justiça da União Europeia ao antigo terceiro pilar, introduzido pelo Tratado de Maastricht: o Tribunal de Justiça passa a ter uma competência genérica para apreciar as questões prejudiciais que lhe forem submetidas na área de liberdade, segurança e justiça. Deste modo, e ao contrário do que sucedia no regime anterior, no domínio da cooperação policial e judiciária em matéria penal, qualquer órgão jurisdicional nacional poderá, cinco anos depois da entrada em vigor do Tratado de Lisboa[68], reenviar as suas questões para o Tribunal de Justiça (possibilidade esta que já não estará dependente do reconhecimento prévio pelos Estados-membros das competências prejudiciais do Tribunal de Justiça). Já no contexto dos vistos, asilo, imigração e outras políticas relacionadas com a livre circulação de pessoas, a possibilidade de qualquer órgão jurisdicional recorrer ao mecanismo de reenvio prejudicial verifica-se desde a entrada em vigor do Tratado de Lisboa.

Observe-se, ainda, que, apesar de ter desaparecido aparentemente a estrutura tripartida da União Europeia em pilares, a verdade é que as disposições relativas à PESC e nomeadamente à Política Comum de Segurança e Defesa (PCSD) continuam sujeitas a um regime específico. Segundo o disposto no artigo 275.º do TFUE, o Tribunal de Justiça da União Europeia não dispõe, em princípio, de competências no domínio da PESC, excepto nos seguintes casos: nos termos dos artigos 275.º do TFUE e 40.º do TUE, o Tribunal de Justiça fiscaliza a execução dessa política, que não pode afectar o âmbito das atribuições das instituições previstas nos Tratados e aprecia recursos de anulação contra medidas restritivas adoptadas pelo Conselho, contra pessoas singulares ou colectivas, para combater o terrorismo (por exemplo, medidas que congelem os bens dos particulares no território europeu).

---

[67] Artigo 10.º do Protocolo relativo às disposições transitórias.

[68] Esta solução foi adiada pelo artigo 10.º do Protocolo n.º 36 sobre disposições transitórias. Refira-se ainda que, nos termos do artigo 276.º do TFUE, o Tribunal de Justiça não pode «fiscalizar a validade ou proporcionalidade de operações efectuadas pelos serviços de polícia ou outros serviços responsáveis pela aplicação da lei num Estado-Membro, nem para decidir sobre o exercício das responsabilidades que incumbem aos Estados-Membros em matéria de manutenção da ordem pública e de garantia da segurança interna».

346 Sofia Oliveira Pais

O Tribunal Geral (ex-Tribunal de Primeira Instância) foi criado por Decisão de 24 de Outubro de 1988[69] para fazer face ao crescente volume de trabalho do Tribunal de Justiça, e apresenta uma composição e um funcionamento semelhantes aos do Tribunal de Justiça (excepto quanto à figura do juiz singular presente apenas no Tribunal Geral, nos termos do artigo 50.° do Protocolo relativo ao Estatuto do TJUE).

Apesar da referência tradicional enganosa, pois há outros tribunais que recebem igualmente processos em primeira instância (aliás, certas acções como já referimos são intentadas imediatamente no Tribunal de Justiça) e o próprio Tribunal Geral funciona como instância de recurso em relação às decisões dos tribunais especializados (artigo 256.° do TFUE), a verdade é que o legislador da União no Tratado de Lisboa poucas alterações introduziu neste domínio. Por outras palavras, o Tribunal Geral continua a ser competente para conhecer em primeira instância dos recursos de anulação, das acções de omissão, das acções de responsabilidade e das questões prejudiciais (que venham a ser) definidas no Estatuto, podendo ainda decidir com fundamento em cláusula compromissória, com excepção dos recursos atribuídos a tribunais especializados ou reservados pelo Estatuto para o Tribunal de Justiça (aliás, este último pode reapreciar a título excepcional as situações previstas no artigo 256.° do TFUE, quando exista um risco grave de lesão da unidade ou da coerência do direito da União).

Finalmente, importa referir os tribunais especializados que podem, doravante, ser criados por processo legislativo ordinário (artigo 257.° do TFUE) e estão encarregados de conhecer em primeira instância certas categorias de recurso em matérias específicas, sendo as respectivas decisões objecto de recurso para o Tribunal Geral.

6.2. *A questão do «activismo judicial»*

Com o Tratado de Lisboa, e o reforço das competências do Tribunal de Justiça, surge de novo a questão do seu «activismo», ou da sua «criatividade»[70], de que seria um exemplo paradigmático a constitucionalização dos Tratados, originariamente fontes de direito internacional. Como é sabido, o Tribunal de

---

[69] Decisão 88/591/CEE de 24.10.1988, JO L 319 de 25.11.1988.
[70] Para uma visão crítica deste «activismo» e em defesa da atribuição de um «papel mínimo» ao Tribunal de Justiça, cf. HJALTE RASMUSSEN, "Between self-restraint and activism: a judicial policy for the European Court", in *European Law Review*, 1988, 13, 28-29 e 38.

Justiça, que exerce as funções de um Tribunal Constitucional (ainda que dispondo de menos poderes do que estes para assegurar a aplicação dos seus acórdãos, ficando geralmente dependente da cooperação dos tribunais nacionais)[71] e se preocupa em garantir a eficácia do direito da União, bem como em promover uma certa visão federalista da Europa, quase que teria assumido o papel de legislador, em vários domínios (atitude esta reforçada pela inércia das instituições com competências legislativas na União, limitadas de forma frequente na sua actuação pela aplicação da regra da unanimidade), ao recorrer a uma interpretação teleológica-sistemática (também dita funcional)[72] das disposições dos Tratados. Note-se que este método de interpretação encontra-se bem estabelecido na jurisprudência do Tribunal de Justiça, desde o acórdão Van Gend & Loos[73]. Aí o Tribunal afirmou expressamente que, para interpretar as disposições do Tratado, teria em conta o «espírito, economia e conteúdo» da disposição em causa[74] (ainda que, de facto, seja geralmente conferido menos relevo ao argumento literal, dada a ambiguidade da redacção de muitas normas, não só porque traduzidas para as múltiplas línguas oficiais da União, mas também por serem obtidas através de compromissos políticos entre os Estados-membros). O método teleológico revela-se, assim, particularmente adequado à dinâmica e evolução do ordenamento jurídico da União Europeia como aliás afirmam, entre muitos, Tridimas, Pollicino e Poiares Maduro[75]. De facto, tendo em

---

[71] TAKIS TRIDIMAS, "The court of justice and judicial activism", in *European Law Review*, 1996, 21, 199 ss. e 206. Note-se que, como refere ORESTE POLLICINO (cf. "Legal reasoning of the Court of Justice in the context of the principle of equility between judicial activism and self-restraint", in *German Law Journal,* 2004, vol. 5, n.º 3, 284), o Tribunal de Justiça, para obter a confiança dos tribunais nacionais e dos Estados-membros, desenvolveu em relação aos primeiros um estilo que, além de «declarar a lei», a explica; em relação aos segundos, o Tribunal tem-se preocupado em analisar o contexto sócio-político do Estado no qual vão ser aplicadas as suas decisões, com o objectivo de não ultrapassar o nível de tolerância desse mesmo Estado em relação à sua actuação (dito de outro modo, o Tribunal de Justiça avaliará, via de regra, os efeitos dos actos legislativos interpretados).

[72] Note-se que este método de interpretação tem sido pacificamente aceite no plano nacional (cf. por exemplo Reino Unido) e internacional (assim, por exemplo, a Convenção de Viena sobre o direito dos tratados internacionais). Para uma análise mais desenvolvida desta questão, cf. TRIDIMAS, ob. Cit., 205.

[73] Acórdão de 5 de Fevereiro de 1962, processo 26/62, Colectânea 1962, 205 (tradução portuguesa).

[74] Acórdão cit., 210.

[75] POLLICINI, ob. cit., 288 e MIGUEL POIARES MADURO, "Interpreting european law: judicial adjudication in a contexto of Constitutional Pluralism", in *European Journal of Legal Studies*, vol. 1, n.º 2, 8, 10 e 12.

348 *Sofia Oliveira Pais*

conta a pluralidade de linguagens, os ambientes político-económicos diferentes, as tradições jurídicas distintas na União, a necessidade de o Tribunal frequentemente colmatar a inércia legislativa, evitar a «manipulação» do texto das normas jurídicas, garantir a «transparência» na ponderação dos vários fins envolvidos (por vezes conflituantes) bem como da escolha realizada, e orientar os tribunais nacionais (designadamente no contexto do reenvio prejudicial), a verdade é que a interpretação teleológica (combinada frequentemente com outros elementos de interpretação) será a mais adequada às especificidades da União [76]. E daí que a questão a colocar, como já foi sublinhado, não seja tanto a de saber se o Tribunal de Justiça *criou* lei (até porque toda a operação de interpretação tem necessariamente uma certa dimensão criativa, que pode ser, ou não, pró-integracionista), mas sim qual é o *fim* (*telos*) das Comunidades, hoje União Europeia[77]. Ora, essa finalidade encontra-se estabelecida no sistema legal, nos preâmbulos dos Tratados e nos princípios gerais de direito da União, tendo estes últimos adquirido na jurisprudência do Tribunal de Justiça uma posição de superioridade hierárquica em relação a certas disposições normativas consideradas sobretudo de índole técnica[78]. Nesta perspectiva, que nos parece claramente a mais adequada, o método de interpretação teleológica não representa activismo judicial, no sentido de uma «inserção arbitrária na arena política»[79], mas sim o resultado natural do sistema jurídico europeu, mantendo-se o Tribunal de Justiça dentro das suas competências.

7. **Banco Central Europeu e Tribunal de Contas**

O Banco Central Europeu (BCE) é a mais nova das instituições europeias, pois só com a entrada em vigor do Tratado de Lisboa passou a ter tal estatuto (artigo 13.° do TUE). Por outro lado, é reforçada a sua posição, a partir de 1 de Dezembro de 2009, nos seguintes planos: desde logo é sublinhado o facto de o BCE (que tem personalidade jurídica nos termos do TFUE) exercer as suas competências de forma independente das instituições, órgãos ou organis-

---

[76] Cf. POLLICINI, ob. cit., loc.cit., e POIARES MADURO, ob. cit., loc. cit.

[77] POLLICINO, ob. cit., 289 e 292. Como refere este autor, «European judicial creativity in particular is a necessary implication of the judiciary function (…) present not only in activist judgments but also in the Court's approach to self-restraint».

[78] Veja-se, por exemplo, o acórdão Defrenne, processo 43/75, de 8 de Abil de 1975, Rec. 1976 455.

[79] POLLICINO, ob. cit., 285.

O *Tratado de Lisboa e a renovação das instituições da União Europeia*   349

mos da União, dos governos dos Estados-membros ou outras entidades (artigo 130.º do TFUE); além disso é referida expressamente no Tratado a independência do BCE, nomeadamente na gestão das suas finanças, solução que procura evitar pressões políticas sobre a instituição em causa (artigo 282.º, n.º 3 do TFUE)[80]; é ainda confirmado que o objectivo do Sistema Europeu dos Bancos Centrais (SEBC), dirigido pelos órgãos de decisão do Banco Central Europeu (Conselho do Banco Central Europeu e Comissão Executiva) é a manutenção da estabilidade dos preços (artigo 127.º) acrescentando o artigo 3.º, n.º 4, do TUE que a União «estabelece uma União económica e monetária cuja moeda é o euro». Além dos esclarecimentos prestados, importa referir, por fim, a mudança introduzida pelo Tratado Reformador quanto à nomeação, pelo Conselho Europeu, dos presidente e vice-presidente do BCE, doravante nomeados por maioria qualificada (artigo 283.º n.º 2 do TFUE).

O Tribunal de Contas, por seu turno, criado pelo Tratado de Bruxelas de 22 de Julho 1975, foi desde Maastricht considerado uma instituição no quadro da Comunidade e da União Europeia. Com sede no Luxemburgo, é composto por um juiz por Estado-membro e tem por missão examinar «as contas da totalidade das receitas e despesas da União» (artigo 285.º do TFUE). São poucas as alterações introduzidas pelo Tratado de Lisboa, destacando-se a referência ao exercício das funções, pelos seus membros, «com total independência no interesse geral da União» (artigo 285.º TFUE), nomeadamente no interesse dos contribuintes europeus, promovendo a «credibilidade do processo de integração europeu»[81].

8. Conclusão

O Tratado de Lisboa mantém *grosso modo* as disposições da «Constituição Europeia» que procuravam reforçar a legitimidade democrática da União e clarificar o quadro institucional existente. De facto, apesar de não ter operado

---

[80] Um sinal igualmente evidente, segundo JOSÉ MARÍA FERNÁNDEZ MARTIN e PEDRO GUSTAVO TEIXEIRA (cf. "The imposition of regulatory sanctions by the European central Bank", in *European Law Review*, 2000, 25, 301 ss. e 406-407), da independência institucional e funcional do BCE seria o poder, não só de o Banco adoptar regulamentos e decisões (artigo 132.º do TFUE), como ainda a possibilidade de aplicar multas ou sanções pecuniárias temporárias às empresas no caso de violação de tais regulamentos ou decisões,

[81] JAN INGHELRAM, "The european court of auditors: current legal issues", in *Common Market Law Review*, 2000, 37, 129 ss.

uma revolução institucional, o Tratado de Lisboa teve o mérito de completar certas reformas iniciadas anteriormente com vista ao funcionamento eficaz de uma União com vinte e sete Estados. A criação dos cargos de Presidente de Conselho Europeu e do Alto Representante, o alargamento das competências do Parlamento Europeu, o relevo dado aos Parlamentos Nacionais, e a votação por dupla maioria no seio do Conselho, são, no plano institucional, algumas das alterações mais significativas introduzidas a partir de 1 de Dezembro de 2009, que contribuem para consolidar a coerência e a eficácia da acção da União Europeia.